ÖSTERREICHISCHE AKADEMIE DER WISSENSCHAFTEN
PHILOSOPHISCH-HISTORISCHE KLASSE
SITZUNGSBERICHTE, 563. BAND

VERÖFFENTLICHUNGEN DER KOMMISSION
FÜR SPRACHEN UND KULTUREN SÜDASIENS Nr. 24

ROQUE MESQUITA

YĀMUNĀCĀRYAS PHILOSOPHIE DER ERKENNTNIS

Eine Studie zu seiner Saṃvitsiddhi

VERLAG DER
ÖSTERREICHISCHEN AKADEMIE DER WISSENSCHAFTEN
WIEN 1990

Vorgelegt von w. M. Gerhard OBERHAMMER
in der Sitzung am 14. Dezember 1988

Gedruckt mit Unterstützung durch den
Fonds zur Förderung der wissenschaftlichen Forschung

— ISBN 3-7001-1780-9

Druck: Ernst Becvar, A-1150 Wien

INHALTSVERZEICHNIS

piae memoriae
patris matrisque

VORWORT

Ziel und Zweck der vorliegenden Studie ist es, meine bereits erschienene Arbeit* zu ergänzen und näher zu begründen. Es handelt sich hier um eine philologische und philosophie-geschichtliche Untersuchung, die sich, dem Stoff des Werkes, der Saṃvitsiddhi, entsprechend, in zwei Teile gliedert: in die Wahrnehmungserkenntnis als Nachweis der Realität der Sinneswelt und in die Schlußerkenntnis als Nachweis der Realität der Sinneswelt. Wenn ich aber in der Studie dieser Reihenfolge, wie sie im Werk selbst überliefert ist, nicht folge und den zuletzt genannten Nachweis dem ‚Wahrnehmungsbeweis' voranstelle, so geschieht dies aus rein sachlichen Gründen. Denn der Beweis aus der Schlußfolgerung besteht in der Begründung der realen Kausalität der Erkenntnis (*saṃvid*) und geht somit auch der Frage nach den apriorischen Vorbedingungen ihrer Genese nach. Dies wird nicht nur durch die Tatsache gerechtfertigt, daß Yāmuna sein Werk Saṃvitsiddhi nennt, sondern vor allem durch die von ihm gewählte Formulierung: *pratyakṣasaṃvid / anumānasaṃvit svasattākāle svaviṣayasya sadbhāvaṃ sādhayati*. Die Erkenntnis aus der Wahrnehmung läßt den äußeren Gegenstand unmittelbar (*aparokṣa-*) erkennen, die Schlußerkenntnis hingegen nur mittelbar (*parokṣa-*). So steht die Erkenntnisproblematik im Mittelpunkt der Betrachtung Yāmunas.

Der ‚Wahrnehmungsbeweis' gehört zu den verlorenen Partien dieses Werkes. Um ihn wiedergewinnen zu können, mußte ich auf das Parallelmaterial bei Yāmuna selbst und bei den anderen späteren Autoren der Viśiṣṭādvaita-Schule zurückgreifen.

Es ist ein wichtiges Ergebnis dieser Studie, daß zum erstenmal die Wahrnehmungslehre Yāmunas in ihrer historischen Entwicklung rekonstruiert werden konnte. Darüber hinaus war es auch möglich, im Zusammenhang mit dem genannten Beweis die Irrtumslehre und die Kosmologie Yāmunas zu erschließen. Daraus erklärt sich, warum sich die Studie mit diesem Abschnitt am längsten beschäftigt hat.

---

* Yāmunācāryas Saṃvitsiddhi. Kritische Edition, Übersetzung und Anmerkungen. Mit einem Rekonstruktionsversuch der verlorenen Abschnitte, s. MESQUITA 1988.

Das Argument aus der Schlußfolgerung ist hingegen zum größten Teil gut erhalten. So habe ich mich hier nur darauf beschränkt, die Erkenntnislehre Yāmunas in ihrer Bedeutung zum Gesamtwerk so darzulegen, daß ihre Zusammenhänge sowohl mit den anderen realistischen als auch mit den vedāntischen Schulen sichtbar werden. Auch hier kommt die Studie zu neuen Erkenntnissen, die zur Beurteilung der historischen Entwicklung der Viśiṣṭādvaita-Schule von Wichtigkeit sind. Die weiteren Aspekte des Beweises aus der Schlußfolgerung sind dem gut erhaltenen und übersetzten Text zu entnehmen. Dazu dienen auch die beigegebenen Anmerkungen mit vielen Parallelen.

Zum Schluß möchte ich allen jenen danken, die am Zustandekommen dieser Arbeit tatkräftig mitgeholfen haben. Herrn Prof. Dr. Gerhard Oberhammer, daß er mir jederzeit mit seinem Rat beistand und trotz seiner zahlreichen Verpflichtungen mit mir die ganze Studie durchgegangen ist und viele Verbessungsvorschläge stilistischer und inhaltlicher Art gemacht hat. Herrn Prof. Dr. Ernst Steinkellner für seine Hilfe bei der Interpretation der Polemik Yāmunas gegen die Yogācāra-Buddhisten. Meinen Freunden Dr. Walter Slaje (Universität Graz), Dr. Utz Podzeit und Dr. Chlodwig Werba, daß sie mir beim deutschen Ausdruck an die Hand gingen und Frau D. Hoffmann für das Mitlesen der Korrekturen. Der Österreichischen Akademie der Wissenschaften und dem Fonds zur Förderung der wissenschaftlichen Forschung gebührt mein Dank dafür, daß sie den Druck dieser Arbeit möglich gemacht haben.

Roque Mesquita

ABKÜRZUNGS- UND LITERATURVERZEICHNIS

ABS	Ahirbudhnya-Saṃhitā of the Pāñcarātrāgama, second Edition revised by V. KRISHNAMACHARYA. (*The Adyar Library and Research Centre*). Vols. I–II. Madras 1966.
AJ	Haribhadrasūri, Anekāntajayapatākā. With his own Commentary and Municandra Sūri's Supercommentary, crit. ed. by H. R. KAPADIA. (*Gaekwad's Oriental Series 88/105*). Vols. I–II. Baroda 1940/1947.
ĀP	Āgamaprāmāṇya of Yāmunācārya, crit. ed. by M. NARASIMHACHARY. (*Gaekwad's Oriental Series 160*). Baroda 1976.
ĀS	Yāmuna, Ātmasiddhi, in: Siddhitraya Yāmunamunis mit AṆṆAṄGARĀCHĀRYAS Kommentar Siddhāñjana. Bombay 1954.
Asrī	Vidyānanda, Aṣṭasahasrī, ed. by VAṂŚĪDHARA. Bombay 1915.
BBh	Brahmasūtra with a commentary by Bhāskarāchārya, ed. by VINDHYEŚVARĪ PRASĀDA DVIVEDIN. (*Chowkhamba Sanskrit Series 20*). Benares 1915.
Bhā	Vācaspatimiśra, Bhāmatī, s. ŚBh.
BIARDEAU 1958	M. BIARDEAU, *La Demonstration du Sphoṭa par Maṇḍana Miśra. Introduction, Traduction et Commentaire.* (*Publications de L'Institut Français d' Indologie 13*). Pondichéry 1958.
BIARDEAU 1964	Dies., *Théorie de la Connaissance et Philosophie de la Parole dans le brahmanisme classique.* (*Le Monde D' outre-Mer passé et présent. Première Série. Études 23*). Paris 1964.
BIARDEAU 1969	Dies., *La Philosophie de Maṇḍana Miśra, vue à partir de la Brahmasiddhi.* (*Publications de l' École Française d'Extrême-Orient 76*). Paris 1969.
BKā	Śubhagupta, Bāhyārthasiddhikārikā, in: N. A. SASTRI, Bāhyārthasiddhikārikā [Tibetan Text and English Translation], *Bulletin of Tibetology*. Vol. IV,2 (1967) 1–96.
BS	Brahmasiddhi by Ācārya Maṇḍanamiśra with Commentary by Śaṅkhapāṇi, ed. by KUPPUSWAMI SASTRI. (*Madras Government Oriental Manuscripts Series 4*). Madras 1937.
BSū	Brahmasūtras.

Btī	Prabhākara, Bṛhatī (*Chowkhamba Series 391*). Benares 1929.
BUBhV	Sureśvara, Bṛhadāraṇyakopaniṣadbhāṣyavārttika, s. SambV.
CAMMANN 1965	K. CAMMANN, *Das System des Advaita nach der Lehre Prakāśātmans*. (*Münchener Indologische Studien 4*). Wiesbaden 1965.
CARMAN 1981	J. B. CARMAN, *The Theology of Rāmānuja. An Essay in Interreligious Understanding*. (*Indian Reprint: Ananthacharya Indological Research Series 9*). Bombay 1981.
CS	Yāmuna, Catuḥślokī, s. CSBh.
CSBh	Veṅkaṭanātha, Catuḥślokībhāṣya, ed. by AṆṆAṄGARĀCHĀRYA. (*Śrīmadvedāntadeśikagranthamālā*). Conjeevaram 1940.
DAS GUPTA 1975	S. DAS GUPTA, *A History of Indian Philosophy* (*First Indian Edition*). Vols. 1–5. Delhi 1975.
D'SA 1980	F.X.D'SA, *Śabdaprāmāṇyam in Śabara and Kumārila. Towards a Study of the Mīmāṃsā Experience of Language*. (*Publications of the De Nobili Research Library 7*). Vienna 1980.
FRAUWALLNER 1951	E. FRAUWALLNER, *Amalavijñānam und Ālayavijñānam. Ein Beitrag zur Erkenntnislehre des Buddhismus*, in: *Beiträge zur indischen Philologie und Altertumskunde*. Walter Schubring/Fs. (*Alt- und Neu-Indische Studien 7*). Hamburg 1951 148–159 (= *Kl. Schriften*, Wiesbaden 1982 637–648).
FRAUWALLNER 1953/1956	Ders., *Geschichte der indischen Philosophie*, Bde. I–II. Salzburg 1953/1956.
FRAUWALLNER 1958	Ders., *Die Philosophie des Buddhismus*. (*Philosophische Studientexte. Texte der indischen Philosophie 2*). Berlin 1958.
FRAUWALLNER 1959	Ders., *Dignāga, sein Werk und seine Entwicklung*, WZKSO 3 (1959) 83–164 (*Kl. Schriften*, Wiesbaden 1982 759–841).
FRAUWALLNER 1968	Ders., *Materialien zur Ältesten Erkenntnislehre der Karmamīmāṃsā*. (*SbÖAW 259 = Veröffentlichungen der Kommission für Sprachen und Kulturen Südasiens, Heft 6*). Wien 1968.
GUPTA 1963	B. GUPTA, *Die Wahrnehmungslehre in der Nyāyamañjarī*. Walldorf-Hessen 1963.
HACKER 1948	P. HACKER, *Vedānta-Studien. Bemerkungen zum Idealismus Śaṅkaras*, in: *Die Welt des Orients, Bd. 1,3* (= *Kl. Schriften*, Wiesbaden 1978 59–68).
HACKER 1950	Ders., *Eigentümlichkeiten der Lehre und Terminologie Śaṅkaras* ZDMG 100 (1950) 246–286 (= *Kl. Schriften*, Wiesbaden 1978 69–109).

HACKER 1951 — Ders., *Untersuchungen über Texte des frühen Advaitavāda, I. Die Schüler Śaṅkaras.* (*Ak. d. Wiss. u. d. Lit., Abh. d. Geist.- u. Sozialwiss. Kl., Jg. 1950/26*). Wiesbaden 1951.

HACKER 1952 — Ders., *Die Lehre von den Realitätsgraden im Advaita-Vedānta*, in: *Zeitschrift für Missionswissenschaft und Religionswissenschaft 36* (1952) 277–293 (= *Kl. Schriften*, Wiesbaden 1978 120–136).

HACKER 1953 — Ders., *Vivarta, Studien zur Geschichte der Illusionistischen Kosmologie und Erkenntnistheorie der Inder* (*Ak. d. Wiss. u. d. Lit., Abh. d. Geist.- u. Sozialwiss. Kl., Jg. 1953/5*). Wiesbaden 1953.

HACKER 1968/69 — Ders., *Śaṅkara der Yogin und Śaṅkara der Advaitin. Einige Beobachtungen*, in: WZKSO 12–13 (1968/69) E. Frauwallner/Fs 119–149 (= *Kl. Schriften*, Wiesbaden 1978 213–242).

HACKER 1985 — Ders., *Grundlagen indischer Dichtung und indischen Denkens*, Hg. K. RÜPING. (*Publications of the De Nobili Research Library 12*). Wien 1985.

HALBFASS 1975 — W. HALBFASS, *Zur Theorie der Kastenordnung in der indischen Philosophie.* (*Nachrichten der Akad. d. Wiss. in Göttingen I. Phil. Hist. Kl. 9*). Göttingen 1975.

HATTORI 1960 — M. HATTORI, *Bāhyārthasiddhikārikā of Śubhagupta*, in: *Journal of Indian and Buddhist Studies 8* (1960) 9–14 (= 400–395).

HATTORI 1968 — Ders., *Dignāga on Perception, being the Pratyakṣapariccheda of Dignāga's Pramāṇasamuccaya from the Sanskrit fragments and the Tibetan versions.* Cambridge, Massachusetts 1968.

HSDS — Haribhadrasūri, Ṣaḍdarśanasamuccaya.

IIJ — *Indo-Iranian Journal.*

IS — Iṣṭasiddhi of Vimuktātman with extracts from the Vivaraṇa of Jñānottama, crit. ed. with Introduction and Notes by M. HIRIYANNA. (*Gaekwad's Oriental Series 65*). Baroda 1933.

IWATA 1979 — T. IWATA, *Sahopalambhaniyama-Struktur und Entwicklung des Schlusses von der notwendigen Zusammenwahrnehmung auf die Nichtverschiedenheit.* Unp. Diss. Hamburg 1979.

IWATA 1981 — Ders., *Bemerkungen zur Sahopalambhaniyama-Schlußfolgerung Dharmakīrti's und seiner Kommentatoren*, in: *Journal of Indian and Buddhist Studies 30* (1981) 15–22 (= 493–486).

JHA 1964 — G. JHA, *Pūrva-Mīmāṃsā in its Sources*, 2nd ed. Banaras 1964.

Kāś — Sucaritamiśra, Kāśikā, in: The Mīmāṃsāślokavārtika with the Commentary Kāśikā of Sucaritamiśra Parts I–II, ed. by K. SĀMBAŚIVASĀSTRI. Trivandrum 1926/1929; Part III, ed. by V. E. RĀMASVĀMISĀSTRI. Trivandrum 1943.

MBh — Mahābhārata, crit. ed. Poona 1933ff.

MBhP — Śālikanātha, Mīmāṃsābhāṣyapariśiṣṭa, in: Prabhākara, Bṛhatī, Vol. 2 [Tarkapāda], ed. S.K.RAMANATHA SASTRI. (*Madras University Sanskrit Series 3/2*). Madras 1936.

MESQUITA 1971 — R. MESQUITA, *Das Problem der Gotteserkenntnis bei Yāmunamuni*, unp. Diss. Wien 1971.

MESQUITA 1973 — Ders., *Yāmunamuni: Leben, Datierung und Werke*, WZKS 17 (1973) 177–193.

MESQUITA 1974 — Ders., *Recent Research on Yāmuna*, WZKS 18 (1971) 183–208.

MESQUITA 1979 — Ders., *Zur Vedānta- und Pāñcarātra-Tradition Nāthamunis*, WZKS 23 (1978) 163–193.

MESQUITA 1980 — Ders., *Yāmuna's Vedānta and Pāñcarātra: A Review*, WZKS 24 (1980) 199–224.

MESQUITA 1984 — Ders., *Rāmānujas Quellen im Mahāpūrvapakṣa und Mahāsiddhānta des Śrībhāṣya*, WZKS 28 (1984) 179–222.

MESQUITA 1988 — Ders., *Yāmunācāryas Saṃvitsiddhi. Kritische Edition, Übersetzung und Anmerkungen. Mit einem Rekonstruktionsversuch der verlorenen Abschnitte.* (*SbÖAW 504 = Veröffentlichungen der Kommission für Sprachen und Kulturen Südasiens, Heft 21*). Wien 1988.

MESQUITA 1989 — Ders., *Yāmunācāryas Lehre von der Größe des Ātman*, WZKS 33 (1989) 129–150.

MSū — Mīmāṃsāsūtras.

NA — Siddhasena Divākara, Nyāyāvatāra, ed. with Eng. Translation by S. C. VIDYABHUSAN, and with the Vivṛti of Siddharṣi etc. Bombay 1971.

NBh — Vātsyāyana, Nyāyabhāṣya, in: Nyāyadarśanam with Vātsyāyana's Bhāṣya, Uddyotakara's Vārttika, Vācaspati Miśra's Tātparyaṭīkā & Viśvanātha's Vṛtti. (*Japanese Reprint: Rinsen Sanskrit Text Series 1*). Kyoto 1982.

NBhū — Bhāsarvajña, Nyāyabhūṣaṇa, Auto-Komm. z. Nyāyasāra. (*Saḍdarśanaprakāśanagranthamālā 1*). Varanasi 1968.

NEEVEL 1977 — G. NEEVEL, Jr., *Yāmuna's Vedānta and Pāñcarātra: Integrating the Classical and the Popular*. (*Harvard Theological Review, Harvard Dissertations in Religion 10*). Montana 1977.

NK Śrīdhara, Nyāyakandalī, in: Praśastapādabhāṣya (= Padārthadharmasaṃgraha) with Commentary Nyāyakandalī of Śrīdharabhaṭṭa along with Hindi Translation. (*Gaṅganātha-Jhā-Granthamālā 1*). Varanasi 1963.

NKā Vācaspati, Nyāyakaṇikā, in: Maṇḍanas Vidhiviveka, ed. M. L. Goswami. (*Prācyabhārati granthamālā 8*). Varanasi 1978.

NM The Nyāyamañjarī of Jayanta Bhaṭṭa, ed. by Sūrya Nārāyana Śukla. Part I. (*Kashi Sanskrit Series 106*). Benares 1936; Part II (*Haridās Sanskrit Granthamālā, Nyāya Section 15/16*). Benares 1934.

NP Veṅkaṭanātha, Nyāyapariśuddhi, ed. by Aṇṇaṅgarāchārya. (*Śrīmadvedāntadeśikagranthamālā*). Conjeevaram 1940.

NS Sureśvara, Naiṣkarmyasiddhi.

NyS Veṅkaṭaṇātha, Nyāyasiddhāñjana, ed. by Aṇṇaṅgarāchārya. (*Śrīmadvedāntadeśikagranthamālā*). Conjeevaram 1940.

Oberhammer 1971 G. Oberhammer, *Yāmunamunis Interpretation von Brahmasūtram 2,2,42–45. Eine Untersuchung zur Pāñcarātra-Tradition der Rāmānuja-Schule.* (*SbÖAW 272 = Veröffentlichungen der Kommission für Sprachen und Kulturen Südasiens, Heft 10*). Wien 1971.

Oberhammer 1979 Ders., *Materialien zur Geschichte der Rāmānuja-Schule I: Parāśarabhaṭṭas Tattvaratnākaraḥ.* (*SbÖAW 346 = Veröffentlichungen der Kommission für Sprachen und Kulturen Südasiens, Heft 14*). Wien 1979.

PañcP Padmapāda, Pañcapādikā with Pañcapādikavivaraṇa of Śrī Prakāśātman, with Tātparyadīpikā of Citsukhācārya etc. ed. by S. Śrīrāma Sāstri and S. R. Krishnamurthi Sāstri. (*Madras Government Oriental Series 155*). Madras 1958.

PañcPV Prakāśātman, Pañcapādikavivaraṇa, s. PañcP.

PDS Praśastapāda, Padārthadharmasaṃgraha, The Praśastapādabhāṣya ... with Commentaries Sūktī by Jagadīśa Tarkālaṅkāra, Setu by Padmanābha Miśra and Vyomavatī by Vyomaśivāchārya, ed. by Gopinatha Kavirāj and Dhundhirāj Shāstri. (*Chowkhamba Sanskrit Series 61*). Benares 1930.

PP Prakaraṇa Pañcikā of Śālikanātha Miśra with the Nyāya-Siddhi of Jaipuri Nārāyaṇa Bhaṭṭa, ed. with Introduction and Notes by A. Subrahmanya Sastri. (*Banaras Hindu University Darśana Series 4*). Banaras 1961.

PSS — Kundakunda, Pañcāstikāyasamayasāra.

PV — Dharmakīrti, Pramāṇavārtika, in: Pramāṇavārtikabhāṣya of Vārtikālaṅkāraḥ of Prajñākaragupta. Being a commentary on Dharmakīrti's Pramāṇavārtikam. Deciphered and edited by R. Sāṅkṛtyāyana. Patna 1953.

PVin — Dharmakīrti, Pramāṇaviniścayaḥ, s. Vetter 1966.

RBgBh — Rāmānuja, Bhagavadgītābhāṣya, in: Veṅkaṭanāthas Gītābhāṣyatātparyacandrikā, ed. by Aṇṇaṅgarāchārya. (*Śrīmadvedāntadeśikagranthamālā*). Conjeevaram 1941.

Ṛj — Śālikanāthamiśra, Ṛjuvimalā, s. BtI.

Rüping 1977 — K. Rüping, *Zur Emanationslehre im Mokṣadharma*, in: *Studien zur Indologie und Iranistik 3* (1977) 3–10.

S. — Seite (bei Verweisen innerhalb dieser Studie).

ŚābBh — Śābarabhāṣya.

SambV — Sureśvara, Sambandhavārtika. (Bṛhadāraṇyakopaniṣadbhāṣyavārtikam ānandagirikṛtaśāstraprakāśikākhyaṭīkāsaṃvalitam, tatra sambandhavārtikarūpaḥ prathamo bhāgaḥ, ed. by M. C. Āpte. (*Ānandāśramasaṃskṛtagranthāvaliḥ 16*). Pune 1892.

SAS — Veṅkaṭanātha, Sarvārthasiddhi, ed. by Aṇṇaṅgarāchārya. (*Śrīmadvedāntadeśikagranthamālā*). Conjeevaram 1941.

ŚBgBh — Śaṅkara, Bhagavadgītābhāṣya, crit. ed. by D. V. Gokhale. (*Poona Oriental Series 1*). Poona 1950.

ŚBh — Brahmasūtra-Śaṅkarabhāṣyam with the Commentaries: Bhāṣyaratnaprabhā of Govindānanda, Bhāmatī of Vācaspatimiśra, Nyāya-Nirṇaya of Ānandagiri, ed. by T. L. Shastri. Delhi 1980.

SbÖAW — Sitzungsberichte d. philosophisch-historischen Klasse d. Öst. Akademie d. Wissenschaften.

Schmithausen 1963 — L. Schmithausen, *Vorstellungsfreie und vorstellende Wahrnehmung bei Śālikanātha*, WZKSO 7 (1963) 104–115.

Schmithausen 1965 — Ders., *Maṇḍanamiśra's Vibhramavivekaḥ mit einer Studie zur Entwicklung der indischen Irrtumslehre.* (*SbÖAW 247 = Veröffentlichungen der Kommission für Sprachen und Kulturen Südasiens, Heft 2*). Wien 1965.

Schmithausen 1968/69 — Ders., *Zur Advaitischen Theorie der Objekterkenntnis*, WZKS 12–13 (1968/69) 329–360.

Schrader 1973 — F. O. Schrader, *Introduction to the Pāñcarātra and the Ahirbudhnya Saṃhitā.* (*The Adyar Library and Research Centre*). Madras 1973 [[1]1916].

SDS — Sarva-Darśana-Saṃgraha of Mādhavāchārya, edited with an exhaustive Hindi Commentary... by UMA SHANKAR SHARMA. (*Vidyabhawan Sanskrit Granthamala 113*). Varanasi 1964.

ŚDū — Veṅkaṭanātha, Śatadūṣaṇī, ed. by AṆṆAṄGARĀCHĀRYA. (*Śrīmadvedāntadeśikagranthamālā*). Conjeevaram 1940.

SHASTRI 1967 — s. BKā.

SLAJE 1983 — W. SLAJE, *Die Wahrnehmungslehre bei Vyomaśiva*, unp. Diss. Wien 1983.

SR — Yāmuna, Stotraratna.

ŚrīBh I–III — Rāmānuja, Śrībhāṣya mit Sudarśanasūris Śrutaprakāśikā, ed. by UTTAMUR T. VĪRARĀGHAVĀCHĀRYA. Teil I–III. (*Ubhayavedāntagranthamālā*). Madras 1967.

ŚrīBh(Poona) I–III — Śrībhāsya of Rāmānuja, ed. by R. D. KARMARKAR. Parts I–III. (*University of Poona Sanskrit and Prakrit Series 1*). Poona 1959–1964.

ŚruP I–III — Sudarśanasūri, Śrutaprakāśikā, s. ŚrīBh. I–III.

SS — Yāmuna, Saṃvitsiddhi, s. MESQUITA 1988.

STEINKELLNER 1967 — E. STEINKELLNER, *Dharmakīrti's Hetubinduḥ, Teil I, Tibetischer Text und rekonstruierter Sanskrit-Text; Teil II, Übersetzung und Anmerkungen.* (*SbÖAW 252/1–2 = Veröffentlichungen der Kommission für Sprachen und Kulturen Südasiens, Hefte 4/5*). Wien 1967.

ŚV — Kumārila, Ślokavārttika.

ŚVG — Rāmānuja, Śrīvaikunthagadya.

ŚVṬĪ — Ślokavārttikavyākhyā Tātparyaṭīkā of Uṃveka Bhaṭṭa, revised by K. KUNJUNNI RAJA and R. TANGASWAMY. (*Madras University Sanskrit Series 13*). Madras 1971.

TBV — Abhayadevasūri, Tattvabodhavidhāyinī, in: Siddhasena Divākaras Sanmatitarkaprakaraṇa. Vols. I–V, ed. SUKHALAL SANGHAVI. (*Gujarātapurātattvamandiragranthāvalī*). Ahmedabad 1923–1930.

THRASHER 1978a — A. W. THRASHER, *Maṇḍana Miśra's Theory of Vikalpa*, WZKS 22 (1978) 133–157.

THRASHER 1978b — Ders., (*Book-Review*), *La Philosophie de Maṇḍana Miśra*, by M. BIARDEAU, Paris 1969, in: IIJ 20 (1978) 263–278.

THRASHER 1981 — Ders., *Vivarta according to Maṇḍana Miśra*, WZKS 25 (1981) 217–230.

TSP — Kamalaśīla, Tattvasaṅgrahapañjikā, in Tattvasaṅgraha of Santarakṣita with the Commentary of Kamalaśīla, ed. by E. KRISHNAMACHARYA. Vols. I–II (*Gaekwad's Oriental Series 30/31*), Baroda 1926.

TSP$_a$ — Kamalaśīla, Tattvasaṅgrahapañjikā, in: Tattvasaṅgraha of Ācārya Shāntarakṣita with the Commentary ‚Pañjikā' of Shri Kamalashīla, crit. ed. by SWAMI DWARIDAS SHASTRI. Vols. I–II. (*Bauddha Bharati Series 1/2*). Varanasi 1968.

TṬĪ — Veṅkaṭanātha, Tattvaṭīkā, ed. by AṆṆAṄGARĀCHĀRYA. (*Śrīmadvedāntadeśikagranthamālā*). Conjeevaram 1941.

TV — Kumārila, Tantravārttika. (*Ānandāśramasaṃskṛtagranthāvaliḥ 97*), Vols. I–VII. Poona 1970–76.

VĀP — Vidyānanda, Āptaparīkṣā [mit Autokommentar], hrsg. D. L. JAIN. (*Vīrasevāmandira Granthamālā 8*). Sahāranapur 1949.

VAS — Rāmānuja's Vedārthasaṃgraha, Introduction, critical Edition and annotated Translation by J. A. B. VAN BUITENEN (*Deccan College Monograph Series 16*). Poona 1956.

VETTER 1964 — T. VETTER, *Erkenntnisprobleme bei Dharmakīrti*. (*SbÖAW 245 = Veröffentlichungen der Kommission für Sprachen und Kulturen Südasiens, Heft 1*). Wien 1964.

VETTER 1966 — Ders., *Dharmakīrti's Pramāṇaviniścayaḥ, 1. Kapitel: Pratyakṣam. Einleitung, Text der tibetischen Übersetzung, Sanskritfragmente, deutsche Übersetzung*. (*SbÖAW 250 = Veröffentlichungen der Kommission für Sprachen und Kulturen Südasiens, Heft 3*). Wien 1966.

VETTER 1968/69 — Ders., *Zur Bedeutung des Illusionismus bei Śaṅkara*, WZKSO 12–13 (1968/69) 407–423.

VETTER 1969 — Ders., *Maṇḍanamiśras Brahmasiddhiḥ, Brahmakaṇḍaḥ. Übersetzung, Einleitung und Anmerkungen*. (*SbÖAW 262 = Veröffentlichungen der Kommission für Sprachen und Kulturen Südasiens, Heft 7*). Wien 1969.

VETTER 1979 — Ders., *Studien zur Lehre und Entwicklung Śaṅkaras*. (*Publications of the De Nobili Research Library 6*). Wien 1979.

VPu — Viṣṇupurāna.

Vyom — Vyomaśiva, Vyomavatī, s. PDS.

WEZLER 1981 — A. WEZLER, *Studien zum Dvādaśāranayacakra des Śvetāmbara Mallavādin*. I. *Der sarvasarvātmakatvavāda*, in: *Studien zum Jainismus und Buddhismus*. Gedenkschrift für Ludwig Alsdorf. (*Alt- und Neu-Indische Studien 23*). Wiesbaden 1981.

WZKS(O) — *Wiener Zeitschrift für die Kunde Südasiens* (*Bde. 1–13 Wiener Zeitschrift für die Kunde Süd- und Ostasiens*).

YBh — Yogabhāṣya, s. YBhV.

YBhV	Pātañjala-Yogasūtra-Bhāṣya-Vivaraṇa of Śaṅkara-Bhagavatpāda, ed. by POLAKAM SRI RAMA SASTRI and S. R. KRISHNAMURTI SASTRI. (*Madras Government Oriental Series* 94). Madras 1952.
YD	Yuktidīpikā. An ancient Commentary on the Sāṃkhya-Kārikā of Īśvarakṛṣṇa, ed. by RAM CHANDRA PANDEYA. Delhi 1967.
YDī	Śrīnivāsācārya, Yatīndramatadīpikā. (*Benares Sanskrit Series 123/133*). Benares 1907.
ZDMG	*Zeitschrift der Deutschen Morgenländischen Gesellschaft.*
[ ]	Sinngemäße Ergänzung in der deutschen Übersetzung.

2

EINLEITUNG

Schon seit vielen Jahren steht Yāmunamunis Philosophie im Mittelpunkt der indologischen Forschung [Mesquita 1974/1980]. Das Interesse an seiner Person gründet vor allem darin, daß Yāmuna der erste Autor aus der Frühzeit der Viśiṣṭādvaita–Schule ist, dessen Werke uns nahezu vollständig erhalten geblieben sind. Und die Überlieferung seiner Werke haben wir dem Umstand zu verdanken, daß sie immer wieder abgeschrieben wurden, und daß sie damit dem umweltbedingten Verfall entgingen. Da im alten Indien in erster Linie Werke abgeschrieben wurden, die den Rang eines klassischen Werkes erlangt hatten, können wir daraus die besondere Bedeutung der Persönlichkeit Yāmunas und seiner Werke in der Schule sehen.

Bekanntlich fließen in diese Schule zwei große Traditionen, die des Vedānta und des Pāñcarātra, ein. Es scheint aber auch, daß sich die früheren Vertreter dieser Schule Auffassungen zu eigen gemacht haben, die dem Nyāya-System näher standen als dem Vedānta. Beispielsweise lehrte Nāthamuni, der als Begründer der Schule gilt, im Anschluß an den Nyāya und im Widerspruch zum Vedānta, daß Gott nicht nur auf Grund der Offenbarung, sondern auch durch die Schlußfolgerung zu beweisen sei. Nach der Lehre des Vedānta, die z. B. im Vedāntasūtra 1.1.3: *śāstrayonitvāt* zum Ausdruck kommt, ist *scriptura sola* das Beweismittel für Gott. Auch Yāmuna hat in seinen jüngeren Jahren, etwa in seiner Ātmasiddhi und Īśvarasiddhi, die genannte These seines Großvaters, Nāthamunis, verteidigt. In den späteren Werken, wie in dem nunmehr verlorenen Puruṣanirṇaya und im Āgamaprāmāṇya, fügt sich hingegen Yāmuna voll in die diesbezügliche Tradition des Vedānta ein [Mesquita 1971/1980].

Diese enge Beziehung Yāmunas zum Vedānta wurde von Neevel [1977] in seiner Untersuchung, die sich auf eine andere wichtige Arbeit über Yāmuna von Oberhammer [1971] stützt und von Yāmunas Ātmasiddhi ausgeht, überzeugend dargelegt, während die genannte Arbeit Oberhammers die Beziehung des Pāñcarātra zum Viśiṣṭādvaita auf Grund des Textmaterials aus dem Āgamaprāmāṇya Yāmunas zu erhellen versucht hat. Die vorliegende Studie zur Saṃvitsiddhi, selber ein Ergebnis einer vieljährigen Beschäftigung mit der Viśiṣṭādvaita Schule, setzt diese beiden Untersuchungen voraus und baut ihre Erkenntnisse aus.

Die Saṃvitsiddhi ist ein rational argumentierendes philosophisches Werk, in dem die Argumentationsmethode (*yuktiḥ* / *nyāyaḥ*) der Möglichkeit und Unmöglichkeit einer Sache oder Lehre im Vordergrund steht. In diesem Sinne verlangt Yāmuna von seinen Gegnern eine rationale Rechtfertigung für ihre Lehren (*vayam aśraddhadhānāḥ smo ye yuktiṃ prārthayāmahe*, v. 185) und versucht andererseits, sie – wie er selbst sagt – mit dem Feuer seiner Logik wie einen mit Lack überzogenen Schmuck zu vernichten (*sā hi nyāyānalaspṛṣṭā jātuṣābharaṇāyate*, v. 208; S. 113).

Das Anliegen dieses Werkes ist es daher, eine rationale Begründung für die Existenz der Erscheinungswelt zu liefern. Wenn wir darin auch noch eine theologisch-exegetische Hermeneutik finden, wenn es darum geht, die Einwände des Advaita abzulehnen, daß die Offenbarungsstellen wie *ekam evādvitīyam* (vv. 3–73) und *tat tvam asi* (vv. 104–156) einen absoluten Monismus und daher die Unwirklichkeit der Sinneswelt lehren, so geschieht dies eher in untergeordnetem Maße. Denn Yāmuna vertritt im Anschluß an die Mīmāṃsā-Schule die Meinung, daß die Offenbarung nicht die Aufgabe hat, die sichtbaren Dinge zu beweisen bzw. mitzuteilen, sondern die nicht sichtbaren. (S. 177–181).

Yāmuna dürfte in seinen Ausführungen einen formalen Schluß als Beweismittel für die Wirklichkeit der Sinneswelt geliefert haben (S. 112–113), mit dessen Hilfe er gezeigt hat, daß eine Erkenntnis ohne ein äußeres, reales Objekt und Subjekt nicht möglich ist. Zu diesem Ergebnis gelangt er, wenn er den Wahrnehmungsvorgang analysiert. Dieses Verfahren bezieht sich zunächst auf den Beweis der Wirklichkeit des einzelnen, in der Erkenntnis erfaßten äußeren Dinges und erst in der weiteren Folge auf den Beweis für die Wirklichkeit der Sinneswelt als Gesamtheit der Dinge.

In ihrem ersten Teil legt diese Studie die Erkenntnistheorie Yāmunas dar. Die Studie geht davon aus, daß kein Lehrsystem in einem leeren Raum, ohne positive oder negative Beeinflussung durch andere bestehende Schulen entstehen kann. So wird in dieser Studie Bedacht darauf genommen, die Querverbindungen zu den Erkenntnistheorien anderer Schulen aufzuzeigen. Es war so möglich festzustellen, daß die Erkenntnislehre Yāmunas eindeutig vedāntische Züge enthält, daß sie sich bei ihrer Entwicklung trotz der deutlichen Abgrenzung vom

Advaita-Vedānta einerseits und von den realistischen Schulen wie Mīmāṃsā und Sāṃkhya andererseits dem Einfluß dieser Systeme nicht entziehen konnte.

In der Frage dieser Beeinflussung war es aber nicht immer möglich, genau zu bestimmen, ob es sich dabei um eine direkte oder eine indirekte Übernahme des fremden Gedankengutes gehandelt hat. Denn manche Gedankengänge etwa der Mīmāṃsā- und Sāṃkhya- Schulen, die wir im System Yāmunas eingebettet finden, wurden vor ihm von Śaṅkara aufgegriffen und im Sinne des Vedānta interpretiert. Da Yāmuna einerseits in vielen Punkten seiner Erkenntnislehre von Śaṅkara abhängig ist und andererseits Śaṅkara im Gegensatz zu den späteren Advaitins grundsätzlich den Realismus vertritt, wäre es gut möglich, daß Yāmuna manchen in der Vedānta-Tradition von Śaṅkara überarbeiteten Argumenten eher zugänglich war. Für diese Annahme spricht besonders die Tatsache, daß Yāmuna im Rahmen seiner Auseinandersetzung mit den Gegnern immer wieder darauf verweist, daß er sich auf die Meinung der Vedānta-Gelehrten (*trayyantavidaḥ*) stützt (S. 90). So könnte Śaṅkara das Vorbild sein, wenn Yāmuna die Unveränderlichkeit des Ātmā durch sāṃkhyistische Begriffe wie *sākṣī*, *svārthatva-* und dergl. beschreibt oder wenn er für die Erklärung der Objekterkenntnis die Psychologie des Sāṃkhya-Yoga heranzieht (S. 100f.; 224f). Genauso dürfte ihm Śaṅkara als Vorbild gedient haben, wenn er den Wesenskern des Ātmā, wie dies in der Mīmāṃsā üblich war, als ‚Ich' (*aham*) bestimmt (S. 93), die These des Selbstbewußtseins der Buddhisten mit Hilfe der Argumente Kumārilas zurückweist (S. 67–71), oder sich die Methode der logischen Argumentation (*yuktiḥ* / *nyāyaḥ*), so wie sie durch Kumārila entwickelt worden war, zu eigen macht (S. 118f.; 153f.). Eine direkte Anleihe beim Sāṃkhya könnte man sich hingegen bei der Entwicklung seines *svarūpam* / *svabhāvaḥ*-Denkmodells vorstellen, insofern sich dieses am *puruṣaḥ* / *prakṛtiḥ*-Dualismus zu orientieren scheint (S. 96ff.; 216f.). So dürfte auch die Saṃyoga-Definition Yāmunas in direkter Abhängigkeit von der Kumārila-Schule formuliert worden sein (S. 88; 143f.) und ebenso die Deutung des Erkenntnisprozesses in der Unterscheidung von *kriyā* und *phalam* (S. 73f.; 104f.). Sicher scheint auch, daß die Erklärung des Selbstevidentseins der vergänglichen Objekterkenntnis (S. 72f.) bzw. die Deutung der Erkenntnis von vergangenen und zukünftigen Gegenständen in direkter Anlehnung an die Kumārila-Schule geschehen ist (S. 75f.).

Die Ablehnung der advaitischen These der Realitätsgrade erfolgt auch nach dem Vorbild Kumārilas, der die Unteilbarkeit des Seinsbegriffs vertritt (S. 154–158). Besonders bemerkenswert ist die Tatsache, daß Yāmuna der Irrtumslehre Kumārilas, nämlich der Anyathākhyāti, den Vorzug gibt, obwohl die Schultradition eine andere Lehre, nämlich die Yathārthakhyāti, als Siddhānta überliefert hat. Eine Position, die später auch von Rāmānuja vertreten wurde (S. 240ff.). Damit zeigt sich, wie nachhaltig die Kumārila-Schule das Lehr-System Yāmunas beeinflußt hat. Für die geschichtliche Beurteilung ist dieser Befund von besonderer Wichtigkeit, wenn man bedenkt, daß im weiteren Verlauf die Viśiṣṭādvaita Schule, etwa zur Zeit Veṅkaṭanāthas, sich sehr stark an der Prābhākara-Schule orientiert (Anm. 872).

Es ist in diesem Zusammenhang nicht unwichtig zu wissen, von welchem Vertreter der Kumārila-Schule Yāmuna für den Entwurf seines Systems am meisten Anregungen erhalten hat. Wir sind in der glücklichen Lage, die direkten Gegner Yāmunas in der Mīmāṃsā bestimmen zu können, da er sie als *abhinavamīmāṃsakāḥ* bezeichnet (S. 80). Einer unter ihnen ist Sucaritamiśra. Yāmuna übernimmt viele seiner Ansätze sowohl in der Erkenntnislehre (S. 67f.; 72ff.; 106; Anm. 31) als auch in der Wahrnehmungslehre (S. 127f.; 143ff.). Auf der Seite der Prābhākara-Schule ist es Śālikanātha. Wir finden in der Saṃvitsiddhi eindeutige Entlehnungen aus seinen Werken, wie z. B. die Argumente gegen den Advaitavāda [Mesquita 1988, Anmn. 196, 260, 272]; Widerlegung der Anirvacanīyakhyāti [Mesquita 1988, Anmn. 271, 272]; Zurückweisung der These Kumārilas von der nachträglichen Erschließbarkeit der Erkenntnis (Anm. 187). Darüber hinaus zeigen der Aufbau und die Formulierung der Yathārthakhyāti deutliche Einflüsse der Akhyāti-Lehre, wie sie von Śālikanātha vorgetragen wurde (S. 266ff.).

Ausschlaggebend für die Entwicklung des Lehr-Systems Yāmunas war ebenfalls, wie bereits angemerkt, der eindeutige Einfluß Śaṅkaras und seiner Schule. So ist Yāmuna bei der Unterscheidung zwischen *nityadṛṣṭiḥ* und *anityadṛṣṭiḥ* direkt von Śaṅkara abhängig (S. 90ff.). Yāmuna übernimmt auch seine ‚Illuminationslehre', die für die weitere Entwicklung im Advaita-Vedānta vorbildlich blieb (S. 68ff.; 109ff.). Diese Lehre hatte den Vorteil, die Geistnatur des Selbst anschaulicher und energischer zu beschreiben.

So kann Yāmuna im Anschluß an Śaṅkara und seine Schüler lehren, daß das Selbst als lichthaftes und transzendentes Prinzip, insofern es nie Erkenntnisobjekt sein kann, eine *a-priori* Voraussetzung für jedes Objekterkennen ist (S. 68ff.). Die Heranziehung der Lichtmetapher für die Deutung des Erkenntnisvorganges hatte zur

Folge, daß *jñānam* (Erkenntnis / Bewußtsein) mit *prakāśaḥ* (Licht / Erscheinung / Beleuchtung) identifiziert wurde (S. 68f.; 91f.; 108f.).

Yāmuna versteht das *jñānam* als gleichbedeutend mit anderen ähnlichen Ausdrücken, die aus den Verbalwurzeln gebildet werden, die Synonyme von *jñā* (erkennen) sind wie *saṃvid* / *dṛś* / *upalabh* / *avagam* / *pramā* / *budh* / *anubhū* / *grah-* und dergl. (S. 56). Überall dort, wo Yāmuna *prakāśaḥ* als ein Ergebnis (*phalam*) des Erkenntnisvorganges (*kriyā*) und als eine Eigenschaft des Gegenstandes (*padārthadharmaḥ*) versteht, wurde *prakāśaḥ* durchwegs als ‚Bewußtheit' wiedergegeben. Etwas verwirrend ist in diesem Zusammenhang der Gebrauch des *jñānam* auch als Synonym von Geistigkeit (*caitanyam*), die die ewige Eigenschaft des Selbst ist (S. 102; Anm. 241).

Genauso verwendet Yāmuna für das Selbstevidentsein des transzendenten Selbst und der vergänglichen Objekterkenntnis den gleichen Ausdruck wie *svayamprakāśatvam*, *svayaṃjyotiṣṭvam*, *svayamprabhatvam* (Selbstleuchtendsein); *svataḥsiddhatvam* (Selbstevidentsein / Selbstgegebensein).

Yāmuna entwickelt die Lehre des Selbstevidentseins in direkter Auseinandersetzung mit Dharmakīrti (*prakaṭasaugataḥ*) und mit den Advaitins (*pracchannasaugatāḥ*) wie Sureśvara, Padmapāda, Vimuktātman und Prakāśātman. Für die Datierung des zuletzt erwähnten Advaita-Autors ergibt sich damit ein besonders wertvolles Ergebnis. Denn in der Saṃvitsiddhi finden wir keine wie immer geartete Polemik gegen Prakāśātman, obwohl Gelegenheit dazu vorhanden wäre. Die Bekanntschaft Yāmunas mit ihm ist erst in seinem späteren Werk, in der Ātmasiddhi, faßbar [Mesquita 1988, 60–61]. Daraus könnten Schlüsse für seine genaue Datierung gezogen werden, insofern das Geburtsjahr Yāmunas in einer Inschrift mit 966–967 n. Chr. bezeugt wird [Mesquita 1973].

Bei seiner Ablehnung vom *sahopalambhaniyama*-Schluß des Dharmakīrti folgt Yāmuna weitgehend dem Vaibhāṣika-Buddhisten Śubhagupta (S. 36ff.).

Im Gegensatz zu der Erkenntnislehre, die in der vorliegenden Studie ausschließlich auf Grund von Yāmunas eigenen Ausführungen dargelegt wurde (S. 32f.), liegen dem hier rekonstruierten ‚Wahrnehmungsbeweis' Yāmunas bzw. den anderen damit verwandten Diskussionen, die in den verlorenen Textstücken der Saṃvitsiddhi behandelt worden waren, zum größten Teil die diesbezüglichen Aussagen Rāmānujas zugrunde. Auch haben wir versucht, soweit das Material aus den anderen Werken Yāmunas es erlaubte, gelegentliche Äußerungen Yāmunas zu dem jeweiligen Thema auszuwerten. Zur Präzisierung bzw. Vervollständigung der auf diese Weise nur stückhaft gewonnenen Vorstellungen Yāmunas haben wir die dazu gehörigen Aussagen Rāmānujas eingearbeitet. So war es möglich, nicht nur die ursprüngliche Wahrnehmungslehre Yāmunas zu erfassen (S. 129ff.), sondern auch seine Kosmologie, die Umwandlungslehre (S. 193ff.) und die Lehre von der Einheit in der Verschiedenheit. Die Widerlegung der These von der Überlegenheit der Offenbarung (*śāstrabalīyastvam*) Maṇḍanas aber (S. 165ff.), wie auch die Anwendung des *sadasadātmakatva*-Modells Kumārilas auf die gesamte Weltausbreitung (S. 197ff.) wurde hier ausschließlich auf Grund des Materials aus dem Śrībhāṣya und aus dem Vedārthasaṃgraha erschlossen. Daß in allen diesen Fällen nicht bloß die Meinung aus der Sicht Rāmānujas in das Werk Yāmunas auf eine wissenschaftlich unerlaubte Weise hineingetragen wurde, zeigt vor allem die Tatsache, daß sich eine enge literarische Abhängigkeit Rāmānujas von Yāmuna nachweisen läßt, etwa in allen wesentlichen Punkten der Ātmā-Lehre Rāmānujas, seiner Erkenntnis- und Irrtumslehre, Brahma-Lehre, Bhakti-Lehre usw. [Mesquita 1984, 217–218]. Wir können hier auch sicher davon ausgehen, daß Rāmānuja im Gegensatz zu den anderen späteren Viśiṣṭādvaita-Autoren die Schriften Yāmunas vollständig gekannt hat [Mesquita 1973, Anmn. 40, 58].

Bei einem solchen Verfahren wurde natürlich die Möglichkeit einer Nivellierung der Meinungen dieser beiden Autoren in einem oder anderen Fall in Kauf genommen, da nach dem heutigen Forschungsstand die möglichen Nuancen bzw. Akzentverschiebungen oder sogar Weiterbildungen und Abweichungen in der Lehre nicht erfaßt werden können.

Fest steht, daß auch die besagten Diskussionen in den Werken Rāmānujas das gleiche Bild vermitteln wie die überlieferten Erörterungen Yāmunas. Denn auch sie sind in hohem Maße der Kumārila-Schule verpflichtet, wie z. B. die Ausführungen über die Wahrnehmungslehre (S. 127; 143ff.). In der Kosmologie ist Rāmānuja weitgehend dem ontologischen Ansatz von *sadasadātmakatvam* Kumārilas gefolgt. So hat er auch die Umwandlungslehre nach den Vorstellungen des Sāṃkhya gestaltet (S. 191ff.; 200ff.).

Wir lernen hier also Quellen kennen, aus denen das Lehr-System Yāmunas geschöpft hat. So können wir sowohl in der Erkenntnis- als auch in der Wahrnehmungslehre verfolgen, wie die einzelnen Bausteine aus verschiedenen älteren Traditionen Stück für Stück zu einem neuen Lehr-System zusammengefügt wurden.

Die Tatsache, daß die Studie sich auch mit etwas weiter abseits gelegenen Problemkreisen beschäftigt, wie mit der Yāmuneischen Kosmologie und Theologie (S. 181 ff.), die mit dem eigentlichen Thema „Die Philosophie der Erkenntnis“ eine eher nur lose Verbindung haben, hängt damit zusammen, daß die genannten Problemkreise im Bezugsfeld des Nachweises der Realität der Sinneswelt stehen. Denn das Sein der Sinneswelt hat seinen Ursprung im Sein des höchsten Gottes, der sowohl *causa efficiens* als auch *causa materialis* der Welt ist. Die objektive Schöpfung wird von Yāmuna als reale Umwandlung der Materialursache verstanden (S. 221 ff.). Somit hat die Sinneswelt ein abhängiges (*paratantra-*) Sein (S. 223 f.) und ist als Attribut (*viśeṣaṇam*) in der Einheit Gottes aufgehoben. Deshalb haben wir versucht, die Wirklichkeit der Sinneswelt auch in dieser Dimension zu erklären.

Im großen und ganzen können wir davon ausgehen, daß das hier Dargelegte nicht eine Schöpfung Yāmunas war. Im wesentlichen dürfte er dem von Nāthamuni geschaffenen Lehr-System verpflichtet sein. Denn er übernimt nicht nur die Erkenntnislehre (S. 88 f.; 110 f.), die Irrtumslehre (S. 247 ff.; 259 f.) und möglicherweise auch die Wahrnehmungslehre (S. 147 f.) Nāthamunis, sondern auch seine *saṃyoga*-Definition, die der typischen Ontologie und Theologie des Viśiṣṭa-Advaita und den oben genannten Lehren zugrunde liegt (S. 221). So gesehen, ist der Ruhm Nāthamunis als Begründer der Viśiṣṭādvaita-Schule voll berechtigt (S. 111).

Fragt man nun nach der Bedeutung des Philosophen Yāmuna für die Viśiṣṭādvaita-Schule, so scheint es, daß von ihm auch entscheidende Impulse für die endgültige Ausformung der Schule ausgegangen sind, wenn er auch vieles von seinen Vorläufern übernommen hat besonders von seinem Großvater Nāthamuni. Zugleich hat Yāmuna aber in vielen Fragen einen eigenständigen, von Nāthamuni abweichenden Standpunkt eingenommen. So z. B. in der Gotteslehre. Im Gegensatz zu Nāthamuni, der das *īśvarānumānam* anerkannt hat, hat Yāmuna gelehrt, daß der persönliche Gott ausschließlich durch die Veda-Offenbarung zu erkennen sei (S. 19). Eine Lehre, die in der späteren Folge ein fester Bestandteil der Schule wurde.

Ein anderer Aspekt dieser Lehre dürfte sich auch unter Yāmunas Einfluß im Viśiṣṭādvaita durchgesetzt haben, nämlich daß die Veda-

Offenbarung ewig und urheberlos (*apauruṣeya-*) ist. Nāthamuni scheint der Meinung gewesen zu sein, daß der persönliche Gott Viṣṇu sowohl der Verkünder der Veda-Offenbarung als auch der Pāñcarātra-Überlieferung ist (*īśvarapraṇītatvam*). Damit übernimmt er in der Autoritätsbegründung den Standpunkt der Nyāya-Schule, daß die Glaubwürdigkeit einer Schrift „Von-einem-Kundigen-Verkündigtsein" (*āptoktatvam*) abhängt [Mesquita 1974, 203]. Yāmuna hingegen rechtfertigt die Glaubwürdigkeit der Pāñcarātra-Überlieferung letztlich dadurch, daß diese auf Veda-Offenbarung beruht (*vedamūlatvam*), verwirft dabei aber nicht das Theorem des *āptoktatvam*, sondern verbindet dieses mit *vedamūlatvam*. So lehrt er, daß der allwissende Gott Viṣṇu der eigentliche Verkünder der Pāñcarātra-Überlieferung ist, und daß seine Allwissenheit der Garant ist, daß diese Überlieferung den unverfälschten Inhalt der ewigen und urheberlosen Veda-Offenbarung wiedergibt [Oberhammer 1971, 99].

Eine weitere Abweichung läßt sich in der Irrtumslehre Yāmunas feststellen. Nāthamuni hat die Yathārthakhyāti vertreten (S. 259f.). Nach dieser Lehre hat jede Erkenntnis, auch eine falsche, einen entsprechenden Gegenstand in der Außenwelt. Yāmuna gibt zwar diese Auffassung nicht auf, verbindet sie aber mit einer weiteren Irrtumslehre, die in der Mīmāṃsā Kumārilas entwickelt wurde, nämlich die Anyathākhyāti (S. 241f). Auch Rāmānuja schließt sich dieser Lehrmeinung Yāmunas an (S. 247).

Damit können wir, wenn auch in einem beschränkten Maße, Einblick in das Schaffen Yāmunas gewinnen, der bei aller Treue zum Lehrgut der früheren Ācāryas auch eine eigenständige Linie in der Schule verfolgt und dadurch die früheren Werke in den Schatten stellt. Dies dürfte auch der Grund dafür sein, daß seine Schriften nahezu vollständig überliefert wurden, zumal nicht nur Rāmānuja, sondern auch die späteren Autoren der Schule immer wieder auf sie zurückgreifen.

Zu einem weiteren, wenn auch indirekten Ergebnis dieser Studie könnte man auch die Einsicht zählen, daß der spätere große Systematiker der Schule, Rāmānuja, sich diesen beiden Lehrern des frühen Viśiṣṭādvaita angeschlossen hat.

Es ist daher meine innigste Hoffnung, daß die vorliegende Studie nicht nur eine Grundlage für das Verständnis der nur unvollständig überlieferten Saṃvitsiddhi bietet, sondern daß sie auch etwas Licht auf die Entstehungsgeschichte dieser Schule werfen wird.

ERSTER TEIL

ZUR PROBLEMATIK DER SAṂVID. NACHWEIS DER REALITÄT DER WELT DURCH DIE SCHLUSSFOLGERUNG

Das religiöse Weltbild, auf dem das philosophisch-theologische System der Viśiṣṭādvaita-Schule beruht, verlangt, daß man im Rahmen einer philosophischen Reflexion die Gültigkeit der Objektivität der Erkenntnis begründet. Denn ohne eine erkenntnistheoretische Grundlegung der Realität der Welt wäre das gesamte Lehrgebäude und die damit eng verbundene Erlösungslehre gegenstandslos. Yāmuna stellt diese Beziehung in seiner Saṃvitsiddhi des öfteren deutlich her, wenn er sich mit seinen Gegnern auseinandersetzt: „[Daher] wird die [reale Entfaltung der] Schöpfungsmacht Brahmas nicht negiert. Würde man das verneinen, so würde, weil [dann] alles unwahr ist, der weltliche und vedische Sprachgebrauch zunichte gemacht werden. Ebenso stünde es mit der [durch die anhaltende Meditation über die Veda-Texte gewonnene] Brahma-Erfahrung."

(*. . . brāhmī vibhūtir na niṣidhyate* //
tanniṣedhe samastasya mithyātvāl lokavedayoḥ /
vyavahārās tu lupyeraṃs tathā syād brahmadhīr api //)[1].

Damit rücken die Realität und Pluralität der Weltdinge in den Mittelpunkt einer philosophischen Untersuchung. Dabei wird die Objekterkenntnis, die uns über die Sinnesorgane vermittelt wird, auf ihre Gültigkeit hin geprüft. Das Ergebnis dieser philosophischen Reflexion in der Saṃvitsiddhi lautet, daß diese Erkenntnis (*saṃvid*) unmittelbar (*aparokṣam*)[2] die Wirklichkeit der Erscheinungswelt (*prapañcasadbhāvaḥ*) bezeugt.

---

[1] SS vv. 67–69.

[2] Die Unmittelbarkeit ist hier nicht eine Bestimmung des Gegenstandes der Erkenntnis, sondern die der Erkenntnis selbst: *yat . . . aparokṣam avabhāsate tat pratyakṣam* (ĀP 144, 6–7); *idam ahaṃ vedmīty anyonyātmanā sphuṭaṃ trayaṃ sākṣāc cakāstīti sarveṣām ātmasākṣikam* (SS vv. 425–426); *pratipramātṛviṣayaṃ parasparavilakṣaṇā aparokṣaṃ prakāśante sukhaduḥkhādivad dhiyaḥ* (SS vv. 186–187; ĀS 70, 4f.); *. . . jñātṛjñānajñeyavivekasākṣātkārī pratyayaḥ* (ĀS 119,2). Diese Lehre, die vor Yāmuna sowohl bei Vyomaśiva als auch bei Bhāsarvajña faßbar ist (vgl. Slaye 1983, 41f.), wird auch von den späteren Viśiṣṭādvaita-Autoren vertreten (vgl. Oberhammer 1979, 116f.); vgl. unten Anm. 879.

Für die Gesamtheit der Weltdinge verwendet Yāmuna außer gängigen Ausdrücken wie *jagat* (Erde, Welt) und *prapañcaḥ* (Ausbreitung, Entfaltung der Welt) auch andere Bezeichnungen beschreibender Natur wie *surāsuranarabrahmabrahmāṇḍakoṭayaḥ* (Millionen von Göttern, Dämonen, Menschen, Brahmas und Brahma-Eiern = gesamte Schöpfung)[3], *sthāvarajaṅgamaṃ jagat* (unbewegliche und bewegliche Welt)[4], *samastaḥ* (Universum)[5], *prapañcaś cidacinmayaḥ* (geistige und ungeistige Welt)[6].

In diesem Sinne bezeugt die Vielgestaltigkeit unserer Erkenntnisse die objektive Mannigfaltigkeit der Welt. Denn Yāmuna versteht, wie jeder andere Realist, den Erkenntnisvorgang als ein Zusammenwirken realer Komponenten: „Bei diesen [realen Erkenntniskomponenten] ist derjenige der Erkenner, der sich aus dem Wunsch zu erlangen oder zu vermeiden betätigt. Erkenntnismittel ist das, womit dieser [Erkenner] einen Gegenstand erkennt. Erkenntnisgegenstand ist der Gegenstand, der erkannt wird. Erkenntnis[resultat] ist das Wissen um den Gegenstand. In allen so gearteten vier [Faktoren] ist [ein Bezug zur] Realität des [äußeren] Gegenstandes enthalten." (*tatra yasyepsājihāsāprayuktasya pravṛttiḥ sa pramātā / sa yenārthaṃ pramiṇoti* (= *vijānāti*) *tat pramāṇam / yo'rthaḥ pramīyate tat prameyam / yad arthavijñānaṃ sā pramitiḥ / catasṛṣu caivaṃvidhāsv arthatattvaṃ parisamāpyate*)[7].

Diesem realistischen Standpunkt, daß die Objekterkenntnis (*saṃvid*) kausal, d.h. durch die Sinnesorgane als Erkenntnisursachen vermittelt wird (*pramāṇam antareṇa nārthapratipattiḥ*)[8], steht die Ansicht der Gegner Yāmunas, die er als *saugatāḥ pracchannāḥ* (= Advaitins) und *saugatāḥ prakaṭāḥ* (= Buddhisten) charakterisiert, entgegen.

In ihrer Deutung der *saṃvid* wird das reale kausale Prinzip gänzlich ausgeschaltet. Denn die *saṃvid* ist für sie ewig und teillos[9]. Die

---

[3] SS v. 41.

[4] SS v. 58.

[5] SS v. 68; 57.

[6] SS. v. 66.

[7] NBh 24, 2–4; vgl. TBV II, 295, 8f.; ĀS 221, 1–2: ..*anyat tu nimittabhedānusāreṇa jānāti na jānāti ceti*; Kāś II, 121, 23f.; R. C. Dwivedi, *Jaina Definitions of the Pramāṇa*, in: Amṛtadhāra / Fs. Dandekar. Delhi 1984, 115–124.

[8] NBh 21,2; ĀS 221, 1–2.

[9] Die Yogācāra-Buddhisten schreiben dem ‚Erkennen' vier Eigenschaften zu: Reinheit, Selbst, Wonne und Ewigkeit: *śubhātmasukhanityatvaguṇapāra-*

Teilung in Objekt, Subjekt, Mittel und Ergebnis der Erkenntnis bzw. das implizierte kausale Verhältnis existiert für sie nur scheinbar: „Obwohl das Wesen der Erkenntnis keine Teile hat, wird es von den [Menschen], die einen verkehrten Blick haben, gleichsam in Erkenntnisobjektsubjekt und Erkenntnis geteilt gesehen."

(avibhāgo'pi buddhyātmā viparyāsitadarśanaiḥ /
grāhyagrāhakasaṃvittibhedavān iva lakṣyate //)[10].

Wird einmal die Existenz eines Subjektes und Objektes argumentativ ausgeschaltet, so bleibt kein Raum mehr für die Realität der Sinneswelt, die sich auf die Verschiedenheit der Dinge gründet. Die Gegner Yāmunas weisen ausdrücklich auf diesen Zusammenhang hin. Etwa Dharmakīrti argumentiert folgenderweise: „Außerdem beruht die Feststellung der Verschiedenheit der Weltdinge auf der Verschiedenheit [des Subjektes und Objektes]. Und wenn diese eine Täuschung ist, dann ist die Verschiedenheit dieser [Dinge] ebenfalls eine Täuschung. Auch gibt es kein Merkmal [der Dinge], das außerhalb der Erscheinungsformen des Subjektes und Objektes liegt. Da sie infolgedessen merkmallos sind, erscheinen sie als wesenlos."

(tadbhedāśrayiṇī ceyaṃ bhāvānāṃ bhedasaṃsthitiḥ /
tadupaplavabhāve ca teṣāṃ bhedo'py upaplavaḥ //
na grāhyagrāhakākārabāhyam asti ca lakṣaṇam /
ato lakṣaṇaśūnyatvān niḥsvabhāvāḥ prakāśitāḥ //)[11].

Auch die Advaitins lehren in diesem Sinne, daß alle Erkenntnisarten „aus einer Überlagerung des Nichtwissens entspringen" (*avidyādhyāsavilasita-*) und daß das Nichtwissen Voraussetzung dafür ist, daß die Erkenntnis in Subjekt, Objekt, Vorgang und Ergebnis zerspalten ist[12].

Für Yāmuna hingegen ist eine Erkenntnis, die nur ein scheinbares und nicht ein reales Objekt, Subjekt usw. hat, ein Ding der absoluten

---

mitā (vgl. Ratnagotravibhāgaḥ, ed. E. H. Johnston. Patna 1950, v. 35). Damit trägt dieses Erkennen „ganz ähnliche Züge wie der Ātmā der Upaniṣaden" (vgl. Frauwallner 1951, 642; vgl. auch A. G. Burrini, *Il bodhicittotpāda e lo svincolamento dal Karman*, in: *Annali* [Inst. Univ. Orientale]. Napoli 45 [1985], 325–340). So entspricht die Gleichsetzung Yāmunas, wenn er sagt: *saṃvid evātmeti saugatāḥ prakaṭāḥ pracchannāś ca* (ĀS 63, 4–5) den historischen Gegebenheiten (vgl. dazu Mesquita 1988, Anm. 102).

[10] PV III, v. 354 = ĀS 63, 6–7; vgl. dazu Vetter 1964, 71ff.

[11] PV III, vv. 215–216; vgl. Vetter 1964, 70.

[12] Vgl. Hacker 1951, 147f.; 35ff.

Unmöglichkeit: *na ca nirviṣayā nirāśrayā vā saṃvin nāmo kācit sambhavati, atyantānupalabdheḥ*[13]. Daraus ergibt sich nun, daß a) die Leugnung der *saṃvid* als ein Ergebnis des Zusammenwirkens der vier oben genannten realen Komponenten zur Leugnung der Realität der Welt führt und daß b) umgekehrt durch die Begründung der *saṃvid* als ein kausales Faktum, sofern es auf Grund des Zusammenwirkens der vier realen Komponenten entsteht, die Realität der Welt sichergestellt wird. So kann Yāmuna sein Werk, das dem Beweis der Realität der Welt (*prapañcasadbhāvaḥ*) gewidmet ist, Saṃvitsiddhi betiteln[14]. Denn *saṃvid* ist für ihn Erweis des äußeren Gegenstandes (*viṣayasiddhiḥ*)[15]. In der Begründung der realen Kausalität der *saṃvid* ist also Yāmunas Nachweis der Realität der Welt auf Grund der Schlußfolgerung enthalten. So lautet seine diesbezügliche These: *anumānasaṃvit svasattākāle svaviṣayasya sadbhāvaṃ sādhayati*[16].

Aus dem Gesagten geht also hervor, daß Yāmuna in seiner Saṃvitsiddhi eine Philosophie der Erkenntnis entfaltet, die primär vom Erweis des äußeren Gegenstandes ausgeht, wird doch die Erkenntnis als ein Erweis des äußeren Gegenstandes erklärt: *viṣayasiddhir hi saṃvid*. Auch in seiner Ātmasiddhi bietet Yāmuna eine Philosophie der Erkenntnis, die jedoch vom Erkenntnissubjekt ausgeht, und zwar besonders in jenem Teil des Werkes, in dem das Selbst (*ātmā*) als Erkenntnissubjekt (*viṣayī*) ausgewiesen und untersucht wird. Von diesem Standpunkt aus gesehen, finden wir in diesen beiden Werken *mutatis mutandis* den gleichen Denkansatz vor[17]. Dennoch wäre der Werktitel Ātmasiddhi nicht mit Saṃvitsiddhi austauschbar, wie der Titel Saṃvitsiddhi sinngemäß mit *viṣayasiddhiḥ* bzw. *prapañcasadbhāvasiddhiḥ* ausgetauscht werden kann. In diesem Sinne sagt Yāmuna ausdrücklich: Eine Gegenstandserkenntnis ist nämlich ausschließlich eine Erkenntnis eines Gegenstandes (*viṣayavittir hi viṣayavittir eva*). Denn nicht durch diese wird das Selbst (*ātmā*) erkannt (*na hi tayā ātmavittiḥ*[18].

Der Grund für diese Einschränkung ist, daß der Erweis des äußeren Gegenstandes, in Yāmunas Erkenntnistheorie, durch einen Denk-

---

[13] ĀS 73, 1–2; vgl. dazu unten S. 44; 55; 111.

[14] Vgl. MESQUITA 1988, 22–24.

[15] ĀS 119,7; vgl. dazu unten S. 44.

[16] ĀS 77,1–78,1; MESQUITA 1984, 203–204. Zum diesbezüglichen formalen Schluß vgl. unten S. 111f.

[17] MESQUITA 1988, 71–86.

[18] S. 62.

akt verwirklicht werden muß, da das Erkenntnisobjekt von Natur aus ungeistig (*jaḍaḥ*) und ‚unbewußt' (*aprakāśamānaḥ*) ist[19]. Der Ātmā als Erkenntnissubjekt (*viṣayī*) hingegen ist in seiner Natur geistig (*ajaḍaḥ*) und seiner selbst bewußt (*svayamprakāśamānaḥ*)[20]. Dieses Selbstbewußtsein bedeutet, daß der Ātmā keines Subjekt-Objektverhältnisses bedarf, um erkannt zu werden, während die ungeistigen Dinge erst in seinem Geisteslicht als Objekt zur Erscheinung gebracht werden können. So ist es nicht verwunderlich, daß Yāmuna sich zur Illustration einiger wichtiger Punkte der Erkenntnislehre in seiner Ātmasiddhi ausdrücklich auf seine Saṃvitsiddhi beruft: *saṃvitsiddhau anusandhātavyam*[21]. Die Gleichheit der Werkkonzeption in beiden Werken ist auch der Grund, warum ich viele Aspekte der Erkenntnislehre Yāmunas im folgenden mit Hilfe seiner Ausführungen in der Ātmasiddhi wiedergewinnen werde.

Die Polemik Yāmunas richtet sich nicht nur gegen die oben genannten Gegner, sondern überraschenderweise auch gegen die beiden realistischen Schulen der Mīmāṃsā, vor allem gegen die Kumārila-Schule, deren Argumentation er in seinem Beweis der Realität der Welt auf Grund der Wahrnehmung weitgehend folgt[22]. Und in dieser Auseinandersetzung zeigt sich die Eigentümlichkeit des Lehrsystems Yāmunas. Denn Yāmuna ist nicht nur dem Realismus verpflichtet, sondern auch der Upaniṣaden- bzw. Vedāntatradition, zu der sich seine Advaita-Gegner ebenfalls ausdrücklich bekennen.

Die Grundtendenz dieser philosophisch-theologischen Texte, nämlich der Upaniṣaden, ist die Lehre des Ātmā als letzter Urgrund aller Dinge. Die Vedānta-Tradition versteht diesen Ātmā, der in manchen vedāntischen Kreisen mit Brahma gleichgesetzt wird, als ein Prinzip mit einer aktuellen Erkenntnisnatur, das seinem Wesen nach absolut unveränderlich ist, eine Lehre, die von der Mīmāṃsā nicht anerkannt wird[23].

Während die Advaitins die absolute Unveränderlichkeit des Selbst durch die Ausschaltung jeder realen Kausalität erklären, da die Beziehung zwischen Ātmā und Erkenntnis für sie niemals die einer Kausalität, sondern nur die einer Identität ist, versucht

---

19 S. 44f..

20 S. 63.

21 ĀS 194,3; 84, 6–8.

22 Vgl. unten S. 127f.; 143ff.

23 Zur Auseinandersetzung der Advaita-Autoren mit der Mīmāṃsā über diese Thematik vgl. Hacker 1951, 131f.; vgl. auch S. 78f..

Yāmuna in seinem System die Unveränderlicheit des Selbst mit der realen Kausalität der Objekterkenntnis (*saṃvid*) zu vereinbaren. Er entwickelt seine Lehre als Folge der Auseinandersetzung mit seinen Gegnern. So ergibt sich die Notwendigkeit, die Grundpositionen dieser gegnerischen Schulen kennenzulernen.

1. Polemik gegen die Yogācāra-Buddhisten

Yāmuna hält den Standpunkt seines buddhistischen Gegners in der Saṃvitsiddhi in folgenden Ślokas fest: [Pūrvapakṣa:] Der [Erkenntnis-] Gegenstand könnte vom Bewußtsein nicht verschieden sein, weil [diese beiden] notwendigerweise zugleich wahrgenommen werden. Was, ohne von einem anderen abhängig zu sein, aus eigenem leuchtet, dem eben kommt nämlich das Wort Selbstleuchtend-Sein zu, so erklären die alten [Lehrer]. Wenn nämlich ein Gegenstand nicht erscheint, wenn ein anderer nicht erscheint, so ist jener kein anderer Gegenstand als dieser, wie der falsche [Doppel-] Mond [kein anderer ist] als der [wirkliche] Mond. [Nun] treten aber, wenn das Bewußtsein nicht erscheint, auch das Selbst [als Erkenner] und der [Erkenntnis-] Gegenstand nicht in Erscheinung. Daher erweist sich die Welt klar als Scheinentwicklung des Bewußtseins."

> (*sahopalambhaniyamān nānyo'rthaḥ saṃvido bhavet* /
> *yad etad aparādhīnasvaprakāśaṃ tad eva hi* /
> *svayamprakāśatāśabdam iti vṛddhāḥ pracakṣate* //
> *yasminn abhāsamāne hi yo nāmārtho na bhāsate* /
> *nāsāv arthāntaras tasmān mithyendur iva candrataḥ* //
> *abhāsamāne vijñāne na cātmārthāvabhāsanam* /
> *iti saṃvidvivartatvaṃ prapañcaḥ sphuṭam añcati* //)[24].

Das Referat enthält die Sahopalambhaniyama-Schlußfolgerung, wodurch Dharmakīrti die bereits vor ihm von Dignāga vertretene Zweiförmigkeit der Erkenntnis und die damit zusammenhängende Lehre des Selbstbewußtseins der Erkenntnis[25] begründet. Nach dieser Auffassung existieren Subjekt und Objekt nur ideell als Teile (*bhāgāḥ*) der Erkenntnis, und das Bewußtwerden eines Gegenstandes ist demnach nichts anderes als ein Bewußtwerden der Erkenntnis selbst. Für die Erklärung des Selbstbewußtseins der Erkenntnis wird das Beispiel einer Lampe herangezogen. Wie eine Lampe, die selbst

---

[24] SS. vv. 416-422.

[25] Vgl. Frauwallner 1958, 390–394.

hell seiend, sich erhellt, so ist sich die Erkenntnis ihrer selbst bewußt, insofern sie immer die Erscheinungsform ihrer selbst als des Subjektes (*svābhāsa-*) und die des Objektes (*viṣayābhāsa-*) trägt[26]. So wird das Selbstbewußtsein der Erkenntnis aus ihrer Zweiförmigkeit abgeleitet. Dafür liefert Dharmakīrti einen weiteren Beweis durch seinen Sahopalambhaniyama-Schluß. Er wird in den gegnerischen Texten[27] vielfach in einem Śloka[28] zitiert und ausführlich widerlegt. Er lautet: „Es gibt keine Verschiedenheit zwischen Blau und seiner Erkenntnis, weil sie notwendigerweise miteinander wahrgenommen werden. Und die Verschiedenheit [zwischen ihnen] könnte von [Leuten] wahrgenommen werden, deren Erkenntnis auf einen Irrtum zurückgeht wie beim zweitlosen Mond."

(*sahopalambhaniyamād abhedo nīlataddhiyoḥ* /
bhedaś ca bhrāntivijñānair dṛśyetendāv ivādvaye //)[29].

Dieses Argument besagt nun, daß einerseits ein Gegenstand, der nicht bewußt ist, nicht in Erscheinung treten kann, und daß andererseits ein Bewußtwerden ohne einen Gegenstand ebensowenig möglich ist. Damit liegt der Gedanke nahe, daß der Gegenstand, der nur gemeinsam mit der Erkenntnis bewußt wird, von ihr nicht verschie-

---

[26] Vgl. Hattori 1968, 28, 101 / 61: *dvayābhāsaṃ hi jñānam utpadyate, svābhāsaṃ viṣayābhāsaṃ ca, tasyobhayābhāsasya yat svasaṃvedanaṃ tat phalam*; PV III, 333: *tadānyasaṃvido'bhāvāt svasaṃvitphalam iṣyate*; III, 426: *dvairūpyasādhanenāpi prāyaḥ siddhaṃ svavedanam*; III, 330: *prakāśamānas tādātmyāt svarūpasya prakāśakaḥ / yathā prakāśo'bhimatas tathā dhīr ātmavedinī*, auch PVin 86, 11–25. Für die ausführliche Darlegung dieser Lehre vgl. Vetter 1964, 71–83; Vetter 1966, 9ff.

[27] Vgl. Ṛj 61, 9–10; Bhā 469, 16–17; NM II, 106, 14–15; Kāś II, 107, 9–11; NKā 186,16; SDS 71, 20f.; Aśrī 242, 5f.; vgl. Anm. 34.

[28] Bemerkenswert ist, daß nicht der ganze Vers im PVin vorkommt, sondern nur der erste Halbvers. Der zweite Halbvers ist wörtlich im PV III, 389 überliefert. Es wäre möglich, daß die Gegner Dharmakīrtis diese beiden Teile zu einem Śloka vereinigt haben, vgl. dazu PV III, 388–389:

sakṛtsaṃvedyamānasya niyamena dhiyā saha /
viṣayasya tato'nyatvaṃ kenākāreṇa sidhyati //
bhedaś ca bhrāntivijñānair dṛśyetendāv ivādvayam /
saṃvittiniyamo nāsti bhinnayor nīlapītayoḥ //

[29] Über die genaue Bedeutung dieses Schlusses sowie über seine historische Weiterentwicklung vgl. T. Iwata, *Sahopalambhaniyama-Struktur und Entwicklung des Schlusses von der notwendigen Zusammenwahrnehmung auf die Nichtverschiedenheit*, unp. Diss. Hamburg 1979; Ders., *Bemerkungen zur Sahopalambhaniyama-Schlußfolgerung Dharmakīrtis und seiner Kommentatoren*, in: *Journal of Indian and Buddhist Studies 30* (1981), 15–22 (= 493–486).

den sein kann, und daß die Annahme eines außerhalb der Erkenntnis liegenden Gegenstandes nicht notwendig ist: „Wie wird ein äußerer Gegenstand nachgewiesen, wenn die Erkenntnis [selber] die Gestalt des Blauen usw. hat? Wenn die Erkenntnis die Form des Blauen usw. [aber] nicht hat, wie entsteht [dann diese] seine Wahrnehmung?“

(*dhiyo nīlādirūpatve bāhyo'rthaḥ kiṃ pramāṇakaḥ* /
dhiyo'nīlādirūpatve sa tasyānubhavaḥ katham //)[30].

So ist ebensowenig die Annahme eines in der Außenwelt stehenden Subjektes notwendig. Da die Erkenntnis ihrer selbst bewußt ist, braucht sie kein weiteres substanzielles geistiges Prinzip „Ich“ mehr. So wird rein argumentativ die Realität der Außenwelt negiert. Denn durch die Nichtexistenz eines äußeren Gegenstandes schwindet auch die Zweiheit. Und die höchste Wahrheit ist eben – sagt Dharmakīrti –, daß es keine Zweiheit von Subjekt und Objekt gibt:

tatraikasyāpy abhāvena dvayam apy avahīyate /
tasmāt tad eva tasyāpi tattvaṃ yā dvayaśūnyatā //[31].

In seiner Widerlegung richtet Yāmuna sein Augenmerk auf den Sahopalambhaniyama-Schluß, den er als von Grund auf fehlerhaft zurückweist. Interessant ist, daß Yāmuna dabei nichts Neues[32] vorzubringen hat, sondern lediglich die Kritik wiederholt, die Jahrhunderte vor ihm vom Vaibhāṣika-Buddhisten Śubhagupta[33], und in

---

[30] PV III, 433.

[31] PV III, 214.

[32] Auffallend ist, daß Yāmuna im Gegensatz zu den Autoren seiner Zeit (vgl. z. B. Śrīdhara, NK 295, 12ff.; Vādideva, Syādvādaratnākara (in: Pramāṇanayatattvālokālaṅkaraḥ [mit Autokommentar] Syādvādaratnākaraḥ. Vols. I–V, Hrsg. Motilal. Poona 1927ff., I, 155, 8ff.) gar kein Interesse zeigt, auch die Weiterbildung dieses Schlusses in seiner Kritik zu berücksichtigen. Der Grund dafür könnte darin liegen, daß sein Großvater Nāthamuni sich sehr ausführlich mit diesem Schluß auseinandergesetzt hatte. In der ĀS (64,4–65,4) führt er dies als Grund an, warum er nicht in Einzelheiten auf die Meinung der Buddhisten eingehen möchte; vgl. Mesquita 1988, Anm. 116; auch unten Anm. 56.

[33] Śubhagupta hatte diese Kritik gegen den Sahopalambhaniyama-Schluß in seiner BKā (vv. 65f.) formuliert, die nur in tibetischer Übersetzung erhalten ist (vgl. Sastri 1967). Einige Fragmente dieses Werkes, das auch Prosa-Teile gehabt haben dürfte, werden in der TSP zitiert (vgl. Hattori 1960, 9–14 [= 400–395]). Zur Besprechung dieser Kritik bzw. ihrer Widerlegung durch Yogācāra-Autoren (vgl. Shirō Matsumoto, *Sahopalambha-niyama*, in: *Journal of Sōtō Sect Research Fellows 12* [1980] 1–34): vgl. auch Frauwallner,

Anschluß an ihn von anderen Autoren an diesem Schluß geübt worden war[34].

Als erstes bemängelt Yāmuna die Gültigkeit dieser Schlußfolgerung, da sie in eklatantem Widerspruch zur Wahrnehmung stehe, insofern diese die drei voneinander verschiedenen Komponenten deutlich bezeugt, wenn er argumentiert: „[Uttarapakṣa:] Du Dummkopf! So darfst du [uns] nicht verspotten (?). [Denn] diese Unterschiede, die von dem [bei weitem] stärkeren [Erkenntnismittel] Wahrnehmung aufrecht erhalten werden, richten sich nicht nach [deiner] Schlußfolgerung. Es ist doch allen von selbst evident, daß im Falle [der Erkenntnis] ‚Ich weiß das' ein Dreifaches unmittelbar erscheint, ohne daß das eine [jeweils] das Selbst des anderen hat. Auch kann es zu keiner Schlußfolgerung, die der Wahrnehmung widerspricht, kommen. Denn weil das Feuer eine Substanz ist, folgert man nicht daraus, daß es nicht heiß ist."

([manda] *maivaṃ paribhava (?) pratyakṣeṇa balīyasā* /
saṃrakṣyamāṇabhedās te nānumānānuvartinaḥ //
tathā hīdam ahaṃ vedmīty anyonyānātmanā sphuṭam /
trayaṃ sākṣāc cakāstīti sarveṣām ātmasākṣikam //
pratyakṣapratipakṣaṃ ca nānumānaṃ pravartate /
na hi vahner anuṣṇatvaṃ dravyatvād anumīyate //)[35].

Damit zeigt Yāmuna hier den logischen Fehler eines *pakṣābhāsaḥ* an[36]. Im Anschluß daran verwirft er den Schluß, weil er auf einem

Dignāga und anderes, M. Winternitz / Fs 1933, 237–242 (= *Kl. Schriften*, 484f.).

[34] Vgl. ŚVṬĪ 240, 21f.; PP 181, 4f.; Vyom 527, 11f.; Bhā 472, 23f.; IS 13, 17f.; vgl. auch oben Anm. 27; unten Anm. 38.

[35] SS vv. 423–428; vgl. auch ĀS 116, 1f.; ŚrīBh III, 303, 2–5.

[36] Vgl. Mesquita 1988 Anm. 286. Sehr wahrscheinlich steht Yāmuna unter dem Einfluß Sucaritamiśras (Kāś III, 43, 21ff.), wenn er hier den *pakṣābhāsaḥ* darlegt: *katham ābhāsatvam? yadi bādhād evetarāśrayaṃ tarhy astu vā jyeṣṭhapramāṇena pratyakṣeṇānumānabādhaḥ / na tu tato'pi jaghanyair aparair bādhyate ... taddvidho hi bādhaḥ prāptabādhaś cāprāptabādhaś ceti prāptabādho hi yathā śuktikārajatajñāne ... aprāptabādhe tu yāvat kliṣṭasādhanam anumānaṃ svagocare sāmānyaśāstraṃ vā kvacid viśeṣaviṣaye pravartitum ārabhate tāvat pratyakṣeṇānumānena vā ... viśeṣaviṣayeṇa śrīghrajanmanā yenaivārtho'vadhārito bhavati tenaivottarasyotpattipratibandhalakṣaṇo bādho bhavati / na hi balavatā śīghrabhāvinā pramāṇena niruddhamukham utpattum arhati ... yad eva tu śīghrabhāvi pūrvopamardena vātmānaṃ labhate tad eva bādhakam abhidadhmahe / itarac ca bādhyam ata eva tenaiva tasya bādhaṃ brūmaḥ*. Für meine Annahme spricht die Tatsache, daß Yāmunas diesbezügliche eingehende Polemik gegen

Scheingrund, nämlich einem *viruddhahetuḥ*[37] beruht, denn *saha*, meint er, müsse sich auf zwei verschiedene Dinge beziehen: „Ferner, ist der logische Grund [in deinem Schluß] widersprüchlich, weil das ‚Zusammensein' zwei [verschiedenen] Dingen eignet. Erscheint doch auch in deinen Augen das Bewußtsein nicht zusammen mit dem eigenen Selbst (= mit dem Bewußtsein selbst)."

(*kiṃca hetur viruddho'yaṃ sahabhāvo dvayor yataḥ* /
tavāpi na hi saṃvittiḥ svātmanā saha bhāsate //)[38].

In der Ātmasiddhi erklärt Yāmuna dies so: „Der Ausdruck ‚gemeinsam' (= *saha*) [wird gebraucht], wenn zwei [verschiedene Personen oder Dinge] sich an einer einzigen Handlung beteiligen, wie man z. B. sagt: Der Lehrer geht gemeinsam mit dem Schüler." (*dvayor ekakriyānupraveśe sahaśabdaḥ śiṣyeṇa saha gacchaty ācārya iti yathā*)[39].

Yāmuna folgt damit der Kritik des Śubhagupta:

---

die Yogācārabuddhisten in seiner ĀS (177, 1ff.; vgl. Mesquita 1988, 85–86) der Sache nach auf der von Sucaritamiśra vorgenommenen zweifachen Unterscheidung der Aufhebung in *prāptabādhaḥ* (= ĀS 117, 4–119,1) und *aprāptabādhaḥ* (= ĀS 119, 2–3) beruht: ... *na caivam iha jñātrjñānajñeyavivekasākṣatkārī pratyaya iti pratiruṇaddhy evāyam ihābhedānumānodayaprasaktim.*

[37] Nach der Schlußlehre der Buddhisten, die hier vorausgesetzt wird, muß ein gültiger logischer Grund drei Merkmale besitzen. Er muß 1.) eine Eigenschaft des zu Beweisenden (*pakṣaḥ*) sein; er muß 2.) in allen Fällen, die mit dem zu Beweisenden gleich sind (*sapakṣaḥ*), beobachtet werden; und er darf 3.) in keinem anderen Fall, der mit dem zu Beweisenden nicht gleich ist (*vipakṣaḥ*), beobachtet werden (vgl. Steinkellner 1967, I, 2, 7f.; II, 34ff.; 91 Anm. 21). Nur eine Schlußfolgerung, die diese Bedingungen erfüllt, ist gültig. Andernfalls beruht sie auf Scheingründen und ist deshalb ungültig. Yāmuna spielt hier auf folgende Scheingründe an: auf den widersprüchlichen (*viruddhaḥ*), den unerwiesenen (*asiddhaḥ*) und den nicht eindeutigen (*anaikāntikaḥ*) Grund. Der erste liegt vor, wenn der Grund nur im *vipakṣaḥ* beobachtet wird. Der zweite, wenn der Grund keine Eigenschaft des zu Beweisenden (*pakṣaḥ*) ist. Der dritte ist gegeben, entweder wenn der Grund in allen drei Fällen, nämlich im *pakṣaḥ*, *sapakṣaḥ* und im *vipakṣaḥ* vorkommt (*sādhāraṇo'naikāntikaḥ*), oder wenn er weder im *sapakṣaḥ* noch im *vipakṣaḥ* beobachtet wird (*asādhāraṇo'naikāntikaḥ*). Zur Schlußlehre Yāmunas vgl. ĀP 59, 13f.

[38] SS vv. 429–430. Bemerkenswert ist, daß Yāmuna sich hier an die Formulierung Vimuktātmans, der ebenfalls den Gedankengang Śubhaguptas (vgl. Anm. 40) übernehmen dürfte, anschließt: .... *abhede sahabhānāyogāt / dvayor hi sahabhānam, naikasyaiva / na hi dṛśaiva dṛk saha bhātīti bhavatāpy ucyate, nāpi dṛśyenaiva dṛśyaṃ saha bhātīti; kiṃtu dṛgdṛśyayoḥ sahabhānam ucyate / atas tayor bhedo bhāty eva tavāpi, anyathā sahoktyayogāt* (IS 13, 20–14,2).

[39] ĀS 113, 6–7.

sahaśabdaś ca loke'smin naivānyena vinā kvacit /
viruddho'yaṃ tato hetur yady asti sahavedanam ||[40].

Bei der Besprechung dieses Scheingrundes bricht der Text ab. Es ist aber anzunehmen, daß Yāmuna in diesem Zusammenhang den genannten Schluß auch wegen seiner Unschlüssigkeit abgewiesen hat, wie dies in der Ātmasiddhi auch tatsächlich geschieht. Er führt in diesem Werk seine Argumentation folgendermaßen fort: „Auch ist [dieser Grund] unschlüssig durch die [Eigenschaften wie] Ungeistigkeit usw., die im Bewußtsein [insofern es von Natur aus selbstbewußt ist] negiert werden, und durch die an der notwendig mit der Erkenntnis des allwissenden [Buddha] gleichzeitigen Wahrnehmung teilhabenden Erkenntnisse der im Saṃsāra weilenden Menschen. Nimmt man an, daß diese [, die Ungeistigkeit usw. und die Erkenntnisse der Unerlösten von Bewußtsein und von der Erkenntnis des Buddha] nicht verschieden sind [, weil sie gleichzeitig wahrgenommen werden], dann würde folgen, daß [das selbstbewußte] Bewußtsein [Eigenschaften wie] Ungeistigkeit, materielle Form usw. hat, [oder] daß der [allwissende] Buddha unerlöst ist.“ (*anekāntaś ca saṃvidi pratiṣidhyamānair jaḍatvādibhiḥ, sarvajñajñānena sahopalambhaniyamabhāgibhiḥ saṃsārijñānaiś ca / teṣām abhedābhyupagame jñānasya jaḍatvamūrtatvādi, buddhasya baddhatvam ity āpadyeta*)[41].

Offenbar wird hier auf die Gleichzeitigkeit der Erkenntnisse des allwissenden Buddha und anderer unerlöster Seelen angespielt, insofern die Allwissenheit Buddhas auch Erkenntnisse aller anderen Menschen umfassen muß, also auch Erkenntnisse jener Philosophen wie Kumārila usw., die dem Bewußtsein im Gegensatz zu den Buddhisten ‚Nichtselbstbewußtsein‘ (= Ungeistigkeit usw.) zuschreiben.

Gibt man nun zu, daß die Erkenntnisse Buddhas und z. B. Kumārilas identisch sind, weil sie zugleich auftreten (*sahopalambhaniyamāt*), so folgt daraus, daß ein und dieselbe Erkenntnis zugleich zwei widersprüchliche Merkmale aufweist: als Erkenntnis Buddhas ist sie

---

[40] TSP 567, 17–19. Was den ersten Teil dieses Fragmentes betrifft, zeigt die *editio princeps* eine Korruptel an: ... *loke'nyo(syā)nn evānyena vinā kvacit.* Die Ausgabe TSP_a (692,2) liest: *sahaśabdaś ca loke'nyasmin naivānena vinā kvacit,* enthält jedoch eine Silbe zuviel. SASTRI 1967 überliefert folgende Lesart: *sahaśabdaś ca loke'smin naivānyena vinā kvacit.* Nach seinen Angaben wird sie in dieser Form in Bhaṭṭākalaṅkas Nyāyaviniścaya zitiert. Ich habe sie aber in diesem Werk nicht verifizieren können. Diese Lesung wird ebenfalls von HATTORI 1960, 10 vorgeschlagen. Sie liegt meiner Übersetzung zugrunde.

[41] ĀS 114, 1–4.

selbstbewußt und als Erkenntnis Kumārilas nichtselbstbewußt (= *jaḍa-*). Um dieser unerwünschten Folgerung zu entgehen, muß der Buddhist zugeben, daß die Erkenntnis Buddhas und der unerlösten Seelen wie etwa der Kumārilas nicht identisch sind, obwohl sie zugleich auftreten (*sahopalambhaniyamāt*). Damit ergibt sich hier ein unschlüssiger Grund[42], insofern dieser auch im Vipakṣa vorkommt, d. h. ‚gleichzeitige Wahrnehmung' kommt ohne die Folge der ‚Nichtverschiedenheit' vor. Nimmt man an, daß die Folge doch gegeben ist, so würde dies bedeuten, sagt Yāmuna, daß der allwissende Buddha identisch mit den im Saṃsāra weilenden Seelen ist bzw. kein Unterschied zwischen Selbstbewußtsein und Nichtselbstbewußtsein besteht.

Auch hier lehnt sich Yāmuna im wesentlichen an Śubhagupta an, der diesen Scheingrund folgendermaßen formuliert hatte: „Wenn [nun] der Ausdruck ‚gemeinsam' in der Bedeutung der Gleichzeitigkeit gemeint ist, dann ergibt sich in jeder Hinsicht die Unschlüssigkeit des Grundes, sowohl [durch den Geist des Buddha und] durch den [von Buddha] erkennbaren Geist [anderer Wesen] als auch durch den Geist und die geistigen Gegebenheiten. Wie nämlich im Falle des für den erhabenen Buddha erkennbaren Denkens eines anderen [Geistes-] Kontinuums dieses [Denken im anderen Kontinuum] und das Erkennen des Buddha [selbst] trotz notwendiger gemeinsamer Wahrnehmung sicherlich verschieden sind, so sind, selbst wenn eine gemeinsame Wahrnehmung vorliegt, Geist und geistige Gegebenheiten nicht eines. Daher liegt ein unschlüssiger Grund vor." (*atha sahaśabda ekakālavivakṣayā, tadā buddhajñeyacittena cittacaittaiś ca sarvathānaikāntikatā hetoḥ / yathā kila buddhasya bhagavato yad vijñeyaṃ santānāntaracittaṃ tasya buddhajñānasya ca sahopalambhaniyame'py asty eva ca nānātvam, tathā cittacaittānāṃ saty api sahopalambhe naikatvam ity ato'naikāntiko hetur iti*)[43].

---

[42] Vgl. Anm. 37.

[43] TSP 568, 3–7; vgl. dazu die folgenden Verse aus BKā in tibetischer Übersetzung (Anmn. 118, 146):

> */ dus gcig tu ni brjod 'dod pas /*
> */ saṅs rgyas mkhyen bya'i sems daṅ ni /*
> */ sems daṅ sems byuṅ rnams kyis kyaṅ /*
> */ kun tu gtan tshigs ma ṅes 'gyur // 68*
> */ thams cad mkhyen pa'i ye śes kyi /*
> */ myoṅ bar bya ba brgyud gźan la /*
> */ bsogs pa'i chos rnams gaṅ dag (yin) /*

Hier erhebt sich nun die Frage, ob Yāmuna im verlorenen Teil der Saṃvitsiddhi ebenfalls den von Śubhagupta in diesem Zusammenhang vorgebrachten *asiddhahetuḥ*[44] in seine Argumentation einbezogen hat oder nicht. Der Grund für diesen Zweifel liegt darin, daß Yāmuna in der Ātmasiddhi – seiner vedāntischen Ātmā-Lehre entsprechend – diesen Scheingrund anders formuliert als der Vaibhāsika-Buddhist.

Yāmuna lehrt, daß das Selbst (*ātmā*) als Erkenntnissubjekt kraft seiner wesensmäßigen Geistigkeit selbstevident ist und daher zu seiner Evidenz nicht der Vermittlung einer anderen selbstevidenten Erkenntnis bedarf wie der ungeistige Erkenntnisgegenstand. Yāmunas Formulierung des *asiddhahetuḥ* trägt diesem Umstand Rechnung: „Außerdem ist die notwendig gleichzeitige Wahrnehmung [des Erkenntnissubjektes gemeinsam] mit den verschiedenen Erkenntnissen unerwiesen, weil [ihr] Fehlgehen bei je einzelnem [Erkenntnissubjekt] beobachtet wird. Es gibt außerdem kein reines Bewußtsein, das bloß Besonderheit ist oder das gar keine Berührung mit jedweder gegenständlichen Besonderheit hat, sodaß eine notwendig gleichzeitige Wahrnehmung des Erkenners [gemeinsam mit diesem Bewußtsein] vorgetragen werden könnte. Die Gemeinsamkeit aber, obwohl seiend, wird von den Buddhisten nicht als real angenommen. Und wir werden [im folgenden] darlegen, daß dieses selbstleuchtende Selbst [immer als solches] verharrt, auch wenn die gesamte [Sinnes] Tätigkeit aufgehört hat." (*asiddhaś ca saṃvidviśeṣaiḥ sahopalambhaniyamaḥ pratyekaṃ vyabhicāradarśanāt / na ca viśeṣamātraṃ nirdhūtanikhilaviṣayaviśeṣopaśleṣaṃ vā vittimātram asti, yena sahopalambhaniyamaḥ saṃveditur abhidhīyeta / sāmānyaṃ tu sad api saugatair na vastutayāsthīyate / samastavṛttipratyastamaye'pi svayaṃjyotir ayam ātmāvatiṣṭhata iti ca vakṣyāmaḥ*)[45].

/ de dag gis kyaṅ ma ṅes te //
/ rtogs med ji ltar thams cad mkhyen // 86

auch AsrĪ 244, 2–4: *yadi punar ekadopalambhaḥ sahopalambha iti vyākyāyate tadā ekakṣaṇavartisaṃvittīnāṃ sākalyena sahopalambhaniyamād vyabhicārī hetuḥ, tāsām tathotpatter eva saṃvedanatvāt saṃviditānām evotpatteḥ*; NK 302, 9–303,2: *sārvajñyacittakṣaṇaḥ svenātmanā saha sarvān prāṇino yugapad upalabhyate / na ca teṣāṃ sārvajñajñānābheda iti anaikāntikatvam*. Vyomaśiva formuliert hier auch den *prasaṅgaḥ*, daß alle Menschen allwissend wären: *tathā sarvajñaḥ svacittena sahopalabhate paracittam, na ca tasya tasmād abheda iti vyabhicāraḥ sarveṣāṃ sarvajñatāprasaṅgāt* (Vyom 527, 16–17).

[44] Vgl. Anm. 37; S. 64ff..

[45] ĀS 112, 7–113,5.; vgl. S. 64f.; 90ff..

Es handelt sich hier offenkundig um einen logischen Grund, der in seinem Eigenwesen unerwiesen ist (*svarūpāsiddhaḥ*).

Śubhagupta hingegen interpretiert in seiner Ausführung dieses Scheingrundes *saha* im Sinne von *ekena*. Sein *asiddhahetuḥ* zeigt folgende Struktur: „Hat der Ausdruck ‚gemeinsam' den Sinn ‚von einem [einzigen]', dann ist der logische Grund unerwiesen. Zum Beispiel liegt nämlich beim Anschauen von Tänzern, des Mondes und von Ringkämpfern [durch mehrere Personen] keine Wahrnehmung des Blauen usw. nur von einem (*ekena*) vor. Auch werden Blau und seine Erkenntnis nicht nur von einem wahrgenommen, weil z. B. auch bei der Wahrnehmung des Blauen [durch eine Person] die Wahrnehmungen des [Blauen], die sich im Erkenntnisstrom anderer [Personen] befinden, [von ihm] nicht [mit-] wahrgenommen werden. Außerdem, wenn alle Geistesaugenblicke aller [geistigen] Lebewesen vom allwissenden [Buddha] erfaßt werden, wie könnte dann die Wahrnehmung nur von einem einzigen erwiesen sein? Ferner, [nur] wenn die Wahrnehmung [eines Objektes auch] durch andere [Personen] verneint ist, ist die notwendige Wahrnehmung von einem einzigen erwiesen. Aber eine Verneinung der Wahrnehmung durch andere [Personen] ist nicht möglich, weil eine Affirmation oder Negation von etwas [wie hier einer solchen Wahrnehmung], die ihrem Wesen nach [räumlich und zeitlich] entfernt [und daher der eigenen Wahrnehmung entzogen ist], nicht möglich ist." (*yadi sahaśabda ekārthaḥ, tadā hetur asiddhaḥ / tathā hi naṭacandramallaprekṣāsu na hy ekenaivopalambho nīlādeḥ / nāpi nīlatadupalambhayor ekenaivopalambhaḥ / tathā hi nīlopalambhe'pi tadupalambhānām anyasantānagatānām anupalambhāt / yadā ca sarvaprāṇabhṛtām*[46] *sarve cittakṣaṇāḥ sarvajñenāvasīyante, tadā katham ekenaivopalambhaḥ siddhaḥ syāt / kiṃca anyopalambhaniṣedhe saty ekopalambhaniyamaḥ sidhyati / na cānyopalambhapratiṣedhasambhavaḥ svabhāvaviprakṛṣṭasya vidhipratiṣedhāyogāt*)[47].

Betrachtet man diese Argumentation näher, so ist ihr komplexer Aufbau nicht zu übersehen. Ihr liegt der Gedanke zugrunde, daß die Dinge wie Tänzer, Mond, Ringkämpfer usw., die von mehreren Personen sowohl gemeinsam (*saha*) als auch getrennt zu verschiedenen Zeiten und Orten wahrgenommen werden, nicht so verstanden werden können, als ob sie von einem einzigen (*ekenaiva*) erfaßt worden

---

[46] *Editio princeps* liest *sattvaṃ prāṇabhṛtām*. Ich übernehme die Lesart von TSP_a 692, 14; vgl. dazu auch Hattori 1960, 10 Anm. 4.

[47] TSP 567, 25–568,3.

wären. Darüber hinaus ist die Annahme der Wahrnehmung durch eine einzige Person nur durch Ausschaltung der Wahrnehmungen anderer Personen möglich. Das ist aber ausgeschlossen, weil die Wahrnehmungen anderer wegen ihrer räumlichen und zeitlichen Entfernung sich der eigenen Wahrnehmung entziehen.

Geht man außerdem davon aus, daß die Allwissenheit Buddhas die Wahrnehmungen aller Lebewesen erfaßt, so widerspricht dies der Annahme von der Wahrnehmung durch eine einzige Person. Damit ist der logische Grund, insofern man *saha* als *ekena* auffaßt, unerwiesen.

Vergleicht man die Struktur dieser beiden *asiddhahetuḥ* miteinander, so fällt auf, daß in der Deutung Yāmunas die Ātmā-Problematik im Mittelpunkt steht und damit der Thematik seines Werkes Ātmasiddhi gerecht wird. Die Formulierung Śubhaguptas hingegen berücksichtigt in erster Linie die Realität des äußeren Gegenstandes. Da dies auch Yāmunas Anliegen in der Saṃvitsiddhi ist, müssen wir wohl annehmen, daß er in diesem Werk auch den *asiddhahetuḥ* im Sinne Śubhaguptas übernommen hat.

Auffallend ist, daß bei der Besprechung dieser Scheingründe *saha* jeweils in einem anderen Sinn aufgefaßt wird. Beim *viruddhahetuḥ* impliziert *saha* Verschiedenheit (*saha* = *bhedaḥ*). Beim *anaikāntikahetuḥ* heißt *saha* aber Gleichzeitigkeit (*saha* = *ekakāla* / *yaugapadyam*), während beim *asiddhahetuḥ saha* Wahrnehmung durch eine einzige Person (*saha* = *ekena*) bedeutet[48].

Nach dieser formalen Kritik am Schluß Dharmakīrtis, dürfte

---

[48] Vgl. dazu Iwata 1979, 46: „Da das ‚*saha*' jedoch nicht nur die Bedeutung von ‚gleichzeitig', sondern auch von ‚räumlich zusammen oder vereint' hat, läßt sich der Grund ‚*sahopalambhaniyama*' auch anders deuten. In der Tat haben die Autoren nach Dharmakīrti die Möglichkeit realisiert ... Um das Verständnis zu erleichtern, seien die wichtigsten Alternativen bei der Auffassung von ‚*saha*' in ‚*sahopalambhaniyama*' hier kurz aufgezählt:

a) zeitlich: notwendig gleichzeitig wahrgenommenwerden (*yugapad upalambhaniyama*)

b) aus der räumlichen Bedeutung abgeleitete Interpretation (*saha* = *eka*):
   1) notwendig als ein und dasselbe Wahrgenommenwerden (*ekatvenopalambhaniyama* / *ekatvenaivopalambha*)
   1') Wahrgenommenwerden von nur einem (also nur dem Objekt oder nur dem Subjekt) (*ekasyaivopalambha*)
   2) Wahrgenommenwerden durch nur eine Person (*ekenaivopalambha*)
   3) die Wahrnehmung (des Objekts und Subjekts) ist ein und dieselbe (*eka evopalambha*).

Yāmuna im verlorenen Teil der Saṃvitsiddhi das Faktum der Gleichzeitigkeit der Wahrnehmung des Gegenstandes und seiner Erkenntnis in einer Weise erklärt haben, die der Realität des äußeren Gegenstandes voll Rechnung trug. In der Ātmasiddhi finden wir eine sehr knappe Diskussion, die so eingeleitet wird: „Mag sein, daß notwendigerweise auf Grund einer einzigen Erkenntnis sowohl das Erkenntnismittel als auch Erkenntnisobjekt und -subjekt in Erscheinung treten / bewußt werden. Aber es muß [dadurch] nicht eine Nicht-Verschiedenheit gegeben sein[49]. Was widerspricht [wohl dem]? Schließt sich [der äußere Gegenstand] Blau usw. zum Zweck von Denk- und Sprachgebrauch an die [selbstevidente] Erkenntnis an, weil er [selber] keine Lichtnatur (= Erkenntnisnatur) hat oder weil er davon nicht-verschieden ist? Weil sie auf diese Weise bezweifelt wird, ist es nicht [möglich] die Nicht-Verschiedenheit festzustellen. Und die Notwendigkeit [der gleichzeitigen Wahrnehmung] liegt [nur] im Erkenntnisobjekt begründet und nicht in der [selbstevidenten] Erkenntnis [als Mittel] und im Erkenntnissubjekt.“ (*bhavatu niyamenaikajñānasiddhatvaṃ jñānajñeyajñātṛṇām, mā ca bhūd abhedaḥ; ko virodhaḥ?*

kim aprakāśarūpatvāt prakāśam anurudhyate /
vyavahārāya nīlādir āhosvit tadabhedataḥ //
iti sandihyamānatvān nābhedaḥ śakyanirṇayaḥ /
bodhyasthaś caiṣa niyamo na punar buddhiboddhṛgaḥ //)[50].

Damit expliziert Yāmuna, daß der Grund für die gleichzeitige Wahrnehmung in der naturgegebenen Unbewußtheit / Ungeistigkeit (*jaḍa-*) des Erkenntnisgegenstandes liegt. Da der äußere Gegenstand seinem Wesen nach ungeistig ist, bedarf er ausnahmslos der selbstevidenten Erkenntnis, um bewußt zu werden. Und diese kann umgekehrt nicht entstehen, ohne daß dabei ein Gegenstand bewußt wird: *na ca nirviṣayā ... saṃvin nāma kācit sambhavati atyantānupalabdheḥ*[51].

Und gerade hier zeigt sich ein bemerkenswerter Unterschied zu

---

[49] Vgl. dazu Vimuktātman (IS 17, 13–14), der auch zu demselben Schluß kommt: *tasmād dṛgdṛśyayoḥ sahopalambhe'pi nābhedaḥ.* Er sagt jedoch anschließend: *nāpi sahopalambha iti sthitam*, vgl. Anm. 38.

[50] ĀS 114,5–115,5; vgl. NK 308, 9f.

[51] ĀS 73, 1–2; vgl. Anm. 13.

der Deutung Śubhaguptas, der diese Notwendigkeit von ein und demselben Kausalkomplex (*sāmagrī*) abhängig gemacht hatte[52].

In Fortführung dieser Argumentation sagt Yāmuna dann abschließend: „Denn ferner ist die Erkenntnis eine Bewußtheit / Erweis des Objektes. Daß sie selbstleuchtend (= selbstevident) ist, ist außer Streit. So ist die Notwendigkeit [der gleichzeitigen Wahrnehmung] unvermeidlich." (*api ca viṣayasiddhir hi saṃvit / sā ca svayamprakāśety avivādaḥ / tenāvarjanīyas tathā niyamaḥ*)[53].

Mit der Charakterisierung der *saṃvid* als *viṣayasiddhiḥ* hat Yāmuna einerseits die Notwendigkeit der *saṃvid* für das Bewußtwerden des Gegenstandes hervorgehoben und andererseits die Notwendigkeit des äußeren Gegenstandes für die Entstehung der Erkenntnis. Und dies ist nur deshalb möglich, weil Erkenntnis und ihr Gegenstand voneinander grundverschieden sind. Unter dieser Voraussetzung kann Yāmuna den Sahopalambhaniyama-Schluß Dharmakīrtis umformulieren und ihn für den Beweis der Realität der Sinneswelt (*prapañcasadbhāvaḥ*) verwenden: *nīlataddhiyor bhedaḥ sahopalambhaniyamād ācāryaśiṣyavat*[54].

Ausgehend von diesem Prinzip kann Yāmuna geltend machen, daß die Lehre des Selbstevidentseins der Erkenntnis, wie die Buddhisten sie verstehen, gar nicht die Mannigfaltigkeit der Erkenntnisse zu

---

[52] TSP 569, 14–16:

nānyo'sti grāhako jñānāc cākṣuṣair viṣayair vinā /
ataś ca sahasaṃvittir nābhedān nīlataddhiyoḥ //
pūrvikaiva tu sāmagrī prajñānaṃ viṣayakṣaṇam /
sālokarūpavat kuryād yena syāt sahavedanam //

vgl. NM I, 14, 27f.

[53] ĀS 119, 7–8. Yāmuna dürfte hier Śalikanātha *exceptis excipiendis*, nämlich das Selbstevidentsein des Erkenners, das Yāmuna im Gegensatz zu ihm (PP 172, 1–2; vgl. unten S. 63f.) annimmt, folgen: *sahopalambhaniyamaś ca bhede'py upapadyate / yaiva hi nīladhīḥ saiva nīlasyopalambhaḥ / kathaṃ nīlopalambham antareṇa nīlam upalabhyate / kiṃcānenedam apy aniṣṭam āpadyate / upalambham antareṇāpy upalabhyeteti / sarvasyaiva hi vastuno nopalambham antareṇopalambha iṣyate / na hy upalambhata evopalambhaḥ / kiṃcopalambhopalambhyayor bhedo'sahopalambhaniyamavyāpta iti, niyamas tato nivartamāno 'bhede evāvatiṣṭhamānas tena vyāptas taṃ gamayet / upalabhyopalambhayos tu bhede'pi niyama upapadyate / upalambhyam antareṇopalambhāsambhavāt / tena tayor bhede'pi sahopalambhaniyamo dṛṣṭo nābhedaṃ sādhayituṃ kṣamaḥ* (PP 180, 15–182,3).

[54] Vgl. ĀS 113,6–114,1: *dvayor ekakriyānupraveśe sahaśabdaḥ śiṣyeṇa saha gacchaty ācārya iti yathā / api ca nīlataddhiyor iti dve upādāya abheda ity ekatvavidhiḥ savitrīvandhyātvavidhir iva.*

erklären vermag. Denn auch ein Vertreter des Selbstevidentseins der Erkenntnis, sagt Yāmuna, darf ihre mannigfache Gestalt nicht außer Acht lassen: *svaprakāśasaṃvidvādino'pi vyavahārānukūlye vairūpyam aśakyaparihāram*[55]. Und die Vielfalt in den Erkenntnissen ist ausschließlich durch die Verschiedenheit der äußeren Gegenstände zu erklären: *ato jñānavaicitṛyam apy arthavaicitṛyakṛtam eva*[56]. Dies wird noch deutlicher, wenn Yāmuna sich mit dem Standpunkt der Advaitins auseinandersetzt, und während dieser Diskussion seine

---

[55] ĀS 194, 6f.

[56] ŚrīBh III, 303, 9–10 = SS vv. 186–187; vgl. Anm. 54. Yāmuna dürfte in dem nunmehr verlorenen Teil der Saṃvitsiddhi auch die Vāsanā-Lehre der Buddhisten, wodurch diese die Vielfalt in den Erkenntnissen erklären, abgelehnt haben, wie dies Rāmānuja an der oben genannten Stelle tut. Nach der Vāsanā-Lehre hängt die Verschiedenheit der Erkenntnisse von den Vorstellungen ab, die auf anfanglose Eindrücke (*vāsanāḥ*) zurückgehen. Jeder einzelne Eindruck ist seit anfangloser Zeit immer auf Bestimmtes ausgerichtet. Es besteht ein Zwang, daß irgendetwas für irgendetwas den Eindruck weckt: *kasyacit kiṃcid evāntarvāsanāyāḥ prabodhakam / tato dhiyāṃ viniyamo na bāhyārthavyapekṣayā //* (PV III, 337; vgl. dazu Vetter 1964, 49f.; 81). Yāmuna erwähnt diese Lehre kurz in seiner Ātmasiddhi: *ato vāsanābhidhānasamanantarapratyayasāmarthyād ... samāropitāvāstavagrāhyagrāhakavikalpollekhinī svayamprakāśā saṃvid eva paramārthasatī* (63, 2–4; vgl. Mesquita 1988, 75–76). Er geht auch sehr flüchtig darauf ein (64, 4f.), verweist aber auf eine ausführliche Auseinandersetzung damit durch die Mīmāṃsā- und Vedāntaautoren und zuletzt auch von Nāthamuni: *prapañcitaś ca pūrvottaramīmāṃsābhāgayor nirālambanatvapratiṣedhaḥ yathārthakhyātisamarthanena ca śāstra iti na vyāvarṇyate* (65, 2–4).
Ein mögliches Vorbild, das Yāmuna hier im Auge hat, könnte Sucaritamiśra sein, dessen Gedankengänge er öfters übernimmt (vgl. unten Anm. 136). Dieser polemisiert dagegen, indem er sagt, daß die gegenständliche Bestimmheit bzw. Verschiedenheit der Erkenntnis, die an sich transparent (*svacchā*) und formlos (*nirākārā*) ist, nur vom äußeren Objekt ausgehen kann, da sich dafür keine andere Ursache anbietet: *jñānavaicitryānupapattir eva hy arthasya sadbhāve pramāṇam / svacchākārasya hi jñānasya na kāraṇāntaram antareṇākārasambandhas tadvaicitryaṃ copapadyate / ato'sti kaścij jñānātirikto hetur yenedaṃ vaicitryam ādhīyata ity abhyupagantavyam / na cendriyāṇy eva tatra kāraṇam iti yuktam, teṣām ekarūpatvena kāryavaicitryānupapatteḥ / na ca samanantarapratyayād eva kevalād vicitrākāradarśanam ucitam, visadṛśapratyayāntaram eva hi vayam ekāntavisadṛśaṃ pratyayam upādīyamānam upalabhāmahe / tat tad dhetukatve'nupapannam / yathākāryadarśanaṃ tu vicitrā eva hetavaḥ kalpyanta iti yuktam / te cārthaśabdavācyāḥ / evaṃ ca prasiddhasadbhāvo'rtho jñānaṃ cāvivādasiddham eveti prasiddhasadbhāvayor nyāyya eva saṃsargaḥ* (Kāś II, 113, 8–16; vgl. auch 81, 23f.; ŚBh, 472, 3f.; NK 311, 11f.). Zum Prinzip der Mannigfaltigkeit der Erkenntnisse im Advaita-Vedānta vgl. Hacker 1951, 147.

eigene Lehre entwickelt. Auch hier kreist die Erörterung um die Lehre des Selbstevidentseins der Erkenntnis.

2. Polemik gegen die Advaita-Schule

Lehren die Buddhisten, daß die Erkenntnis sowohl die Form des Subjektes als auch die des Objektes in sich trägt (*sākārā*) und sich als solche ihrer selbst bewußt ist, so lehnen die Advaitins diese Zweiförmigkeit (*dvairūpyam*) schärfstens ab, und setzen dem die absolute Einheitlichkeit der Erkenntnis (*ekākārā / ekarūpā / ekarasā*) entgegen[57].

Aus diesem Grund weist auch Vimuktātman, der der Hauptgegner Yāmunas in der Saṃvitsiddhi ist, den buddhistischen Sahopalambhaniyama-Schluß zurück, indem er unter anderem so argumentiert: „Ist der Sinn [der Sahopalambhaniyama-Schlußfolgerung] so, daß die Erkenntnis und der Erkenntnisgegenstand nur gemeinsam erscheinen [und] nicht getrennt, dann stimmt es nicht, weil die Erkenntnis ewig und selbstleuchtend ist. Weil der Erkenntnisgegenstand [hingegen] nicht immer erscheinen kann, [und] weil [er] nicht so ist wie der Blitz usw. [, der von selbst leuchtet,] tritt er nicht gemeinsam mit [der selbstleuchtenden Erkenntnis] in Erscheinung. Wenn auch der Erkenntnisgegenstand sich ohne die Erkenntnis nicht offenbart, tritt dennoch die Erkenntnis ohne den Erkenntnisgegenstand in Erscheinung. Daher offenbaren sich die beiden überhaupt nicht gemeinsam." (*dṛgdṛśyayoḥ sahaiva bhānaṃ na pṛthag ity artha iti cet, tan na, dṛśo nityatvāt svayamprabhatvāc ca, sadābhānopapatter dṛśyasya viyudāder atathātvān na sahabhānam / yady api dṛśā vinā na dṛśyaṃ bhāti, tathāpi dṛśyaṃ vinā dṛg bhātīti na sahaiva bhānaṃ tayoḥ*)[58].

Der entscheidende Gedanke in dieser Kritik ist, daß die Erkenntnis die Form des Gegenstandes deshalb nicht tragen kann, weil die beiden einander ausschließende Eigenschaften haben wie Ewigkeit bzw. Nichtewigkeit, Selbstleuchtendsein bzw. Ungeistigkeit usw. So können die Erkenntnis und ihr Gegenstand keine Einheit bilden, wie die Buddhisten behaupten.

Das Erkenntnissubjekt hingegen ist für Vimuktātman identisch mit dem überindividuellen Bewußtsein. Damit gibt es für Vimuktāt-

---

[57] Vgl. IS 24,1: *ataḥ kūṭasthaṃ sadaikarūpaṃ vastu svataḥsiddham*; vgl. Anm. 64.

[58] IS 14, 20–24.

man nur das Bewußtsein (*anubhūtiḥ*): „[Einwand:] Ohne das Selbst, als Erkenntnissubjekt, gibt es kein Bewußtsein ... [Antwort:] Dieser Fehler kommt [hier] nicht vor, weil nur das [Bewußtsein] das [Selbst als Erkenntnissubjekt] ist. Wieso? [Antwort:] Auch wenn dieses [Selbst als Erkenntnissubjekt] das Bewußtsein als Eigenwesen hat, ist es von diesem nicht verschieden. Im anderen Fall wäre es ein Nichtselbst. So wäre es [auch] kein Erkenntnissubjekt. Daher ist nur das [Bewußtsein] das Selbst.“ (*nanv anubhavitrātmanā vinā nāsty anubhūtiḥ ... naiṣa doṣaḥ, yataḥ saiva saḥ/ katham / ucyate – so'py anubhūtisvabhāvaś cet, nāsyā bhedaḥ, anyathā so'nātmeti nānubhavitā / ataḥ saivātmā*)[59].

Bei der Entfaltung seiner Lehre hält Vimuktātman an der absoluten Transzendenz des Bewußtseins fest, und leitet sie aus der Selbstgegebenheit des Bewußtseins ab, wenn er sagt: „[Das Bewußtsein] läßt erkennen, daß [es] selbstgegeben ist, weil [sonst], wäre es ein Gegenstand eines [anderen] Bewußtseins, folgen würde, daß es Nichtbewußtsein ist wie ein Topf usw. Für etwas, das selbstgegeben ist, können weder durch sich selbst noch durch etwas anderes [sein] früheres Nichtsein usw. nachgewiesen werden. Daher ist das [Bewußtsein] ungeschaffen. Deshalb hat es auch keine anderen realen Änderungen, weil diese eine Entstehung voraussetzen. Und die wahrnehmbaren Dinge können nicht Beschaffenheit des Geistigen sein wie Farbe usw. Daher hat [das Bewußtsein] keinen Erkenntnisgegenstand, das heißt, daß der Erkenntnisgegenstand auch nicht seine Beschaffenheit ist. So ist es unendlich ... Weil [dabei] eine Entstehung fehlt, ist zunächst die Unendlichkeit im Hinblick auf die Zeit erwiesen. Gerade aus diesem Grund ergibt sich auch [eine Unendlichkeit] im Hinblick auf den Raum [und] im Hinblick auf die Realität, weil anderenfalls folgen würde, daß [das Bewußtsein] wie ein Topf usw. entsteht. Denn etwas Ungeschaffenes hat keine Teile.“ (... *svataḥsiddhatāṃ dyotayati anubhūter anubhāvyatve ghaṭādivad ananubhūtitvaprasaṅgāt / na ca svataḥsiddhasya prāgabhāvādayaḥ svato 'nyato vā siddhyanti / ato'jā / ato'sya nānye'pi bhāvavikārāḥ, janmāditvāt teṣām / cetyānāṃ ca na ciddharmatvam, rūpādivat / ato'meyā / nāsyā meyo dharmo'py astīty arthaḥ / ato'nantā ... kālatas tāvad ānantyaṃ siddham, janmābhāvāt / ata eva deśato vastuto'pi anyathā ghaṭādivajjanmaprasaṅgāt / na hy ajaṃ vibhāgy asti*)[60].

---

[59] IS 24, 17–20.

[60] IS 1, 5–14.

Betrachtet man seine Argumentation näher, so stellt man fest, daß das Bewußtsein deshalb selbstgegeben ist, weil es kein anderes Prinzip braucht, um in seiner Wesenheit konstituiert zu werden. Der Begriff *svataḥsiddha-* hat den Zweck, die Geistnatur des Bewußtseins, insofern dieses als subsistierendes aufgefaßt wird, zu beschreiben. Zur Betonung dieses Gedankens führt Vimuktātman einen weiteren Begriff ein: *svayaṃjyotih / svayamprabhā / svayamprakāśaḥ*. Weil das Bewußtsein (*anubhūtiḥ*) selbst Geisteslicht ist, kann es niemals Gegenstand einer Erkenntnis werden. Das Bewußtsein ist daher seiner selbst bewußt, frei von jeder Subjekt- und Objektbezogenheit[61]. Vimuktātman führt dies folgendermaßen aus: „Das ‚Erkenntnis-Selbst' ist, obwohl es [absolut] Nicht-Objekt ist, [durch sich selbst] gegeben [d.h. es kommt durch sich selbst in Erscheinung], weil es selbstleuchtend ist. [Alles] andere aber, [ob auf Grund des selbstleuchtenden Erkenntnis-Selbst] erkannt [oder] auch nicht erkannt, kommt [nie] absolut als Nicht-Objekt in Erscheinung. Wenn daher das ‚Erkenntnis-Selbst', das [selber] von keinem anderen [Prinzip] in Erscheinung gebracht wird, gerade weil [es] alles [andere] in Erscheinung bringt, insofern [es] nur durch sich selbst auf Grund des Selbst-Lichtes, das weder entsteht noch vergeht, erscheint, so steht es, trotz einer [weiteren] für die Bestimmung des Nicht-Objektseins [notwendigen] Erkenntnis, ausschließlich als Nicht-Objekt fest. Es wird [dabei] aber in Wirklichkeit nicht zum Objekt gemacht, anderenfalls wäre seine Bestimmung überhaupt nicht möglich." (*dṛgātmā svayamprakāśatvād viṣayo'pi sidhyati / anyas tv atyantāviṣayo dṛṣṭo'dṛṣṭo'pi na sidhyed iti / tasmād dṛgātmani sarvaprakāśakatayaivānanyaprakāśye svata evānuditānastamitenātmaprakāśena prakāśamāne'viṣayatvanirūpaṇājñānenāpi tasyāviṣayatvam eva dṛḍhīkriyate, na tv asau viṣayīkriyate, anyathā tannirūpaṇaiva na syāt*)[62].

Die Auslegung dieser beiden Ausdrücke, nämlich des *svataḥsiddha-* und *svayamprakāśa-* im monistischen Sinne, erlaubt Vimuktātman das Bewußtsein (*anubhūtiḥ*) wie die Buddhisten als Selbstbewußtsein zu definieren: *svayaṃ saiva prakāśate*[63]. Eine weitere Folge dieser Interpretation ist, daß das Bewußtsein, insofern es frei von Objekt-

[61] Vimuktātman lehnt sich bei seiner Argumentation, daß die Unterschiedlichkeit nicht nachgewiesen werden kann, an Maṇḍana an, vgl. IS 2, 19ff. = BS 44, 10; vgl. unten S. 119ff..

[62] IS 9, 10–15; vgl.auch IS 89, 18f.

[63] Vgl. Anmn. 95; 96; 62.

Subjektbezogenheit ist, absolut einheitlich ist. Vimuktātman bezeichnet daher das Bewußtsein als eines: *abhede tv ekam eva / tac ca vastu eva*[64]. Er führt das Einssein ausdrücklich auf die Selbstgegebenheit des Bewußtseins zurück: *tasyāḥ svataḥsiddher ekatvopapattiḥ*[65]. Vimuktātman schränkt jedoch dabei ein, daß bei dieser Auffassung keineswegs an eine *dharmaḥ / dharmī*- Beziehung zu denken ist: „Und sein Einssein [soll man] nicht als eine Beschaffenheit [auffassen], weil sonst die [bereits] besprochenen Fehler eintreten würden. Daher wird das Reale, das unterschiedslos [bzw.] beschaffenheitslos ist, mit dem Wort ‚eines' bezeichnet. Wenn die Beschaffenheit des Unterschiedes nicht gegeben ist, [so] werden [damit] auch die übrigen Beschaffenheiten verneint, weil [auch] diese darauf zurückgehen." (*na cāsyā ekatvaṃ dharmaḥ, uktadoṣaprasaṅgāt / ato nirbhedam adharmakaṃ vastu ekaśabdena vivakṣyate / bhedadharmābhāva itare dharmāḥ pratyuktāḥ, tadadhīnatvāt teṣām*)[66].

Wie das Einssein und die Ewigkeit so wird auch die absolute Unveränderlichkeit des Bewußtseins aus dem Selbstbewußtsein des Bewußtseins erwiesen: „... wegen der [bereits] besprochenen Gründe und weil das Selbst selbstleuchtend ist, ist es unveränderlich. Und nur aus diesem Grund ist das Selbst zweitlos. Würde nämlich dem Selbst [etwas] als Zweites zukommen, so wäre [das Zweite] nicht selbstgegeben, auch nicht wegen [seiner] Verbindung mit dem Selbst, weil [für das Selbst] eine Verbindung mit einem anderen, insofern es unveränderlich ist, unmöglich ist. Gerade deshalb hat das Selbst nicht ein Wesen, das im Werden begriffen ist." (*yata uktebhyo hetubhyaḥ svayamprabhatvāc cātmāvikriyaḥ, ata evātmādvitīyaś ca / sa hy ātmano dvitīyo na svataḥsiddhaḥ; nāpy ātmasambandhāt, tasyāvikriyatvād anyasambandhāyogāt / ata evātmā na bhavāntarātmatāṃ yāti*)[67].

Auffallend ist die hier durchgeführte rein negative Argumentation bzw. die ausschließlich negative Beschreibung der Eigenschaften des Bewußtseins, die deshalb nur im uneigentlichen Sinn Eigenschaft genannt werden können. Mit dieser negativen Argumentation ver-

---

64 IS 23, 10.

65 IS 23, 13–14.

66 IS 23, 14–16. Diese absolute Verneinung der Attribute des Brahma wird hier durch die Anwendung des Denkschemas des Substanzialismus erreicht, nach dem es im Brahma eine substanzielle Identität, eine Wesensidentität zwischen den verschiedenen Charakteristika des Brahma gibt, d. h. jedes Charakteristikum beschreibt das Ganze des Brahma; vgl. dazu HACKER 1985, 111; unten Anm. 641.; SS vv. 335ff.; MESQUITA 1988, 153f.

67 IS 239, 22–240,3.

folgt Vimuktātman den Zweck, den von ihm angestrebten radikalen Monismus nicht durch eine Vielfalt von Eigenschaften mit positivem Inhalt zu gefährden.

Der Grundposition des Monismus entsprechend, erklärt Vimuktātman nun die vergängliche vielfältige Objekterkenntnis. Der Erkenntnisprozeß, in dem eine Erkenntnis als in Subjekt, Objekt, Vorgang und Ergebnis geteilt erscheint, funktioniert nur mit Hilfe des Nichtwissens. Das eine, ewige, an sich beziehungslose und unveränderliche Bewußtsein (*anubhūtiḥ*) erscheint auf Grund des Nichtwissens (*avidyā*) als Erkenntnissubjekt und -objekt[68]. Vimuktātman erläutert dies im Rahmen der Zurückweisung der Lehre Kumārilas folgenderweise: „Dazu sagen wir [, daß hier] der [genannte] Fehler nicht vorliegt, weil das Nichtwissen und seine Produkte nur auf Grund des ewigen Bewußtseins bewußt werden. Und wir werden [später ausführlich] darlegen bzw. haben wir [dies bereits zum Teil] dargelegt, daß das Bewußtsein ewig ist. Dennoch wird alles Ungeistige nur mit seiner Hilfe bewußt. Sonst würde [folgen], daß [das Ungeistige] entweder selbstbewußt ist [wie das geistige Bewußtsein], oder [überhaupt] nicht bewußt wird [, was der Erfahrung widerspricht]. Weil aber Farbe usw. [für ihre Wahrnehmung zusätzlich] vom Auge usw. abhängig sind, werden [sie] irgendwann nicht wahrgenommen, obwohl das Bewußtsein ewig ist. Auch wie man sagt, daß das Licht der Sonne oder einer Perle usw., obwohl ewig [etwas] sichtbar macht oder nicht sichtbar macht, wenn der mit ihrer Hilfe zu beleuchtende Gegenstand in Erscheinung tritt oder nicht, ebenso sagt man, daß auch das Bewußtsein, obwohl es unveränderlich ewig, beziehungslos ist, [etwas] auf diese Weise [erkennen läßt oder nicht erkennnen läßt], je nach dem, ob das ungeistige [Objekt] auf Grund seiner Hilfe bewußt wird oder nicht bewußt wird.“ (*atrocyate – nāyaṃ doṣaḥ, avidyātatkāryayor nityānubhavamātrāt siddheḥ / anubhavasya ca nityatvaṃ vakṣyāmaḥ, avocāma ca / tathāpi tatprasadād eva sarvasya jaḍasya siddhiḥ; anyathā svataḥsiddhir asiddhir vā syāt / rūpādīnāṃ tu cakṣurādyapekṣatvād anubhavasya nityatve'pi kadācid asiddhiḥ / yathā nityo'pi savitṛmaṇyādiprakāśas tatprasadāt prakāśyasya siddhāv asiddhau ca prakāśayati na prakāśayatīti cocyate, evam anubhavo'pi kūṭa-*

[68] Vgl. IS 36, 21–24: *evaṃ tasya māyāvyapāśrayam eva jagatsraṣṭṛtvaṃ bahurūpatvaṃ cāvagantavyam, śāstrabalāt; anyathādvaitavirodhāc ca / tasmān māyānirmittaṃ jagad iti siddham.*

sthanityo'saṅgo'pi tadābhāsatayā jaḍasya siddhāv asiddhau ca tathocyate)[69].

Mit dem Ungeistigen (*jaḍa-*), als Produkt der *avidyā*, des Urprinzips alles Ungeistigen, meint Vimuktātman im speziellen den psychosomatischen Komplex, Körper und inneren Sinn, insofern ihnen eine besondere Rolle im Erkenntnisprozeß zukommt. Und den Erkenntnisprozeß selber dürfte Vimuktātman, wie dies seit Śaṅkara im Advaita-Vedānta üblich ist[70], gemäß der Psychologie des Sāṃkhya erklärt haben, daß der innere Sinn mit den äußeren Objekten in unmittelbaren Kontakt tritt. Dieser geht durch den ‚Kanal' (*praṇālikā, praṇāḍikā*) der Sinnesorgane hinaus zu den äußeren Objekten und läßt sich durch sie ‚verfärben' (*uparāgaḥ*), d. h. nimmt ihre Gestalt an.

Diese Entwicklung vollzieht sich aber nicht von selbst, sondern nur auf Grund des ewigen Bewußtseins (*nityānubhavamātrāt*). Somit ist die scheinbare Vereinigung des inneren Sinnes mit dem Bewußtsein die Voraussetzung dafür, daß ein Objekt-Subjektverhältnis implizierendes Erkennen[71] überhaupt entstehen kann. Wie der innere Sinn, so ist auch der gesamte auf ihn zurückgehende Erkenntnisprozeß bloß ein Produkt der *avidyā*. So bleibt nur das reine, unberührt ewige Bewußtsein, das unser aller Selbst ist. Dies ist die Lehre der Offenbarung, sagt Vimuktātman: *śrutivacāṃsi īkṣitātmā eko 'dvayaḥ kūṭasthacinmātravigrahaḥ svamāyayā sarvasya jagataḥ kāraṇam, sa*

---

69 IS 60, 19–61,4.

70 Vgl. Hacker 1968/69, 137f.; 143. Zur ausführlichen Darlegung der advaitischen Theorie der Objekterkenntnis vgl. Schmithausen 1968/69, 329–360.

71 Padmapāda, von dem entscheidende Impulse für die advaitische Erkenntnislehre ausgegangen sind (Hacker 1951, 145f.), erläutert dies so: „Durch diese Vereinigung (*saṃbheda, saṃvalana*) mit dem wandellosen Geistlicht wird der Ahaṃkāra selber licht (*saṃjāta-jyotis*); so ist denn auch er, das Ichbewußtsein, unmittelbar-evident (*aparokṣa*) und selbstleuchtend (*svayaṃprakāśamāna*)... Das die Ahaṃkāra-Substanz durchdringende Licht *ist* die universale Seele ganz und gar; es ist nicht etwa nur ein Ausfluß von ihr... So wird denn der Ahaṃkāra die Vorbedingung dafür, daß sich die Seele als Subjekt des Handelns und der Erfahrung betätigt (*kartṛtva-bhoktṛvaikādhāra*), mit anderen Worten: die Seele, die an sich das Nichtobjektive (*anidam-aṃśa*), das universale Selbst (*ātma-dhātu*) ist, wird durch die Vereinigung mit dem Ahaṃkāra fälschlich zum Subjekt der Erfahrung (*bhoktṛ*), zum Prinzip der Persönlichkeit oder ‚sich als Ich betätigenden Subjekt' (*ahaṃkartṛ*), zur Individualseele (*jīva*)." (Hacker 1951, 125); vgl. unten Anm. 131.

eva ca sarveṣāṃ naḥ pratyagātmeti vadanti[72]. Soweit der Standpunkt Vimuktātmans.

Yāmuna beginnt seine Widerlegung dieses Gegners mit der lapidaren Feststellung, daß diese advaitische Lehre jeder philosophischen Grundlage entbehre, insofern sie vom blinden Glauben an die eigene Lehre getragen sei: „Wohlan, diese Brahma-Belehrung gefällt den [blinden] Getreuen [des Advaita]. Wir, die wir [daran] nicht glauben, sind es, die eine rationale Beweisführung erbitten."

(*hanta brahmopadeśo'yaṃ śraddhadhāneṣu śobhate* /
vayam aśraddhadhānāḥ smo ye yuktiṃ prārthayāmahe ||)[73].

Yāmuna entfaltet seine Kritik in zwei Richtungen, daß nämlich die advaitische Meinung sowohl der vedischen Lehre als auch der alltäglichen Erfahrung widerspreche: *tad idam alaukikam avaidikaṃ ca darśanam ity ātmavidaḥ*)[74]. Denn die Upaniṣaden lehren, daß das Bewußtsein ausschließlich in Abhängigkeit von einem Träger (= Erkenner) existieren kann und nie als subsistierendes Prinzip wie ein *ens a se*: *jñānavad evedaṃ jñānam, na jñaptimātratayā*[75]. Zur Unterstützung dieser Aussage führt Yāmuna mehrere Stellen aus den verschiedenen Upaniṣaden an[76].

Das Argument der alltäglichen Erfahrung wird von ihm am längsten besprochen und deckt sich zum Teil mit seiner Kritik an dem buddhistischen Standpunkt, daß die Erkenntnisse je nach dem Erkenntissubjekt und -objekt verschieden seien: *pratipramātṛviṣayaṃ parasparavilakṣaṇāḥ / aparokṣaṃ prakāśante sukhaduḥkhādivad dhiyaḥ*[77].

---

[72] IS 358, 21f.

[73] SS vv. 184–185.

[74] ĀS 70,1.

[75] ĀS 121,4.

[76] ĀS 121,6–123,6; ChUp VII. 12,4, VII. 16,2; VIII. 12,3. BrUp IV. 3, 7; II. 4,14. PrUp IV. 9; VI. 5. TaiUp II. 1. AiUp III. 1 = ŚrīBh I, 153, 4f; vgl. dazu MESQUITA (1980), 217ff.

[77] SS vv. 186–187; ĀS 70, 4f. = (gegen Buddhisten) SS vv. 425–426. Auch Rāmānuja verweist auf diese Gemeinsamkeit, wenn er den buddhistischen Standpunkt zurückweist (vgl. ŚrīBh III, 303, 3–5): *evam eva hi sarve laukikāḥ pratīyanti ghaṭam ahaṃ jānāmīti / evaṃrūpeṇa sakarmakeṇa sakartṛkeṇa jñādhātvarthena sarvalokasākṣikam aparokṣam avabhāsamānenaiva jñānamātram eva paramārtha iti sādhayantaḥ sarvalokopahāsopakaraṇaṃ bhavantīti vedavādacchadmapracchannabauddhanirākaraṇe nipuṇataraṃ prapañcitam* (= I, 145, 1f.).

Leugnet man dieses Prinzip, so kommt man – argumentiert Yāmuna – zu der absurden Folge, daß das ewige und allgegenwärtige, überindividuelle Bewußtsein entweder immer alles erkennen läßt oder niemals etwas. So kann der Advaitin weder die Verschiedenheit (*vaicitryam*) noch die Vergänglichkeit (*kādācitkam* / *āgantukatvam*) unserer Erkenntnisse erklären. Denn diese hätte man entweder durch die Annahme eines realen äußeren Erkenntnisgegenstandes (*vedyasya sannidhiḥ*) bzw. einer realen Ermittlung der Erkenntnis durch die Erkenntnismittel (*kāraṇabhedaḥ*) – wie die Realisten oder wenigstens durch das Einsetzen eines Bewußtseins, das selber die vielfältige gegenständliche Form in sicht trägt wie die Buddhisten[78] – begründen können. Die advaitische These des reinen, einheitlichen, ewigen Bewußtseins macht dies alles aber überflüssig: „Wenn man nur ein [einziges], allgegenwärtiges [und] ewiges Bewußtsein annimmt, dann sollte entweder alles immer oder nichts jemals erscheinen. Dann wäre nämlich [einerseits] eine verschiedene Bestimmung [des Bewußtseins], die durch die Nähe und Ferne [bzw. Anwesenheit und Nichtanwesenheit] eines Erkenntnisobjektes bewirkt wird, unmöglich, weil das Bewußtsein wie der Äther über eine Allverbreitetheit verfügen würde. [Andererseits könnte sie] auch nicht durch eine Verschiedenheit der [Erkenntnis-] Ursachen [bewirkt werden], weil eine solche Verschiedenheit für ein ewiges [Bewußtsein] nicht existiert, und [schließlich gäbe es sie auch] nicht infolge des Verschiedenseins der Eigenform [des Bewußtseins], da man doch sein Einssein (= Einheitlichkeit) annimmt."

> (*yadi sarvagatā nityā saṃvid evābhyupeyate* /
> *tataḥ sarvaṃ sadā bhāyān na vā kiṃcit kadācanā* //
> *tadānīṃ na hi vedyasya sannidhītarakāritā* |
> *vyavasthā ghaṭate vitter vyomavadvaibhavāśrayāt* ||
> *nāpi kāraṇabhedena nityāyās tadabhāvataḥ* |
> *na ca svarūpanānātvāt tadekatvaparigrahāt* ||)[79].

Yāmuna bekämpft den advaitischen Standpunkt auch auf Grund einer weiteren Erfahrungstatsache, daß nämlich die Erkenntnis nur in Abhängigkeit von einem realen äußeren Gegenstand und Erkenntnismittel entstehen kann und daß sie überall dort, wo diese nicht vorkommen – wie etwa im Tiefschlaf oder im Zustand der Trunkenheit und Ohnmacht – auch nicht gegeben ist: „Außerdem kann die

[78] Vgl. oben S. 34f.

[79] SS vv. 190–195.

Existenz des [Bewußtseins] im Zustand von Tiefschlaf, Trunkenheit und Ohnmacht nicht angenommen werden, insofern [sie] infolge [des logischen Grundes der] Nichtbeobachtung verneint wird. Wäre nämlich das Bewußtsein auch in solchen Zuständen vorhanden, dann würde man [es auch] zum Zeitpunkt des Erwachens feststellen. Und [es] wird [aber] nicht festgestellt. Gerade aus diesem Grund denkt der Erwachte: ‚Während dieser ganzen Zeit erkannte ich gar nichts.' " (*svāpamadamūrcchādaśāsu ca yogyānupalambhanirākṛtas tatsadbhāvo nābhyupagamam arhati | yadi hi tāsv api daśāsu saṃvedanam avartiṣyata, tataḥ prabodhasamaye 'nusamadhāsyata | na cānusandhīyate | ata eva hi iyantaṃ kālaṃ na kiṃcid aham ajñāsiṣam iti prabuddhaḥ pratyavamṛśati*)[80]. Ein überindividuelles und objektloses Bewußtsein ist für Yāmuna also ein Ding der Unmöglichkeit: *na ca nirviṣayā nirāśrayā vā saṃvin nāma kācit sambhavati, atyantānupalabdheḥ*[81]. Denn weder im Veda noch im alltäglichen Sprachgebrauch gibt es eine Verwendung intransitiver oder agensloser Verben wie z. B. √ *jñā*: *na hy akarmakasya jānātyāder akartṛkasya vā prayogo loke vede vā*[82].

Von seiner Vorstellung der Univozität des Seinsbegriffes[83], die keine Realitätsgrade duldet, kann Yāmuna den Versuch Vimuktātmans, die von der sinnlichen Wahrnehmung bezeugte Verschiedenheit und Vergänglichkeit der Erkenntnis dem Bereich des Illusorischen (*avidyā*) zuzuordnen, zurückweisen. So unterzieht er dabei die advaitische Lehre der *avidyā* als Prinzip der Vielfältigkeit[84] einer eingehenden Kritik und lehnt sie als widersprüchlich ab: *sā hi nyāyānalaspṛṣṭā jātuṣābharaṇāyate*[85].

Die voranstehenden Ausführungen machen den scharfen Gegensatz zwischen den Positionen Vimuktātmans und Yāmunas deutlich. Hatte ersterer seinen Begriff eines transzendenten Bewußtseins ausschließlich mit Hilfe einer logischen Deduktion ermittelt, so geht

---

[80] ĀS 70,6–71,1; vgl. ŚrīBh I, 139, 4f.

[81] ĀS 73, 1–3; vgl. ŚrīBh I, 139, 1f.

[82] ĀS 73, 3–4.

[83] Vgl. unten S. 155f.

[84] Vgl. HACKER 1951, 147: Keine Erkenntnis ist nach Advaita ohne die Überlagerung des Nichtwissens möglich. Sie ist ‚die Voraussetzung für eine in Subjekt, Objekt, Vorgang und Ergebnis zerspaltene Erkenntnis'. Für die Buddhisten sind die *vāsanāḥ* das Prinzip der Vielfältigkeit; vgl. oben Anm 56.

[85] Es wurde hier verzichtet, die diesbezügliche ausführliche Kritik Yāmunas im einzelnen darzulegen, da sie im Text der Übersetzung leicht zu finden ist (vgl. SS vv. 207–334). Einen Überblick in großen Linien bietet meine Analyse (vgl. MESQUITA 1988, 36ff.).

Yāmuna vom endlichen bzw. weltlichen Erkennen aus, das er folgenderweise definiert:

„Bewußtsein meint eine mit einem Objekt versehene Eigenschaft des [erkennenden] Selbst, die [auch] mit [anderen] gleichbedeutenden Namen wie *jñānam, avagatiḥ anubhūtiḥ* usw. [bezeichnet wird], die fähig ist, bloß mit Hilfe [ihrer] Existenz in Hinsicht auf ihren Träger, irgendeinen [Gegenstand] bewußt zu machen." (*saṃvid iti svāśrayaṃ prati sattayaiva kasyacit prakāśanaśīlo jñānāvagatyanubhūtyādipadaparyāyanāmā sakarmakaḥ saṃveditur ātmano dharmaḥ prasiddhaḥ*)[86].

Im Lichte dieser Definition analysiert Yāmuna vor allem die These der Selbstgegebenheit (*svataḥsiddhatvam*) des Bewußtseins, die Vimuktātman mit Hilfe der Lichtmetapher interpretiert hatte: „Das Bewußtsein läßt die Selbstgegebenheit aufleuchten" (*anubhūtiḥ svataḥsiddhatāṃ dyotayati*)[87]. Die Überlegungen Yāmunas setzen daher voraus, daß die Begriffe *svataḥsiddhatvam* und *svayamprabhatvam* das gleiche zum Ausdruck bringen, nämlich die absolute Transzendenz des Bewußtseins. Er greift den Kerngedanken dieser Lehre auf, wenn er folgendermaßen dagegen argumentiert: „Was aber behauptet wurde, ,daß das frühere Nichtsein usw. des selbstgegebenen [Bewußtseins] nicht erkannt werden kann, weil, wenn dieses [selbstgegebene Bewußtsein] existiert, es unmöglich ist, gerade wegen des Widerspruches damit, daß [auch sein früheres Nichtsein] zum selben Zeitpunkt auftritt', das ist allzu plump. Denn es besteht keine Notwendigkeit, daß mit Hilfe des Bewußtseins nur Dinge erkannt werden, die mit ihm koexistieren, weil [dann] die unerwünschte Folge eintreten würde, daß die vergangenen und zukünftigen [Dinge] nicht erkannt werden können." (*yat tu svataḥsiddhasya sattve tadvirodhād eva prāgabhāvādes tadānīm avasthānāsambhavān na tataḥ siddhir iti, tad atisthavīyaḥ / na hi saṃvidā svakālavartina evārthāḥ sidhyantīty asti niyamaḥ / atītānāgatayor asaṃvedyatvaprasaṅgāt*)[88]. Offenbar geht Yāmuna bei dieser Widerlegung von seinem Begriff des endlichen Erkennens aus und meint, daß das selbstgegebene Bewußtsein selbst einen Gegenstand erkennen lassen kann, der mit ihm nicht koexistiert. Dies impliziert, daß das Bewußtsein trotz seines selbstgegebenen Wesens sein eigenes früheres Nichtsein wohl erkennen kann, da

86 ĀS 70, 2–4: vgl. ŚrīBh I, 145f.; vgl. dazu Mesquita 1984, 20f.

87 Vgl. oben S. 48ff.

88 ĀS 74, 1–4; vgl. ŚrīBh I, 135, 7f.; Mesquita 1984, 201.

die Koexistenz des Erkenntnisgegenstandes als Vorbedingung für seine Erkenntnis ausschließlich für die sinnliche Wahrnehmung gilt und nicht für jede Erkenntnis oder für jedes Erkenntnismittel: „Das Eigenwesen der sinnlichen Wahrnehmung nämlich, insofern es fürwahr im Bewußtmachen eines Gegenstandes, der mit ihr koexistiert, besteht, kommt nicht allen Erkenntnissen oder allen Erkentnismitteln zu.“ (*aindriyikapratyakṣasvabhāvo hy ayaṃ svasamakālapadārthaprakāśakatvaṃ nāma / na jñānamātrasya, pramāṇamātrasya vā*)[89]. So deutet Yāmuna an, wie das frühere Nichtsein einer Erkenntnis bewußt werden kann, nämlich durch eine Schlußerkenntnis, und zwar mit Hilfe des logischen Grundes der Nichtbeobachtung. Die Nichtbeobachtung eines Dinges, trotz Vorliegem aller Bedingungen für die Wahrnehmung, wird als Grund für seine Nichtexistenz angenommen. In diesem Sinne sagt Yāmuna: „Es wurde früher[89a] gelehrt, daß man nicht behaupten darf, daß das [Erkenntnismittel dafür] fehlt, weil das Nichtsein eben mit Hilfe [des logischen Grundes] der Nichtbeobachtung eines [an sich] Wahrnehmbaren festgestellt wird.“ (*na ca tadabhāvaḥ śakyo'bhidhātum ity uktam eva / yogyānupalabdhyaivābhāvasya samarthitatvāt*)[90].

Erkennt man das frühere Nichtsein des Bewußtseins, so bedeutet dies, daß es nicht ewig, sondern vergänglich ist. Seine Vergänglichkeit läßt sich auch dadurch nachweisen, daß es zum Gegenstand einer weiteren Erkenntnis gemacht werden kann, und dies nicht nur im uneigentlichen Sinn, bloß zum Zweck der Diskussion, wie Vimuktātman lehrt[91], sondern im realen Sinn: „Ferner kann man nicht [sagen, daß] sein früheres Nichtsein usw. durch etwas anderes nicht erwiesen werden kann, da das Bewußtsein nicht Gegenstand eines anderen [Bewußtseins] sein kann, weil eine früher stattgefundene Erkenntnis [die durch die Verbalform] ‚Ich erkannte‘ ausgedrückt wird [im realen Sinn] Gegenstand einer [neuen] jetzigen Erkenntnis gemacht wird, bzw. weil man [auch] die Erkenntnis anderer [Menschen] mit Hilfe des Schlusses [aus ihrem Handeln, nämlich] durch [ihre] Aufnahme oder Ablehnung usw., die notwendigerweise mit [der Erkennt-

---

89 ĀS 75, 2–3: vgl. ŚrīBh I, 136, 6.; Mesquita 1984, 202.

89a ĀS 70,6–71,1; Anm. 80.

90 ĀS 76, 7–8; vgl. ŚrīBh I, 137,7. Zur Lehre des *anupalabdhihetuḥ* vgl. Dharmakīrtis Hetubinduḥ (Steinkellner 1967, I, 71, 18–19): *upalabdhilakṣaṇaprāptasyānupalabdhir abhāvahetur abhāvavyavahārahetur vā* (vgl. Steinkellner 1967, II, 60; 157f.).

91 Vgl. oben S. 48–50..

nis von] angenehmen oder unangenehmen Gegenständen verbunden ist, erkannt werden. Würde man außerdem dies nicht akzeptieren, dann würde die unerwünschte Folge eintreten, da es unmöglich ist, den Sinn der Wörter zu erfassen, daß der gesamte vedische und weltliche Sprachgebrauch nicht zustande kommt. Auch wäre es z. B. unmöglich sich einem Lehrer [zum Zweck der Unterweisung] zu nähern, weil man nicht erfahren kann, daß er Träger des Wissens ist.“ (*na cānyāviṣayatvāt saṃvido'nyatas tatprāgabhāvādyasiddhiḥ / ajñāsiṣam iti prāktanasaṃvido'dyatanadhiyā viṣayīkriyamāṇatvāt / pratikūlānukūlaviṣayaniyatahānopādānādiliṅgāvagamyatvāc ca parasaṃvidaḥ / tadanabhyupagame ca śabdārthagrahaṇāsambhavena vaidikalaukikasamastavyavahārābhāvaprasaṅgaḥ / gurūpasarpaṇādyanupapattiś ca jñānavattvena tasyāpratīteḥ*)[92].

Damit bekämpft Yāmuna die These Vimuktātmans, der die Ewigkeit des Bewußtseins von seiner absoluten Selbstgegebenheit ableitet, und verwirft zugleich auch sein Verständnis vom *svataḥsiddhatvam*.

Hatte Vimuktātman die Selbstgegebenheit des Bewußtseins vor allem dadurch begründet, daß es kein Gegenstand einer anderen Erkenntnis sein kann wie der ungeistige Topf usw., weil es sonst sein Wesen verlieren würde (*svataḥsiddhatāṃ dyotayati anubhūter anubhāvyatve ghaṭādivad ananubhūtitvaprasaṅgāt*)[93], so stellt Yāmuna dies in Abrede, indem er eine neue Definition des Bewußtseins und seiner Selbstgegebenheit (= des Selbstevidentseins) vorlegt: „Auch hört [das Bewußtsein] nicht auf, Bewußtsein zu sein, wenn [es] Gegenstand eines anderen [Bewußtseins] ist. Denn das Bewußtsein besteht darin, daß [es] entweder durch seine bloße Existenz seinem Substrat [irgendeinen Gegenstand] bewußt macht oder [ihm] seinen Gegenstand erweist. Und diese beiden [Eigenschaften], die durch eigene Erfahrung bezeugt werden, gehen nicht fehl, selbst wenn [das Bewußtsein] Gegenstand eines anderen Bewußtseins wird. Wie kann daher die unerwünschte Folge des Nichtbewußtseins eintreten? Der Topf usw. aber ist gerade deshalb vom Bewußtsein verschieden, weil [er] keine derartige [geistige] Natur [wie das Bewußtsein] besitzt, [aber] nicht weil er Gegenstand eines Bewußtseins ist.“ (*na cānyaviṣayatve'nanubhūtitvam / svāśrayasya svasattayaiva prakāśamānatvam, svaviṣayasādhanatvaṃ vā hy anubhūtitvam / te ca saṃvidantaraviṣayabhāve'pi svānubhavasiddhe na bhraśyeta iti katham ananubhūtitva-*

[92] ĀS 78, 3–79,2; vgl. ŚrīBh I, 134, 2f.; Mesquita 1984, 199f.

[93] Vgl. oben S. 48.

prasaṅgaḥ / ghaṭādes tu tathāsvābhāvyābhāvād evānanubhūtitvam, nānubhāvyatvāt)[94].

Diese Definition distanziert sich nicht nur sprachlich, sondern vor allem inhaltlich eindeutig vom Bewußtseinsverständnis der Buddhisten und Advaitins. Lehrten diese, daß das Bewußtsein ganz von selbst ohne einen Erkenner für sich selber bewußt wird: *svayaṃ saiva prakāśate*[95]; *svataḥsiddhatāṃ dyotayati / svayamprabhaś cet saivātmā*[96], so meint Yāmuna, daß das Bewußtsein nicht für sich selber sondern seinem Träger, dem Erkenner (= Subjekt) den jeweiligen Gegenstand ermittelt (*svaviṣayasādhanatvam*) bzw. daß es diesem kraft seiner Existenz allein den äußeren Gegenstand bewußt macht (*svāśrayasya svasattayaiva prakāśamānatvam*; *svayamprakāśatā tu sattayaivātmane prakāśamānatā*)[97]. Damit wird das *svayamprakāśatvam* (= *svataḥsiddhatvam*) des Bewußtseins nicht im absoluten Sinn als ein in sich selbst subsistierendes Prinzip im Sinne von einem *ens a se* (*ananyādhīnam*)[98] aufgefaßt, sondern im rein funktionellen Sinn. Selbstevidentsein heißt einmal, daß das Bewußtsein keines weiteren Bewußtseins bedarf, damit es einen Gegenstand dem Selbst (*ātmā*) ermitteln kann, da es diese Funktion bloß kraft seiner Existenz (*svasattayaiva*) erfüllt. Zum anderen heißt es, daß das Bewußtsein als Bewußtsein eines bestimmten Gegenstandes (*saviṣayā saṃvid*) immer ein anderes absolut unabhängiges (*ananyādhīnaḥ*) und unveränderliches (*kūṭasthaḥ*) Erkenntnisprinzip, das in seiner Natur selbst Erkenntnis ist (*svayaṃjyotiḥ*), voraussetzt, nämlich das Selbst (*ātmā*). Wir können diesen Ansatz der Erkenntnistheorie Yāmunas am besten in der Kritik Yāmunas an den Mīmāṃsā-Schulen weiter verfolgen.

3. Polemik gegen die Schulen der Mīmāṃsā

Die Mīmāṃsā-Schulen vertreten die Meinung, daß das Selbst als erkennendes Subjekt bei jeder Erkenntnis offenbar werde[99]. Ebenso unterscheiden sie im Erkenntnisakt zwei Aspekte, den des Vorganges

---

94 ĀS 79,3–80,3; vgl. ŚrīBh I, 135, 1f.; Mesquita 1984, 199.

95 PV III, 328; PVin 86, 12–15: vgl. oben S. 34f.

96 Vgl. Anm. 63; vgl. auch S. 48f.

97 ĀS 79, 3–4; 84, 7; 156, 8f.; vgl. unten Anm. 143; S. 72ff.

98 Vgl. IS 4, 3: *na ca svayaṃdṛṣṭeḥ kadācid api adṛṣṭiḥ sambhavati, svarūpabhūtāyā dṛṣṭer anyānapekṣatvāt*; *anyāpekṣatve svarūpasyaivānyāpekṣatvena anityatvaprasaṅgāt*; vgl. auch Anm. 95.

99 Vgl. Frauwallner 1956, II, 185; Hacker 1951, 131f.

(*kriyā*) und den des Ergebnisses (*phalam*). Nach dieser Auffassung entsteht zuerst das Erkennen als Vorgang und bewirkt als Folge die Bewußtheit des Gegenstandes. Zu diesem Zeitpunkt bleibt der ‚Erkenntnis-Vorgang' anonym, d. h. er wird nicht explizit bewußt: *pūrvaṃ buddhir utpadyate, na tu pūrvaṃ jñāyate*[100].

Er wird jedoch später aus dem Ergebnis, nämlich aus der Bewußtheit des Gegenstandes erschlossen: *jñāte tv anumānād avagacchati*[101].

Die Wege dieser Schulen trennen sich jedoch bei der Beurteilung dieser beiden Aspekte. Während Kumārila und seine Schule den Tätigkeitscharakter des Erkennens (*jñānam*) betonen, besteht für die Prābhākara-Schule die Objekterkenntnis wesentlich im Ergebnis, nämlich in der *saṃvid*. Dabei wird die Erkenntnistätigkeit bloß als Verbindung des Selbst mit dem inneren Organ (*manas*) verstanden[102] und sie muß erst später erschlossen werden[103].

a) Prabhākara-Schule

Nach dem Vorbild der Buddhisten lehrte nun Prabhākara, daß die *saṃvid* im absoluten Sinn eine selbstleuchtende Natur habe: „Die Erkenntnis wird nur als Erkenntnis [unmittelbar] offenbar, [und] nicht als Erkenntnisgegenstand ... Ihr Objektcharakter wird [dabei] nicht erfaßt ... Weil die Erkenntnis ein selbstleuchtendes Wesen hat, hängt [ihr] Bewußtwerden nicht von einem anderen ab. Daher kommt [ihr] kein Objektsein zu." (*saṃvittayaiva hi saṃvit saṃvedyā na saṃvedyatayā ... nāsyāḥ karmabhāvo vidyate ... svayamprakāśarūpatvāt saṃvido na parādhīnaprakāśa iti na karmatā*)[104].

Alle anderen Erkenntnisfaktoren, nämlich das Erkenntnissubjekt

---

[100] ŚābBh in: Frauwallner 1968, 30, 5–6.

[101] Ibidem 30, 2.

[102] Vgl. PP 192, 3–4: ... *pramāṇaśabde ātmamanaḥsannikarṣādyātmano jñānasya pramāṇatve* ...; 190,3: *saṃvidutpattikāraṇam ātmanaḥ sannikarṣākhyam*. Damit erhält der Ausdruck *jñānam* einen ungewöhnlichen Inhalt. Aus diesem Grund werden die Begriffe *jñānam* (= Erkenntnisvorgang) und *saṃvid* (= Folge), die bei den anderen Schulen als Synonym gelten (vgl. NK 410,7f; TSP 563,10–11; ĀS 73,2–3; ŚrīBh I,145,1f.), in der Prābhākara-Schule streng auseinandergehalten. Und dies wird ihr besonders von den Vertretern der Kumārila-Schule angekreidet (vgl. Kāś II,106,11–15); vgl. auch SambV v. 1057cd.

[103] Btī 64,8f.; Ṛj 62,17–19: *katham idānīṃ jñānasiddhiḥ? ucyate – phalabhūtāyāḥ saṃvidaḥ kāryarūpatvāt kāryasya ca kāraṇaṃ antareṇānupapatter nityakāryodayāpattyā cātmanaḥ sthirasya kāraṇatve niraste kādācitkaṃ jñānam anumīyate*; vgl. auch PP 188,3–190,3.

[104] Btī 64,2–5; 64,18–19.

und -objekt, werden mit Hilfe dieser selbstleuchtenden *saṃvid* bewußt: „[Man kann nicht behaupten, daß] die Erkenntnis [ihrer selbst] eben nicht bewußt wird, weil das Bewußtwerden aller [anderen] Dinge von ihr abhängt.“ (*na cāsaṃvedyaiva saṃvit / tanmūlatvāt sarvabhāvānāṃ saṃvedyabhāvasya*)[105].

Analysiert man diese Lehre, so kommt hervor, daß auch das Selbst als Erkenntnissubjekt ebensowenig selbständig ohne die Hilfe der selbstleuchtenden Erkenntnis bewußt werden kann wie das Erkenntnisobjekt. Śālikanātha begründet dies im Rahmen seiner in die Tradition als *tripuṭī*-Lehre eingegangenen Auffassung: „Sowohl in der Feststellung: ‚Ich erkenne das‘, als auch in der Feststellung: ‚Ich erinnere mich daran‘ treten nur drei [Prinzipien] in Erscheinung. Die eine [selbstleuchtende] Erkenntnis hat die Erscheinungsform des Erkenntnisobjektes und -subjektes. Es offenbart sich dabei aber keine andere Erkenntnis. Und [das heißt] nicht, [daß] die [Erkenntnis] nicht erscheint, weil [sonst], würde sie nicht erscheinen, folgen würde, daß alle [anderen] Dinge [auch] nicht erscheinen (= erkannt werden) können. Ferner müssen die Erkenntnisgegenstände und das Erkenntnissubjekt, insofern alle beide an sich keine Erkenntnisnatur haben [für ihre Erscheinung] von der [selbstleuchtenden] Erkenntnis abhängen. Die Erkenntnis aber, weil sie ein Erkenntniswesen hat, hängt nicht von einer anderen [Erkenntnis] ab. Für den nämlich, der wach ist, treten die Erkenntnisgegenstände und der Erkenner in Erscheinung (= werden bewußt). Für einen, der sich im Tiefschlaf befindet, erscheinen zu diesem Zeitpunkt alle beide nicht. Und [das heißt] nicht, daß alle beide zu diesem Zeitpunkt überhaupt nicht existieren, weil [sie] beim Erwachen wiedererkannt werden. Hätten die [beiden] aber eine Erkenntnisnatur, so würden sie sich auch im Zustand des Tiefschlafes offenbaren. Deshalb muß man annehmen, daß alle beide [Prinzipien] keine Erkenntnisnatur haben. Einem nichtleuchtenden Licht (= Erkenntnis) wird aber überhaupt keine Existenz zugestanden. Daher treten zum selben Zeitpunkt [des Erscheinens] einer selbstleuchtenden [Erkenntnis] [auch] das Erkenntnisobjekt und -subjekt in Erscheinung. Ferner kann etwas, das nur aus sich entsteht, nicht von etwas anderem abhängen. Da weder die Erkenntnisgegenstände noch das Erkenntnissubjekt von sich aus erkannt werden können, ist es logisch richtig, daß die beiden [für ihre Erscheinung / Erkenntnis] von einem anderen [d. h. von einer selbstleuchtenden

---

[105] Ibidem 64,6–7.

Erkenntnis] abhängen. Und in bezug auf die [selbstleuchtende] Erkenntnis ergibt sich gar keine Unmöglichkeit. Daher ist die Erkenntnis nichts anderes als selbstleuchtend.“ (*idam ahaṃ gṛhnāmīti vā, idam ahaṃ smarāmīti vā tritayam evābhāsate / meyamātravabhāsarūpā saṃvid ekā / na tu tasyāṃ saṃvidantaraṃ cakāsti / na ca sā nāvabhāti / tadanavabhāse sarvānavabhāsaprasaṅgāt / kiṃcāprakāśasvabhāvāni meyāni mātā ca prakāśam apekṣantām / prakāśas tu prakāśātmakatvān nānyam apekṣate / jāgrato hi meyāni mātā ca prakāśante / suṣuptasya tadā na tat dvayam api prakāśate / na ca tadānīṃ tad dvayam api nāsty eva, prabodhe pratyabhijñānāt / tatra prakāśātmakatve tu suṣuptidaśāyām api tad dvayaṃ prakāśeta / tasmād aprakāśātmakaṃ tad dvayam apy aṅgīkriyate / prakāśasya tv aprakāśamānasya sattaiva nābhyupeyate / tasmāt svayamprakāśasamaya eva meyamātṛprakāśaḥ / kiṃca svata eva yad upapadyate, na tatra parāpekṣā yuktā / meyānāṃ mātuś ca svayaṃ prakāśo nopapadyata iti, yuktā tayoḥ parāpekṣā / mitau ca kācid anupapattir nāstīti svayamprakāśaiva mitiḥ*)[106].

Aus dem Umstand, daß sich das erkennende Selbst nur bei der Objekterkenntnis durch einen Denkakt und nie unabhängig davon, z. B. im Tiefschlaf, bewußt wird, wird hier also geschlossen, daß es keine Erkenntnisnatur hat wie die Erkenntnis (= *saṃvid*)[107]. Diese Anschauung wird von Yāmuna mit der Begründung, daß sie von den Vedānta-Lehrern nicht gutgeheißen werden kann (*idam ... na rocayante trayyantavidaḥ*), entschieden abgelehnt. Er fährt dann fort: „Denn die Objekterkenntnis ist nur die Erkenntnis eines Objektes. Denn durch sie kann weder die Erkenntnis des Selbst noch das Eigenwesen erwiesen werden, weil sie nicht der Gegenstand dieser [Objekterkenntnis] sind. Was nämlich nicht Gegenstand einer bestimmten Erkenntnis ist, das wird durch sie nicht erwiesen, wie Geschmack [eben nicht] durch die Erkenntnis der Farbe [erwiesen wird]. Außerdem sind der Erkenntnis[-vorgang] und das Erkenntnissubjekt nicht Gegenstand der Objekterkenntnis. Daher wird keines von beiden durch sie erwiesen (= erkannt).“ (*viṣayavittir hi viṣayavittir eva / na hi tayātmavittiḥ svarūpaṃ vā seddhum arhati, atadviṣayatvāt / yo hi yatsaṃvidviṣayo na bhavati, nāsau tayā sidhyati rūpasaṃvideva rasaḥ / aviṣayau ca viṣayavitter buddhiboddhārāv iti tāv api na tayā sidhyataḥ*)[108].

---

106 PP 171,1–173,7; MBhP 17,1f.

107 Zum ausführlichen Referat dieser Lehre bei Yāmuna vgl. ĀS 151,1–155,7.

108 ĀS 155,9–156,3.

Diese grundsätzliche Feststellung geht also davon aus, daß die Objekterkenntnis nicht auf ein Subjekt gerichtet ist und es infolgedessen nicht bewußt machen kann. Daß das Selbst als Erkenner sich in jedem Denkakt offenbart, führt Yāmuna nicht auf die selbstleuchtende Objekterkenntnis zurück, sondern auf die selbstleuchtende Natur des Selbst (*ātmā*). Unter dieser Voraussetzung war für Yāmuna der Begriff von *svayamprakāśatvam*, wie ihn die Prābhākara-Schule definierte, nicht mehr vertretbar. Faßte diese ihn im absoluten Sinn wie die Buddhisten (*svata eva yad upapadyate na tatra parāpekṣā yuktā*)[109] auf, so wird im System Yāmunas das selbstleuchtende Wesen der Objekterkenntnis der absolut geistig-selbstleuchtenden Natur des Ātmā untergeordnet. In diesem Sinne führt Yāmuna seine Kritik an dieser Position fort: „Denn dieselbe [Erkenntnis] wird dadurch, daß sie genau wie der Erkenntnisgegenstand nur für ein anderes [Prinzip] bewußt wird, nicht für sich selbst bewußt. Und wieso erscheint [sonst] diese selbstleuchtende [Erkenntnis] nur einer bestimmten [Person und] nicht allen [Personen]. Wenn man sagt: ‚Weil sie [nur] einer bestimmten [Person] inhäriert'. [Lehrt man] auf diese Weise, daß diejenige Erkenntnis, [welche] nämlich einer bestimmten [Person] inhäriert, nur dieser [Person] erscheint [und] nicht einer anderen, weil [sie] dieser nicht inhäriert, so nimmt man an, daß das Bewußtwerden der Erkenntnis ausschließlich von [ihrer] Verbindung mit dem Selbst abhängt, weil sie sich nach dem Vorhanden- und Nichtvorhandensein dieser [Verbindung] richtet." (*sāpi hi viṣayavad evānyasyaiva prakāśamānatayā na svataḥsidhyati / svataḥsidhyantī ca sā kim iti kaṃcid eva prati cakāsti, na sarvān prati / tatsamavāyād iti cet – yatsamavāyinī hi yā saṃvit tasyaiva sā cakāsti, netarasya, tadasamavāyād iti yady evam, āśritas tarhi ātmasambandhanibandhana eva saṃvidaḥ prakāśaḥ, tadbhāvābhavānuvidhānāt*)[110].

Der Text enthüllt einen bemerkenswerten Aspekt der Erkenntnislehre Yāmunas, daß nämlich nicht nur das Selbst (*ātmā*), sondern auch die Objekterkenntnis, wenn auch nicht genau in gleicher Weise, selbstevident ist. Und so stellt sich die Frage, warum zwei derartige Prinzipien für das Zustandekommen der Objekterkenntnis notwen-

---

[109] Vgl. Anm. 106. Wegen dieser Nähe zum buddhistischen Standpunkt bezeichnet Sucaritamiśra Prabhākara als *bauddhagandhimīmāṃsakaḥ* (vgl. Kāś II, 119,2; 107,17).

[110] ĀS 156,8–157,4; 111,6–112,3.

dig seien, wenn dies allein durch die selbstbewußte Erkenntnis, wie Yāmunas Gegner lehren, erklärt werden kann[111].

Die Antwort Yāmunas stützt sich auf eine Unterscheidung im Wesen des Selbstevidentseins: Das Selbst (*ātmā*) allein ist im absoluten bzw. primären Sinn selbstevident, während es die Objekterkenntnis nur in sekundärer bzw. abgeleiteter Form ist. In diesem Sinne sagt er nämlich: „Wenn [das] so ist [, nämlich daß mehrere selbstleuchtende Prinzipien nicht nötig sind], dann soll allein der Ātmā selbstleuchtend sein, insofern er in jeder Hinsicht als [transzendenter] Zuschauer aller Gegenstände und ihrer Erkenntnisse angenommen wird. Warum [soll man also] mehrere derartige [Prinzipien annehmen?]... Mögen die Objekterkenntnisse [in einem gewissen Sinne] selbstleuchtend sein, [so] wird durch sie das [absolut selbstleuchtende] Selbst dennoch nicht sichtbar (= bewußt), weil [er] sie unmittelbar schaut.“ (*tathā sati – sarvasyārthasya tadvitteḥ sākṣī sarvatra saṃmataḥ / ātmaivāstu svataḥsiddhaḥ kim anekais tathāvidhaiḥ // ... santu nāmārthavittayaḥ svataḥsiddhāḥ, tathāpi na tābhir ayam ātmā pratyakṣībhavati, tatsākṣitvāt*)[112].

Entscheidend ist hier der Ausdruck der Sāṃkhya-Ontologie, nämlich *sākṣī*, mit dem Yāmuna die absolute Transzendenz des *ātmā*, des Erkenners zum Ausdruck bringt. Die Natur des „Zuschauers“ beschreibt Yāmuna an anderer Stelle so: „Und die Tatsache, daß [das Selbst] Zuschauer ist, besteht darin, daß es [alles] unmittelbar erkennt. Denn [jemand] der nicht [unmittelbar] erkennt, wird nicht ‚Zuschauer' genannt. Und alles, das bewußt wird, wird dem Erkenner, der sich als ‚Ich‘ offenbart, bewußt. Daher ist die folgende Erkenntnis: ‚Ich erkenne‘ [bzw.] ‚mir wird [dies] bewußt‘, für jedes Selbst erwiesen.“ (*sākṣitvam api tasya sakṣājjñātṛtvam / na hy ajānan sākṣīty apadiśyate / sarvaṃ ca prakāśamānaṃ jñātre'ham iti cakāsate prakāśata iti pratyātmasiddho'yam anubhavaḥ, ahaṃ jānāmi, mahyaṃ prakāśata iti*)[113].

Das unmittelbare Erkennen begründet Yāmuna mit dem geistigen

---

[111] Vgl. ĀS 158,6–8: *athārthāntarasādhakatayā sarvavādisaṃmatāyāḥ saṃvida eva paraṃ svayamprakāśatvam āśritam / tayaiva tathābhūtayā taditarabāhyābhyantarasakalapadārthasiddhyupapatteḥ kim anekasvayamprakāśabhāvābhyupagameneti bhāvaḥ?* Ähnlich auch Śaṅkara (vgl. ŚBh 474,5–475,2; unten Anm. 125.).

[112] ĀS 159,1–7.

[113] ĀS 92,1–4; vgl. dazu Carakasaṃhitā (śarīrasthāna I, 83): *jñaḥ sākṣīty ucyate nājñaḥ sākṣī hy ātmā yataḥ smṛtaḥ.*

Selbstlichtsein des *ātmā*: *na cāsau anyādhīnāvabhāsaḥ caitanyasvabhāvatayā svayaṃjyotiṣṭvāt*[114]. Das Geistwesen des Selbst wird damit als Grund für seine Selbstgegebenheit (*svataḥsiddhatvam / svayamprakāśatvam*) angegeben. Um seiner selbst bewußt zu werden, bedarf das Selbst daher keines Subjekt-Objektverhältnisses. Die Selbstgegebenheit oder das Selbstleuchtendsein der Objekterkenntnis hingegen braucht ein Subjekt-Objektverhältnis, da diese Erkenntnis nur im Lichte des Geistwesens des Selbst die Dinge als Objekte einem Subjekt bewußt zu machen vermag.

Von dieser Position aus kann Yāmuna die Argumentation der Prābhākara-Schule zurückweisen, mit der sie die Unbewußtheit des Erkennerprinzips ‚Ich' begründet hatte. Denn das geistig-selbstleuchtende Erkenner-Wesen des Selbst ist auch im Tiefschlaf vorhanden: *bodhasvābhāvye hi puruṣasya svāpādidaśāsu ca tathābhāvo'bhimata eva*[115]. Der Grund warum man sich hier beim Erwachen daran nicht erinnert, liegt darin, daß es sich hier um ein unvergängliches Erkennen handelt, das vom Wirken (*vṛttiḥ*) der Sinnesorgane unabhängig ist und daher keine Eindrücke (*saṃskārāḥ*) hinterläßt[116].

So zeigt Yāmuna eindeutig, daß das Selbst keiner Vermittlung der selbstevidenten Objekterkenntnis bedarf, um zu sich selbst kommen zu können, wie dies die Prābhākara-Schule postuliert hatte, und daß im Gegenteil das geistig-selbstleuchtende Wesen des Selbst (*ātmā*) die Voraussetzung für die Entstehung der Erkenntnis aller anderen Dinge ist: „Außerdem kommt dem [Selbst], weil es Erkenner ist, eine selbstgegebene Bewußtheit / Erkenntnis zu. Denn die Tatsache, daß [etwas] in Abhängigkeit von einem anderen [Prinzip] bewußt wird, ist mit dem Umstand verbunden, daß [es] Nicht-Erkenner ist."

> (*svataḥsiddhaprakāśatvam apy asya jñātṛbhāvataḥ* /
> *ajñātṛtvena hi vyāptā parāyattaprakāśatā* //)[117].

Aus dem bisher Gesagten wird ersichtlich, worin sich die Meinung Yāmunas über das Selbstevidentsein der Erkenntnis nicht nur von

---

114 ĀS 106,1–2.

115 ĀS 182,2–3: „Wenn die Geistseele nämlich die Geistigkeit als ihre wesensmäßige Eigenschaft besitzt, so ist es [für uns] freilich annehmbar, daß [auch] in den Zuständen wie Tiefschlaf usw. ein derartiges [Erkennen] gegeben ist." Vgl. ŚrīBh I, 140,5f.

116 Für die ausführliche Erläuterung dieser Problematik vgl. ĀS 181,6–189,8.

117 ĀS 190,1–2.

der Position der Idealisten (Buddhisten und Advaitins), sondern auch der Realisten (Prābhākara-Schule) unterscheidet.

Die Auseinandersetzung mit einer weiteren realistischen Schule, nämlich der des Kumārila erweist sich als entscheidend und fruchtbar für die Erkenntnistheorie Yāmunas. Im folgenden wird versucht, nicht nur die Berührungspunkte mit dieser Schule, sondern auch die wesentlichen Unterschiede zwischen beiden Auffassungen aufzuzeigen.

b) Kumārila-Schule

Kumārila und seine Anhänger bekämpfen die These des Selbstbewußtseins der Erkenntnis, die sie als *contradictio in terminis* zurückweisen. Dies wird in einem Fragment festgehalten, das sehr wahrscheinlich aus Kumārilas nunmehr verlorener Bṛhaṭṭīkā stammen dürfte. Es lautet: „Wie eine Fingerspitze sich selbst durch sich selbst, insofern [sie] der eigene Teil ist, nicht berühren kann, genauso kann auch die Erkenntnis sich selbst durch sich selbst nicht erkennen."

(*aṅgulyagraṃ yathātmānaṃ nātmanā spraṣṭum arhati* /
svāṃśena jñānam apy evaṃ nātmanā jñātum arhati //)[118].

Diese Kritik richtete sich hauptsächlich gegen den Idealismus der Buddhisten. Und sachlich gesehen könnte man damit auch die Position Vimuktātmans, und zum Teil auch die diesbezügliche These der Prābhākara-Schule bekämpfen, insofern sie das Selbstbewußtsein der Erkenntnis im absoluten Sinn vertraten[119]. Die Auffassung Yāmunas über das Selbstevidentsein der Erkenntnis war hingegen davon nicht betroffen. Dieser greift im Gegenteil auf das Gedankengut Kumārilas zurück, wenn er seine Erkenntnislehre entwickelt, obwohl er in einem

---

[118] Vgl. PP 187,4–5; MBhP 16,1f.; ŚruP I, 102,7–8; NKā 191,11–12; Kāś II, 121,2–4: *ekaṃ hi tattvam avibhāgaṃ nātmani vartitum arhati / svātmani kriyāvirodhāt, na hy aṅgulyagram ātmanātmānaṃ spṛśati sūcyagraṃ vā vidhyati*; vgl. dazu ĀS 191,9f.; 88,2: *viruddhe caikasyaikakriyāyāṃ karmakartṛtve sūcyagrasyevātmani vedhyavedhakatve*. Auch Śaṅkara lehnt sich an diesen Leitsatz an (vgl. Anm. 124); vgl. auch Asrī (284,2ff.) ... *te'pi na pratītyanusāriṇaḥ pradīpaḥ svātmanātmānaṃ prakāśayatīti pratīteḥ pradīpātmanaḥ kartur ananyasya kathaṃcit karaṇasya, prakāśanakriyāyāś ca pradīpātmikāyāḥ kathaṃcid abhedasiddheḥ ... sarvathā tādātmye tu pramāṇaphalayor na vyavasthā tadbhāvavirodhāt*. Zur Besprechung dieses Prinzips bei den Buddhisten vgl. L. De La Vallée Poussin, Vijñaptimātratāsiddhi, La Siddhi de Hiuan-Tsang, traduite et annotée, Paris 1928, Tome 1,129.

[119] Śālikanātha lehnt dies für seine Schule entschieden ab: *tatra yadi karmakartṛtvānupapattir ucyate, tato na kiṃcid avahīyate / na hi vayaṃ karmakartṛbhāvam abhyupemaḥ* (PP 187,6–7).

sehr entscheidenden Punkt von der Ansicht Kumārilas, nämlich der nachträglichen Erschließbarkeit der Erkenntnis, abweicht.

Die besagte Kritik Kumārilas enthielt nämlich den Gedanken, daß ein und dasselbe Ding nicht zugleich Erkenntnisobjekt (*grāhyaḥ*) und -subjekt (*grāhakaḥ*) sein kann. Dies wäre der Fall, wenn die Erkenntnis sich selbst erkennen könnte bzw. sie ihrer selbst bewußt wäre. In diesem Sinne lehrte nun Kumārila: „Das Bewußtsein erkennt nicht sich selbst [insofern] es mit dem Erkennen des Objektes beschäftigt ist. Daher erwartet [es], obwohl es Erkenntnisnatur hat, für die [eigene] Erkenntnis ein anderes [Prinzip]."

(*vyāpṛtaṃ cārthasaṃvittau jñānaṃ nātmānaṃ ṛcchati* |
tena prakāśakatve'pi bodhāyānyat pratīyate ||)[120].

Yāmuna ist nicht nur vertraut mit diesem Gendanken Kumārilas, sondern er baut ihn in seine Erkenntnislehre ein. Yāmuna könnte diesen Gedanken entweder direkt der Kumārila-Schule, und zwar möglicherweise über Sucaritamiśra[121], entnommen haben; oder es war Śaṅkara, der in seiner Auffassung des Erkennens Kumārila folgt, das Vorbild für Yāmuna. Śaṅkara gibt die hier greifbare Lehre Kumārilas folgenderweise wieder, wenn er gegen die Buddhisten polemisiert: „[Dies stimmt nicht], weil man beobachtet, daß eine Lampe usw. für einen anderen [, nämlich] den Erkenner, der sich des Auges bedient, erscheint. Es folgt daraus, daß auch das Bewußtsein wie eine Lampe nur [dann] erscheint, wenn ein anderes erkennendes Prinzip vorhanden ist, da [jenes] in gleichem Maße [wie diese von einem anderen] erkannt werden muß." (*anyasyāvagantuś cakṣuḥsādhanasya pradīpādiprathanadarśanāt* | *ato vijñānasyāpy avabhāsyatvāviśeṣāt saty evānyasminn avagantari prathanaṃ pradīpavad ity avagamyate*)[122].

Ähnlich auch Sucaritamiśra ca. dreihundert Jahre später, wenn er den obigen Vers Kumārilas kommentiert: „Mag sein, daß das Bewußtsein [etwas] erkennen läßt, dennoch läßt es sich nicht [noch] selber erkennen, weil es mit dem Erkennen des Objektes beschäf-

---

[120] ŚV(Śūny.) v. 184; TSP 562,17–18: *sa hy āha – yady api jñānaṃ prakāśātmakam, tathāpy ātmaprakāśanāya param apekṣate / na tu svayam ātmānam ṛcchati* (= *pratipadyate*).

[121] Es gibt genug Gründe für die Annahme, daß Yāmuna nicht nur in seiner Erkenntnislehre (vgl. S. 71ff.), sondern auch in der Wahrnehmungslehre (vgl. S. 127f.) nachhaltig von Sucaritamiśra beeinflußt worden ist.

[122] ŚBh 475,4–6; vgl. auch Anm. 124.

tigt ist. Denn eine Lampe, die [ihre] Tätigkeit im Sichtbarmachen des äußeren Gegenstandes entwickelt, erleuchtet nicht auch [noch] sich selber, weil [sie] beim Sichtbarmachen dieses [Gegenstandes] vom Auge [eines Wahrnehmenden] abhängt. Aus diesem Grund ist es eben richtig, daß [das Bewußtsein], obwohl [es] eine Lichtnatur hat, für sein Bewußtwerden von einem anderen [Prinzip] abhängt." (*satyaṃ prakāśakaṃ jñānaṃ tathāpi nātmānaṃ prakāśayati arthasaṃvittau vyāpṛtatvāt | na hi bahirviṣayaprakāśane vyāpṛtaḥ pradīpaḥ, ātmānam api prakāśayati | tatprakāśane cakṣuṣo'pekṣaṇāt | ato yuktam eva prakāśātmano'pi svabhodāyānyāpekṣaṇam iti*)[123].

Betrachtet man diesen Gedankengang näher, so ergibt sich, daß das Bewußtwerden der Objekterkenntnis von einem anderen erkennenden Prinzip abhängig gemacht wird, da die Objekterkenntnis ihr Objekt nur für ein solches Prinzip erkennen lassen kann. Damit wird der buddhistische Lehransatz des Selbstbewußtseins ausgeschlossen, daß nämlich das Bewußtsein des Gegenstandes als Selbstbewußtsein anzusehen ist. Śaṅkara exemplifiziert diesen Ausschluß durch das Beispiel des Feuers: *na hy agnir ekaḥ san svam ātmānaṃ dahati prakāśayatīti vā* (= *na* ... *vijñānaṃ svayam evānubhūyate svātmani kriyāvirodhād eva*)[124].

Die Übereinstimmung mit Kumārila ist nicht mehr gegeben, wenn Śaṅkara im Einklang mit den Upaniṣaden lehrt, daß das andere Prinzip, das von der Objekterkenntnis vorausgesetzt wird, selbstgegeben (*svayaṃsiddhaḥ*) und ein transzenderter Zuschauer (*sākṣī*) ist. Da es sich selbst erkennt, kann es niemals Gegenstand eines Erkenntnisvorganges werden. Dies trägt Śaṅkara im Rahmen seiner Polemik gegen die Buddhisten vor: „[Einwand:] Wenn das Bewußtsein durch ein von [ihm in seiner] Eigenform verschiedenes [erkennendes Prinzip] erfaßt wird, und auch dieses durch ein anderes, auch dieses [wiederum] durch ein anderes, dann ergibt sich ein *regressus in infinitum*. Ferner, weil das Bewußtsein wie eine Lampe Licht / Erkenntnisnatur hat, [und] weil man [wiederum] ein weiteres Bewußtsein [nämlich das erkennende Prinzip mit Erkenntnisnatur] annimmt, ist die Annahme [von zwei verschiedenen Prinzipien] sinnlos, weil wegen [ihrer] Gleichartigkeit das Verhältnis von Erkenntnisobjekt und

---

123 Kāś II, 166,21–24.

124 ŚBh 427,5–6; 474,2f.; vgl. dazu ĀS 191,9f.; 88,2: *viruddhe caikasyaikakriyāyāṃ karmakartṛtve sūcyagrasyevātmani vedhyavedhakatve*; *anubhūtis tv anubhūtir eva bhavatāṃ na tāṃ prati sā kartrī karma vā*; auch ĀS 146,6f.; ŚrīBh I,145,3–4; oben Anm. 118.

-subjekt [zwischen ihnen] unmöglich ist. [Widerlegung:] Auch diese beiden Einwände sind unzutreffend, weil die Befürchtung eines *regressus in infinitum* nicht möglich ist, da – wenn man [dabei] nur bloß das Bewußtsein erfaßt – kein Bedürfnis entsteht, [auch noch] den Zuschauer des Bewußtseins zu erfassen. Und weil [nur] aufgrund dessen, daß der Zuschauer und das Bewußtsein ihrem Eigenwesen nach verschieden sind, das Verhältnis von Erkenntnissubjekt und -objekt [zwischen ihnen] gegeben sein kann, und weil der selbstgegebene Zuschauer [= Ātmā, transzendentes Erkenntnissubjekt] nicht geleugnet werden kann." (*nanu vijñānasya svarūpavyatiriktagrāhyatve tad apy anyena grāhyaṃ tad apy anyenetyanavasthāṃ prāpnoti | api ca pradīpavad avabhāsātmakatvāj jñānasya jñānāntaraṃ kalpyataḥ samatvād avabhāsyāvabhāsakabhāvānupapatteḥ kalpanānarthakyam iti | tad ubhayam apy asat | vijñānagrahaṇamātra eva vijñānasākṣiṇo grahaṇākāṅkṣānutpādād anavasthāśaṅkānupapatteḥ sākṣipratyayoś ca bhāvavaiṣamyād upalabdhrupalabhyabhāvopapatteḥ svayaṃsiddhasya ca sākṣiṇo'pratyākhyeyatvāt*)[125].

Offenkundig wird hier die Lehre des Selbstbewußtseins der Erkenntnis, die ursprünglich bei den Buddhisten den Zweck verfolgte, den *regressus in infinitum* auszuschließen[126], durch das Selbstevidentsein des Erkenntnissubjektes ersetzt. So kann Śaṅkara einerseits erklären, daß das Erkenntnissubjekt als selbstgegeben (*svayaṃsiddhaḥ*) nie einer Erkenntnis bedarf, um seiner selbst bewußt zu werden. Andererseits versucht er zu zeigen, daß das Selbstevidentsein des erkennenden Prinzips überhaupt die Objekterkenntnis möglich macht.

In eindeutiger Anlehnung an diesen Gedanken Śaṅkaras deutet Yāmuna den Erkenntnisprozeß an, worin die Weltdinge nur in Abhängigkeit vom selbstevidenten Erkenner-Prinzip bewußt werden, wenn er ausführt: „Man beobachtet nämlich gar keinen Gegenstand, der für sein Erscheinen (= Bewußtwerden) von einem anderen Konkreten gleichartigen Gegenstand abhängt, [sondern von einem ungleichartigen]. [So z. B.] hängt fürwahr der Topf für sein Erscheinen nicht von einem anderen Topf ab. Er hängt aber [dabei] von einem ungleichartigen, [nämlich] vom Licht usw. ab. So hängt auch das Licht, indem es erscheint, nicht von einem anderen Licht ab, noch

---

[125] ŚBh 474,5–475,2.

[126] Vgl. Dignāga, Pramāṇasamuccayaḥ, in: FRAUWALLNER 1958,393–394; PVin 96,23f.; TSP vv. 2024–2025; BS 4,5f.

vom Topf, der für [die eigene] Erscheinung von ihm abhängt. Es hängt [dabei] jedoch von einem ungleichartigen [, nämlich] einem Sinnesorgan ab. Auf diese Weise hängt auch das Sinnesorgan wiederum nicht von einem anderen Sinnesorgan ab, noch vom Licht oder Topf, die [für ihre eigene] Erscheinung von ihm abhängen. Es hängt jedoch von einem ungleichartigen [, nämlich] dem Bewußtsein ab. Auf diese Weise hängt auch das Bewußtsein für seine Erscheinung nicht von einem anderen Bewußtsein ab, noch vom Sinnesorgan usw., die [für ihre] Erscheinung von ihm abhängen. Es hängt aber von ungleichartigem [, nämlich] vom [absolut] unabhängigen Selbst ab, das sein Träger ist. So hängt auch das Selbst nicht von einem anderen Selbst ab, noch vom Bewußtsein oder Sinnesorgan usw., die für [ihre Erscheinung] von ihm abhängen, insofern es sich unmittelbar durch sich selbst offenbart. Daher ist die Erscheinung des Selbst, die auf Grund [seiner] Eigenform gegeben ist (= Selbstgegebenheit), von keinem anderen [Prinzip] abhängig." (*na hi kaścit padārthaḥ svaprakāśāyāsādhāraṇasajātīyārthāntarāpekṣo dṛṣṭaḥ | na khalu ghaṭaḥ svasiddhaye ghaṭāntaram apekṣate; apekṣate tu vijātīyam ālokādi | evam āloko'pi prakāśamāno nālokāntaram apekṣate; nāpi svāpekṣaprakāṣaṃ ghaṭādikam apekṣate; apekṣate tu vijātīyam indriyam | evam indriyam api nendriyāntaraṃ svāpekṣaprakāśam ālokādi ghaṭaṃ vāpekṣate; apekṣate tu vijātīyaṃ saṃvedanam | evaṃ saṃvedanam api saṃvidantaraṃ svādhīnasiddhikam indriyādikaṃ vā nāpekṣate svasiddhau; apekṣate tu vijātīyaṃ svāśrayabhūtaṃ svatantram ātmānam | evam ātmāpy ātmāntaraṃ svādhīnasiddhi saṃvidindriyādikam api svāparokṣe nāpekṣata ity ananyāpekṣā hy ātmasvarūpasiddhiḥ*)[127].

Die Textstelle hebt eindeutig im Sinne Śaṅkaras den Gegensatzcharakter zwischen der Objekterkenntnis und der Selbsterkenntnis hervor. Die Übereinstimmung mit Śaṅkara ist auch dort vorhanden, wo Yāmuna die absolute Transzendenz des Selbst (*ātmā*) mit dem

---

[127] ĀS 160,3–12. Vgl. dazu auch ĀS 111,9–112,3: *ataḥ sattayaiva svam ātmānaṃ prati sidhyann ajaḍo'hamartha evātmā / tatsambandhāyattā tu jñānasyāpi prakāśatā / ata eva hi svāśrayacetanaṃ prati prakaṭatā, itaraṃ praty aprakaṭatā ca jñānasya sukhaduḥkhāder iva / na caivam ātmāntarasambandham arthāntaraṃ vāpeksyāyam ātmātmane prakāśate / etac cānantaram evopapādiṣyate* (= 160,3–12; vgl. ŚrīBh I, 156,5f.). Diese stufenweise Zurückführung des Erkenntnisprozesses auf das selbstevidente, absolut unveränderliche Erkenner-Prinzip wird auch von Vācaspati in seiner Bhāmatī vorgenommen (Bhā 474,23f.).

sāṃkhyistischen Ausdruck *sākṣī* dokumentiert[128]. Darüber hinaus übernehmen die beiden Philosophen für die vergängliche Erkenntnis, wie bereits erwähnt, das von Kumārila formulierte Prinzip: *yady api jñānaṃ prakāśātmakam, tathāpy ātmaprakāśanāya param apekṣate | na tu svayam ātmānam ṛcchati*[129].

Das andere erkennende Prinzip ist für sie der selbstevidente und absolut unveränderliche *ātmā*. Beide weichen jedoch von Kumārila nur in jenem Punkt ab, wo dieser die Lichtnatur der Erkenntnis bloß auf das Bewußtmachen der Gegenstände einengt. So distanzieren sie sich auch von der Kehrseite dieser Lehre, daß nämlich das Erkennen im Augenblick seiner Entstehung unerkannt bleibe (*asiddha*), und daß es daher auf Grund des Erkanntseins des Gegenstandes (*jñātatā*) erschlossen werden müsse[130].

Diese Ablehnung impliziert im weiteren, daß das Erkennen zu dem Zeitpunkt, indem es entsteht, auch erkannt wird. Śaṅkara lehrt daher, daß das Erkennen wie eine Lampe selbstleuchtend ist: *pradīpādivac ca jñānasya prakāśasvarūpatvāt* ...[131] Yāmuna folgt ihm dabei, wenn er erklärt: *santu namārthavittayaḥ svataḥsiddhāḥ*[132].

Soweit die Berührungspunkte mit der Meinung Śaṅkaras, der – wie wir gesehen haben – genauso wie auch Yāmuna eine wichtige Anschauung der Erkenntnislehre Kumārilas übernimmt[133].

Bemerkenswert ist, daß Yāmuna sich auch bei der Deutung ande-

---

[128] Vgl. ĀS 159,2: *sarvasyārthasya tadvitteḥ sākṣī sarvatra saṃmataḥ*; 92,1–2; Upadeśasāhasrī (Prosa) XVIII,94; vgl. dazu HACKER 1968/69, 121; 143; HACKER 1951,36; vgl. oben Anm. 125.

[129] Vgl. TSP 562,17–18 = ŚV(Śūny.) v. 184; vgl. dazu Anm. 120.

[130] Vgl. Kāś II, 120,25–26: *svarūpasatyaiva saṃvidā viṣayaḥ sādhyate / sā tu paścāj jñānāntareṇa sādhyate* = ĀS 57,7: *ataḥ svarūpasatyaiva saṃvidā indriyasannikarṣeṇeva viṣayaḥ prakāśyate / tataś ca tadgatāgantukaprakāśātiśayadarśanena paścāt saṃvid anumāsyate.*

[131] YBh 350,22; HACKER 1968/69,144f. So auch Padmapāda vgl. HACKER 1951,125: „Durch diese Vereinigung (*saṃbheda*, *saṃvalana*) mit dem wandellosen Geistlicht wird der Ahaṃkāra selber licht (*saṃjāta-jyotis*); so ist denn auch er, das Ichbewußtsein, unmittelbar-evident (*aparokṣa*) und selbstleuchtend (*svayaṃprakāśamāna*)... Das die Ahaṃkāra-Substanz durchdringende Licht *ist* die universale Seele ganz und gar; es ist nicht etwa nur ein Ausfluß von ihr."; vgl. oben Anm. 71.

[132] ĀS 159,6. Bemerkenswert ist, daß Yāmuna genauso wie Śaṅkara die Notwendigkeit der Annahme der These des zweifachen Selbstevidentseins, nämlich der Objekterkenntnis und des Ātmā zunächst in Frage stellt; vgl. ĀS 159,2f.; ŚBh 474,5f. vgl. oben Anmn. 111; 125.

[133] Vgl. oben S. 67.

rer Aspekte seiner Erkenntnislehre an der Kumārila-Schule orientiert. Dies zeigt sich besonders bei seiner Darlegung des Selbstevidentseins der Erkenntnis.

Yāmuna definiert es wie folgt: *svayamprakāśatā tu sattayaivātmane prakāśamānatā*[134]. An zwei weiteren Stellen heißt es: *svāśrayasya svasattayaiva prakāśamānatvam* bzw. *svāśrayaṃ prati sattayaiva kasyacit prakāśanaśīlaḥ*[135].

Entscheidend bei dieser Definition ist der Gedanke, daß die Erkenntnis bloß dadurch, daß sie existiert (*svasattayaiva*), wirksam wird. Ihre Wirksamkeit besteht darin, daß sie ihren Gegenstand dem Erkenntnissubjekt als ihrem Träger offenbart. Es scheint nun, daß Yāmuna diesen wichtigen Grundsatz einer Erklärung Sucaritamiśras entnimmt, die dieser im Rahmen seiner Begründung der schuleigenen These der nachträglichen Erschließbarkeit der Erkenntnis vorgebracht hatte. Sucaritamiśra formulierte diesen Gendanken im Anschluß an einen Einwand folgenderweise: „ [Einwand:] Läßt nun die Erkenntnis [ihren] Gegenstand entweder erkennen, insofern sie eben [selbst] unerkannt bleibt, oder insofern sie mittels einer anderen Erkenntnis erkannt wird? Die erste Alternative ist zunächst nicht möglich. Denn es wurde [bereits] gesagt, daß eine Erkenntnis, die unerkannt ist [und daher] nicht existiert, für Denk- und Sprachgebrauch nicht taugt. Wenn [sie] aber mit Hilfe einer anderen Erkenntnis erkannt wird, dann würde sich ein *regressus in infinitum* ergeben. [Auch darauf] wurde [früher] hingewiesen. [Antwort:] *transeat*. Die Erkenntnis läßt [ihren] Gegenstand nicht erkennen, insofern sie mit Hilfe einer anderen Erkenntnis erkannt wird, sondern nur insofern sie aber in ihrer Eigenform existiert.“ (*kim idānīm asiddhaiva saṃvit saṃvedyaṃ sādhayati saṃvidantarasiddhā vā | na tāvat pūrvaḥ kalpaḥ | aprasiddhā hy asatī na saṃvid vyavahārāya ghaṭata ity uktam | saṃvidantarādhīnāyāṃ tu siddhāv avyavasthāpāta ity uktam | satyam | na saṃvidantarādhīnasiddhiḥ saṃvit saṃvedyaṃ sādhayati | svarūpasaty eva tu*)[136].

Sucaritamiśra versucht hier also zu verdeutlichen, wie eine Erkenntnis trotz des Umstandes, daß sie zuerst selber unerkannt bleibt

---

[134] Vgl. unten Anm. 143.

[135] Vgl. ĀS 84,7; 79,3f.; 70,2; ŚrīBh I, 142,5f.

[136] Kāś II, 120,2–6; vgl. oben Anm. 130. Yāmunas Bekanntschaft mit dem Werk Sucaritamiśras wird ebenfalls durch seine Wahrnehmungslehre bezeugt, die eindeutig das Gedankengut Sucaritas übernimmt; vgl. unten S. 127f.; auch Mesquita (1980), 201f.

(*asiddhaiva*), dennoch einen Gegenstand bewußt machen kann. Bei der genauen Betrachtung seiner Ausführungen stechen zwei Gedanken hervor: Erstens, daß die Erkenntnis keiner weiteren zweiten Erkenntnis bedarf, um ihren Gegenstand bewußt zu machen, und zweitens, daß sie kraft ihrer Eigenform allein (*svarūpasaty eva*)[137], nämlich dadurch, daß sie als solche vorhanden ist, wirksam wird.

Yāmuna dürfte sich darauf stützen, wenn er das Selbstevidentsein der Erkenntnis formuliert. Denn das Selbstevidentsein besteht für ihn darin, daß eine Erkenntnis durch ihre Existenz allein (*svasattayaiva = svarūpasatyaiva*) wirksam ist und daher keine weitere Erkenntnis braucht, um sich selbst und ihren Gegenstand dem Erkenner bewußt zu machen: *evaṃ saṃvedanam api saṃvidantaram ... nāpekṣate svasiddhau*[138]. Somit übernimmt Yāmuna einen Leitgedanken Sucaritamiśras, um genau das Gegenteil von seiner Lehre der nachträglichen Erschließbarkeit der Erkenntnis auf Grund der *jñātatā* nachzuweisen. Denn eine Erkenntnis kann für Yāmuna nie einen Gegenstand erkennen lassen und dabei dem Subjekt, ihrem Träger unerkannt bleiben[139].

Der Einfluß von seiten der Kumārila Schule macht sich auch in Yāmunas Auffassung des Erkenntnisprozesses bemerkbar. Für ihn besteht die Erkenntnis wesentlich im Erkenntnisvorgang, wie ihn die genannte Schule lehrt: *pratītir iti hi kriyā*[140]. Yāmuna charakterisiert die Erkenntnis daher als *svaviṣayasādhanatvaṃ hy anubhūtitvam* bzw. *sattayaiva kasyacit prakāśanaśīlah*, oder als *ātmadharmasya caitanyasya viṣayeṇa saṃyogo jñānam*[141]. In allen diesen Definitionen kommt also der Tätigkeitscharakter der Erkenntnis zum Ausdruck. Die Folge (*phalam*) dieses Vorganges wird von ihm ebenfalls in Anschluß an Kumārila als Bewußtheit (*prakāśaḥ*) beschrieben, die Yāmuna wie Kumārila für eine Eigenschaft des Gegenstandes hält[142].

---

137 Vgl. oben Anm. 130.

138 ĀS 160,8f.; vgl. Anm. 127.

139 Vgl. unten S. 86f.

140 Kāś II, 121,26; vgl. unten Anm. 250. Vgl. dazu SCHMITHAUSEN 1965,196: „Indem Kumārila ... die Erkenntnis wesentlich als Vorgang begriff und das Wissen um den Gegenstand für ihr Resultat erklärte, konnte er, wie Dignāga, die Erkenntnis selbst – eben als Vorgang – ‚*pramāṇam*', Mittel richtiger Erkenntnis – d. h. richtigen Gegenstandsbewußtseins –, nennen." Genauso bestimmt auch Yāmuna das Gegenstandsbewußtsein, wenn er sagt: *svaviṣayasādhanatvaṃ vā hy anubhūtitvam* (ĀS 79,4; 70,2; 84,6f.).

141 ĀS 70,2; 219,7.

142 Kāś II,121, 25f.; ĀS 57,5–9; vgl. oben Anm. 130.

Ein Fragment aus der Saṃvitsiddhi, das an allen diesen drei wesentlichen Aspekten der Erkenntnis, nämlich ihrem Tätigkeitscharakter, ihrer wesensmäßigen Wirksamkeit und der Bewußtheit als Folge des Erkenntnisvorganges festhält, lautet: „Das Bewußtsein ist nämlich ein Sichtbarmachen (= Bewußtmachen) kraft [seiner] Existenz allein von irgendeinem [Gegenstand] für sein Substrat (= Erkenner). Selbstleuchtendsein (= Selbstevidentsein) aber besteht darin, daß [das Bewußtsein] kraft [seiner] Existenz allein für das Selbst bewußt wird. Und die Bewußtheit ist eine gemeinsame Eigenschaft aller geistigen und nichtgeistigen Gegenstände. [Dies alles] wurde eben in der Saṃvitsiddhi dargelegt." (*svāśrayaṃ prati sattayaiva kasyacit prakāśanaṃ hi saṃvedanam | svayamprakāśatā tu sattayaivātmane prakāśamānatā | prakāśaś ca cidacidaśeṣapadārthasādhāraṇo dharma iti saṃvitsiddhāv eva sādhitam*)[143].

In einem Zusatz, den Yāmuna in der Ātmasiddhi auf das genannte Fragment folgen läßt, scheint er die Deutung der Bewußtheit als Eigenschaft des Gegenstandes zu relativieren: *tadanabhyupagame tu vyavahārānuguṇyavacanaḥ prakāśaśabdaḥ*. Wie unten zu sehen sein wird[144], dürfte Yāmuna mit dieser Einschränkung zu verstehen geben, daß er nicht unbedingt an der Bewußtheit als Eigenschaft des Gegenstandes festhalten möchte. Interessant ist, daß auch die zweite Deutung Yāmunas eine Nähe zu der Position einiger Einzelgänger der Kumārila-Schule zeigt, deren Meinung in der Kāśikā referiert wird: *anye tu hānādivyavahārayogyataivārthasya prāptir ity āhuḥ | saiva hi jñātatvam | tad eva hi jñānaphalam*[145]. Die Erklärung des *prakāśaḥ* führt zu einer weiteren Anleihe Yāmunas bei der Kumārila-Schule, wenn er nämlich die Erkenntnis der vergangenen und zukünftigen Gegenstände erläutert.

Die Anhänger der Prābhākara-Schule hatten gegen die Ansicht Kumārilas, daß die Bewußtheit eine Eigenschaft des Gegenstandes ist, geltend gemacht, daß dies im Falle der vergangenen und zukünftigen Gegenstände gar nicht möglich wäre, da diese zum Zeitpunkt ihrer Erkenntnis nicht existieren[146]. Sucaritamiśra entgegnete diesem

---

[143] ĀS 84,6–8; vgl. MESQUITA 1988,82f.

[144] Vgl. unten S. 104f.

[145] Kās II, 124,10f.: „Andere aber lehren, daß das Erfassen des Dinges nur die Fähigkeit zum Denk- und Sprachgebrauch von Ablehnung usw. ist. Denn gerade das ist das Erkanntsein [= Bewußtheit eines Gegenstandes]. Dasselbe ist nämlich die Folge der Erkenntnis."

[146] Diese Widerlegung ist auch im Referat der Einwände der Prābhākara-

Einwand mit dem Hinweis auf den Regen, der sowohl als ein vergangenes als auch als ein zukünftiges Ereignis auf Grund des Wassers in den Feldern bzw. auf Grund der schwarzen Wolken erkannt werden kann (*bhūtabhaviṣyantor api vṛṣṭyor anumānodaye kāraṇabhāvāt*), obwohl er zu jenem Zeitpunkt nicht vorhanden ist, indem er argumentierte: „Wie bewirken das Vergangene oder das Zukünftige, welche wie der Regen usw. [zum Zeitpunkt ihrer Erkenntnis] eben in ihrer Eigenform nicht vorhanden sind, [ihre] Erkenntnis? Auch in bezug auf diese [Gegenstände entsteht eine Erkenntnis] aus einer Schlußfolgerung auf Grund [ihrer] Gemeinsamkeit. Gerade, weil [sie] mit diesem Wesen existieren, bewirken [sie ihre Erkenntnis]." (*yat tarhi nāsty eva svarūpato yathā vṛṣṭyādi, tat kathaṃ jñānasya kārakam atītam anāgataṃ vā | tatrāpi sāmānyānumānāt | tenātmanā sata eva kārakatvam*)[147].

Offenkundig in Anspielung auf diese Deutung lehrt Yāmuna: „Ferner, werden auch diese beiden [Gegenstände] als Vergangenes und Zukünftiges ebenfalls zum jetzigen Zeitpunkt erkannt. Was für eine Unmöglichkeit besteht daher hinsichtlich des Kontaktes der Geistigkeit mit ihrer [allgemeinen] Form." (*api cātītatayānāgatatayā ca tāv apy adyāpi vidyete iti tena rūpeṇa bodhasannikarṣe kānupapattiḥ*)[148].

Die Voraussetzung für die Objekterkenntnis im System Yāmunas ist der Kontakt der Geistigkeit mit dem jeweiligen Gegenstand[149]. So lehrt nun Yāmuna, daß auch bei der Erkenntnis der vergangenen und zukünftigen Gegenstände eine Verbindung der Geistigkeit mit der jeweiligen allgemeinen Form (*tena rūpeṇa*) dieser Gegenstände besteht. Man beachte Yāmunas Formulierung *tena rūpeṇa*, die dem Ausdruck Sucaritamiśras *tenātmanā* entspricht.

Diese Entlehnung wird von Veṅkaṭanātha ausdrücklich bezeugt, wenn er die Ansicht Sucaritamiśras in Zusammenhang mit der besagten Meinung Yāmunas mit *kaiścid* anführt: „Und auf diese Weise wurde [von Yāmuna] mit den Worten: ‚Auch diese beiden [Gegenstände] werden als Vergangenes und Zukünftiges ebenfalls zum jetzigen Zeitpunkt erkannt. Es besteht daher keine Unmöglichkeit hin-

---

Schule enthalten, das Yāmuna in der ĀS und in der SS gegen die Ansicht Kumārilas vorbringt; vgl. ĀS 58,1ff.; Mesquita 1988,73f.

[147] Kāś II,67,7–9.

[148] ĀS 200,3–4.

[149] Vgl. unten S. 101.

sichtlich des Kontaktes der Geistigkeit mit ihrer [allgemeinen] Form' erklärt, daß die Verbindung der [Geistigkeit] mit der Seiendheit des [jeweiligen] Dinges möglich ist. Der Sinn hier ist der folgende: Wie von einigen [Anhängern der Kumārila-Schule] dargelegt wurde, daß die [in ihrer Eigenform] gänzlich nicht existierenden vergangenen und zukünftigen [Gegenstände], Träger des ‚Offenbarseins' sein können, weil [sie] auch zum gegenwärtigen Zeitpunkt ihrem allgemeinen Wesen nach vorhanden sind, so ist [hier] auch die Verbindung [der Geistigkeit mit jenen Gegenständen] absolut möglich, weil [sie] auch dem [allgemeinen] Wesen der Dinge nach existieren." (*tathā atītānāgatatayā tāv apy adyāpi vidyete iti tena rūpeṇa bodhasaṃnikarṣe nānupapattir iti ca taddravyasattayā saṃyogopapattir upapāditā | tatraivam āśayo yathā kaiścid asator eva bhūtabhaviṣyatoḥ sāmānyātmanādyāpi vṛtteḥ prākaṭyāśrayatvam upapāditam, tathā taddravyātmanāpi vṛtteḥ saṃyogo'py upapanna eva*)[150].
Faßt man das bisher Gesagte zusammen, so sieht man wie Yāmuna auf das Gedankengut der Kumārila-Schule zurückgreift, nicht nur, wenn er die buddhistische und monistische These des Selbstbewußtseins der Erkenntnis verwirft, sondern auch, wenn er die eigene Lehre darüber vorträgt oder den Erkenntnisprozeß bzw. die Erkenntnis der vergangenen und zukünftigen Dinge erklärt. Wie unten zu sehen sein wird, hat Kumārila Yāmuna auch bei der Definition anderer Erkenntnisvorgänge wie Zweifel usw. als Vorbild gedient[151].

Sosehr Yāmuna der Kumārila-Schule verpflichtet ist, um so entschiedener ist seine Ablehnung ihrer These der nachträglichen Erschließbarkeit der Erkenntnis auf Grund des Erkanntseins (*jñātatā*) des Gegenstandes. Dies geschieht in zweierlei Weise: Erstens, indem er diese Ansicht durch seine drei Gegner, die das Selbstbewußtsein der Erkenntnis vertreten, nämlich Prabhākara, Vimuktātman und Dharmakīrti widerlegen läßt[152], und zweitens, indem er seine eigene Lehre vom Bewußtsein ausarbeitet.

---

[150] NyS 242,1–4.

[151] Vgl. unten S. 107.

[152] Vgl. Mesquita 1988,73–75. Auch in den vedāntischen Kreisen vor Yāmuna blieb diese These Kumārilas nicht unwidersprochen. So z. B. argumentiert Bhāskara dagegen folgenderweise (BBh 6,27–7,13): *kiṃ punar idaṃ jñānaṃ nāma | atra kecin mīmāṃsakā āhuḥ | nityānumeyā jñānakriyā tato ghaṭādiviṣayaṃ saṃvedanam utpadyate tat tasyāḥ phalam iti | yathā pākakriyāyā odanam iti | tad idam ayuktam iti brūmaḥ | jñānakriyākalpanāyāṃ pramāṇābhāvāt | yebhyaś cakṣurādibhyaḥ karaṇebhyaḥ kriyotpattir iṣyate tebhya eva pramitir iṣyatāṃ pramitiḥ saṃvedanam anubhava iti cānarthāntaraṃ tadbhāvabhāvitvāt |*

Bekanntlich ist diese ganze Diskussion der Saṃvitsiddhi verloren gegangen[153]. Aus einer Bezugnahme in der Ātmasiddhi läßt sich aber schließen, daß Yāmuna seine Lehre von der Objekterkenntnis (*saṃvid*) in direkter Auseinandersetzung mit dem obigen Standpunkt Kumārilas und seiner Anhänger vorgetragen bzw. präzisiert hat. Diese Bezugnahme lautet: „[Einwand:] Nun [entsteht] dieser (*prakāśaḥ*) als Eigenschaft [des Gegenstandes] auf Grund der Erkenntnis, insofern er von der Verbindung mit ihr abhängig ist. [Antwort:] Worin besteht [seine] Verbindung mit ihr, von welcher dieser (*prakāśaḥ*) abhängig ist? [Zunächst] ist sie nicht [wie eine Verbindung] zwischen ‚Stütze und Gestütztem', weil dann folgen würde, daß der Topf und dergleichen diesen (*prakāśaḥ*) nicht haben. [Sie] ist auch nicht [wie eine Verbindung] zwischen ‚Objekt und Subjekt', weil sie unbestimmt ist. Und man soll [die Widerlegung dieser] Unbestimmtheit am Beginn des Siddhānta des dem Irrtum [gewidmeten] Abschnittes [des Nyāyatattva] und [auch] in der Saṃvitsiddhi nachschauen." (*atha saṃvidas tatsambandhādhīnaḥ sa dharma iti cet; kas tayā sambandhaḥ, yas tannibandhanam? nāśrayāśrayitvam; ghaṭādes tadabhāvaprasaṅgāt / na viṣayaviṣayibhāvaḥ, tasyaivānirūpaṇāt / anirūpaṇaṃ ca bhrāntyadhikaraṇasiddhāntārambhe saṃvitsiddhau cānusandhātavyam*)[154].

Die hier widerlegte Meinung einer Objekt-Subjektbeziehung, die nicht näher bestimmt werden kann, hatte Sucaritamiśra vertreten. Zur genauen Beurteilung dieser Auffassung bzw. zum besseren Verständnis ihrer Widerlegung durch Yāmuna empfiehlt es sich, zunächst den Gesamtkontext zu erhellen, in dem die genannte Meinung vorgetragen wurde.

Kumārila und seine Anhänger lehrten, daß der Ātmā nur potentiell geistig ist, d. h. daß er bloß das Vermögen zu Erkennen besitzt, das von den Sinnesorganen und dem Erkenntnisobjekt in einem Erkenntnisprozeß aktualisiert werden muß: *jñānaśaktisvabhāvo'to nityaḥ sarvagataḥ pumān*[155]. Dies implizierte nun, daß das Erkennen ein akzidentelles bzw. vergängliches geistiges Phänomen ist. Hätte der Ātmā eine aktuelle Erkenntnisnatur, so müßte er alles auf einmal

---

ālokendriyamanaḥsaṃskāreṣu hi satsu saṃvedanam utpadyata iti tadabhāve notpadyate / yadi punar aparaṃ jñānaṃ kalpyeta tasyāpy anyat tasyāpy anyad ity anavasthā syāt / na ca jñānānumāne liṅgam asti …

[153] Vgl. Mesquita 1988,68; 71–88.

[154] ĀS 193,8–194,3; vgl. Mesquita 1988,62.

[155] ŚV(Ātmav.) v. 73; v. 26cd: *caitanyadravyasattārūpaṃ naiva vimuñcati.*

erkennen, meinten Kumārila bzw. Sucaritamiśra. Um dies auszuschließen, nahmen sie an, daß die Erkenntnis nur in Abhängigkeit von den Sinnesorganen entstehen kann: *yadi hy ayaṃ bodhasvabhāvo 'nyanirapekṣo budhyate, yugapad eva viśvaṃ jānīyāt / ato'vaśyam asya niyāmakāni kāraṇāny abhyupagantavyāni*[156].

Somit kam den Sinnesorganen eine entscheidende Rolle im Erkenntnisprozeß zu. In Übereinstimmung damit lehrte daher Sucaritamiśra, daß die Sinnesorgane in der Seele eine Erkenntnis hervorrufen: „Die Sinnesorgane bewirken nämlich die Erkenntnis. Und insofern diese eben mit dem [äußeren] Ding in Verbindung stehen, weil sie [mit ihm] in Berührung gekommen sind, erzeugen sie in der Seele eine Erkenntnis, die sich auf [dieses] Ding richtet." (*indriyāni hi prakāśakāni / tāni ca prāpyakāritvād arthena sambaddhāny evārthaviṣayam ātmani jñānaṃ janayanti*)[157].

In diametralem Gegensatz dazu stand die vedāntische These, daß der Ātmā eine aktuelle, ewige Erkenntnisnatur habe. Kumārila stimmte zwar mit den Vertretern des Vedānta überein, daß der Ātmā das Subjekt aller Erkenntnisse sei, vertrat aber im Gegensatz zu ihnen die Meinung, daß er in der Ichvorstellung auch das Objekt der Erkenntnis sei: *ahampratyayena hi caitanyasvabhāvasyātmano'stitvamātraṃ gamyate*[158].

Yāmuna räumt in seinen Überlegungen der besagten Meinung Kumārilas eine besondere Bedeutung ein, nicht zuletzt auch, weil sie zum Lehrgut der Nyāya-Vaiśeṣika-Schule gehörte[159]. Er referiert ihre diesbezüglichen Argumente in der Ātmasiddhi folgendermaßen: „[Einwand:] Die Gelehrten des Nyāya und Vaiśeṣika sowie die Anhänger der Neo-Mīmāṃsā, die sich an die Meinung jener anschließen, lehren, daß die Geistigkeit (= Erkenntnis) des Ātmā vergänglich ist, [1.] weil [sie] sich nach dem Vorhandensein bzw. Nichtvorhandensein der Verbindung usw. des Gegenstandes mit dem Sinnesorgan richtet, [2.] weil die Erkenntnis durch die Zeit begrenzt ist, wenn man sagt: ‚Ich erkenne, [oder] ich erkannte' usw. genauso wie man sagt: ‚Ich gehe, [oder] ich ging', und [schließlich 3.] weil, wenn [der Ātmā] auch

---

[156] Kāś I, 270,8–10 = zum ŚV(Pratyakṣa) v. 167: *bodhātmakatayā puṃsaḥ sarvatra grahaṇaṃ bhavet.* Im Widerspruch dazu scheint aber die folgende Aussage Kumārilas zu stehen: ... *ātmā kena prakāśyate? ātmanaiva prakāśyo'yam ātmā jyotir itīritam* [ŚV(Ātmav.) v. 142]; vgl. dazu ĀS 142,4–8.

[157] Kāś II,121,19–20.

[158] TV II, 373,9.

[159] Zur ausführlichen Besprechung dieser Gegner vgl. NEEVEL 1977, 113f.

in den Zuständen des Tiefschlafes, des *turīyam* usw. Träger der Erkenntnis wäre, eine unerwünschte Folge eintreten würde, [nämlich], daß es einen Unterschied zwischen einem im Schlaf Befindlichen und einem Erwachten, bzw. zwischen einem im Weltkreislauf Befindlichen und einem Erlösten nicht gäbe.

Außerdem wäre für eine ewige Erkenntnis, die dem Ātmā inhäriert, auch der Unterschied, der je nach [verschiedenen] Gegenständen [entsteht], überhaupt nicht möglich. In dem Fall nämlich [, daß die Erkenntnis ewig ist] würde dadurch, daß ihr Wesen im Bewußtmachen [der Dinge] besteht, beim Vorkommen einer [einzigen] Erkenntnis, entweder überhaupt alles [auf einmal] erscheinen, oder gar nichts, weil [dann alles] gleich wäre. Im anderen Fall aber [, nämlich, wenn die Erkenntnis vergänglich ist], ist der Unterschied [in der Erkenntnis] daher logisch begründet, weil nur jene Erkenntnis diesem [Ātmā] zukommt, die auf Grund des logischen Grundes oder des Sinnesorganes, sofern dieses in Verbindung mit dem [äußeren] Ding steht usw., hervorgebracht wird." (*nanu ātmanaś caitanyam āgantukam iti nyāyavaiśeṣikavidaḥ, tanmatopajīvinaś cābhinavamīmāṃsakāḥ, arthendriyasannikarṣādyanvayavyatirekānuvidhānāt, gacchāmy agacchām ityādivad jānāmy ajñāsiṣam ityādikālāvacchedapratīteḥ, svāpaturīyādidaśāsu ca bodhādhāratve suptaprabuddhabaddhamuktādivyavasthābhāvaprasaṅgāc ca / nityasya ca jñānasyātmasamavāyinaḥ pratikarmavyavasthāpi durupapādaiva / tadā hi prakāśanaśīlatayā tasyāḥ, ekasyāṃ saṃvidi sarvam eva prakāśeta, na vā kiṃcit, aviśeṣāt / anyadā tu yad arthasannikarṣajuṣendriyaliṅgādinā yā dhīr janyate tadīyaiva seti vyavasthā yuktimatī*)[160].

---

[160] ĀS 162,1–9. Im Gegensatz zur Lehrmeinung dieser Gegner Yāmunas steht die Ansicht der Jaina-Autoren, die – wie auch Yāmuna – lehren, daß die Erkenntnis eine angeborene Eigenschaft des Ātmā ist (vgl. Anm. 198), die in der saṃsārahaften Existenz des Ātmā jedoch einer Begrenzung / Ausdehnung (*saṃkocaḥ/vikāsaḥ*) ausgesetzt ist (vgl. z. B. Nemicandras Dravyasaṃgraha v. 10: *aṇugurudehapramāṇa upasaṃhāraprasarpābhyāṃ cidātmā* /...; ĀS 164,5–9; vgl. unten Anm. 245). Eine Übereinstimmung liegt auch in der Lehre vor, daß der Ātmā nicht *vibhuḥ* ist (vgl. ĀS 56,3; TBV I, 134,31 ff.). Auf Grund dieser Ähnlichkeiten wurde Yāmunas Ātmā-Lehre von seinen Gegnern als *arhatamatānukārātmavādaḥ* (ĀS 165,3–4) bezeichnet. Yāmuna wehrte sich gegen diese Gleichstellung und versuchte nachzuweisen, daß das *svarūpam* des Ātmā von jeglichen Veränderungen, die ausschließlich in seinem *svabhāvaḥ* (= *caitanyam*) stattfinden, unberührt ist (vgl. S. 96). Vgl. Mesquita 1989, 147–148.

Besonders bemerkenswert ist, daß Yāmuna hier seine Gegner aus der Reihe der Mīmāṃsā als *abhinavamīmāṃsakāḥ* bezeichnet. Damit deutet er an, daß sich seine Polemik hauptsächlich gegen die neueren Lehrer dieser Schule richtet. Mit Sicherheit ist hier unter vielen anderen auch Sucaritamiśra gemeint, dessen Lebenszeit ca. im 10. Jhdt. n. Chr. angesetzt wird[161] und mit dessen Ansichten Yāmuna sich in der Ātmasiddhi des öfteren auseinandersetzt[162]. Auch die oben genannte Auffassung von der Objekt-Subjektbeziehung zwischen der Erkenntnis und ihrem Gegenstand, die nicht näher bestimmt werden kann, wurde, wie bereits angedeutet, von Sucaritamiśra gelehrt, wenn er sagt: „Gibt es daher gar keine Beziehung zwischen der Erkenntnis und [ihrem] Gegenstand? Wenn es sich so verhält, wie [entsteht dann] die Erkenntnis eines Topfes? Es gibt [daher wohl] eine Beziehung [zwischen den beiden]. [Denn] auch das Objekt-Subjektsein ist eben eine Beziehung. Und diese ist zwischen der Erkenntnis und ihrem Gegenstand gegeben. [Es handelt sich dabei um eine besondere Beziehung, die] aber weder als Verbindung (*saṃyogaḥ*) noch als Inhärenz (*samavāyaḥ*) angenommen wird.

Was heißt [hier] Objekt? [Antwort:] Das Objektsein der Erkenntnis. Mit Erkenntnis ist nämlich eine Tätigkeit [gemeint]. Das Selbst ist ihr Urheber. Die Sinnesorgane sind das Instrument. Das [äußere] Ding ist das Erkenntnisobjekt. Dasselbe, das in der Erkenntnis das In-Objektrelation-Gegebensein des Gegenstandes ist, ist dessen Objektsein. Und dies ist die Form der Erkenntnis, die vorher nicht bestanden hat, [und erst] später entsteht. [All dies] ist so notwendigerweise anzunehmen, weil anderenfalls eintreten würde, daß kein Unterschied zwischen erkanntem und nichterkanntem [Ding] besteht. [Und] gerade das, was mit den Worten wie Erkanntsein usw. gemeint ist, das ist der logische Grund für die [Schluß]erkenntnis des Erkenntnisvorganges.“ (*tat kim asambandha eva jñānārthayoḥ / yady evaṃ kathaṃ ghaṭasya jñānam, nāsambandhaḥ / viṣayaviṣayibhāvo'pi sambandha eva / sa cāsti jñānārthayoḥ / saṃyogas tu neṣyate samavāyo vā / ko'yaṃ viṣayārthaḥ / yeyaṃ pratītikarmatā / pratītir iti hi kriyā / asyām ātmā kartā / indriyāṇi karaṇam / arthaḥ karma / tad yeyam arthasya pratītau karmakārakatā tad eva tasya viṣayatvam, tac ca rūpaṃ pratīteḥ prāgabhūtaṃ parastān niṣpadyata ity avaśyam āśraya-*

[161] Vgl. FRAUWALLNER 1956, II, 25.

[162] Vgl. Anmn. 130; 136.

nīyam / anyathā jñātājñātayor aviśeṣāpatteḥ / tad eva jñātatādipadāspadaṃ jñānajñāne liṅgam)[163].

Betrachtet man kurz diese Beschreibung des Erkenntnisvorganges, so zeigt sich, daß die Erkenntnistätigkeit, die das Selbst mittels seiner Sinnesorgane entwickelt, im äußeren Ding eine Wirkung erzeugt, nämlich das Erkanntsein (*jñātatā / prakāśaḥ / prākaṭyam / atiśayaḥ*)[164]. Auf Grund dieses Merkmals unterscheidet sich dieses Ding von allen anderen Dingen, die nicht erkannt werden. Da die Erkenntnis die Form des jeweiligen erkannten Gegenstandes trägt, wird die Beziehung zwischen diesen beiden als Objekt-Subjektbeziehung (*viṣayaviṣayibhāvaḥ*) definiert. Das Erkanntsein (*jñātatā*) als Eigenschaft des Gegenstandes wird als ein logisches Merkmal aufgefaßt, mit dessen Hilfe zu einem späteren Zeitpunkt auf die Erkenntnis als Vorgang (*kriyā*) geschlossen werden kann.

In seiner Polemik gegen die Kumārila-Schule geht Yāmuna selbst auf die These der nachträglichen Erschließbarkeit der Erkenntnis nicht direkt ein, sondern – wie bereits erwähnt – er verweist auf ihre Widerlegung durch andere Gegner: *jñānādhīnaprakāśāśrayatayaiva siddhiḥ, tayā cānumeyaṃ jñānam iti pakṣaḥ prāg eva pratikṣiptaḥ*[165].

Streng genommen entspricht diese Kritik nicht Yāmunas eigenem System. Sie dient bloß dazu, die These Kumārilas als unhaltbar zu erweisen.

Yāmunas eigene Kritik richtet sich im speziellen gegen die Auffassung, daß der Ātmā nur potentiell geistig ist, und daß die Sinnesorgane die Bewußtheit des äußeren Gegenstandes bewirken (*indriyāni … ātmani jñānaṃ janayanti*)[166]. Sein entscheidendes Argument gegen die These der potentiellen Geistigkeit führt Yāmuna folgenderweise aus: „Etwas nämlich, das von der [aktuellen] Geistigkeit frei ist, das ist nicht der Ātmā, wie der Topf usw. Außerdem ergibt sich das Ātmasein nicht auf Grund des Vermögens zu Erkennen, weil [sonst] folgen würde, daß [das Bewußtsein im Zustand] der Erlösung schwindet. Im Lehrsystem des Vaiśeṣika und Nyāya ist nämlich die Erlösung mit einem völligen Aufhören aller spezifischen Eigenschaften des Ātmā wie Erkenntnis, Lust, Leid usw. charakterisiert. Ferner gibt es überhaupt keinen Beweis für folgende Behauptung, daß ein

[163] Kāś II, 121,23–122,1; vgl. auch 171,20–26; 155,23f.

[164] Vgl. ŚVTĪ 283,20f.; Pārthasārathi, Śāstradipikā (1916) 159,7f.

[165] Vgl. ĀS 194,4–5 = 58,1f.; 149,3; 175,4–5; 193,1f.

[166] Vgl. Anm. 157.

Ding, das [seiner] Wirkung völlig beraubt ist, [überhaupt] die Fähigkeit besitzt, die Wirkung dieses [Dinges] hervorzubringen. Wirkungen wie Lust, Leid, Erkenntnis usw., von denen beobachtet wird, daß sie eine Verbindung haben mit einem, der durch Körper usw. bestimmt ist, werden in Beziehung gebracht mit der Fähigkeit des Ātmā, [etwas] hervorzubringen, insofern die [Fähigkeit] sich nur in einem [mit Körper usw.] bestimmten [Ātmā] befindet, [genauso] wie der Rauch auf die Fähigkeit [des Feuers hinweist], ihn hervorzubringen, wenn es eine Verbindung mit dem nassen Brennholz hat, oder wie ein Reisschößling [auf die Fähigkeit schließen läßt, ihn hervorzubringen], wenn das Reiskorn mit einer Hülse versehen ist. Ferner, wenn es möglich ist, das Selbst von Nichtselbst zu unterscheiden, nur wenn die Geistigkeit gegeben ist [, d. h. nur auf Grund der aktuellen Geistigkeit], dann erübrigt sich die Annahme seines [bloßen] Vermögens [zu Erkennen]." (*yad dhi caitanyarahitaṃ na tad ātmā ghaṭādivat / citiśaktyā na cātmatvaṃ muktau nāśaprasaṅgataḥ / buddhisukhaduḥkhādiniḥśeṣavaiśeṣikātmaguṇātyantikoparamalakṣaṇo hi mokṣaḥ kaṇabhakṣākṣacaraṇamate / na cātyantaluptakāryaṃ vastu tatkāryajanaśaktam ity atra kiṃcit pramāṇaṃ kramate / dehādiviśiṣṭasambandhitayā dṛśyamānasukhaduḥkhajñānādikāryaṃ viśiṣṭavartinīm evātmotpādaśaktiṃ kalpayati, dhūma ivārdrendhanasambandhini dhūmadhvaje svotpādanasāmarthyam, vrīhyaṅkura iva ca satuṣataṇḍule / api ca bodhe saty evātmano'nātmavyavacchede sambhavati kṛtaṃ tacchaktyāśrayeṇa*)[167].

Diese Widerlegung spricht für sich. Da einerseits der Ātmā von Natur aus kein Erkennen hat, und andererseits die Sinnesorgane die Grundlage aller psychischen Vorgänge und somit auch des Erkennens sind, gibt es im Zustand der Erlösung, sofern sie in der Aufhebung der Verkörperung besteht, überhaupt kein Erkennen. Auch die anderen Eigenschaften wie Lust usw. können dort nicht vorkommen. Deshalb lehren die Anhänger des Nyāya-Vaiśeṣika, daß „das Wesen [des Ātmā] frei von allen Eigenschaften ist" (*sakalaguṇāpoḍham evāsya rūpam*)[168]. Damit bekommt die Erlösung eine „todesähnliche Starre", die von den Gegnern dieser Schule in den Mittelpunkt ihrer Kritik gestellt wurde. Ein vielfach überlieferter Vers der Buddhisten bringt dies höhnisch folgenderweise zum Ausdruck: „Lieber möchte ich im lieblichen Jetavana als Schakal wiedergeboren werden, als

---

[167] ĀS 172,4–173,7; vgl. 194,3–5.

[168] NM II, 44,21; vgl. auch Candrānandavṛtti (Baroda 1961) 2,2f.; NK 692,2.

nach dem Vaiśeṣika die Erlösung finden"[169]. Yāmuna spielt auf diese Kritik an, wenn er hier die These der Kumārila-Schule, daß der Ātmā nur das Vermögen zu Erkennen hat, bekämpft. Im Gegensatz dazu entwickelt er die Lehre, daß der Ātmā eine aktuelle Erkenntnis hat, die nicht von den Sinnesorganen abhängt (*na cehātmasvarūpabodhasya jātucin nirodho janma vā nityātmasattāprayuktvāt*)[170], und daß nur die vergängliche Objekterkenntnis mit Hilfe der Sinnesorgane entsteht[171].

Aus diesem Ansatz kann Yāmuna eine weitere These der Kumārila-Schule verwerfen, daß nämlich die Sinnesorgane und nicht die Geistigkeit eine zentrale Rolle im Erkenntnisprozeß einnehmen, wenn er sagt: „Man soll auch überlegen, wie die Geistigkeit, die dem Selbst inhäriert, Bewußtheit bzw. Denk- und Sprachgebrauch in bezug auf einen Gegenstand hervorrufen könnte, der keine Verbindung [mit ihr] hat. Man darf nicht sagen, daß sie (, nämlich die Bewußtheit bzw. Denk- und Sprachgebrauch) kraft der Nähe ihrer Ursachen wie Sinnesorgane, Merkmal usw. [entstehen]. Ein Produkt, das enstanden ist, erzielt seine Wirkung doch nicht, indem es sich auf seine veranlassende Ursache stützt. [Denn die Wirkung] des Topfes wie das Wasser-Tragen usw. hat keine Stütze, die mit dem Töpfer usw. identisch ist. Ferner schwindet die Wirkung nicht, wenn [ihre] veranlassende Ursache aufgehört hat [zu wirken]. Und [die Wirkung wie] die Erkenntnis von Farbe usw. [aber] schwindet, wenn [ihr] Kontakt mit den Sinnesorganen abgebrochen ist." (*ātmani samavetaṃ jñānam asambandhiny arthe prakāśaṃ vyavahāraṃ vā kathaṃ prasuvītety api cintyam / indriyaliṅgādisvakāraṇapratyāsattivāśād iti mā vocaḥ / na khalu labdhātmakaṃ kāryaṃ svanimittakāraṇam anurudhya kāryam ārabhate / mā bhūd udakāharaṇādi ghaṭādeḥ kulālādisamānādhiṣṭhānam / na ca nimittakāraṇanāśe kāryanāśaḥ / naśyati cendriyasamprayogādināśe rupādijñānam*)[172].

Diese Argumentation geht davon aus, daß das Bewußtwerden eines Gegenstandes als eine Wirkung seiner Verbindung mit den Sinnesorganen nicht aufhören sollte zu bestehen, wenn seine Ursache – also die genannte Verbindung – nicht mehr existiert, genauso wie ein Topf als Wirkung nicht aufhört zu existieren, weil die Verbindung

[169] Vgl. dazu FRAUWALLNER 1956, II, 103f.; BBh 21,3–4; 244,9f.
[170] ĀS 184,3–4.
[171] Vgl. ĀS 161,1f.; vgl. unten S. 95ff.
[172] ĀS 195,1–6.

mit seiner veranlassenden Ursache – dem Töpfer – nicht mehr gegeben ist.

Die Bewußtheit hingegen schwindet, wenn die Verbindung mit den Sinnesorganen abgebrochen ist. Diese Verbindung kann daher nicht erklären, warum die Bewußtheit schwindet. Daraus leitet Yāmuna ab, daß die Ursache der Bewußtheit etwas anderes sein muß, nämlich eine Verbindung mit der Geistigkeit (*caitanyam* / *jñānam*). Denn das Bewußtwerden eines Dinges als ein geistiges Ereignis hört auf zu existieren, wenn die Verbindung mit der Geistigkeit abgebrochen ist: „Daher kommt auch die Geistigkeit, nachdem [sie] mit Hilfe des Sinnesorgans hinaustritt, mit dem jeweiligen Gegenstand in Kontakt, wie der Tastsinn eben mit der Hand usw. Ist es nämlich so [, daß eine Erkenntnis entsteht], weil die Erkenntnis eines bestimmten [Gegenstandes] von dieser [Geistigkeit] abhängig ist, dann ist es richtig, daß [die Erkenntnis] sich nach der Existenz [bzw. Nichtexistenz] dieser [Verbindung mit der Geistigkeit] richtet. Im anderen Fall, warum vergeht die einmal entstandene Erkenntnis beim Aufhören der Verbindung des Gegenstandes mit dem Sinnesorgan?" (*ata indriyeṇa saha caitanyam api niḥsṛtya tena tenārthena sannikṛṣyate, hastādineva tvagindriyam / tathā sati hi tadupādhikatvāt tajjñānasya yuktaṃ tadbhāvānuvidhāyitvam / anyathotpannaṃ jñānam indriyārthasannikarṣanivṛttau kiṃ nivarteta?*)[173].

Der tragende Gedanke in diesen Ausführungen ist, daß der bloße Kontakt eines Dinges mit den Sinnesorganen noch keine Erkenntnis hervorbringen kann. Es muß darüber hinaus eine Geistigkeit geben, die die Dinge aufnimmt und den Erkenntnisprozeß erst möglich macht. Nur durch die Geistigkeit werden die Sinneseindrücke zu Erkenntnissen.

Die These Sucaritamiśras von der Objekt-Subjektbeziehung zwischen Erkenntnis und ihrem Gegenstand, von der oben die Rede war[174], lehnt Yāmuna mit der Begründung ab, daß sie unbestimmbar ist: *na ca viṣayaviṣayībhāvaḥ, tasyaivānirūpaṇāt.* Damit trifft er den Kern der Aussage Sucaritamiśras, daß die Objekt-Subjektbeziehung weder als *saṃyogaḥ* noch als *samavāyaḥ* bestimmt werden kann: *saṃyogas tu neṣyate samavāyo vā.*

Leider geht hier Yāmuna nicht auf Details ein, sondern verweist auf die diesbezüglichen nunmehr verlorenen Ausführungen im Nyā-

[173] ĀS 195,6–196,2.

[174] ĀS 194,1–2; vgl. S. 80f.

yatattva Nāthamunis und in seinem eigenen Werk Saṃvitsiddhi: *anirūpaṇaṃ ca bhrāntyadhikaraṇasiddhāntārambhe saṃvitsiddhau cānusandhātavyam*[175].

Wir können aber annehmen, daß diese Zurückweisung eine direkte Folge der Lehre Yāmunas war, daß es nur eine Art von Verbindung gibt, nämlich die Saṃyoga-Verbindung, und daß auch die Samavāya-Verbindung darunter zu subsumieren sei: *saṃyogāntarbhāvaḥ samavāyasya*[176].

Diese Vereinnahmung hatte natürlich zur Folge, daß auch die Charakteristika der Inhärenz, wenigstens so, wie sie in den bestimmten vedāntischen Kreisen verstanden wurden, in die Saṃyoga-Definition Eingang fanden. So knüpft diese Definition an die Gedanken Śaṅkaras an. Dieser argumentiert bei seiner Bekämpfung der Kategorienlehre des Vaiśeṣika, daß die Beschreibung der Inhärenz „als die Verbindung getrennt nicht vorkommender Dinge" (*ayutasiddhaḥ*)[177], drei verschiedene Deutungen zulasse: „Die Tatsache, daß [die Dinge] nicht getrennt vorkommen, könnte man entweder [so auffassen], daß [sie] örtlich nicht getrennt vorkommen oder zeitlich nicht getrennt vorkommen oder im Eigenwesen nicht getrennt vorkommen." (*ayutasiddhatvam apṛthagdeśatvaṃ vā syād apṛthakkālatvaṃ vāpṛthaksvabhāvatvaṃ vā*)[178]. Śaṅkara schließt alle diese Möglichkeiten aus (*sarvathāpy nopapadyate*) und meint, daß das Vaiśeṣika sich bei Annahme jeder der genannten Alternativen, sich in Widerspruch verwickeln würde[179].

Für Yāmuna hingegen war nur die dritte Alternative, insofern sie zur Identitätslehre und schließlich zum Monismus führte, unannehmbar[180]. Die ersten beiden Deutungen stehen nicht nur im Einklang

---

175 ĀS 194,2–3.

176 ĀS 211,3–4.

177 PDS, in: NK 773,3f.; Frauwallner, 1956, II, 151f.; 246f.

178 ŚBh 444,8–10. Vgl. dazu Hacker 1985,114f.

179 Vgl. Hacker 1985, 120f. Ähnlich auch der Jaina-Autor Vidyānanda (ca. 775–840 n. Chr. vgl. unten Anm. 807): *tayor ayutasiddhatvād evam iti cet, kim idam ayutasiddhatvaṃ nāma? na tāvad deśābhedaḥ, pavanātapayos tatprasaṅgāt / nāpi kālābhedas tata eva / svabhāvābheda iti cen na sarvathāsau yukto virodhāt / kathaṃcic cet tad evāśakyavivecanatvam / sa evāpṛthagbhāvaḥ samavāya iti paramatasiddhiḥ, anyathā tasyāghaṭanāt / pṛthaganāśrayāśrayitvaṃ pṛthagagatimattvaṃ cāyutasiddhatvam ity api nāśakyavivecanatvād anyat pratibhāti* (AsṛĪ 226,13–17; vgl. auch TBV I, 106,9ff.).

180 Vgl. dazu Kāś I 262,22–23: *apṛthaṅniṣpannayos tādātmyād ... athaitaddoṣaparihārārthaṃ pṛthaṅniṣpattir iṣyate, tathā sati yutasiddhir evāpadyate.*

mit seinem System, sondern sind äußerst geeignet, die typische Ontologie des Viśiṣṭādvaita, die in Begriffen wie *apṛthaksiddhiḥ* und *apṛthagupalambhaḥ* zum Ausdruck kommt, wiederzugeben. Wir finden daher die genannten beiden Deutungen in der Saṃyoga-Definition Yāmunas wieder: „Und bloß die vollkommene [räumliche und zeitliche] Nähe, die mit dem Terminus Ungeschiedenheit Synonym ist, [heißt] *saṃyogaḥ*." (*nairantaryapadaparyāyam atyantasāmīpyamātraṃ ca saṃyogaḥ*)[181]. Eine zweite Definition des *saṃyogaḥ*, die wie die erste auf Nāthamuni zurückgeht[182], drückt genau dasselbe aus: „Saṃyoga ist die vollkommene/vollständige Einheit [zwischen Beschaffenheit und ihrem Träger]" (*aikyaṃ sākalyena saṃyogaḥ*). *Sākalyena* wird hier im Sinne von ‚Lückenlosigkeit' bzw. ‚Ohne-Zwischenräume-Gegebensein' (*nairantaryam = atyantasāmīpyam*) verstanden.

In diesen Sinne definiert Yāmuna, ausgehend von einer älteren Lehre, den Erkenntnisvorgang: „Es wurde gelehrt, daß die Verbindung der Geistigkeit, die eine Beschaffenheit des Ātmā ist, mit dem Gegenstand Erkennen [heißt]." (*ātmadharmasya caitanyasya viṣayeṇa saṃyogo jñānam ity ucyate*)[183]. Auch der *prakāśaḥ* (Bewußtheit), den er in Übereinstimmung mit der Kumārila-Schule als Folge des Erkennens annimmt, wird im Rahmen dieser Saṃyoga-Definition gedeutet: *saṃvidadūratvaṃ prakāśaḥ*[184]. Denn *adūratvam* ist gleichbedeutend mit *atyantasāmīpyamātram*.

Von diesem Standpunkt aus kann Yāmuna argumentieren, daß die Folge (*phalam*) des Erkennens, nämlich das Erkanntsein (*jñātatā / prakāśaḥ*) des Gegenstandes (= *viṣayaḥ*) ohne das gleichzeitige Erkanntwerden vom Erkennen (= *kriyā*), nämlich *jñānam / saṃvid*

---

[181] ĀS 211,1–2. Bemerkenswert ist, daß diese Meinung (vgl. auch unten S. 143f.) große Ähnlichkeiten mit dem diesbezüglichen Standpunkt der Jainas zeigt. Denn auch diese erklären die Einheit eines Dinges unter dem Ausschluß der Inhärenz (*samavāyaḥ*) als eigene Kategorie und verstehen das Verhältnis zwischen der Beschaffenheit und ihrem Träger als *dharmadharminoḥ svarūpam: samavartitvaṃ samavāyaḥ, apṛthagbhūtatvam ayutasiddhatvaṃ ca / tasmād dravyaguṇānāṃ ayutā siddhir iti nirdiṣṭā //* (PSS v. 50; vgl. auch vv. 12–13; 44; Asrī 164,4ff.; 215,1ff.; 225,15ff. Anmn. 179, 189, 373). Wie bereits gezeigt wurde, impliziert diese Position eine Form des Bhedābhedavāda (Anmn. 351; 549; S. 221ff.; 144f.), zu dem sich auch die Jaina-Autoren bekennen: *jñānaṃ dhanaṃ ca karoti dhaninaṃ yathā jñāninaṃ ca dvividhābhyām / bhaṇanti tathā pṛthaktvam ekatvaṃ cāpi tattvajñaḥ //* (PSS v. 47; Asrī 154,17ff.).

[182] Vgl. NyS 163,22: *atyantasāmīpyaṃ saṃyogaḥ; dūratvaṃ viyogaḥ*; 263,3: *aikyaṃ sākalyena saṃyogaḥ, tadabhāvo bhedaḥ.*

[183] ĀS 119,7; 166,4–5; ŚrīBh III, 303,11; SAS 290,17f.

[184] ĀS 208,11; vgl. unten S. 105f.

(= *viṣayī*) absolut unmöglich ist. Denn ihre örtliche und zeitliche Koinzidenz hat zur Folge, daß sie weder getrennt vorkommen noch getrennt wahrgenommen werden können (*apṛthaksiddhiḥ/apṛthag-upalambhaḥ*)[185]. Damit war der These der Kumārila-Schule, daß das Erkennen (*jñānam/saṃvid*) zuerst unerkannt bleibt (*asiddha-*) und später auf Grund des *prakāśaḥ* (= *jñātatā*) erschlossen wird, der Boden entzogen[186].

Sowohl Sudarśanasūri als auch Veṅkaṭanātha tragen diesen Gedanken gegen den Standpunkt Kumārilas vor, wenn sie die wenigen diesbezüglichen Fragmente der Saṃvitsiddhi kommentieren: „Und das Objektsein könnte ohne das [Bewußtwerden des] Subjekt[es] nicht erscheinen. Wenn aber diese [beiden zugleich] bewußt werden, dann bleibt nichts mehr übrig, das zu erschließen wäre." (*viṣayatvaṃ ca viṣayinam antareṇa na bhāyāt; tadbhāne tu anumeyaṃ nāvaśiṣyata*[187].

Erstaunlich ist, daß sogar in Yāmunas Deutung von *prakāśaḥ* als *saṃvidadūratvam* die Nähe zur Position der Kumārila-Schule sicht-

---

[185] Vgl. ŚrīBh III, 473,3–4: ... *guṇyapṛthaksthitatvamātra-*; ibid. II, 65,6: *jātivyaktyor niyamena sahapratītir ubhayoś cākṣukṣatvāt*; vgl. unten S. 148.

[186] Veṅkaṭanātha bezeugt, daß die Definition Yāmunas *saṃvidadūratvam prakāśaḥ* in direkter Auseinandersetzung mit der These der nachträglichen Erschließbarkeit Kumārilas entfaltet wurde, wenn er schreibt: *prākaṭyānumeyatvavādinaṃ pratyucyate* ... *ātmasiddhau* (= 208,7f.) *prakāśapadārthanirṇayārthe kas tarhi prakāśate padārthaḥ? iti praśne anubhavādūratvaṃ smṛtinimittam iti nyāyatattvagranthasmāraṇapūrvakaṃ saṃvidadūratvaṃ prakāśa iti abhidhāya, adūravikalpaṃ prati cābhihitam* –

> *bhavatv anubhavādūraṃ dūrād anyad virodhi vā* /
> *tadbhāvaś ca prakāśatvaṃ kim atra bahu jalpyate* //

iti bhāṣyam ca (= ŚrīBh I,143,1f.) *prakāśaś ca cidacidaśeṣapadārthasādhāraṇaṃ vyavahārānuguṇyam iti / tad evaṃ na buddhiḥ prakāśānumeyā / kiṃ tu svataḥsiddhaiva* (NyS 238,7–17).

[187] TṬĪ 110,22–23; vgl. ŚruP I, 102,28–30: *viṣayaviṣayibhāvasambandhasya vidyamānāśrayatvaniyamābhāvād viṣayaviṣayibhāva eva prākaṭyam iti cen na sambandhibhyāṃ vinā pratītyanupapattyā sambandhi jñānaṃ ca pratīyata ity anumeyam eva na syād iti prākaṭyaṃ liṅgaṃ na bhavati.* Da diese Erklärungen in direktem Zusammenhang mit den Fragmenten aus der Saṃvitsiddhi stehen, ist anzunehmen, daß sie auch von Yāmuna, möglicherweise durch ähnliche Argumentation Śālikanāthas angeregt, vorgetragen wurden, vgl. PP 188,3f.: *api ca jñānam anumeyam iṣyate / tadanumāne nārthasattāmātraṃ liṅgaṃ tasya tadavinābhāvaniyamābhāvāt / athārthajñānam ity ucyate, tad api notpattimātreṇa liṅgam / anavabhāsamāne utpannānutpannayor aviśeṣāt / na hy anavabhāsamānaṃ liṅgaṃ liṅginam anumāpayati.*

bar bleibt. Denn durch die Ablehnung der Samavāya-Verbindung als eigene Kategorie wie im Vaiśeṣika folgt Yāmuna eigentlich dem ontologischen Ansatz Kumārilas. Denn für Kumārila ist *samavāyaḥ* keine selbständige Kategorie[188]. Sie ist nichts anderes als die Eigenform eines Dinges selbst, insofern dieses als Einheit der Beschaffenheit mit ihrem Träger verstanden wird: *samavāyo'stu svarūpaṃ dharmadharmiṇoḥ*[189].

Nach diesem Vorbild scheint auch die Saṃyoga-Definition Yāmunas konzipiert zu sein, nämlich als räumliche und zeitliche Nähe bzw. Ungeschiedenheit zwischen Beschaffenheit und ihrem Träger (= *atyantasāmīpyam* / *adūratvam* / *sākalyena aikyam*). Und es dürfte nicht zufällig sein, daß Sucaritamiśra die von ihm vertretene *viṣayaviṣayi*-Beziehung als *sannidhānam* (= *adūratvam*) zwischen Erkenntnis und ihrem Gegenstand präzisiert, wenn er sagt: „Denn auch das Objekt-Subjektsein ist eine Beziehung. Und diese besteht zwischen Erkenntnis und [ihrem] Gegenstand, weil diese [Beziehung] erlangt wird, wenn eine Erkenntnis entsteht. Und eben dies ist die Nähe der Erkenntnis zu [ihrem] Gegenstand, weil er [nur dann] bewußt wird, wenn diese entsteht." (*viṣayaviṣayibhāvo'pi hi sambandha eva / asti cāsau jñanārthayoḥ / jñānotpattau tadavāpter, idam eva ca tasya sannidhānam arthena, yad utpanne tasminn artho bhāsate*)[190].

Die Parallelität zwischen diesen beiden Erklärungen ist unverkennbar, mit dem Unterschied, daß für Sucaritamiśra das bloße Entstehen einer Erkenntnis allein (*utpanne tasmin*) hinreichend ist für das Bewußtwerden des erkannten Gegenstandes. Für Yāmuna hingegen ist dies ohne das gleichzeitige Bewußtwerden des Erkennens (*tadbhāne* = *apṛthagupalambhaḥ*) nicht möglich.

Vor dem Hintergrund dieser Kritik am Standpunkt der Kumārila-Schule, wird auch die Abhängigkeit der Erkenntnislehre Yāmunas von ihr besonders deutlich. Zum gleichen Ergebnis kommen wir auch bei der Darlegung der Wahrnehmungslehre Yāmunas[191].

Für die geschichtliche Beurteilung ist es nicht uninteressant zu

---

[188] Vgl. ŚV(Pratyakṣa) vv. 146–150; D'Sa 1980,155f.

[189] ŚV(Pratyakṣa) v. 149cd.; Kāś I, 264,8–10: *yadi tu samavāyinor ātmarūpaṃ svarūpam eva samavāyaḥ, nāsāv anyena sambandhanīya ity ucyate, evaṃ tarhy aṅgīkṛto 'bhedavāda iti dharmadharminor eva svarūpaṃ samavāyo'stu yady avaśyaṃ samavāyanāmnā prayojanam, kiṃ samavāyāntaragraheṇa*; ähnlich auch die Jaina-Autoren; vgl. Anmn. 181; 373.

[190] Kās II, 171,20–21.

[191] Vgl. unten S. 143ff.

wissen, daß Nāthamuni es war, der die Adaption dieses fremden Gedankenguts in der Erkenntnistheorie des Viśiṣṭādvaita als erster vorgenommen hat. Dies ist nicht nur aus der Ablehnung der These des *viṣayaviṣayibhāvaḥ*[192], sondern auch aus der Charakterisierung des *prakāśaḥ* als *saṃvidadūratvam*[193], die nur mit Hilfe einer besonderen Definition der Saṃyoga-Verbindung, die Nāthamuni erstmals formuliert hat[194], möglich war. Auch die Lehre des relativen Selbstevidentseins der Erkenntnis hat er, in eindeutigem Gegensatz zu Kumārilas These ihrer nachträglichen Erschließbarkeit auf Grund der *jñātatā*, ausgearbeitet, wie dies Yāmuna ausdrücklich in seiner Ātmasiddhi bezeugt: *yathā ca saṃvidaḥ prakāśāvyabhicāraḥ, tathā prapañcitaṃ prathamādhikaraṇe*[195].

Waren die bisherigen Ausführungen darauf gerichtet, einzelne Aspekte der *saṃvid* aus der geschichtlichen Auseinandersetzung Yāmunas und Nāthamunis mit den gegnerischen Schulen herauszulösen bzw. sie im Lichte dieser Polemik zu erklären, so können wir uns nun dem Gesamtsystem zuwenden, um den Stellenwert dieses Begriffs in der Saṃvitsiddhi zu verdeutlichen.

4. Der Begriff Saṃvid im System Yāmunas

Yāmuna fühlt sich in seiner Erkenntnistheorie, wie bereits angedeutet, nicht nur dem Realismus verpflichtet, sondern er stellt sich

---

[192] Vgl. ĀS 194,1–2; vgl. Anm. 175.

[193] ĀS 208,8f. Die genannte Definition dürfte bei den Gegnern Nāthamunis einen starken Widerspruch hervorgerufen haben. Yāmuna referiert in der Ātmasiddhi eine Quelle, in der die Ansicht Nāthamunis kritisiert wird. Yāmuna lehnt die gegnerische Kritik ab. Das Referat dieser Quelle lautet: *āha – kim idam adūra iti? dūrād anyas tadviruddhas tadabhāvo vā? tathā viśeṣaṇam upalakṣaṇaṃ vā adūra iti? viśeṣaṇatve pakṣatraye'pi saṃvedanadūratvānusandhānapūrvikayā prakāśata iti pratītyā bhavitavyam / na ca tathāsti / upalakṣaṇatve svarūpāntaraṃ vācyam / na ca tad avagamyata ity uktam / ucyate alam asthāne sambhrameṇa /*

> *bhavatv anubhavādūraṃ durād anyad virodhi vā /*
> *tadbhāvaś ca prakāśatvaṃ kim atra bahu jalpyate //*

(ĀS 209,1–7; vgl. Anm. 186).

[194] Vgl. NyS 263,21–22: *nyāyatattve prameyapādasaptamādhikaraṇe ... uktam – atyantasāmīpyaṃ saṃyogaḥ*; vgl. Anmn. 182; 183.

[195] Vgl. ĀS 151,7–8; NyS 237,26–29: *nyāyatattve tu prathamādhikaraṇe lakṣaṇāntarāṇi bahūni dūṣayitvā, atyantavegitātyantasaukṣmyaṃ nirbharatā tathā / svasattākālabhāvyāptir jñāne lakṣamacatuṣṭayam // iti svoktalakṣaṇopasaṃharaḥ kṛtaḥ.*

auch bewußt in die Tradition der Upaniṣaden. Er führt daher seine Lehre ausdrücklich auf die Vedānta-Gelehrten (*trayyantavidaḥ*) zurück[196]. So mußte seine Erkenntnistheorie der in den Upaniṣaden gelehrten Unveränderlichkeit des Selbst Rechnung tragen. Um dieses Ziel zu erreichen, beruft sich Yāmuna auf die vor ihm im Vedānta bereits von Śaṅkara vorgenommene Scheidung zwischen dem unvergänglichen Erkennen (*nityātmano dṛṣṭiḥ*), das im Wesen des Selbst unvermittelt gegeben ist, und dem gegenständlichen Erkennen (*bahyānityadṛṣṭiḥ*), das durch die Vermittlung der Sinnesorgane zustande kommt und daher vergänglich ist[197].

In Übereinstimmung damit lehrt nun Yāmuna: „Dem Selbst kommt zweifaches Erkennen zu. [Das eine] in bezug auf sich selbst [und das andere] in bezug auf etwas anderes. Das erste von diesen [beiden] ist frei vom Entstehen und Vergehen [und] dauert unaufhörlich fort, insofern es mit der Eigenform des Selbst verbunden ist. Das zweite aber entsteht in Abhängigkeit von den verschiedenen akzidentellen [Erkenntnis-] Ursachen wie die Sinnesorgane, die mit dem jeweiligen [äußeren] Gegenstand in Verbindung stehen. Es entsteht und vergeht als Bewußtsein von diesem oder jenem Gegenstand, insofern es sich nach dem Vorhandensein und Nichtvorhandensein [der Verbindung] mit dem jeweiligen [Gegenstand] richtet. Unter Berücksichtigung eben dieses [Umstandes] wird auch die Verschiedenheit unter den Zuständen von Tiefschlaf und Wachen harmonisch erklärt." (*dvidhā hi jñānam ātmanaḥ, svasminn anyatra ca / tatrādyam udayāstamayarahitam ātmasvarūpaprayuktam anavaratam anuvartate / itarat tu tattadarthasambandhīndriyādyāgantukahetubhedāyattātmalābhaṃ tattadbhāvābhāvānuvidhāyi tattadarthaprakāśatayodīyate līyate ca / tadapekṣayaiva svāpajāgarādyavasthāvyavasthāpi saṅgasyate*)[198].

---

[196] ĀS 155,9–10; 172,1; 215,3–219,1.

[197] Vgl. AiUpBh (*Ānandāśrama*, Poona 1931), 64,14f.; BrUpBh (*Ānandāśrama*, Poona 1953) 561,23f.; HACKER 1968/69, 129; 133; M. PIANTELLI, *The Conception of the two dṛṣṭi-s in Śankara's Bṛhadāraṇyakopaniṣadbhāṣya* I.4.10, in: *Indologica Taurinensia* 8–9 (1980/81) 313–333; auch in: *Bhāratīya Vidyā* 41 (1981) 16–39.

[198] ĀS 167,6–168,1; vgl. 161,1–7; vgl. Anm. 219. Ähnlich erklärt dies auch der Jaina-Autor Vidyānanda in seiner Āptaparīkṣā (VĀP 252,4–253,1): *na hy acetanatvam ātmanaḥ svarūpaṃ tasya jñānasamavāyitvavirodhāt, ākāśādivat / tatkāraṇādṛṣṭaviśeṣāsambhavāc ca, tadvat tasyāntakaraṇasaṃyogasyāpi durghaṭatvāt / pratīyate ca jñānam ātmani, tatas tasya nācaitanyaṃ svarūpam / jñanasya caitanyasyānityatvāt katham ātmano nityasya tatsvarūpam iti cet, na;*

Dies besagt nun, daß das Bewußtsein des Selbst (*nityadṛṣṭiḥ* / *jñānam* / *prakāśaḥ*), insofern es unvermittelt gegeben ist, unvergänglich und unveränderlich ewig ist, wohingegen die Objekterkenntnis (*anityadṛṣṭiḥ* / *saṃvid*) vergänglich ist, da sie von der Vermittlung der Sinnesorgane abhängt. Die Unvermitteltheit des Bewußtseins des Selbst wird hier wie bei Śaṅkara[199] auf sein geistiges Eigenwesen zurückgeführt: *na cāsau anyādhīnāvabhāsaś caitanyasvabhāvatayā svayaṃjyotiṣṭvāt*[200]. Im Gegensatz zu ihm versteht Yāmuna aber diese Unvermitteltheit als eine Folge der Tatsache, daß die Geistigkeit eine ewige Bestimmung des Ātmā ist. Das Selbst ist selbstleuchtend, weil es seiner selbst bewußt ist[201], ohne von einem anderen, außerhalb von

---

anantasya jñānasyānādeś cānityatvaikāntābhāvāt / jñānasya nityatve na kadācid ajñānam ātmanaḥ syād iti cet, na; tadāvaraṇodaye tadvirodhāt / etena samastavastuviṣayajñānaprasaṅgo'pi vinivāritaḥ, tadghātikarmodaye sati saṃsāriṇas tadasambhavāt / tatpakṣe tu kevalinaḥ sarvadravyaparyāyaviṣayasya jñānasya pramāṇataḥ prasiddheḥ sarvajñātvasya sādhanāt / caitanyamātram evātmanaḥ svarūpam ity anena nirastam, jñānasvabhāvarahitasya cetanatvavirodhāt, gaganādivat; vgl. auch Akalaṅkadevas Nyāyaviniścaya II, 150: *jīvaḥ pratikṣaṇaṃ bhinnaś cetano yadi nāvṛtaḥ / sakalagrahasāmarthyāt tathātmānaṃ prakāśayet //* vgl. auch HSDS vv. 48–49; NA v. 31:

pramātā svānyanirbhāsi kartā bhoktā vivṛttimān /
svasaṃvedanasaṃsiddho jīvaḥ kṣityādyanātmakaḥ //

199 Vgl. HACKER 1968/69,138.

200 ĀS 106,1–2.

201 Yāmuna gibt in diesem Zusammenhang zu, daß der Ātmā, obwohl an sich selbstleuchtend bzw. selbstgegeben, in seinem weltlichen Dasein nicht in dieser Deutlichkeit erscheint, und daß man daher der Hilfe der Offenbarung usw. bedarf, um ihn richtig erkennen zu können: *tad evaṃ caitanyasvabhāvaḥ parisphurann apy ayam ātmā gambhīrajalāśayacaramīnavat jalasaṃsṛṣṭakṣīravac ca na vivicya sphuṭaṃ cakāstīti tadupapādananyāyānugatāḥ pūrvānumānabhedāḥ vacanāni cādriyante / tair apy aparituṣyanto yamaniyamādiyogāṅgānuṣṭhānakṣapitāśuddhyāvaraṇamalā nirodhābhyāsapuṭapākanirdhūtarajastamaḥkalaṅkasattvodrekasamutthasvetarasakalaviṣayavailakṣaṇyāparokṣajñānāya prayatante / bhāvanāprakarṣaparyante cāparokṣajñānam udayata iti sarvavādinirvavādam iti na tadupapādanāyādya pratyante /*

evam ātmā svataḥsiddhyann āgamenānumānataḥ /
yogābhyāsabhuvā spaṣṭaṃ pratyakṣeṇa prakāśyate //

(ĀS 221,4–222,4; 7,3–5; NEEVEL 1977, 145–146). In einem anderen Zusammenhang hebt Yāmuna aber hervor, daß nur das Selbstbewußtsein (*svataḥsiddhiḥ*) des Ātmā direkt von seiner Eigenform (*svarūpataḥ*) aus deutlich wird, während seine restlichen Eigenschaften wie Ewigkeit usw. entweder auf Grund der Offenbarung erkannt oder mittels einer Schlußfolgerung erschlossen werden (*nityatvaniratiśayasūkṣmatvavyāpitvacitsvābhāvyādirūpeṇa pratyagarthasyaupa-*

ihm liegenden Prinzip abhängig zu sein (*ananyadhīnaprakāśaḥ*). Dies bringt Yāmuna in seiner programmatischen Aussage in der Einleitung der Ātmasiddhi deutlich zum Ausdruck: „[Der Ātmā] leuchtet von selbst, insofern er ein Bewußtsein [seiner] Eigenform hat, das weder entsteht noch vergeht, dadurch daß [er] die Geistigkeit zum Eigenwesen hat." (*jñānasvabhāvatayānuditānastamitasvarūpaprakāśaḥ svayaṃjyotiḥ*)[202].

Hatte aber Śaṅkara die Geistigkeit (*caitanyam*) als subsistierendes Prinzip erklärt und die Objekterkenntnis (*bahyānityadṛṣṭiḥ*) in den Bereich der Illusion verlegt, um den Geistmonismus vertreten zu können[203], so war diese Lösung für den strengen Realisten Yāmuna unannehmbar. Daher versucht er unter Beibehaltung der in diesem Zusammenhang im Advaitavedānta in Verwendung stehenden Begriffe wie *svarūpam* und *svabhāvaḥ*[204] die *nityadṛṣṭiḥ* und die *bahyānityadṛṣṭiḥ* seinem Realismus anzupassen.

Dies konnte aber nur nach einer Modifizierung dieser Begriffe im Sinne der typischen Ontologie des Viśiṣṭādvaita, nach der jedes Ding ein durch Eigenschaften differenziertes (*viśiṣṭaḥ*) Wesen hat, geschehen. Und diese Adaption erfolgte so, daß *svarūpam* und *svabhāvaḥ* als zwei verschiedene Wesensaspekte des Selbst aufgefaßt wurden, die zueinander im Verhältnis von *dharmī* / *dharmaḥ*, *āśrayaḥ* / *guṇaḥ*, *prakārī* / *prakāraḥ* standen und die im Sinne der oben dargelegten

---

deśikatvam ānumānikatvaṃ vā, na svarūpataḥ / *svarūpāpekṣayaiva svataḥsiddhir abhyupeyate*, ĀS 192,1–3).

202 ĀS 7,2–3. Vgl. dazu NEEVEL 1977, 145: „Thus, the *śakti* to produce the manifestation of the *svarūpa* of the *ātmā* (*svarūpa-prakāśa*, *ātma-svarūpa-siddhi*) as the entity cognized as 'I' (*ahaṃkāra-gocaram*) can exist *only* in an *ātmā* whose *svarūpa* is qualified (*viśiṣṭa*) by the *svarūpa-upādhi* or *svabhāva* consciousness. While consciousness is dependent upon and cannot exist apart from the *svarūpa* of the *ātma* (*svarūpa-prayukta*), it is also true that 'there is no other *svarūpa* for the *ātmā* except for its being the abode of consciousness'... Thus for Yāmuna neither can the *ātmā* exist apart from, nor can it be known other than through or by means of, its *svabhāva* consciousness, its *svarūpa-upādhi*, the property that resides in or ‚within' its *svarūpa*, distinguishing and making manifest what it is in its uniqueness."

203 Śaṅkara ist in seiner Erkenntnislehre, wenn er gegen den buddhistischen Vijñānavāda argumentiert, ein Realist (vgl. HACKER 1948,238f.). Der Illusionismus ist bei ihm sehr schwach durchgebildet (vgl. HACKER 1968/69,123f.; 135f.). Er „dient... nur als Müllschlucker der Probleme und hat keinerlei auf den Erlösungsweg oder eine Erfahrung bezügliche Konsequenzen." (VETTER 1968/69,421).

204 Vgl. HACKER 1951,111; MESQUITA 1979,168f.

Saṃyoga-Definition (*atyantasāmīpyamātra* bzw. *aikyaṃ sākalyena saṃyogaḥ*) gedeutet wurden.

Bei der Bestimmung des *svarūpam* des Selbst zeigt sich wiederum der Einfluß Śaṅkaras, der nach dem Vorbild der Mīmāṃsā den Wesenskern des Selbst als ‚Ich' (*aham*) bestimmte[205]. Dieser Lehre entsprechend, sagt Yāmuna, daß ‚*aham*' (Erkenner-Prinzip) das *svarūpam* des Selbst sei: *aham ity eva hi tasya svarūpam*[206]. Die Geistigkeit (*caitanyam*) hingegen wird als *svabhāvaḥ* des Selbst bestimmt: *ātmasvabhāvabhūtasya caitanyasya* ....[207]. Es handelt sich dabei um ein individuelles Wesensmerkmal (*asādhāraṇadharmaḥ*)[208]. Offenbar möchte Yāmuna damit von der Advaitathese der Überindividualität des Ātmā (*anahaṅkāraṃ bodhamātram*)[209] Abstand nehmen. Bemerkenswert ist auch, daß er ausdrücklich ausschließt, daß das *svarūpam* als bloße Eigenschaft (*dharmamātram*)[210] verstanden werden kann. Dies richtet sich in einer besonderen Weise gegen die Ansicht Vimuktātmans, daß die Erkenntnis mit dem Selbst als Erkenntnissubjekt identisch ist, insofern dieses ihr Wesen hat (*so'py anubhūtisvabhāvaś cet, nāsyā bhedaḥ*)[211]. In eindeutigem Widerspruch dazu vertritt Yāmuna nun die Lehre, daß die Erkenntnis nicht mit dem Erkenntnissubjekt identisch ist, sondern vielmehr, daß das Erkenntnissubjekt eine Erkenntnisnatur habe (*ātmā tu prakāśasvabhāva eva*)[212], wenn er folgenderweise fortfährt: „Das Selbst aber erscheint für jedes einzelne Selbst als [absolut] unabhängiges Erkenntnissubjekt [, nämlich] als ‚Ich'. Wenn [nun] auch ein derartiges [Subjekt] wiederum als ‚Erkenntnis' bezeichnet wird, weil [es] als von [allen] anderen unabhängig erscheint, so möge [dies] ruhig so bezeichnet werden.

---

[205] Vgl. Hacker 1968/69,133; 1951,131.

[206] ĀS 104,1–3.

[207] ĀS 219,3; vgl. auch 102,8; 106,1–2; 120,5; 161,1; 182,2; 183,6–7; 188,7; 217,1; 218,6; 220,5–221,4. Diese Unterscheidung wird auch von Rāmānuja vorgenommen; vgl. VAS 74,1: Mesquita 1980,217f.

[208] Vgl. ĀS 177,8f.: *ato'yaṃ praty asādhāraṇo yathoditadharmas tadīyāsādharaṇadharmanimitta ity etāvat / sa ceṣyata evātmanaś caitanyaṃ raver iva tejasvitvam*; vgl. Neevel 1977, 123–131; 140–147.

[209] Vgl. ĀS 5,7; vgl. z. B. NS III,1; III,111; III,113; III,116.

[210] Vgl. ĀS 103,11–104,3: *no khalu aham iti dharmamātraṃ yena tadapagame'py avidyānivṛttyām ivātmanaḥ svarūpeṇāvatiṣṭhata ity ucyate / aham ity eva hi tasya svarūpam / jñānam api hi taddharmatvena tasyaiva prakāśate jñānaṃ me jātam iti / kā kathā punar arthāntarasyātmatve?*

[211] IS 24,17f.; vgl. oben S. 48.

[212] ĀS 120,5.

Dennoch ist er [der Ātmā = *idam*] Erkenntnis, nur insofern er mit Erkenntnis versehen ist; nicht dadurch, daß er bloß Erkenntnis ist." (*ātmā tu svatantro jñātāham iti pratyātmaṃ prathate / yadi punar īdṛśo'py ayam ananyādhīnasiddhitayā jñānam abhilapyate abhilapyatām kāmam / tathāpi jñānavad evedaṃ jñānaṃ na jñaptimātratayā*)[213]. Die Differenzierung des Selbst in *svarūpam* und *svabhāvaḥ* dürfte den Zweck verfolgen, diese beiden Aspekte scharf auseinanderzuhalten, ohne dabei die absolute Einheit des Selbst zu verlieren. Dies bezeugt in einer besonderen Weise das Begriffspaar *prakāraḥ/prakārī*, das hier zur Anwendung kommt. Es enthält den Gedanken, daß eine Eigenschaft (*prakāraḥ*) mit ihrem Träger (*prakārī*) untrennbar, unmittelbar und wesensmäßig verbunden ist. So beschreibt z. B. Rāmānuja die Einheit eines konkreten Dinges, wenn er lehrt: „Dadurch, daß die konkrete Gestalt ein Modus ihres Trägers ist, ist [sie] eine [von ihm] verschiedene Kategorie. Gerade weil sie [ihr] Modus ist, kann [sie] weder getrennt [von ihm] existieren noch getrennt [von ihm] wahrgenommen werden. Damit wird erwiesen, daß [einem Ding] nicht zwei Wesen zukommen [, sondern nur eines]." (*saṃsthānasya saṃsthāninaḥ prakāratayā padārthāntaratvam / prakāratvād eva pṛthaksiddhyanarhatvaṃ pṛthaganupalambhaś ceti na dvyātmakatvasiddhaḥ*)[214]. Daß auch Yāmuna die *svarūpa-svabhāva*-Beziehung in diesem Sinne versteht, geht aus der oben vorgelegten Saṃyoga-Definition hervor. Dies ergibt sich auch aus der Tatsache, daß er den *svabhāvaḥ* als jene spezifische ewige Eigenschaft eines Dinges auffaßt, die allein Grund dafür ist, daß es unmittelbar erkannt wird, wie z. B. die Eigenschaft ‚Fühlbarkeit' Grund für die unmittelbare Wahrnehmung der ‚Luft' ist. Nicht hingegen ist für ihn jene Eigenschaft ein *svabhāvaḥ* eines

---

[213] ĀS 121,3f. So auch Rāmānuja: *tadguṇasāratvāt* (Sū. II.3,29) *vijñānaguṇasāratvād ātmano vijñānam iti vyapadeśaḥ / vijñānam evāsya sārabhūto guṇaḥ* (ŚrīBh III, 364,16–17) *jñātur evātmanaḥ svarūpam api svaprakāśatayā vijñānam ity ucyata iti na doṣaḥ, jñānaikanirūpaṇīyatvāc ca jñātuḥ svarūpasya svarūpanirūpaṇadharmaśabdo hi dharmamukhena dharmisvarūpam api pratipadayati* (ibid. II, 200,5f.); vgl. ĀS 215,6: *jñātur avināśitvād eva jñānasyāvināśam upapādayantīyaṃ śrutir jñātuḥ svarūpaprayuktaṃ jñānam iti darśayati.*

[214] VAS 88,12–13; vgl. ŚrīBh II, 222,5–6: *prakāro hi nāma idam ittham iti pratīyamāne vastuni ittham iti pratīyamāno'ṃśaḥ.* Es soll hier vermerkt werden, daß ein *prakārī-prakāra*-Verhältnis auch zwischen zwei Substanzen angenommen wird, die selbständig sind und von einander getrennt vorkommen, und die mit Hilfe eines Possessivsuffixes *mat* zueinander in Beziehung gebracht werden, wie im Falle von *daṇḍaḥ* und *daṇḍī: yatra punaḥ pṛthaksiddhasya svaniṣṭhasyaiva dravyasya kadācit kvacid dravyāntaraprakāratvam iṣyate, tatra matvarthīyapratyaya* ... (vgl. ŚrīBh II, 223,9–10; vgl. ĀS 89,4–6; 161,4–5).

Dinges, bei deren Fehlen das jeweilige Ding dennoch in seinem *svarūpam* erfaßt wird, wie z. B. Devadatta bei der Eigenschaft ‚Gehen': *yaś ca yadguṇatayaiva sākṣādbhavati, sa tatsvabhāvaḥ, marud iva sparśaguṇatayaivādhyākṣyamāṇaḥ / yo yatsvabhāvo na bhavati, sa tadvirahеṇāpi svarūpata upalabhyate, gamanādirahitayena devadattādiḥ*[215].

Aus diesem Grund kann Yāmuna erklären, daß das Selbst kein anderes *svarūpam* hat, außer dem, Träger der Geistigkeit (= *svabhāvaḥ*) zu sein: *caitanyāśrayatāṃ muktvā svarūpaṃ nānyad ātmanaḥ*[216].

In dieser Deutung, die in diametralem Gegensatz zur Advaita-Auffasssung der Geistigkeit (*caitanyam*) als subsistierendes Prinzip steht, kann Yāmuna sowohl das unvermittelte und unvergängliche Erkennen (*nityadṛṣṭiḥ/jñānam*) des Selbst, als auch die vermittelte Objekterkenntnis (*anityadṛṣṭiḥ / saṃvid / jñānam*) begründen.

Yāmuna verwendet für das unvergängliche Erkennen Ausdrücke, die im Advaita-Vedānta gebraucht werden wie *anuditānastamitasvarūpaprakāśaḥ, svayaṃjyotiḥ, svataḥsiddhaḥ* bzw. auch andere, die die Transzendenz des Selbst wiedergeben: *svārthaḥ, svatantraḥ, sākṣī*[217]. Eine Gemeinsamkeit mit dem Standpunkt des Advaita-Vedānta besteht auch in der Auffassung, daß das unvergängliche Erkennen eine apriorische Voraussetzung dafür ist, daß das vergängliche Erkennen überhaupt entstehen kann[218].

Yāmuna legt dies folgenderweise dar: „Auf diese Weise kommt dem Selbst, dessen Eigenwesen Geistigkeit ist, Erkennen zu, das zu seinem Eigenwesen gehört. Das [Selbst] erlangt die jeweils [verschiedene Objekt]erkenntnis auf Grund der Verbindung [seiner Geistigkeit] mit den verschiedenen Gegenständen. Fürwahr, gerade wie das Sonnenlicht auf Grund der Verbindung mit je verschiedenen Gegenständen [bald] diesen, [bald] jenen [Gegenstand] erhellt [, nämlich

[215] ĀS 180,2–4; 217,1f.

[216] ĀS 172,3; 213,1–3; 215,3–217,4; 167,6–7.

[217] Vgl. IS 9,11–14; ĀS 106,1–2; 113,4–5; 160,12; 184,3–4; 188,7; 189,9; 190,1; vgl. dazu Hacker 1968/69, 144f.; Mesquita 1979,171; ĀS 8,4; auch Mesquita 1980,221f.; ĀS 33,5f.; 133,7f.; 159,3; 121,2; 160,10; 91,1f.; 159,2; 103,3; vgl. ŚBh 474,8f.; Hacker 1968/69,120f.

[218] Vgl. Hacker 1968/69, 133–134: „Das Selbst ist in seiner Eigentümlichkeit jenseits des Dinge erkennenden Subjekts. Aber es ist auch in demselben, als dasjenige, welches das ‚Offenbarwerden' eines Dinges überhaupt möglich macht. Es ist, in der Redeweise des oben zitierten AiBh-Textes, die ‚subsistierende Schau des Selbst', *nityātmano dṛṣṭiḥ*, der die ‚intermittierende äußere Schau', *bāhyānitya-dṛṣṭiḥ* (das Ich, die Psyche) als Objekt gegenübersteht."
Vgl. auch Hacker 1951,136–137.

einmal] den Topf [, ein anderes Mal] den Stoff, genauso erlangt die Geistigkeit, die ein Modus des Selbst ist, wegen [ihrer] Verbindung mit den verschiedenen Gegenständen die Erscheinungsform und Benennung als Erkenntnis des Topfes, des Stoffes usw. Und diese sind die verschiedenen Beschaffenheiten der Geistigkeit. Gerade weil [diese zugleich] besondere Eigenschaften des Selbst, des Erkenners sind, sind [sie] ihm unmittelbar gegenwärtig." (*tad evaṃ citsvabhāvasya puṃsaḥ svābhāvikī citiḥ / nānāpadārthasaṃsargāt tattadvittitvam aśnute // yathaiva khalu sūryālokas tena tenārthabhedena saṃsargāt tattatprakāśo bhavati ghaṭaprakāśaḥ paṭaprakāśa iti, evam ātmanaḥ prakārabhūtaṃ caitanyam arthaviśeṣasaṃsargād ghaṭasaṃvit paṭasaṃvid ityādiprakhyopākhye pratipadyate / te ca caitanyasya daśāviśeṣāś cetayitur ātmano dharmaviśeṣatvād eva tasyāparokṣā bhavanti*)[219]. Damit hält Yāmuna an der Realität der Objekterkenntnis (*saṃvid*) fest, ohne jedoch die These der absoluten Unveränderlichkeit des *svarūpam* des Selbst aufzugeben. Denn das gesamte psychische Geschehen spielt sich im Bereich der Geistigkeit, des *svabhāvaḥ* ab. Das *svarūpam*, nämlich das ‚Ich' (*aham*) ist dabei bloß der reine Zuschauer (*sākṣī*)[220]. Auffallend ist, daß Yāmuna sich in seinen Ausführungen, wie dies im folgenden noch deutlicher sein wird, durchwegs an den Vorstellungen des Sāṃkhya orientiert.

Die Tatsache, daß das ‚Ich' als *svarūpam* des Selbst ein ‚reiner Zuschauer' ist, heißt, daß es ohne jede Vermittlung erkennen kann: *sākṣitvam api tasya sākṣājjñātṛtvam*[221]. Diese Unmittelbarkeit des

---

[219] ĀS 161,1–7.

[220] Offenkundig handelt es sich hier um eine Anleihe bei der Sāṃkhya-Schule, wonach das ‚Ich' vollkommen untätig und daher bloßer Zuschauer ist (vgl. FRAUWALLNER 1953, I, 350f.), wie auch die Erklärung, daß jede Änderung im *svabhāvaḥ* des Selbst stattfindet:" Svabhāva (inherent) nature underlying the eightfold Prakṛti – serves as its motive force for creation" (vgl. STHEPHEN A. KENT, *Early Sāṃkhya in the Buddhacarita*, in: *Philosophy East & West* 32 [1982], 259f.). Das Modell von *svarūpam / svabhāvaḥ* wird von Yāmuna ebenfalls verwendet, um die differenzierte Einheit des Brahma zu deuten, wobei jedes Werden, d. h. die Entfaltung der Sinneswelt im *svabhāvaḥ* des Brahma, das ihre Materialursache (*upādānam*) ist, geschieht; vgl. unten S. 216f.

[221] ĀS 92,1–2; 103,3–4. Vgl. dazu die diesbezügliche Lehre Sureśvaras: „Einerseits ist er [= der Ātmā] das *Licht* (*jyotis*, *pradīpaka*), das innere Licht (*pratyag-jyotis*), das die Vorstellungen beleuchtet – eine Metapher, die auf die Upaniṣadlehre vom leuchtenden Puruṣa zurückgeht und in der Upadeśasāhasrī mit neuem Inhalt erfüllt worden war, indem die Avagati als ‚das Licht des Selbst' erklärt wurde (Upad. Gadya. II, 101ff.). Und dieses Licht leuchtet immer gleich – ob es einen Gegenstand beleuchtet oder offenbart oder nicht, so

Erkennens ist nicht nur in dem Fall gegeben, wenn der Ātmā seiner selbst als ‚Ich' bewußt ist[222], sondern auch wenn er die vergängliche Objekterkenntnis (*saṃvid*) erkennt, da diese als Beschaffenheit seiner Geistigkeit letztlich auch von ihm getragen wird: *te ca caitanyasya daśāviśeṣāś cetayitur ātmano dharmaviśeṣatvād eva tasyāparokṣā bhavanti.*

Damit erklärt Yāmuna, daß das *sākṣitvam* gar keine Veränderung im *svarūpam* des Ātmā impliziert. Yāmuna erläutert diesen Gedanken anhand der Zurückweisung des Einwandes eines Advaitin[223], der der Meinung ist, daß der Umstand, daß jemand etwas erkennt, immer eine Veränderung mit sich bringt, insofern der Erkennende dabei eine Erkenntnistätigkeit entfaltet: (*jñātṛtvaṃ jñānakriyākārtṛtvaṃ vikriyātmakam*), und daß das Selbst (*ātmā*) nur als reines Licht, Zuschauer sein kann (*sākṣī prakāśamātra ātmā*)[224].

Yāmunas Antwort darauf lautet: „So ist es nicht richtig, weil [im

---

wie ein Edelstein unverändert strahlt, gleich ob ein Gegenstand in seiner Nähe ist oder nicht. Die andere Metapher ist: Der Ātman *schaut* die Vorstellungen (*vīkṣate*); er ist ‚Zuschauer' (*sākṣin*), und zwar beständig, ununterbrochen (*sadāvilupta-sākṣitva*). Die beiden Bilder werden auch miteinander verquickt; so heißt es: ‚Das eine Licht schaut (*īkṣate*) ewig das Gebaren (*vṛtta*) der Vorstellungen von der Welt.' Das ‚Beleuchten' bedeutet, daß der Ātman das Funktionieren der Erkenntnisvorgänge erst möglich macht (*yato rāddhiḥ pramāṇānām*). Er tritt, während eine Erkenntnis angestrebt wird (*pramitsāyām*), im Erkenntnissubjekt (*mātṛ*) und im Erkenntnisvorgang (*pramāṇa*) in Erscheinung (*ābhāti*). Wenn der Ātman ‚schaut', so ist das keine *Aktion* (*vīkṣate'vīkṣamāno'pi*), sondern er ist seinem *Wesen* nach ununterbrochen Schau (*aviluptaika-darśana*; *alupta-dṛś*). Ebenso ist auch sein ‚Erhellen' keine Aktion. Denn von ihm gilt, wie von leuchtenden Dingen überhaupt: er *ist* hell, und nur wenn ein Gegenstand in der Nähe ist, sagt man in ungenauer Redeweise (*upacārāt*) ‚er *macht* hell'; streng genommen kann hier von einer Aktion (*kriyā*) keine Rede sein." (Hacker 1951,36–37); vgl. oben Anm. 112.

[222] Vgl. ĀS 103,5–7: *svasmai prakāśamāno'ham ity eva hi prakāśata iti / tat siddhaṃ svāpādidaśasv apy ātmā prakāśamāno'ham ity eva prakāśata iti.*

[223] Möglicherweise geht es hier um die Meinung Sureśvaras; vgl. NS II, 58f.; Hacker 1951, 45f.; vgl. auch PañcP 102,2–3.

[224] Vgl. ĀS 90,4–5. Für Sureśvara ist das Selbst ‚reines Licht' und ‚Zuschauer' (*sākṣī*); vgl. dazu oben Anm. 221; auch Hacker 1951,47: „Aber wenn Sureśvara das Wort *pratyagātman* gebraucht, so will er damit ja gar nicht den illusorischen Individualaspekt der Seele kennzeichnen, sondern den realen Kern dessen, was scheinbar individualisiert ist. Die Seele ist für ihn die Allseele. So erklärt es sich, daß er die Identifikation von Seele und Ich letztlich ablehnt: an anderer Stelle (NS II, 24ff.) wendet er sich entschieden *gegen* die These der Mīmāṃsā."

Erkenntnisvorgang] ‚Ich erkenne', das Selbst nicht als reines Licht (= Erkenntnis), nämlich als Zuschauer, wahrgenommen wird, das vom inwendigen Selbst, das sich [dabei] als Erkenner offenbart, verschieden ist. Denn die ‚Inwendigkeit' ist nämlich das Ichsein selbst, das in Erscheinung tritt, indem es sich gleichsam entgegengesetzt [zu sich selbst] wendet, [und] wenn es sich als Träger des Erkennens von Körper, Sinnesorganen, inneren Sinn, Lebensprinzip und Erkennen unterscheidet. Überdies, der Umstand, daß das [‚Ich'] Zuschauer ist, besteht darin, daß es [sich selbst und die Erkenntnisgegenstände] unmittelbar erkennt. Denn [jemand], der nicht [unmittelbar] erkennt, wird nicht als Zuschauer bezeichnet. Und alles, was bewußt wird, wird dem als ‚Ich' erscheinenden Erkenner bewußt. Daher wird von jedem einzelnen Selbst die folgende Erfahrung [, nämlich]: ‚Ich erkenne', bzw. ‚mir wird [etwas] bewußt', als richtig angenommen." (*naivaṃ yuktam / ahaṃ jānāmīti jñātṛtayā sidhyataḥ pratyagātmano vyatirekeṇa sākṣiṇo nāma prakāśamātrasyātmano'nupalabdheḥ / dehendriyamanaḥprāṇavijñānebhyo jñānāśrayatayā vivicyamāne pratīpam añcatīva nirbhāsamāno'hambhāva eva hi pratyaktvaṃ nāma / sākṣitvam api tasya sakṣājjñātṛtvam / na hy ajānan sākṣīty apadiśyate / sarvaṃ ca prakāśamānaṃ jñātre'ham iti cakāsate prakāśata iti pratyātmasiddho'yam anubhavo'haṃ jānāmi mahyaṃ prakāśata iti*)[225].

Betrachtet man diese Erklärung in Hinblick auf die Wertung der Unveränderlichkeit des Ātmā, so stellt man darin zwei Grundgedanken fest: erstens, daß der Ātmā nicht als reines Geisteslicht, sondern vielmehr als Träger / Substrat des Geisteslichtes, nämlich als inneres Erkenner-Prinzip ‚Ich' in allen Erkenntnisvorgängen erscheint und zweitens, daß der Ātmā als Träger (= *svarūpam*) des Geisteslichtes bzw. der Geistigkeit (*caitanyam*) gar keinen Anteil an den Veränderungen dieser Geistigkeit (= *svabhāvaḥ*) hat, da er nur der bloße Zuschauer aller Erkenntnisse bzw. aller psychischen Veränderungen ist.

Noch deutlicher wird diese Stelle, wenn wir sie im Lichte der Auffassung Sureśvaras, die hier aufgegriffen und widerlegt wird zu verstehen versuchen. Für Sureśvara ist der Ātmā das innere Licht (*pratyagjyotiḥ*), das immer von selbst leuchtet, gleich ob ein Gegenstand in seiner Nähe ist oder nicht. Das ‚Erhellen' der Gegenstände impliziert daher keine Tätigkeit (*kriyā*) seitens des Ātmā. Wenn dabei

---

225 ĀS 91,1–92,4; vgl. auch 104,2–3.

dennoch von einer Tätigkeit gesprochen wird, so geschieht dies in uneigentlichem Sinn (*upacārāt*)[226].

Die Unveränderlichkeit (*avikāritvam*) des Ātmā, als inneres Licht, führt Sureśvara auf die Tatsache zurück, daß der Ātmā beständig, ununterbrochen alle Erkenntnisse ‚schaut' (*sadāviluptasākṣitvam*)[227].

Stellt man diese Auffassung dem Standpunkt Yāmunas gegenüber, so zeigt sich, daß Yāmuna die These Sureśvaras eines subsistierenden, unveränderlichen Geisteslichtes verwirft. Nicht das Geisteslicht, sondern sein Träger ist unveränderlich. Denn dieser Träger, als Erkenner-Prinzip ‚Ich', ist absolut erhaben über die wechselnden objektbezogenen Zustände der Geistigkeit, da er der bloße Zuschauer ist. Daher, lehrt Yāmuna, kommt die ‚Inwendigkeit' (*pratyaktvam*) nur dem Erkenner-Prinzip ‚Ich' zu und nicht dem Geisteslicht, da das ‚Ich' als *svarūpam* des Ātmā und Träger des Geisteslichtes von selbst und für sich selbst leuchtet[228].

Damit begründet Yāmuna die Unveränderlichkeit des Ātmā in analoger Weise zu Surésvara zunächst dadurch, daß das Selbst in seinem *svarūpam* eine ununterbrochene Schau ist (*jñānasvabhāvatayānuditānastamitasvarūpaprakāśaḥ*)[229], gleich ob ein Gegenstand in der Nähe ist oder nicht, und daß es alles unmittelbar ‚schaut'.

Darüber hinaus lehrt er, wenn auch nur andeutungsweise, daß der Ātmā auch deshalb unveränderlich ist, weil er Träger des Erkennens ist (*jñānāśrayatayā*). Ein Gedanke, der von Rāmānuja, der die diesbezüglichen Ausführungen Yāmunas übernommen hat[230], deutlicher formuliert wird: *na ca jñātṛtvaṃ vikriyātmakam | jñātṛtvaṃ hi jñānaguṇāśrayatvam*[231].

---

[226] Vgl. dazu NS III,13; II,64; II,67; vgl. dazu Anm. 221.

[227] Vgl. NS II,36; 58; 71; vgl. dazu oben Anm. 221.

[228] Vgl. dazu ŚrīBh I, 147,4 (möglicherweise handelt es sich hier um einen Vers aus dem Nyāyatattva Nāthamunis; vgl. Mesquita 1984, 211–212):

ahamartho na ced ātmā pratyaktvaṃ nātmano bhavet |
ahambuddhyā parāgarthāt pratyagartho hi bhidyate ||

vgl. ŚruP I, 147,26–29: *svasmai prakāśamānatvarūpaṃ pratyaktvaṃ parasmai prakāśamānatvaṃ parāktvaṃ cāhambuddhibhyāṃ hi vibhajyate | tasmād ahambuddhivigame pratyaktvam eva na setsyatīti pratyaktvam ahamarthasyaivātmatvasādhakam ity arthaḥ | saṃvidi pratyaktvābhāvād ātmatvasādhakahetor asiddhiś ca phalitā | ahamarthasya parāktvābhāvād anātmatvasādhakahetor asiddhiś ca siddhā.*

[229] Vgl. oben S. 92.

[230] Vgl. Mesquita 1984,213.

[231] ŚrīBh I, 159,3f.

Somit weist Yāmuna das Erkennner-Prinzip ‚Ich' als unveränderliches *svarūpam* aus, das nicht nur Träger des wesensmäßigen ewigen Erkennens (*svābhāvikī citiḥ*) ist, sondern auch des upādhihaften vergänglichen Gegenstandserkennens (*aupādhikaḥ*)[232], das nur im Bereich des *caitanyam* (= *svabhāvaḥ*) entsteht.

Wie im Sāṃkhya so wird auch in der Erkenntnislehre Yāmunas das Anliegen deutlich, einerseits den Charakter der Seele als Träger allen Erkennens zu wahren und die Seele andererseits als frei von jeglichem mit psychischen Geschehen verbundenen Veränderungen zu erklären. Dazu dient bei Yāmuna die Unterscheidung von *svarūpam* und *svabhāvaḥ* im Ātmā. Lehrte man im Sāṃkhya, daß das gesamte Geschehen im Erkenntnisvorgang dem psychischen Organ, der *buddhiḥ*, zuzuschreiben ist, während die Seele als das absolute unveränderliche Prinzip des Erkennens bestehen bleibt[233], so wendete nun Yāmuna dieses Modell folgenderweise für seine Zwecke an. Das psychische Geschehen findet ausschließlich im *caitanyam*, dem *svabhāvaḥ* des Ātmā, statt. Das Ich als *svarūpam* des Ātmā bleibt hingegen von dieser Veränderung unberührt (*na ca jñātṛtvaṃ vikriyātmakam*). So fiel in der Lehre Yāmunas die Rolle des psychischen Organs, der *buddhiḥ*, die im Sāṃkhya als höchste Erscheinungsform der Materie, der Seele am nächsten steht, dem *caitanyam*, als der ewigen Eigenschaft des Ātmā zu. So spielt die Geistigkeit (*caitanyam*) des Selbst eine Schlüsselrolle bei der Entstehung der Objekterkenntnis. Sie nimmt jeweils die Form des Gegenstandes an, mit dem sie in Kontakt steht, wie das Sonnenlicht auf Grund des Kontaktes mit den verschiedenen Dingen diese erhellt (*tattatprakāśo bhavati*).

---

[232] Vgl. ĀS 6,3–6: *apare* (= Yāmuna) *tu bodhaikasvabhāvam eva svabhāvadhavalam iva sphaṭikamaṇim upadhānaviśeṣāpāditāruṇimaguṇādinirbhāsam antaḥkaraṇopadhānāpāditarāgadveṣasukhaduḥkhādyaśivaguṇanirbhāsam anuditānastamitasvarūpaprakāśaṃ svayaṃjyotiṣam imam abhidadhati*; auch ĀS 178,3ff.; NEEVEL 1977, 126ff.

[233] Das Sāṃkhya formulierte das Zusammenwirken von Seele und *buddhiḥ* folgendermaßen: *apariṇāminī hi bhoktṛśaktir apratisaṃkramā ca pariṇāminy arthe pratisaṃkrānteva tadvṛttim anupatatī, tasyāś ca prāptacaitanyopagraharūpāyā buddhivṛtter anukāramātratayā buddhivṛttyaviśiṣṭā hi jñānavṛttir ity ākhyāyate* (YBh [*Ānandāśrama*] 89,2–6 = YBhV 354,10f.): „Obwohl die Fähigkeit der Seele zu erkennen unveränderlich ist und auf keinen [anderen Gegenstand] übergehen kann, geht sie doch gleichsam auf die veränderliche *buddhiḥ* über und folgt deren Wirken. Und nur weil sie sich an das Wirken der *buddhiḥ* anschließt, welche so die Form der Geistigkeit angenommen hat, sagt man, daß das Wirken der Seele vom Wirken der *buddhiḥ* nicht verschieden ist." (Übersetzung FRAUWALLNER 1951,640; 1953, I, 397).

Die vermittelnde Funktion der Geistigkeit wird von Yāmuna so gedeutet, daß der Anstoß zum Erkennen nie vom ungeistigen Objekt, sondern von der Geistigkeit ausgeht: „Nicht aber ergibt sich dadurch, daß sich die [besagte] Verbindung auf beide [, nämlich auf *caitanyam* und Erkenntnisgegenstand] stützt, die unerwünschte Folge, daß auch der Gegenstand Erkennner ist, da [diese] Verbindung nicht durch das Objekt zustande kommt. Mit der Geistigkeit nämlich verbindet sich dieser, wie der äußere [Gegenstand auf Grund seiner Verbindung mit dem Sonnenlicht] erscheint." (*na caivaṃ saṃyogasyobhayāśritatvena viṣayasyāpi jñātṛtvaprasaṅgaḥ* | *viṣayeṇa saṃyogābhāvāt* | *caitanyena hi tasya saṃyogaḥ* | *bāhyaprakāśavat*)[234].

Bemerkenswert ist, daß Yāmuna, auch wenn es um die genaue Bestimmung der vermittelnden Funktion des *caitanyam* geht, sich an die Psychologie der Sāṃkhya-Schule, die ebenfalls von den Advaita-Autoren übernommen wurde[235], anlehnt. Demzufolge tritt die Geistigkeit durch die Sinnesorgane zu den äußeren Dingen hinaus, (*nirgacchati* / *niścarati*) ohne jedoch ihr Substrat zu verlassen, (*aprahāyaivātmānam*) und läßt sich von ihnen ‚verfärben': *indriyādipraṇāḍikayā caitanyam eva tena tenārthenānurajyamānaṃ tatprakāśatayā tadīyatvena vyavatiṣṭhate*[236].

Merkwürdig ist, daß das *caitanyam*, das eigentlich eine Beschaffenheit (*dharmaḥ* / *guṇaḥ*) des Selbst ist, in seiner Vermittlerfunktion als eine Substanz (*dravyam*) verstanden wird, eine Auffassung, die zuerst von Nāthamuni und später auch von anderen Viśiṣṭādvaita-Autoren vertreten wurde, wie dies von Veṅkaṭanātha ausdrücklich bezeugt wird: *tatra dharmabhūtajñānasya dravyatvaṃ nyāyatattvātmasiddhibhāṣyādisiddham*)[237].

Hier finden wir eine weitere auffällige Abweichung von der Kategorienlehre des Vaiśeṣika: Insofern eine Substanz, Träger der Beschaffenheiten ist, ist es unmöglich, eine Beschaffenheit zugleich als Substanz aufzufassen[238]. Diese Neuerung war aber notwendig geworden, da dem *caitanyam* in der Erkenntnislehre Yāmunas Funktionen zuteil wurden, die man im Vaiśeṣika eigentlich der Substanz zuge-

---

234 ĀS 219,8–220,1.

235 Vgl. dazu HACKER 1968/69, 137–145; S. MAYEDA, *The Advaita Theory of Perception*, in: WZKS 12–13 (1968/69), 221–239; SCHMITHAUSEN 1968/69, 329–360; vgl. oben S. 52ff.

236 ĀS 163,1–2; vgl. 202,2–203,2; MESQUITA 1979, Anmn. 45; 170.

237 NP 181,6–7.

238 Vgl. FRAUWALLNER 1956, II, 116ff.; 197f.

schrieben hätte. Nach dem obigen Zeugnis Veṅkaṭanāthas hat Nāthamuni diese Adaption vorgenommen. Diese Lehre ist ebenfalls in einem Fragment aus Yāmunas Werk (möglicherweise aus der Saṃvitsiddhi) festgehalten, das Varavaramuni in seinem Tattvatrayavyākhyāna überliefert hat[239]:

āśrayād anyato vṛtter āśrayeṇa samanvayāt |
dravyatvaṃ ca guṇatvaṃ ca jñānasyaivopapadyate ||[240].

Diesem Umstand entsprechend, beschreibt Yāmuna das Wesen des *caitanyam* näher: Das *caitanyam* ist keine alldurchdringende Substanz (*na hi tat sarvagataṃ dravyam*)[241]; es ist überaus beweglich (*niratiśayavegaṃ ca tat*)[242]; es kann daher durch die Sinnesorgane zu den äußeren Dingen hinaustreten, ohne sein Substrat, den Ātmā zu verlassen (*aprahāyaivātmānam* (= *guṇinam*) *itas tataś cetanendriyādidvārān niścarate*)[243]. Das *caitanyam* ist Träger der Tätigkeit (*kriyā-*

---

[239] (*Śrīmadvaravaramuni granthamālā*), Vol. I, Ed. Aṇṇaṅgarācārya. Kanchipuram 1966,32,36–37. Das genannte Fragment wird hier als ein Vers aus Yāmunas Siddhitrayam zitiert. Den Hinweis auf dieses Fragment verdanke ich meinem Freund Prof. Dr. A. Amaladass.

[240] Veṅkaṭanātha unterscheidet in diesem Sinne zwischen reinen Eigenschaften und Eigenschaften, die das Wesen einer Substanz haben: *evaṃ ca guṇeṣu kaścid viśeṣo dravyātmakaguṇaḥ kevalaguṇāś ceti / pūrve jñānādayaḥ, uttare sattvarajastamaḥprabhṛtayo vakṣyante* (NyS 241,6f.). Nach P. Hacker handelt es sich hier um ein Denkschema, das er ‚Substanzialismus' nennt, „der dazu neigt, Qualitäten und Vorgänge als Substanzen oder quasi-Substanzen aufzufassen." Es ist charakteristisch „für diejenigen Gruppen oder Systeme, die im Laufe des Mittelalters am einflußreichsten geworden sind, nämlich Sāṃkhya, Yoga und die verschiedenen Ausprägungen des Vedāntismus." (Hacker 1985,105ff.); vgl. unten S. 216f.

[241] Das Wort *jñānam* im obigen Zitat wird als Synonym für *caitanyam* gebraucht. Somit liegt eine gewisse Inkonsequenz bei Yāmuna vor, wenn er *caitanyam*, das eine ewige Eigenschaft des Ātmā ist, manchmal auch mit Worten wiedergibt, die in seinem System eigentlich das endliche bzw. vergängliche Erkennen heißen (ĀS 70,2–3) wie *jñānam, prakāśaḥ* (ĀS 120,5); *bodhaḥ* (ĀS 182,2; 183,6; 188,7; 218,6). Diese mißverständliche Vermengung ist darauf zurückzuführen, daß die Gegner Yāmunas *caitanyam* auch mit *jñānam* usw. bezeichnen. Diese Synonimität wird auch in Śruti- und Smṛtitexten belegt. Wenn nun hier (ĀS 199,2–3) *na hi jñānaṃ sarvagataṃ dravyam* gelehrt wird, so bezieht sich dies auf *caitanyam*.

[242] ĀS 199,5–5; 201,3.

[243] ĀS 202,2; 202,9–203,1.

vattvam)[244] und der Veränderungen (*vikārāśrayaḥ*)[245]. Es trägt auch die Objekterkenntnis (*te ca caitanyasya daśāviśeṣāḥ*)[246].

Alle diese Merkmale hatte bereits Nāthamuni dem *caitanyam* zugeschrieben[247], genauso hatte er als erster die Verbindung zwischen *caitanyam* und Gegenstand als *saṃyogaḥ* charakterisiert, wie wir einer Bemerkung Veṅkaṭanāthas entnehmen können: *buddhisare*[248] *buddher dravyatvam uktam; param iha viṣayaiḥ sambandhādir nirūpyate | tatra bhāṣyakārā nyāyatattvānusarād buddher viṣayaiḥ saha sambandhaṃ saṃyogam akathayan*[249].

Wir können auch sicher annehmen, obwohl ein ausdrücklicher Beleg dafür fehlt, daß Nāthamuni es war, der die Erkenntnis wesentlich als Vorgang (*kriyā*)[250] ausgelegt hat, da dies unmittelbar mit der Erkenntnislehre zusammenhängt, die ihm zugeschrieben wird. Und Yāmuna dürfte mit seinem Hinweis auf die diesbezügliche Schultradition, in Wirklichkeit Nāthamuni meinen, wenn er sagt: *uktaṃ cātmadharmasya caitanyasya viṣayeṇa saṃyogo jñānam ity ucyate iti*[251]. Daraus können wir auch den Schluß ziehen, daß die Anerkennung der Bewußtheit (*prakāśaḥ*) als Eigenschaft des Gegenstandes und als Folge des Erkennens (*kriyā*), die in direkter Auseinandersetzung mit der Kumārila-Schule erfolgt ist[252], Nāthamunis eigene Leistung war.

---

[244] Ibid. 198,12f.; vgl. dazu NEEVEL 1977, 124–125.

[245] Vgl. SAS 178,26–27: *samavāyikāraṇaṃ dravyam iti vadadbhiḥ parair api vikārāśrayo dravyam ity aṅgīkṛtam / ato vikārānvayata iti dravyalakṣaṇayogakathanam.* Die Viśiṣṭādvaita-Schule lehrt, daß die Seele an sich allwissend ist, und daß sie aber im Saṃsāra-Zustand nur in beschränktem Maß dadurch erkennen kann, daß sie dabei von den Sinnesorganen abhängig ist: *svayam aparicchinnam eva jñānaṃ saṃkocavikāsārham ity upapādayiṣyāmaḥ* (ŚrīBh I, 160,3f. = III, 633,7f.) *ataḥ kṣetrajñāvasthāyāṃ karmaṇā saṃkucitasvarūpaṃ tattatkarmānuguṇataratamabhāvena vartate / tac cendriyadvāreṇa vyavasthitam* (vgl. VAS 98,3f.; MESQUITA 1980,218; oben Anm. 201). Diese Veränderung – sagt Veṅkaṭanātha – setzt voraus, daß das *caitanyam* eine Substanz ist (SAS 178,22f.; 179,1f.).

[246] ĀS 161,6; vgl. oben S. 97; unten S. 105.

[247] Vgl. Anmn. 194; 195.

[248] SAS 178,22f.

[249] SAS 290,21f.; vgl. ŚrīBh. III, 303,11.

[250] Für Prabhākara (vgl. S. 60) und Śaṅkara (HACKER 1968/69, 145) ist sie hingegen eine Folge (*phalam*). So auch Jayanta (NM I, 16, 24): *na kriyāsvabhāvaṃ jñānam api tu phalasvabhāvam eva.* Ähnlich auch Bhāskara (vgl. oben Anm. 152).

[251] ĀS 219,6–7; 166,4–5; vgl. Anm. 249.

[252] Vgl. oben S. 73f.; 104f.

Yāmuna übernimmt sie aber mit einer auffälligen Zurückhaltung. Offenbar möchte er damit eine mögliche Verwechslung mit der Lehre Kumārilas über die nachträgliche Erschließbarkeit des Erkennens vermeiden. Diese Einschränkung ist in seiner folgenden Formulierung enthalten: *prakāśaś ca cidacidaśeṣapadārthasādhāraṇo dharma iti saṃvitsiddhāv eva sādhitam | tadanabhyupagame tu vyavahārānuguṇyavacanaḥ prakāśaśabdaḥ*)[253]. Zweierlei läßt sich daraus erkennen: zum einen, daß Yāmuna in seiner Saṃvitsiddhi genau und ohne jede Abweichung der Meinung Nāthamunis gefolgt ist, zum anderen, daß er erst in seinem späteren Werk Ātmasiddhi etwas von seiner früheren Ansicht abgerückt ist.

Diese ambivalente Haltung bringt Yāmuna auch dort zum Ausdruck, wo er auf die genaue Bedeutung der Bewußtheit eingeht: „Auch das Erscheinen [eines Gegenstandes], wenn man sagt: ‚Er wird bewußt‘, ist wie beim Erscheinen eines äußeren [Gegenstandes mit Hilfe von Licht] nichts anderes als eine Berührung der Geistigkeit mit der Eigenform des damit verbundenen Gegenstandes, insofern [diese Berührung] dem Fernbleiben (*viprakarṣaḥ*) der [Gegenstands]erkenntnis widerspricht. Denn auch in bezug auf das Außenlicht und auf die davon erfaßten Erdteile usw. sind sowohl die Erscheinungsform als auch die Benennung vom ‚Offenbarsein‘ gegeben, die durch das Nichtentferntsein des Lichtes hervorgerufen werden. Und wie in diesem Fall ein durch das [Licht] hervorgerufenes Aufhören der Finsternis vorliegt, so ist auch hier ein Aufhören des Nichtwissens gegeben, das durch das Nichtentferntsein der Erkenntnis verursacht wird. Und aus demselben Grund entsteht auf ähnliche Weise zu einem späteren Zeitpunkt die Erinnerung an einen [bereits] erkannten Gegenstand und an [seine] Erkenntnis [selbst].

Oder [vielmehr bedeutet] die Bewußtheit, die durch das Nichtentferntsein der Erkenntnis hervorgerufen wird, etwas anderes [, insofern die Bewußtheit] ein Merkmal hat, das in der Fähigkeit zum Denk-und Sprachgebrauch besteht.“(*prakāśata iti pratibhāso'pi buddhiviprakarṣapratyanīkabodhatatsaṃsṛṣṭapadārthasvarūpavimarśa*

[253] ĀS 84,7–85,1: „Und die Bewußtheit ist eine gemeinsame Beschaffenheit aller geistigen und nicht geistigen Gegenstände. So wurde auch in der Saṃvitsiddhi dargelegt. Wenn man sich aber dieser [Meinung] nicht anschließt, dann heißt das Wort Bewußtheit die Aneignung [des Gegenstandes] zum Denk- und Sprachgebrauch.“ Ähnlich äußert sich Yāmuna auch in ĀS 175,4–5: *prakāśaś ca na saṃvidatirekī kaścid arthadharmaḥ sambhavatīty āveditam | sambhavann apy asau ....*; vgl. auch ĀS 193,1f.; 181,7f.; 58,1f.; oben S. 74.

eva, bāhyaprakāśavat | *tatrāpi hy āloke tadvyāptabhūbhāgādau ca prakaṭādiprakhyopākhye ālokāduratvanimitte* | *yathā ca tatra tannimittā santamasanivṛttiḥ, evam ihāpi jñānādūratvanimittājñānanivṛttiḥ* | *ata eva cānubhūte anubhave cottarakālaṃ tulyavat smaraṇam* ... *jñānādūratvaprayukto vyavahārakṣamatālakṣaṇo vā paraḥ prakāśaḥ*)[254].

Es liegen hier also zwei Definitionen der Bewußtheit (*prakāśaḥ*) vor. Beide stimmen darin überein, daß die Saṃyoga-Definition Nāthamunis: *atyantasāmīpyamātram* voraussetzen[255]. Demnach könnte man nicht nur den *prakāśaḥ* (=*phalam*) oder die Erinnerung (*smṛtiḥ*) als *samvidadūratvam*[256] definieren, sondern analog auch das Erkennen (*saṃvid*=*kriyā*) als *caitanyādūratvam* (=*caitanyasya viṣayeṇa saṃyogo jñānam/saṃvid*).

Man muß sich dieses geistige Ereignis folgenderweise vorstellen: Zum Zeitpunkt, in dem eine Verbindung (*saṃyogaḥ*) zwischen *caitanyam* und äußerem Ding in einem Erkenntnisakt zustande kommt, entsteht eine Veränderung (*vikāraḥ*) sowohl im *caitanyam* als auch im äußeren Ding. Im *caitanyam* bildet sich ein Erkennen (*saṃvid/jñānam*), das die Form des Gegenstandes trägt, und im äußeren Ding eine Erhellung (*prakāśaḥ*) durch das Geisteslicht (*caitanyam*), wodurch der Gegenstand bewußt wird. Während das Erkennen eine Beschaffenheit des *caitanyam* ist (*caitanyasya daśāviśeṣaḥ*)[256a] und damit auch eine Eigenschaft des Selbst (*ātmano dharmaviśeṣaḥ*)[257], ist die Bewußtheit (*prakāśaḥ*) eine Beschaffenheit des Gegenstandes (*cid-*

---

254 ĀS 210,1–211,5; vgl. dazu auch ĀS 161,1–7; 219,8–221,2.

255 ĀS 211,1f.; vgl. oben S. 84f.; auch ŚrīBh III, 303,10f.; I 153,2: *prabhāyāḥ svāśrayasamīpe prakāśādhikyaṃ auṣṇyādhikyam ityādy upalabdhivyavasthāpyam*; vgl. Anm. 249.

256 ĀS 208,10: *anubhavādūratvaṃ smṛtinimittam*. Die gleichlautenden Definitionen weisen bloß auf die formelle Ähnlichkeit dieser Erkenntnisvorgänge hin, insofern es in beiden Fällen um eine Objekterkenntnis geht. Ihren radikalen Unterschied erklärt Yāmuna folgenderweise: Während bei *prakāśaḥ* eine direkte Verbindung zwischen *caitanyam* und Gegenstand vorliegt, ist diese bei der *smṛtiḥ* nur indirekt, d.h. über das Erkenntnisengramm (*jñānavāsanā*) gegeben. Im ersten Fall handelt es sich um eine ‚neue' Erkenntnis, im zweiten um eine ‚neuerliche' Erkenntnis. Vgl. dazu unten Anm. 261.

256a Wir können davon ausgehen, daß Yāmuna auch hier die Rolle des *caitanyam* unter dem Einfluß der Sāṃkhya-Yoga-Schule erklärt, die alle psychischen Zustände (*bhāvāḥ* = *daśāḥ*) als Beschaffenheiten (*dharmāḥ*) auffaßt, deren Träger (*dharmī*) das psychische Organ ist; vgl. dazu Frauwallner 1953,411; 418; auch 297; 370ff.

257 ĀS 161,6–7; vgl. oben Anm. 219.

acidaśeṣapadārthasādhāraṇo dharmaḥ)[258], die das Unwissen um den Gegenstand vertreibt (*ajñānanivṛttiḥ*)[258a], und den Denk- und Sprachgebrauch der Bewußtheit aufkommen läßt. Und gerade in dieser Vertreibung des Nichtwissens um den Gegenstand liegt nach dieser Auffassung der Grund für die Unterscheidung zwischen den erkannten und nichterkannten Gegenständen. Damit ergibt sich eine eindeutige Nähe zu der *jñātatā* der Kumārila-Schule, wie dies Sucaritamiśra lehrt: ... *anyathā jñātājñātayor aviśeṣāpatteḥ | tad eva jñātatādipadāspadam*[259].

Die zweite Definition der Bewußtheit, die von Yāmuna möglicherweise bevorzugt wird, enthält hingegen eine bemerkenswerte inhaltliche Änderung, da darin auf ihre Charakterisierung als Beschaffenheit des Gegenstandes verzichtet wird: *vyavahārānuguṇyavacanaḥ prakāśaśabdaḥ* oder *jñānādūratvaprayukto vyavahārakṣamatālakṣaṇo vā paraḥ prakāśaḥ*.

Eine Auslegung, an die sich auch Rāmānuja anschließt: *prakāśaś ca cidacidaśeṣapadārthasādhāraṇaṃ vyavahārānuguṇyam*[260].

Eine weitere geringfügige Abweichung von der Meinung Nāthamunis ist an einer anderen Stelle zu beobachten, wo Yāmuna das Grundmodell, mit dessen Hilfe er das Entstehen des Erkennens erklärt hatte, auch für die Deutung anderer Erkenntnisvorgänge anwendet. Diese Stelle lautet: „So gibt es im Falle von [jeweils] verschiedenen Verbindungen der Geistigkeit, die das Eigenwesen des Selbst ist, mit dem Gegenstand, die Unterscheidung von [Erkenntnis]- vorgängen wie sichere Erkenntnis, Zweifel usw., oder [vielmehr], wenn die Geistigkeit an der jeweils verschiedenen [Verbindung mit dem Gegenstand] teilhat. Denn eine feste Verbindung der Geistigkeit mit dem Gegenstand ist die sichere Erkenntnis. Eine nicht feste gleichzeitige Verbindung eben dieser [Geistigkeit] mit mehreren [Gegenständen] ist der Zweifel. Die Erinnerung ist [ihre] Verbindung [mit einem Gegenstand] in Übereinstimmung mit [seinem] Erkenntnisengramm usw. Es wurde auch gelehrt: ‚Die Verbindung der Geistigkeit, die eine Beschaffenheit des Ātmā ist, mit dem Gegenstand wird Erkennen genannt'." (*tad evam ātmasvabhāvabhūtasya caitanyasya viṣayasaṃśleṣaviśeṣeṣu niścayasaṃśayādivyavahārabhedaḥ, tattad-*

---

[258] ĀS 84,7f.; vgl. Anm. 258; vgl. dazu auch ĀS 217,1f.

[258a] Vgl. NA v. 28ab: *pramāṇasya phalaṃ sākṣād ajñānavinirvartanam* /

[259] Kāś II, 121,28f.; vgl. oben S. 80f.

[260] ŚrīBh I, 143,1; vgl. auch II, 189,1–2: *prakāśo hi nāma svasya parasya ca vyavahārayogyatām āpādayan vastuviśeṣaḥ*; vgl. ŚrīBh III, 303,10f.

viśeṣabhāji caitanye vā | caitanyasya viśayeṇa dṛḍhasaṃyogo hi niścayaḥ; tasyaiva bahubhir yugapad adṛḍhasaṃyogaḥ saṃśayaḥ; jñānavāsanānusāreṇa saṃśleṣaḥ smaraṇam[261] *ityādi | uktaṃ ca ātmadharmasya caitanyasya viṣayeṇa saṃyogo jñānam ity ucyate iti*)[262].

Betrachtet man den Text genau, so zeigt sich, daß die Deutung dieser Erkenntnisvorgänge von einer älteren Lehre ausgeht, wie dies mit einem wörtlichen Zitat dokumentiert wird. Ausgangspunkt für das Verständnis dieser Erkenntnisphänomene ist die Entstehung des Erkennens. Denn bei allen hier vorliegenden drei Definitionen wiederholt sich das eine Grundmodell, wo die Verschiedenheit der Erkenntnisvorgänge durch die Verschiedenheit der Verbindung der Geistigkeit mit dem Gegenstand erklärt wird.

Interessant ist, daß die Bestimmungen unter dem Einfluß der Pramāṇa-Definition Kumārilas erfolgt sind[263]. Nichtsdestoweniger interessant ist die Beobachtung, daß Yāmuna genauso wie bei der Deutung des *prakāśaḥ* als Eigenschaft des Gegenstandes, auch in diesem Zusammenhang über die überlieferte Meinung hinausgeht, wenn er eine Zusatzerklärung, die er als eine Alternative (*vā*) anbietet, vorbringt: *tattadviśeṣabhāji caitanye vā.* Sie enthält zwar keine inhaltliche Änderung, präzisiert aber genau den Gedankengang, um einem möglichen Mißverständnis vorzubeugen, daß die Verbindung zwischen *caitanyam* und Gegenstand, eine Gleichwertigkeit der beiden Verbundenen implizieren könnte. Yāmuna möchte daher klarstellen, daß der Urheber dieser Verbindung nicht der Gegenstand, sondern die Geistigkeit ist. Mit dieser Erklärung bezieht Yāmuna wiederum eine klare Position gegen den Standpunkt der Kumārila-Schule. Für sie war die Verbindung zwischen den Sinnesorganen und dem Gegenstand entscheidend für die Entstehung der Erkenntnis: *indriyāni hi prakāśakāni | tāni ca prāpyakāritvād arthena sambaddhāny evārthaviṣayam ātmani jñānaṃ janayanti*)[264].

---

[261] Nāthamuni erklärt die Erinnerung auch als *anubhavādūratvaṃ smṛtinimittam;* vgl. dazu Anm. 256.

[262] ĀS 219,3–7. Anderswo sagt Yāmuna, daß das *caitanyam* auch dafür verantwortlich ist, daß mehrere Erkenntnisse nicht gleichzeitig auftreten: *ata eva hi yugapaj jñānānutpattiḥ* (ĀS 199,5). Eine Rolle, die im Vaiśeṣika dem *manas* zugedacht ist (vgl. Frauwallner 1956, II, 70; 211f.).

[263] Vgl. Oberhammer 1979,102f.; vgl. dazu ŚV (codanā) v. 80:

tasmād dṛḍhaṃ yad utpannaṃ na visaṃvādaṃ ṛcchati |
jñānāntareṇa vijñānaṃ tat pramāṇaṃ pratīyatām ||

[264] Kās II, 121,19–20; vgl. oben S. 78.

Yāmuna trägt diesen Gedanken anschließend vor, wenn er argumentiert: „Nicht aber ergibt sich dadurch, daß sich die [besagte] Verbindung auf beide [, nämlich auf *caitanyam* und Erkenntnisgegenstand] stützt, die unerwünschte Folge, daß auch der Gegenstand Erkenner ist, da [diese] Verbindung nicht durch das Objekt zustande kommt. Mit der Geistigkeit nämlich verbindet sich dieser wie der äußere [Gegenstand auf Grund seiner Verbindung mit dem Sonnenlicht] erscheint.

Wie fürwahr eben die Sonne usw. Verursacher der Erscheinung [des Topfes] ist, obwohl die[se] Erscheinung eine Verbindung mit [ihrem] Licht hat, und nicht der Topf usw. Nun, weil das Licht von der Sonne usw. abhängig ist, ist eben dies ihre Beschaffenheit. Auf Grund der Verbindung damit [kann] man von einem ‚Erscheinen' eines anderen Gegenstandes sprechen. Auch im vorliegenden Fall ergibt sich dann, daß nur der Ātmā erkennt, weil die Geistigkeit seine Beschaffenheit ist, indem er durch sie einen anderen Gegenstand berührt. So ist es erwiesen, wenn nur die Geistigkeit [sein] Eigenwesen ist, daß der Ātmā seiner selbst absolut immerwährend bewußt ist. Das übrige aber erkennt er oder erkennt er nicht gemäß den verschiedenen [Erkenntnis] ursachen." (*na caivaṃ saṃyogasyobhayāśritatvena viṣayasyāpi jñātṛtvaprasaṅgaḥ* | *viṣayeṇa saṃyogābhāvāt* | *caitanyena hi tasya saṃyogaḥ, bāhyaprakāśavat* | *yathā khalu ālokasambandhe'pi prakāśe sūryāder eva prakāśakatvaṃ na ghaṭādeḥ* | *atha sūryāditantratvād ālokasya sa eva taddharmā tatsambandhenārthāntarasya prakāśa ity ucyate, ihāpi tarhi caitanyasyātmadharmatvāt tenārthāntaraṃ spṛśan sa eva jānātīty upapadyate* | *tat siddhaṃ caitanyasvabhāva evāyam ātmā ātmānaṃ vidann evāste*; *anyat tu nimittabhedānusāreṇa jānāti na jānāti ceti*)[265].

Die gegenwärtige Erklärung macht also deutlich 1., daß der Anstoß zum Erkennen nicht vom ungeistigen Gegenstand ausgeht, sondern von der Geistigkeit, und 2., daß der Träger bzw. das Subjekt des Erkennens der Ātmā ist, trotz des Umstandes, daß der äußere Gegenstand im Erkenntnisakt in direkter Verbindung mit der Geistigkeit steht, da diese eine Beschaffenheit des Ātmā ist.

Damit wird hier hervorgehoben, daß die Bewußtheit des ungeisti-

---

[265] ĀS 219,8–221,2. Vgl. dazu IS 61,1–5: *yathā nityo'pi savitṛmaṇyādiprakāśas tatprasādāt prakāśyasya siddhāv asiddhau ca prakāśayati na prakāśayatīti cocyate, evam anubhavo'pi kūṭasthanityo'saṅgo'pi tadābhāsatayā jaḍasya siddhāv asiddhau ca tathocyate* / *na tu tasya kaścid viśeṣaḥ kadācit*; vgl. MESQUITA 1979,171f.

gen Dinges nur in Abhängigkeit mit dem ewigen und unvergänglichen Erkennen des Ātmā erklärt werden kann.

Deshalb kann Yāmuna lehren, daß der Ātmā als Erkenner bekannter als die Dinge ist, da diese nur im Erkenntnisprozeß erkannt werden können: „Und das Selbst hat eine ewige Bewußtheit, weil es ein Erkenner ist. Denn das vergängliche Bewußtheitssein ist untrennbar mit dem verbunden, das durch das Nichterkennersein umfaßt ist. Diesem [Selbst] kommt auch wegen seines Erkennerseins ein Bewußtheitssein zu, das durch sich selbst gegeben ist. Denn das Bewußtheitssein, das von etwas anderem abhängt, ist durch das Nichterkennersein umfaßt.“ (*nityaprakāśaś cātmā pramātṛtvāt / apramātṛtvavyāpakabaddhaṃ hy anityaprakāśatvam* ...

svataḥsiddhaprakāśatvam apy asya jñātṛbhāvataḥ /
ajñātṛtvena hi vyāptā parāyattaprakāśatā //)[266].

Hier ergibt sich eine große Ähnlichkeit mit den Ausführungen Śaṅkaras und seines Schülers Padmapādas, wenn sie im Zuge ihrer Erkenntnistheorie den Terminus *aparokṣaḥ* deuten: „... Śaṅkara bezeichnet die Seele als *aparokṣa*. Dies ist nach allgemeinem Sprachgebrauch ein jedem sinnfällig, direkt, deutlich erkennbaren Gegenstand zukommendes Charakteristikum. Śaṅkara bezieht es auf das Subjekt, dessen Unmittelbar-Gegebensein darin besteht, daß es keiner Erkenntnis bedarf, um bekannt zu sein. Die beiden Seiten des Begriffes – die unmittelbare Gewißheit des Subjektes und die direkte Erkennbarkeit des Objektes – kombiniert nun Padmapāda in einer Theorie ... Er argumentiert: Das Selbst ist *aparokṣa*, und der äußere Gegenstand ist ebenfalls *aparokṣa*. Das Aparokṣa-sein muß aber in beiden Fällen dasselbe sein: es ist das Ātmahafte, das An-sich, das Reale; es umfaßt alle Gegenstände und eint Subjekt und Objekt[267].“

Der Unterschied zwischen den Positionen Yāmunas und Padmapādas ist der, daß dieser mit seiner Deutung den Geistmonismus begründen möchte: „Wollen wir die zwei Bedeutungen, die Padmapāda in seinem Begriff *aparokṣatā* zusammenfaßt und als identisch nachzuweisen sich bemüht, auch in unserer Sprache in ein und demselben Ausdruck wiedergeben, so könnten wir etwa von ‚Apperzeptionsfähigkeit‘ sprechen: Dinge der Außenwelt sind fähig, apper-

---

[266] ĀS 189,9f.

[267] Vgl. Hacker 1951,144–145.

zipiert zu werden; das Erkenntnissubjekt ist fähig, zu apperzipieren. Die Gleichsetzung der aktiven und passiven Apperzeptionsfähigkeit und zugleich die Feststellung nicht nur qualitativer Gleichheit, sondern numerischer Identität aller Einzelfälle von Apperzeption: das ist Padmapādas Versuch, den Geistmonismus am Bewußtwerden der Objekte nachzuweisen. Wir können einstweilen vermuten, daß er es war, der in die Erkenntnismetaphysik des Vedānta den Gedanken einführte, daß Erkenntnis nur möglich ist, wenn ein und dieselbe Geistigkeit nicht nur dem Subjekt, sondern auch allen Objekten als Bedingung ihres Daseins zugrundeliegt. Und diese Geistigkeit ist die Seele, das Brahman, das Allein-Reale[268]."

Wie wir gesehen haben, bekennt sich auch die Erkenntnislehre Yāmunas zu diesem Leitgedanken Padmapādas mit dem Unterschied, daß die Geistigkeit für Yāmuna nicht identisch mit der Seele ist, sondern ihre Beschaffenheit.

Betrachtet man diese Erkenntnislehre in ihrer Gesamtentwicklung, so zeigt sich, daß sie unzweideutig in der Vedānta-Tradition steht, da die Gegenstandserkenntnis im Hintergrund des ewigen absolut unveränderlichen Bewußtseins des Selbst erklärt wird. Yāmuna bedient sich dabei der Lichtlehre, die Śaṅkara erstmals durchgebildet hatte[269]. Sie hatte „erstens den Vorteil die Geistnatur des Selbst energisch zu beschreiben", und zweitens „die Selbstgegebenheit (*svataḥsiddhatva-*) des Selbst zum Ausdruck" zu bringen. Diese beiden Elemente sind in der Erkenntnislehre Yāmunas vertreten, wie die von ihm *passim* verwendete Lichtsymbolik ganz deutlich zeigt[270].

Wir können sicher davon ausgehen, daß Nāthamuni es war, der in direkter Konfrontation mit den gegnerischen Schulen, besonders denjenigen Kumārilas und Śaṅkaras, die hier dargelegte Erkenntnislehre geschaffen hat. Er hat dabei das Gedankengut dieser Schulen übernommen und im Sinne des Viśiṣṭādvaita bearbeitet und zu einer neuen Synthese geführt.

Die geringfügigen Änderungen, die Yāmuna in zwei Fällen in dieser Lehre vorgenommen hat, können nur den bisher gewonnenen Eindruck bestätigen, daß er in einem sehr hohem Maße der Erkenntnistheorie Nāthamunis verpflichtet ist. Das kann auch der Grund

---

[268] Vgl. ibid. 146.

[269] Vgl. Hacker 1968/69,144.

[270] Vgl. ĀS 161,3f.; 167,1f.; 178,1f.; 210,1f.; 220,1f.; auch Mesquita 1979,172.

gewesen sein, warum Veṅkaṭanātha Yāmunas Ātmasiddhi, in der diese Lehre ausführlich dargelegt ist, eine Abhandlung in der Lehrtradition des Nyāyatattva Nāthamunis bezeichnet: *nyāyatattvaśāstraprakaraṇaṃ hy ātmasiddhiḥ*[271]. Bedenkt man außerdem, daß diese Lehre selbst für die späteren großen Vertreter des Systems wie Rāmānuja und Veṅkaṭanātha usw. maßgeblich blieb[272], so kann man Nāthamuni mit Recht als den Begründer der Viśiṣṭādvaita-Schule ansehen, wie die Überlieferung lehrt[273].

Vergegenwärtigt man sich die in vorausgegangenen Ausführungen erzielten Ergebnisse, so kann man abschließend sagen, daß die *saṃvid* als Schlußerkenntnis ein Erweis für die Realität der Welt ist: *anumānasaṃvit svasattākāle svaviṣayasya sadbhāvaṃ sādhayati*[274]. Ist sie dies nicht, so ergibt sich eine absolute Leerheit. Dies faßt Yāmuna in einem Vers der Ātmasiddhi zusammen:

siddhiś ced abhyupeyeta saṃvidaḥ syāt sadharmatā /
na cet tucchatvam evoktaṃ bhavec chaśaviṣāṇavat //[275].

Yāmunas Position steht damit in direktem Gegensatz zur Lehre des Selbstbewußtseins der Erkenntnis, nicht nur im Sinne der Buddhisten[276], sondern auch im Sinne der Advaitins[277]. Gegen diese beiden Auffassungen hat Yāmuna, wie wir bereits gesehen haben[278], den Vorwurf erhoben, daß eine Erkenntnis in bezug auf sich selbst

---

271 NyS 243,30f.; vgl. MESQUITA 1979,163–193.

272 Vgl. MESQUITA 1984,179–222.

273 Vgl. MESQUITA 1979,163ff.

274 ĀS 77,1–78,1; vgl. auch SS vv. 372–373; vv. 425–426: *tathā hīdam ahaṃ vedmīty anyonyānātmanā sphuṭam / trayaṃ sākṣāc cakāstīti sarveṣām ātmasākṣikam*; oben S. 53.

275 ĀS 86,8–9: „Würde man den Nachweis der Erkenntnis annehmen, so dürfte sie mit [einer subjektiven und objektiven] Beschaffenheit versehen sein. Wenn nicht, so wäre eben gesagt, daß sie leer sei wie ein Hasenhorn." Vgl. ibid. 87,1–4: *nanu siddhir eva sā / kasya bhoḥ? yadi na kasyacit, na tarhi siddhir eva / sā hi putratvam iva kasyacit kiṃcit prati / ātmana iti cet, kaḥ ṣaṣṭhyarthaḥ? tad evaṃ vyomāravindadṛśavapuṣi yathoditadṛśi vedāntatātparyavarṇanaṃ vedāntayaiva syāt*. „[Einwand:] Wenn das doch ein Nachweis wäre, wovon Bester? Wenn von nichts, dann gibt es keinen Nachweis. Denn dieser ist immer von etwas [und] in Bezug auf jemanden, wie die Sohnschaft. Wenn du behauptest: des Selbst, was bedeutet dann der Genetiv?"

276 S. 35ff.

277 S.56ff.

278 S. 62ff.

nie Objekt und Subjekt zugleich sein kann: *anubhūtis tv anubhūtir eva bhavatāṃ na tāṃ prati sā kartrī karma vā*[279].

Ein formaler Schluß (*anumānam*) als Beweismittel für die Wirklichkeit der Sinneswelt wurde in den erhaltenen Teilen der Saṃvitsiddhi nicht überliefert. Es gibt dennoch Anzeichen dafür, daß Yāmuna einen solchen geliefert hat. Zum einen vertritt Yāmuna dezidiert, daß die Schlußerkenntnis (*anumānasaṃvid*) die Realität des äußeren Gegenstandes ermittelt (*sādhayati*)[280]. Und er hat sich damit nicht nur in der Ātmasiddhi beschäftigt, sondern auch in der Saṃvitsiddhi, wenn er gegen seinen Advaita-Gegner Vimuktātman geltend macht, daß die Erkenntnis immer kausal vermittelt wird, nämlich durch das Sinnesorgan (*indriyam*), d. h. *pratyakṣasaṃvid* und durch den logischen Grund (*liṅgam*), d. h. *anumānasaṃvid*[281]. Zum anderen bemerkt Sudarśanasūri, wenn er die wenigen Fragmente aus der Saṃvitsiddhi zitiert und kommentiert, daß Yāmuna in diesem Werk den Verdacht, daß der logische Grund: *svasattayā prakāśamānatvāt* unbewiesen sei, widerlegt habe: *anena granthena svasattayā prakāśamānatvād iti hetor asiddhiśaṅkāparihṛtā*[282].

Diese Feststellung steht in einer direkten Verbindung mit der Aussage Yāmunas in der Ātmasiddhi, die auf die oben genannte Diskussion in der Saṃvitsiddhi verweist: *svāśrayaṃ prati sattayaiva kasyacit prakāśanaṃ hi saṃvedanam / svayamprakāśatā tu sattayaivātmane prakāśamānatā / prakāśaś ca cidacidaśeṣapadārthasādharaṇo dharma iti saṃvitsiddhāv eva sādhitam*[283].

Möglicherweise hat der diesbezügliche Schluß Yāmunas so gelautet: Der Topf ist absolut real (*ghaṭaḥ paramārthasatyaḥ*), weil er durch die bloße Existenz Erkenntnis bewußt wird (*svasattayā saṃvitprakāśamānatvāt*), wie der Stoff (*paṭavat*)[284].

Ähnlich könnte man aus Yāmunas Kritik am Sahopalambha-

---

[279] ĀS 88,2; Anm. 124.

[280] S. 111.

[281] SS vv. 371–373. Diese Zweiteilung entspricht dem von mir erschlossenen Aufriß der Saṃvitsiddhi, der sich in den Nachweis durch die Wahrnehmung bzw. durch die Schlußfolgerung gliedert (vgl. Mesquita 1988,49–66; 67–88); vgl. dazu TBV II, 285,11–14: *pramāṇaṃ ca pratyakṣānumānādibhedena bhinnaṃ sad bhedasādhakam eva na punas tadbādhakam, tathā hi – pratyakṣaṃ tāvac cakṣuvyāpārasamanantarabhāvi vastubhedam adhigacchad utpadyate yato bhedo bhāva eva taṃ cādhigacchatādhyakṣeṇa kathaṃ bhedo nādhigataḥ?*; NA v. 1.

[282] ŚruP I 100,24–26; Mesquita 1988,83.

[283] S. 74.

[284] Seine vollständige Schlußlehre trägt Yāmuna vor, wenn er den folgen-

niyama-Schluß Dharmakīrtis einzelne Glieder der Beweisführung herausgreifen und einen weiteren Schluß für die Wirklichkeit der Welt im Sinne Yāmunas bilden, nämlich: Der blaue Gegenstand und seine Erkenntnis sind untereinander verschieden (*nīlataddhīyor bhedaḥ*), weil sie notwendigerweise miteinander wahrgenommen werden (*sahopalambhaniyamāt*), wie der Lehrer und sein Schüler (*ācāryaśiṣyavat*)[285].

Neben diesem strengen Schlußbeweis hat sich Yāmuna auch die logische Darlegung (*tarkaḥ/yuktiḥ/nyāyaḥ*), welche sich auf die sinnliche Wahrnehmung, Schlußfolgerung und Offenbarung gründet[286], zu eigen gemacht. Ebenso gebrauchte er jene Argumentationsmethode der indirekten Schlußfolgerung, die einerseits mit der einzigen verbleibenden Möglichkeit (*pāriśeṣyeṇa/āvītanyāyena*)[287], und andererseits mit der *anvayavyatireka*-Methode[288] arbeitet. Somit dürfte Yāmunas Beweis aus der Schlußfolgerung für die Wirklichkeit der Sinneswelt (*anumānasaṃvid*) nicht nur das strenge methodische Beweisverfahren enthalten haben, sondern auch eine indirekte Schlußfolgerung. Dieses Verfahren bezieht sich zunächst auf den Beweis der Wirklichkeit des einzelnen in der Erkenntnis erfaßten äußeren Dinges und in der weiteren Folge auf den Beweis für die Wirklichkeit der Sinneswelt als Gesamtheit der Dinge (*prapañcasadbhāvaḥ*).

---

den Schluß für die Begründung der Glaubwürdigkeit der Pāñcarātra-Überlieferung näher erklärt:

> *vivādādhyāsitaṃ tantraṃ pramāṇam iti gṛhyatām /*
> *nirdoṣajñānajanmatvād jyotiṣṭomādivākyavat //* ĀP 59,7–65,4.

285 S. 45.

286 Vgl. z. B. SS vv. 140f.; 156; 184ff.; 208f.; 316ff.; 363ff.; S. 119; vgl. NBh 38,3: *pramāṇair arthaparīkṣaṇaṃ nyāyaḥ*; Anm. 407. Diese Beweismethode selbständiger Art wurde auch von den Buddhisten angewandt. Der früheste Beleg dafür ist das Mahāyanasūtra Saṃdhinirmocanasūtra (ca. 2/3. Jhdt. nach Chr.) *L'Explication des Mystères. Texte tibétain édité et traduit par* E. Lamotte. Louvain 1935, 10 Kap. 262f.

287 Vgl. z. B. SS vv. 190f.; 207f.; 219f.; 260ff.; 343f.; 355f.; 388f.; Vetter 1979,48.

288 Vgl. z. B. SS vv. 372–373; 186ff.; 423–426. Eine Argumentationsmethode, die vor Yāmuna auch von Kumārila gegen die Buddhisten angewandt wurde, um die Verschiedenheit zwischen der Erkenntnis, ihrem Gegenstand (*grāhyaḥ*) und dem Erkenner (*grāhakaḥ*) zu rechtfertigen: *anvayavyatirekābhyāṃ siddhā evaṃ bhinnatā tayoḥ* (ŚV [Śūnyav.] vv. 83; 85; [Codanā.] v. 85). Auch Śaṅkara bedient sich dieser Methode (Gauḍapādakārikābh. III. 31: *anvayavyatirekalakṣaṇam anumānam āha* . . .; vgl. dazu Vetter 1979,104).

Auch der ‚Wahrnehmungsbeweis' Yāmunas, der im folgenden Kapitel dargelegt wird, muß von dieser Perspektive aus verstanden werden. Auf Grund der Analyse des Wahrnemungsvorganges (*pratyakṣasaṃvid*) wird gezeigt, daß die direkte Wahrnehmung einen äußeren realen Gegenstand erkennen läßt.

ZWEITER TEIL

NACHWEIS DER REALITÄT DER WELT DURCH DIE WAHRNEHMUNG

Den Beweis aus der Wahrnehmung für die Wirklichkeit der Sinneswelt (*prapañcasadbhāvaḥ*) hatte Yāmuna gleich in den Anfangspartien der Saṃvitsiddhi als *argumentum princeps* ausgeführt. Bekanntlich ist diese gesamte Erörterung mit einem Pūrvapakṣa, Uttarapakṣa und Siddhānta der Überlieferung zum Opfer gefallen[289]. Sie ist uns jedoch im wesentlichen im Śrībhāṣya Rāmānujas erhalten, und zwar dort, wo dieser im Rahmen seines Kommentars zu Brahmasūtra I.1.1 nicht nur Referate seiner Advaita-Gegner (*mahāpūrvapakṣaḥ*) sondern auch ihre Widerlegung (*mahāsiddhāntaḥ*) mit kleinen Änderungen den Werken Yāmunas entnimmt, wie ich dies anderswo ausführlich dargelegt habe[290].

Für die Wiedergewinnung der verlorenen Argumentation wird daher im folgenden hauptsächlich mit dem Material aus dem Śrībhāṣya gearbeitet, unterstützt durch die gelegentlichen Äußerungen Yāmunas zu diesem Thema, die wir in der Saṃvitsiddhi selbst und in seinem anderen Werk Āgamaprāmāṇya finden.

Der besagte Beweis scheint in drei Schritten vorgetragen worden zu sein. Er dürfte erstens eine genau Beschreibung des Wahrnehmungsvorganges, sofern dieser zur gültigen Erkenntnis des äußeren Dinges führt, enthalten haben; zweitens eine Analyse des Wesens dieses Dinges, daß nämlich jedes Einzelding ein reales Ergebnis einer

---

289 Vgl. Mesquita 1988,49ff.

290 Vgl. Mesquita 1984, 179–222. Da es sich bei der Saṃvitsiddhi um ein Verswerk handelt, wäre eine wörtliche Übernahme oder enge Paraphrase, wie wir dies bei den Entlehnungen aus der Ātmasiddhi beobachten können, nicht wahrscheinlich. Rāmānuja scheint vielmehr das Material aus der Saṃvitsiddhi eigenständig zur Formulierung gebracht zu haben. Bemerkenswert ist in diesem Zusammenhang die Tatsache, daß Rāmānuja sogar die formale Disposition Yāmunas in der Saṃvitsiddhi, nämlich zuerst die Argumente aus der Wahrnehmung und im Anschluß daran die der Schlußfolgerung (vgl. Mesquita 1984, 187) zu übernehmen scheint, obwohl von der dort behandelten Thematik her eine andere Reihenfolge zu erwarten wäre, nämlich *śabdaḥ*, *pratyakṣam* und *anumānam* (vgl. Mesquita 1984,184).

ebenso realen Umwandlung (*pariṇāmaḥ*) ist; und drittens eine Absicherung der durch die beiden ersten Schritte gewonnene Evidenz gegen die möglichen Einwände[291]. Am ausführlichsten dürfte sich Yāmuna mit dem ersten und dritten Aspekt dieses Beweises beschäftigt haben. Der dritte Schritt dieses Beweises ist im *textus receptus* zum Teil überliefert[292].

In seiner Beweisführung ist Yāmuna in vieler Hinsicht der Kumārila-Schule verpflichtet. Kumārila hatte mit Entschiedenheit die Existenz des äußeren Gegenstandes gegen die Einwände der Yogācāra-Buddhisten wie Dignāga und Dharmakīrti verteidigt.

Der Ausgangspunkt der buddhistischen Argumentation war der Erkenntnisgegenstand, den sie mit Hilfe einer destruktiven logischen Deduktion in seine Bestandteile zerlegten, um ihn dann als nichtig und unmöglich zu erklären[293]. Die Folge davon war, daß sich damit auch die Gültigkeit der Erkenntnismittel, die diesen bezeugten, auflöste.

Um diesen Argumenten mit Erfolg begegnen zu können, wählte Kumārila den umgekehrten Weg. Er stellte die Untersuchung der Erkenntnismittel über die des Erkenntnisobjektes, da diese jene zur Voraussetzung hat: „Den äußeren Gegenstand kann man auf zwei Arten widerlegen, erstens durch Untersuchung des Gegenstands, zweitens gestützt auf die Erkenntnismittel. Lassen wir die Wider-

---

[291] Vgl. Mesquita 1988,56f.

[292] Vgl. Mesquita 1988,56–66.

[293] Der Kern dieser Argumentation ist: „Ausgedehnte Dinge können keine Einheit sein, sondern müssen in Teile zerfallen. Das setzt sich solange fort, bis nur mehr die Atome übrigbleiben, welche als teillos und daher als unteilbar gelten. Solche Atome sind aber, wie sich weiter zeigen läßt, unmöglich. Und daher kann es keine Materie und damit keine Außenwelt geben. Mit diesem Gedankengang verknüpft Dignāga die Sautrāntika-Lehre von den Dingen, welche nur der Benennung nach (*prajñaptitaḥ*) existieren und welche verschwinden, wenn man die Teile entfernt, auf denen sie beruhen. Er setzt dabei voraus, daß die gesamte Erscheinungswelt aus solchen Dingen besteht. Ferner nimmt er an, daß es sich mit den Teilen dieser Dinge ebenso verhält, wie mit ihnen selbst. Auch sie zerfallen in Teile und verschwinden mit der Entfernung dieser Teile, bis man endlich zu den Atomen gelangt, die er auf die gleiche Weise als unmöglich nachweist wie Vasubandhu ... die Ableitung der Unwirklichkeit der Erkenntnis aus der Unwirklichkeit der Objekte entspricht der Lehre Maitreyanātha's.“ (Frauwallner 1959,129; vgl. dazu auch Vetter 1966,25; 84–85).

legung, die vom Erkenntnisobjekt ausgeht, auf sich beruhen. Die auf die Erkenntnismittel gestützte, da sie Grundlage (der auf das Erkenntnisobjekt gestützten Widerlegung) ist, wird nun hier untersucht."

(*bāhyārthāpahnave dvaitam eko'rthasya parīkṣaṇāt /*
pramāṇam āśritaś caikas tatrāstāṃ yaḥ prameyataḥ //
pramāṇasthas tu mūlatvād ihedānīṃ parīkṣyate /)[294].

Damit hatte Kumārila ein Kriterium aufgestellt, das die Begründung der objektiven Gültigkeit der gegenständlichen Erkenntnis ermöglichte, ohne auf die Unterstützung der logischen Deduktion zurückgreifen zu müssen[295]. Denn alle Erkenntnismittel sind für Kumārila von sich aus gültig (*svataḥ sarvapramāṇānāṃ prāmāṇyam iti gamyatām*)[296].

Diese Methode, die auch in den Advaita-Vedānta Śaṅkaras Eingang fand[297], wird von Yāmuna und Rāmānuja in der Ablehnung der advaitischen Einwände gegen die Realität der Welt angewandt, wie unten zu sehen sein wird.

1. Der Gegner Yāmunas

Der Advaita-Gegner, mit dem Yāmuna sich hier auseinandersetzt, ist Maṇḍana[298]. Dieser hatte nun die destruktive logische Deduktion der Buddhisten über die Unmöglichkeit des äußeren Gegenstandes weitgehend übernommen[299], um die absolute Einheit (*abhedaḥ*) des Realen darlegen zu können. Maṇḍana räumte zwar der Erkenntnis der Unterschiedlichkeit (*bhedajñānam*) eine gewisse Wirklichkeit ein, insofern diese Erkenntnis bei jeder Diskussion vorausgesetzt wird (*tasmān na paramārthataḥ sattvena nirucyate, nāpy asattvena, loke*

---

[294] ŚV(Nirāl.) vv. 17–18a; Übersetzung Vetter 1968/69,414.

[295] Vgl. dazu Kāś II,36,26–37,8: *pramāṇamūlā hi prameyasthitiḥ / tad yadi pramāṇam anuguṇaṃ kim vastuvikalpaiḥ / na tadbalena tadanupapattiṃ parihṛtyārtho vyavasthāpyate / atha tu pramāṇam evārthaṃ pratyācaṣṭe, kiṃ prameyavikalpaiḥ kṛtakaraiḥ.*

[296] ŚV(Codanā) v. 47ab.

[297] Vgl. Vetter 1968/69,414.

[298] Vgl. Mesquita 1988,51–56; Mesquita 1980, Anm. 85; vgl. auch TBV II, 272,16–280,20; 285,7 ff.

[299] Vgl. Biardeau 1969,49–50; Thrasher 1978a,137–138.

siddhatvāt sarvapravādeṣv ity uktam)[300]. Er leugnete jedoch, daß die Unterschiedlichkeit durch irgendein Erkenntnismittel gesichert sei (... *na bhedaḥ pramāṇārthaḥ* ...)[301]. Denn die Gültigkeit eines *pramāṇam* ist vor allem darin begründet, daß es etwas Reales erkennen läßt. Da aber für Maṇḍana nur das reine unterschiedslose Sein (*sanmātram* = *abhedaḥ*) real (*paramārthaḥ*) ist[302], die Unterschiedlichkeit hingegen nicht, ist die sinnliche Wahrnehmung, soweit sie diese bezeugt, nicht gültig. So wird ihr Zeugnis im nachhinein als falsch aufgehoben. Aus diesem Grund lehrt Maṇḍana, daß ein *pramāṇam*, das das reine Sein oder die absolute Einheit nicht erkennen läßt, gegenstandslos wird (*na ced abhinnarūpapratipattiḥ, nirviṣayatvam eva pramāṇasyāpadyeta* ...)[303]. Dies wird von Maṇḍana unter zweierlei Gesichtspunkten ausgeführt. Erstens stellt er die Unfähigkeit der sinnlichen Wahrnehmung fest, eine Unterschiedlichkeit zu erfassen, und zweitens zeigt er, daß der ‚Unterschied' zum logischen Denken in Widerspruch steht. Beides geschieht auf der Basis reiner logischer Deduktion. So stellt Maṇḍana alle denkbaren Alternativen über die Tätigkeit der sinnlichen Wahrnehmung auf, um sie dann alle außer einer als unmöglich zu erklären[304]. Die einzig logisch vertretbare Alternative ist, daß die Tätigkeit der sinnlichen Wahrnehmung in der Affirmation des Eigenwesens des wahrgenommenen Dinges besteht: „Wenn aber [bei der Wahrnehmung] lediglich eine Affirmation des Eigenwesens ohne eine Negation von irgendeinem [anderen Ding] vorliegt, dann ist die Unterschiedlichkeit kein Gegenstand eines Erkenntnismittels. Denn die Unterschiedlichkeit wird ohne die Negation [eines anderen Dinges] nicht erwiesen. Und die Wahrnehmung ist eine Tätigkeit, die nur in einer Affirmation besteht ..." (*svarūpavidhimātre tu kasyacid vyavacchedena śūnye na bhedaḥ pramāṇārthaḥ,*

---

300 BS 60,8–9; 9,11f.; vgl. dazu auch PV III,220:

tadupekṣitatattvārthaiḥ kṛtvā gajanimīlanam /
kevalaṃ lokabuddhyaiva bāhyacintā pratanyate //

Auch andere Advaitins schließen sich dieser Argumentation an:

bhedagrāhi na no mānaṃ laukikaṃ vadikaṃ ca yat /
avicāritasaṃsiddhis tasmād bhedo'vasīyatām //

BUBhV V.1.84; vgl. auch III.4.131; I.4.1329; III.5.42; I.917; I.185f.; IS 2,18ff.

301 BS 44,14.

302 BS 60,15ff.

303 BS 59,1ff.; vgl. dazu auch BUBhV I, 882.

304 BS 44,10ff.

na hi vyavacchedād ṛte bhedasiddhiḥ / vidhimātravyāparaṃ ca pratyakṣam)[305].

Dies besagt nun, daß für das Erfassen der Unterschiedlichkeit zwei verschiedene Urteile notwendig sind, nämlich ein positives Urteil über das Eigenwesen des wahrgenommenen Dinges und ein negatives über das Fehlen eines anderen. Da der Wahrnehmungsakt nur einen Augenblick lang dauert, ist es nicht möglich diese beiden Urteile in einer einzigen Wahrnehmung unterzubringen. In diesem Sinne fährt Maṇḍana fort: „Fürwahr sind zwei sukzessive Tätigkeiten [, nämlich] Affirmation und Negation, die bei der Erkenntnis, die aus einem einzigen Erkenntnismittel hervorgeht, auftreten, logisch nicht möglich, weil [diese Erkenntnis] nur einen Augenblick lang dauert. Von diesen beiden sukzessiven Tätigkeiten wäre nämlich die spätere nicht [mehr] die Tätigkeit dieser [Wahrnehmung], weil eine Trennung vorliegt. Ferner, ist gerade die Entstehung des Erkennens mit der Erkenntnisform des Gegenstandes eine Tätigkeit. Wenn diese [Erkenntnis] eine Entstehung in einer Form hat, die den Gegenstand bejaht, so ist eben diese Affirmation die Tätigkeit dieser [Erkenntnis], weil die Gleichzeitigkeit verneint wird, und weil [eine Erkenntnis, die bereits] entstanden ist, nicht nochmals entstehen kann." (*na khalv ekapramāṇajñānavyāpārau santau vidhivyavacchedau kramavantau yujyete, kṣaṇikatvāt; kramavator hi vyāpārayoḥ paścāttano na tadvyāpāraḥ syāt, vyavadhānāt, api ca janmaiva buddher vyāpāro'rthāvagraharūpāyāḥ, sā ced arthavidhānarūpodayā, vidhir evāsyā vyāpāraḥ, yaugapadyasya niṣedhāt, utpannāyāś ca punar anutpatteḥ*)[306].

Daraus folgert Maṇḍana, daß in jedem Wahrnehmungsakt nur ein positives Urteil über das Wesen eines Dinges enthalten ist, und daß dabei nur das reine unterschiedslose Sein erfaßt werden kann, und nicht die Unterschiedlichkeit (*sanmātrarūpe sarvatra pratīyamāne ...*)[307]. Diese ist unwahr, ein Irrtum wie die Unterschiedlichkeit des Mondes in den Wasserwogen (*abhedānuvidhanatvāt pratyekaṃ viśvasya bhedo mṛṣā yathā jalataraṅgeṣu candramasaḥ*)[308].

Über die Unmöglichkeit des Unterschiedes bringt Maṇḍana wiederum mehrere Alternativen vor, die er dann alle als widerlogisch ablehnt: „Die Unterschiedlichkeit ist kein Eigenwesen eines Dinges.

---

305 BS 44,13–15.

306 BS 45,11ff.; BUBhV I, 950ff.; IS 15,12ff.

307 BS 58,20; BUBhV I, 919–920.

308 BS 72,17–18; vgl. THRASHER 1978a, 136ff.

Man nimmt an oder man nimmt wahr, daß diese eine [Unterschiedlichkeit] fürwahr mehrere [Dinge] als Substrat hat. Und wäre diese eine [Unterschiedlichkeit] auf diese Weise das Eigenwesen eines Dinges, weil [sie] in mehreren [Dingen] vorkommt, so gäbe es eben keinen Unterschied [mehr] zwischen den Dingen. [Denn] es ist logisch unmöglich, daß etwas, das von einem und demselben nicht verschieden ist, insofern [es] in ihrem Wesen nicht verschieden ist, verschieden wird. Genauso [würde es sich hier verhalten]." (*na vyāvṛttir vastusvabhāvaḥ, sā khalv ekānekādhiṣṭhānā pratijñāyate prajñāyate ca / tathā ca tasyā ekasyā anekavṛtter vastusvabhāvatve vastūnām api bhedo na syāt, naikasmād abhinnam abhinnasvabhāvaṃ bhinnaṃ yujyate tadvad eva*). „Man könnte nun behaupten, daß [hier] dieser Fehler nicht vorliegt. [Denn] man nimmt an, daß die Unterschiedlichkeit eben etwas anderes ist [als das Eigenwesen eines Dinges]. Selbst dann wären die Dinge durch ihr Wesen nicht verschieden, da die Unterschiedlichkeit nicht [ihr] Eigenwesen ist." (*atha mā bhūd eṣa doṣa ity arthāntaram eva vyāvṛttir āsthīyate tathāpi vyāvṛtter arūpatvāt svarūpeṇa na bhāvā vyāvṛttāḥ syuḥ*). „Eine weitere Alternative ist: Die Unterschiedlichkeit besteht im gegenseitigen Nichtsein [der Dinge]. Ist dies das Eigenwesen der Dinge, so würde folgen, daß die Dinge nicht existieren, weil man annimmt, daß das Nichtsein ihr Wesen ist." (*aparaḥ kalpaḥ – bhedaḥ parasparānātmasvabhāvaḥ, sa ced vastunaḥ svabhāvo vastūnām abhāvaprasaṅgaḥ, abhāvātmakatvapratijñānāt*).

„[Oder wieder] eine andere Alternative: Wenn die Unterschiedlichkeit das Eigenwesen eines Dinges ist, dann könnte es gar kein einheitliches Ding geben, weil die Einheit mit der Unterschiedlichkeit in Widerspruch steht." (*aparaḥ prakāraḥ – bhedaś ced vastunaḥ svabhāvaḥ, naikaṃ kiṃcana vastu syāt, bhedenaikatvasya virodhāt*)[309].

Maṇḍana schließt ebenfalls aus, daß der Unterschied von einer Beziehung zu einem anderen Ding abhängt (*parāpekṣaṃ vastuno bhedasvabhāvam*). Denn „ein reales Ding richtet sich nicht nach einer Beziehung, die von den Menschen geschaffen wird. Eine Beziehung ist nämlich gar keine Eigenschaft eines Dinges" (*pauruṣeyīm apekṣāṃ ca na hi vastv anuvartate, nāpekṣā nāma kaścid vastudharmaḥ* ...). Hinge der Unterschied doch von dieser Beziehung ab, dann wäre eine *petitio principii* unvermeidlich, meint Maṇḍana (*parasparāpekṣāyāṃ ca vastusvabhāvasthitāv itaretarāśrayaprasaṅgāt*)[310]. Der Grund für Rede-

---

309 BS 47,20ff.

310 BS 48,19ff.

wendungen wie ‚dieser ist von jenem verschieden' oder ‚das ist der Unterschied zwischen den beiden' sucht Maṇḍana in den Eindrücken der anfangslosen und unbestimmbaren Vorstellungen (*tattvānyatvābhyām anirvacanīyo'nādivikalpavāsanopādānavikalpaparidarśitaśarīraḥ, ‚ayam asmād bhinnaḥ', ‚ayam anayor bhedaḥ' iti vyavahāraṃ pravartayati, na bhedo nāma kiṃcid vastu, yasya tattvam anyatvaṃ vā kiṃcid vicāryeta*)[311].

Das Referat dieses Pūrvapakṣa ist, wie bereits erwähnt, verloren. Wir können uns jedoch an Rāmānuja orientieren, der, nach dem übereinstimmenden Zeugnis der Überkommentatoren, die diesbezüglichen Ausführungen Yāmunas übernimmt. Beispielsweise sagt Sudarśanasūri in seiner Śrutapradīpikā: *evam evedam anubhāṣitaṃ saṃvitsiddhau bhagavadyāmunācāryaiḥ*...[312]. Rāmānuja gibt die oben vorgetragenen Gedanken folgenderweise wieder: [1] *pratyakṣādivirodhe ca śāstrasya balīyastvam uktam / sati ca virodhe balīyastvaṃ vaktavyam, virodha eva na dṛśyate nirviśeṣasanmātrabrahmagrāhitvāt pratyakṣasya / nanu ca ghaṭo'sti paṭo'stīti nānākāravastuviṣayaṃ pratyakṣaṃ katham iva sanmātragrāhīty ucyate / vilakṣaṇagrahaṇābhāve sati sarveṣāṃ jñānānām ekaviṣayatvena dhārāvāhikavijñānavad ekavyavahārahetutaiva syāt / satyaṃ tathaivātra vivicyate / katham? ghaṭo 'stīty atrāstitvaṃ tadbhedaś ca vyavahriyate / na ca dvayor api vyavahārayoḥ pratyakṣamūlatvaṃ sambhavati, tayor bhinnakālajñānaphalatvāt, pratyakṣajñānasya caikakṣaṇavartitvāt / tatra svarūpaṃ vā bhedo vā pratyakṣasya viṣaya iti vivecanīyam / bhedagrahaṇasya svarūpagrahaṇatatpratiyogismaraṇasavyapekṣatvād eva svarūpaviṣayatvam avaśyāśrayaṇīyam iti na bhedaḥ pratyakṣeṇa gṛhyate / ato bhrāntimūla eva bhedavyavahāraḥ.* [2] *kiṃca bhedo nāma kaścit padārtho nyāyavadbhir nirūpayituṃ na śakyate / bhedas tāvan na vastusvarūpam, vastusvarūpe gṛhīte svarūpavyavahāravat sarvasmād bhedavyavahāraprasakteḥ / na ca vācyaṃ svarūpe gṛhīte'pi bhinna iti vyavahārasya pratiyogismaraṇasavyapekṣatvāt, tatsmaraṇābhāvena tadānīm eva na bhedavyavahāra iti svarūpamātrabhedavādino hi pratiyogyapekṣā ca notprekṣituṃ kṣamā, svarūpabhedayoḥ svarūpatvāviśeṣāt / yathā svarūpavyavahāro na pratiyogyapekṣaḥ, bhedavyavahāro'pi tathaiva syāt / hastaḥ kara itivat ghaṭo bhinna iti paryāyatvaṃ ca syāt, nāpi dharmaḥ / dharmatve sati tasya svarūpād bhedo'vaśyāśrayaṇīyaḥ / anyathā svarūpam eva syāt /*

---

311 BS 48,7–8; 9,11ff.

312 Śrutapradīpikā (ed. A. Srinivasa Raghavan, Tanjavur 1972) 56,5f.; ŚruP I 97,20; TṬĪ 104,8f.; vgl. Mesquita 1984,188–189.

bhede ca, tasyāpi bhedas taddharmas tasyāpīty anavasthā / kiṃca jātyādiviśiṣṭavastugrahaṇe sati bhedagrahaṇaṃ bhedagrahaṇe sati jātyādiviśiṣṭavastugrahaṇam iti anyonyāśrayaṇam / ato bhedasya durnirūpatvāt sanmātrasyaiva prakāśakaṃ pratyakṣam[313].

Rāmānuja hält also an den Ausführungen Maṇḍanas fest, auch wenn er manches frei formuliert, indem er erstens Maṇḍanas These von der Unfähigkeit der direkten Wahrnehmung, die Unterschiedlichkeit zu erfassen, vorträgt und zweitens seine These der Unmöglichkeit der Unterschiedlichkeit selbst[314].

2. Yāmunas Polemik gegen Maṇḍana

Auch der eigentliche Uttarapakṣa ist in der Saṃvitsiddhi in Verlust geraten. Der *textus receptus* bringt aber dazu eine Stellungnahme Yāmunas in einem ganz anderen Zusammenhang, wenn er nämlich die Anirvacanīyakhyāti ablehnt. Seine Stellungnahme geht nur auf jenen Teil der Deduktion ein, der das Wesen der Wahrnehmung als Affirmation des Eigenwesens des Dinges bestimmt. Sie lautet: „Die

---

313 ŚrīBh I, 96,3–98,6; vgl. dazu Hacker 1948,240ff.

314 Rāmānuja trägt anschließend (99,1–100,3) die Meinung eines Advaitins vor, der den Standpunkt Maṇḍanas weiter ausgebaut hat, indem er das Sein mit dem Bewußtsein identisch sein läßt (*tasmāt sad anubhūtir eva*). An Hand vom Beispiel der Sinnestäuschung ‚Schlange anstatt Strick' wird jede Unterschiedlichkeit, weil sie aufgehoben wird, als Irrtum erklärt. Das Sein hingegen ist das absolut Reale, da es in allen Erkenntnissen beharrend ist (*atra sarvāsu pratipattiṣu sanmātram anuvartamānaṃ dṛśyata iti tad eva paramārthaḥ*). Rāmānuja dürfte hier Sureśvara referieren:

satattvakam idaṃ sarvam iti saṃsādhya yatnataḥ /
tasyāpi saṃvinmātreṇa pūrṇataivocyate sataḥ //
sati vyabhicaraty eva tadanyad vastu mohajam /
sarpādivastuvat tasmāt sat satyam itaraṃ mṛṣā //
sad ekatvam aśeṣu vastuṣv avyabhicāri hi //
vyabhicāri tato'nyadvastu ato'dvaitam eva sat //

(BUBhV I.2.29; IV.3.1689–91). Es läßt sich aber nicht mehr genau feststellen, ob Yāmuna in der Saṃvitsiddhi auch gegen diese Meinung Sureśvaras polemisiert hat. Da hier die Irrtumsproblematik im Vordergrund steht, wäre es möglich, daß Yāmuna sich damit in dem Abschnitt der Saṃvitsiddhi beschäftigt hat, der dem Irrtum gewidmet ist. Diese Diskussion ist aber lückenhaft. Für die besagte Annahme spricht die Tatsache, daß Rāmānuja in seiner Widerlegung der genannten Meinung (ŚrīBh I, 129,3–134,1) das Prinzip der Anyathākhyāti heranzieht, zu dem sich auch Yāmuna bekennt (vgl. unten S. 241ff.). In der Ātmasiddhi setzt sich Yāmuna mit der Ātmā-Lehre Sureśvaras auseinander, und Rāmānuja hat die diesbezüglichen Ausführungen Yāmunas in seinen Mahāsiddhānta übernommen (vgl. Mesquita 1984,213f.).

Irrlehre, daß ein Unterschied nicht wahrnehmbar sei, da [die Annahme] eines zeitlichen Neben- oder Hintereinanders von Abgrenzung und Bestimmung genauso unangemessen sei wie die ihrer Identität, kommt dadurch zustande, daß [nach dieser Irrlehre] eine Differenzierung von ‚Unterschied' und ‚gegenseitigem Nichtsein' unterlassen wird."

(*yaugapadyakramāyogād vyavacchedavidhānayoḥ* /
aikyāyogāc ca bheda na pratyakṣa iti yo bhramaḥ //
bhedetaretarābhāvavivekāgrahaṇena saḥ /)[315].

Dann fährt Yāmuna fort: „[Nicht das gegenseitige Nichtsein, sondern] nur das Eigenwesen der Dinge, das durch die sinnliche Wahrnehmung zur Erscheinung kommt, wäre in Betracht des Gegenstückes die Ursache für den Denk- und Sprachgebrauch des Unterschiedes."

(*svarūpam eva bhāvānāṃ pratyakṣeṇa parisphurat* /
bhedavyāhārahetuḥ syāt pratiyogivyapekṣayā //)[316].

Analysiert man diese Stellungnahme, so sieht man, wie entschieden Yāmuna das von Maṇḍana aufgestellte Prinzip der Unterscheidung, daß nämlich, um die Unterschiedlichkeit erfassen zu können, vorerst das gegenseitige Nichtsein in Form eines Urteils ‚Dies ist von jenem verschieden' erkannt werden muß (*nānapekṣya pratiyoginaṃ bhedaḥ pratīyate*)[317], ablehnt. Denn man nimmt die Unterschiedlichkeit unmittelbar wahr, sagt Yāmuna, indem man die Eigenform des jeweiligen Dinges erfaßt. Da diese Eigenform mit der individuellen Gestalt (*saṃsthānam*) des Dinges wesensmäßig verbunden ist, ist sie selbst ein unterscheidendes Prinzip. In diesem Sinne sagt Rāmānuja, wie unten noch näher erklärt werden wird: *jātigrahaṇenaiva bhinnaḥ* bzw. *gotvādir eva bhedaḥ*[318].

Das würde nun heißen, daß die Wahrnehmung bereits im ersten Augenblick alles erfaßt, was für die Erkenntnis der Unterschiedlichkeit notwendig ist, und daher für den zweiten Augenblick nichts mehr übrig bleibt, das erfaßt werden muß, um diese wahrnehmen zu können, wie die Wahrnehmungsanalyse Maṇḍanas postulierte.

---

315 SS vv. 374–376.

316 SS vv. 377–378; vgl. dazu auch ĀS 116,4–5: *anavabhāsamāne'pi pratiyogini bhāvāḥ svarūpata eva vilakṣaṇāḥ pratyakṣyanta iti sarvalokasvasākṣikam etat;* vgl. unten S. 132.

317 BS 49,20.

318 Vgl. unten S. 132f.; 136f.

Yāmuna stimmt mit Maṇḍana jedoch im Prinzip überein, daß die Wahrnehmung wesentlich in der Affirmation des ‚Eigenwesens' des wahrgenommenen Dinges besteht. Die Heranziehung des Gegenstükkes ist für ihn im Gegensatz zu Maṇḍana nicht für das Erfassen der Unterschiedlichkeit notwendig, sondern für ihre Artikulation, nämlich für ihren Denk- und Sprachgebrauch. Ihre Wege trennen sich auch bei der Bestimmung des Eigenwesens eines Dinges. Für Maṇḍana ist es *sanmātram*. Für Yāmuna *saṃsthānam*, die konkrete individuelle Gestalt eines Dinges. Das *sanmātram* oder die *sattā* als solche ist für Yāmuna eine reine Abstraktion, die nur *in rebus* existieren und *cum rebus* erkannt werden kann. Dies trägt er vor, wenn er sagt: „Daher enthüllt das Bewußtsein: ‚Es ist', das hinsichtlich des Topfes usw. eintritt, das Wirklichsein der konkreten Gestalt des jeweiligen Gegenstandes. Das Bestehen aber der Dinge mit ihren jeweiligen verschiedenen Formen, die Ursache für [ihre] Unterscheidung von Gleichartigem und Ungleichartigem sind, ist [selbst] die Seiendheit, nicht eine andere selbständige [Seiendheit]. Wie kann man hier von Monismus reden?"

> (*tasmād astīti saṃvittir jāyamānā ghaṭādiṣu* /
> *tattatpadārthasaṃsthānapāramārthyāvabodhinī* //
> *sajātīyavijātīyavyavacchedanibandhanaiḥ* /
> *svaiḥ svair vyavasthitai rūpaiḥ padārthānāṃ tu yā sthitiḥ* /
> *sā sattā, na svatantrānyā, tatrādvaitakathā katham* //)[319].

Auch im Mittelpunkt der diesbezüglichen Widerlegung Maṇḍanas durch Rāmānuja, dessen Ausführungen für die Wiedergewinnung der verlorenen Diskussion in der Saṃvitsiddhi im folgenden herangezogen werden, steht eindeutig das von Yāmuna hier formulierte Prinzip: *yat tu pratyakṣaṃ sanmātragrāhitvena na bhedaviṣayam, bhedaś ca vikalpāsahatvād durnirūpa ity uktam, tad api jātyādiviśiṣṭasyaiva vastunaḥ pratyakṣaviṣayatvād jātyāder eva pratiyogyapekṣayā vastunaḥ svasya ca bhedavyavahārahetutvāc ca dūrotsāritam... ekakṣaṇavartitve'pi pratyakṣajñānasya tasminn eva kṣaṇe vastubhedarūpatatsaṃsthānarūpagotvāder gṛhītatvāt kṣaṇāntaragrāhyaṃ na kiṃcid iha tiṣṭhati*[320].

Dieser Passus enthält also eindeutig die Gedanken Yāmunas, daß bereits im ersten Augenblick die Erkenntnis der Unterschiedlichkeit

---

319 SS vv. 405–409.

320 ŚrīBh I, 123,5–125,1; vgl. VAS 107,10–12: *ata eva sanmātragrāhi pratyakṣaṃ na bhedagrāhītyādivādā nirastāḥ* / *jātyādisaṃsthānasaṃsthitasyaiva vastu-*

vorhanden ist, da man dabei das Ding in seiner konkreten Form (*saṃsthānam*) erfaßt, und daß erst im nächsten Augenblick der Denk- und Sprachgebrauch des Unterschiedes auf Grund der Berücksichtigung des Gegenstücks einsetzt.

Die Übereinstimmung liegt auch bei der Charakterisierung des *saṃsthāna*-Begriffes vor. Denn die Definition Rāmānujas: *saṃsthānaṃ nāma svāsādhāraṇaṃ rūpam iti yathāvastu saṃsthānam anusaṃdheyam*[321] entspricht genau der etymologisierenden Umschreibung dieses Begriffes durch Yāmuna: ... *svaiḥ svair vyavasthitai rūpaiḥ padārthānāṃ tu yā sthitiḥ* ... In beiden Fällen wird *saṃsthānam* als jeweils individuelle Form des Dinges (*tattatpadārthasaṃsthānam*), der Grund für die Unterscheidung zwischen den gleichartigen und ungleichartigen Gegenständen (*sajātīyavijātīyavyavacchedanibandhanaiḥ*) aufgefaßt[322]. Angesichts dieser engen Abhängigkeit Rāmānujas von Yāmuna in einem so wesentlichen Punkt der Wahrnehmungslehre, könnte man mit gutem Grund annehmen, daß Rāmānuja ihm auch in anderen Punkten dieser Lehre gefolgt ist[323].

Hier bietet sich aber auch weiteres Vergleichsmaterial an. Die oben referierte Zurückweisung Maṇḍanas zeigt eine bemerkenswerte gedankliche Nähe zu den polemischen Ausführungen Sucaritamiśras gegen Maṇḍana. Sucaritamiśra lehrte im Anschluß an die Meinung

---

naḥ pratyakṣeṇa gṛhītatvāt tasyaiva saṃsthānarūpajātyādeḥ pratiyogyapekṣayābhedavyavahārahetutvāc ca.

In der Nyāya-Schule wird die Dauer der vorstellungsfreien Wahrnehmung als sehr kurz (*atisūkṣma-*) bezeichnet. So z. B. Jayanta (NM I, 282,26). Die vorstellende Wahrnehmung hingegen braucht eine etwas längere Zeit (*sthūlakāla-* vgl. NM I, 282,29–30). Seine Wahrnehmungslehre könnte man folgenderweise zusammenfassen: „1. In der vorstellungsfreien Wahrnehmung wird nicht wie bei Kumārila das ‚Ding' in seiner gesamten, aber undifferenzierten Komplexheit erkannt, woraus dann die Vorstellung bestimmte Aspekte herauslösen würde, sondern hier werden lediglich die in der Vorstellung sprachlich bestimmt zu Bewußtsein kommende Elemente rein (d. h. frei von Sprache) vorgegeben. 2. Alle wesentlichen Bestandteile des Systems, soweit sie überhaupt als wahrnehmbar anerkannt werden können, leuchten bereits in der vorstellungsfreien Wahrnehmung in ihrer eigentümlichen Wesensform auf; dadurch ist ihre absolute Realität gesichert." (Gupta 1963,90).

321 ŚrīBh I, 126,4f.; vgl. dazu Oberhammer 1979,134.

322 SS. v. 407 ≈ ŚrīBh I, 118,6ff.; vgl. auch Oberhammer 1979,134.

323 Diese sehr enge Abhängigkeit Rāmānujas von Yāmuna (S. 131ff.) kann man, wie ich dies anderswo ausgeführt habe (vgl. Mesquita 1984, 188f.; 197ff.), auch bei seiner Widerlegung anderer Advaita-Gegner wie Sureśvara und Vimuktātman feststellen: Anm. 290.

Kumārilas die Wahrnehmbarkeit der Unterschiedlichkeit bereits auf der ersten Stufe der Wahrnehmung. Er argumentierte unter anderem: *nanv itarapratiṣedhād vinā bhinnaṃ vidhātum eva na śakyate / maivaṃ na hīdam itarapratiṣedhād vastu bhinnam, kiṃ tarhi svarūpeṇaiva / atas tat prakāśate / bhinnaṃ na prakāśata iti durbhaṇam / ata evetaretarābhāvasya pratyakṣatāpattir iti yad uktaṃ tad api pratyuktam / na hi bhinnaṃ grahitum itaretarābhāvo grahītavyaḥ / so'pi tatrāstu tāvat / na pratyakṣenāvasīyate / paścāt tu pratiyogyādismaraṇapuraḥsaraṃ bhāvavikalpenāsāv adhyavasīyate / yo'pi vidhivyavacchedayoḥ kramayaugapadyavikalpaḥ so'py asadartha eva / na hy atra nirvikalpakodayakāle vyavacchedāvagatir asti / kiṃ tatkramādiparicodanayā / svarūpamātraṃ tu vastunaḥ prakāśate, tac cānubhavabalād eva vilakṣaṇam* ...[324].

Es liegt auf der Hand, daß der Grundsatz Sucaritamiśras: *na hi bhinnaṃ grahitum itaretarābhāvo grahitavyaḥ / so'pi tatrāstu tāvat / na pratyakṣeṇāvasīyate / paścāt tu pratiyogyādismaraṇapuraḥsaraṃ bhāvavikalpenāsāv adhyavasīyate* sowohl bei Yāmuna als auch bei Rāmānuja zur Anwendung kommt, mit dem Unterschied, daß Rāmānuja dieses Gedankengut frei formuliert, während Yāmuna einige Ausdrücke Sucaritas wie *svarūpam, itaretarābhāvaḥ* usw. übernimmt[325].

Dies wirft nun die Frage auf, ob die Aneignung der Wahrnehmungslehre der Kumārila-Schule durch diese beiden Viśiṣṭādvaita-Autoren sich nur auf das Grundsätzliche beschränkte, oder ob sie sich auf die ganze Lehre bezieht, wie dies bei den Autoren anderer Schulen trotz ihrer unterschiedlichen Ontologie der Fall ist[326].

Bei Rāmānuja ist außerdem eine grundlegende Weiterentwicklung dieser Lehre festzustellen, wie später ausgeführt wird. Für die Wiedergewinnung der Wahrnehmungslehre Yāmunas wäre es wichtig zu wissen, ob diese Weiterbildung eine Leistung Rāmānujas ist, oder ob auch Yāmuna sie bereits kennt.

---

324 Kāś I, 252,9–18; vgl. unten S. 149ff.

325 Auch in seiner Erkenntnislehre scheint Yāmuna Gedankengänge Sucaritamiśras zu übernehmen; vgl. oben Anm. 136.

326 Vgl. SCHMITHAUSEN 1963,104–115; vgl. Anm. 384.

3. Die Wahrnehmungslehre Yāmunas

Wie bereits erwähnt, gehört die *ex professo* Erörterung dieser Lehre zu den verlorenen Partien der Saṃvitsiddhi. Es ist daher ein glücklicher Zufall, daß wir die wesentlichen Momente der Wahrnehmungslehre Yāmunas in einem anderen Werk von ihm, nämlich im Āgamaprāmāṇya finden, das sich eigentlich mit der Glaubwürdigkeit der Pāñcarātrāgamas beschäftigt. Yāmuna kommt hier, im Rahmen seiner recht emotionellen Verteidigung der Zugehörigkeit der Pāñcarātra-Anhänger zur Brahmanenkaste gegen die vedisierenden Kreise kurz auf den Wahrnehmungsvorgang zu sprechen[327]. In diesem Zusammenhang wird die Frage nach der Erkennbarkeit eines Brahmanen erörtert[328]. Yāmuna sagt ausdrücklich, daß man das Brahmanentum der Pāñcarātra-Anhänger genauso feststellen kann, wie bei den anderen Brahmanen, nämlich mittels Wahrnehmung, Schlußfolgerung und Implikation. Darauf läßt Yāmuna einen Einwand eines Gegners folgen, worin all dies in Abrede gestellt wird[329]. Der erste Teil dieses Pūrvapakṣa, der der Nicht-Erkennbarkeit des Brahmanentums durch die sinnliche Wahrnehmung gewidmet ist, lautet: „[Einwand:] Wie läßt die sinnliche Wahrnehmung das Brahmanentum erkennen? Bei der Gegenwart von zwei Individuen in gleichem Alter und Gewand, die früher nicht gesehen wurden, [von denen einer] ein Brahmane und [der andere] ein Krieger ist, erkennen wir nämlich nicht unmittelbar nach dem ersten Kontakt des Auges [mit den Individuen je] gesondert, daß dieser ein Brahmane [und] jener ein Krieger ist, wie [wir je gesondert] die verschiedenen [einzelnen Tiere von der Klasse] Ziege, Elefant, Büffel usw. [erkennen]. Und es ist nicht richtig zu behaupten, daß nur die Wahrnehmung unterstützt durch die Erinnerung an die Brahmanenzugehörigkeit dessen Vaters das Brahmanentum, das dem in der Nähe befindlichen Individuum inhäriert, erkennen läßt, weil eben diese Erinnerung ohne vorherige [diesbezügliche] Erkenntnis unmöglich ist, wie die Erinnerung an den Sohn einer Kinderlosen." (*nanu katham pratyakṣaṃ brāhmaṇyam avagamayati? na hi prathamākṣasannipātasamantaram adṛṣṭapūrvavipraksatrasamānavayoveṣapiṇḍadvayasannidhau ajagajamahiṣādiviśeṣavad ayaṃ brāhmaṇaḥ, ayaṃ kṣatriya iti vibhāgena pratipadyāmahe / na ca tatpitrādibrāhmaṇyasmaraṇasāpekṣam akṣam eva sannihitavyak-*

[327] ĀP 141,6ff.; vgl. auch 11,11ff.
[328] ĀP 143.1ff.
[329] ĀP 143,7–144,4; vgl. dazu PP 100,12–103,4.

tivartibrāhmaṇyam avagamayatīti sāmpratam / tatsmaraṇasyaiva pūrvānubhavaviraheṇa vandhyāsutasmaraṇavad anupapatteḥ[330].

Yāmuna antwortet darauf folgendermaßen: „Ein derartiger Fehler liegt [hier] nicht vor. Denn es gibt keine Regel, daß ein Erscheinen [eines Gegenstandes] nur zum Zeitpunkt des ersten Zusammentreffens des Auges mit dem [Individuum einer Klasse = vorstellungsfreie Wahrnehmung] Wahrnehmung heißt, nicht [aber] das andere [darauffolgende Erscheinen = vorstellende Wahrnehmung][331]. Eben [auch] jenes [spätere visuelle Erfassen eines Gegenstandes in der vorstellenden Wahrnehmung], welches unmittelbar in Erscheinung tritt, wenn eine Übereinstimmung[332] [mit einem anderen Ding derselben Klasse] im Anschluß an die Tätigkeit des Sinnesorgannes [, d. h. im Anschluß an das erste Zusammentreffen des Auges] gegeben ist, das heißt Wahrnehmung. Und auf diese Weise [tritt auch] das Brahmanentum [in der vorstellenden Wahrnehmung unmittelbar in Erscheinung]. Daher ist auch das eine [gültige] Wahrnehmung. Denn wir, die wir offene Augen haben, nehmen unmittelbar im Anschluß an die Erinnerung an die Besonderheiten, die in ununterbrochener Tradition [den Brahmanen zukommen], das Brahmanentum bei den Angehörigen der Familien der verschiedenen Sippen wie Vāsiṣṭha, Kāśyapīya, Śaṭhamarṣaṇa, die einen reinen Lebenswandel haben [und] die sichtbar Brahmanenschnur-Oberkleid-Zopf und Muñjagrasgürtel tragen, mit prüfender Deutlichkeit wahr. Und das ist nicht ungewöhnlich, weil das Auge unterstützt durch die genaue Prüfung [dieser] Besonderheiten in ununterbrochener Tradition das Brahmanentum erkennen läßt. Überall wird das Sinnesorgan, eben unterstützt durch geeignete Hilfsmittel wie Ort, Zeit, individuelle Gestalt,

---

330 ĀP 143,7–13.

331 Indem Yāmuna nicht nur an der Gültigkeit der vorstellungsfreien, sondern auch der vorstellenden Wahrnehmung festhält, schließt er sich an die Meinung der anderen realistischen Schulen wie z. B. Mīmāṃsā und Nyāya an, vgl. ŚV (Praty.) v. 120:

> *tataḥ paraṃ punar vastudharmair jātyādibhir yayā /*
> *buddhyāvasīyate sāpi pratyakṣatvena sanmatā //*

Vgl. auch vv. 123–128; NM I, 282,22ff.; unten Anmn. 333; 336.

332 *anuvṛttiḥ* (in *anuvṛttau satyām*) wird hier im Sinne der Wesensbestimmung der vorstellenden Wahrnehmung übersetzt, wie im folgenden ausgeführt wird, vgl. dazu ŚruP I, 120,25ff. *sarvavidhānuvṛttivikalagrahaṇam eva nirvikalpakam / yathā ekavyaktau prathamākṣasannipātajaṃ jñānam.*

zum Instrument für die Entstehung der genauen Erkenntnis seines jeweiligen Gegenstandes.“ (*nāyaṃ doṣaḥ / na hi prathamākṣasamprayogasamaya eva bhāsamānaṃ pratyakṣam, nānyad ity asti niyamaḥ /*[333] *yad evendriyavyāpārānuvṛttau satyām aparokṣam avabhāsate, tat pratyakṣam / tathā ca brāhmaṇyam iti tad api pratyakṣam / pratīmo hi*[334] *vayam unmīlitalocanāḥ, tatsantativiśeṣānusandhānasamantaraṃ vāsiṣṭhakāśyapīyaśaṭhamarṣaṇaprabhṛtivicitragotrakuśāliṣu samācāraśuciṣu vilasadupavītottarīyaśikhāmauñjībandheṣu sphuṭaram anusandadhad brāhmaṇyam / na caitad alaukikaṃ yat santativiśeṣānusandhānasāpekṣam akṣaṃ brāhmaṇyaṃ grāhayatīti / sarvatra deśakālasaṃsthānādītikartavyatānugṛhītam evendriyaṃ svagocaraparicchedotpāde karaṇaṃ bhavati*)[335].

Obwohl die Erkennbarkeit des Brahmanentums kein Paradebeispiel für die Erläuterung der Wahrnehmungslehre darstellt, da es keine Gattung ist, die an eine spezifische äußere Form gebunden ist – wie Kuhtum an die dreieckige Wamme –, können wir daraus dennoch wesentliche Elemente der Wahrnehmungslehre Yāmunas herausschälen. Zunächst einmal versteht er den Wahrnehmungsvorgang als eine differenzierte Einheit von zwei Momenten. So unterscheidet er der Sache nach die vorstellungsfreie und vorstellende Wahrnehmung, wie dies bei den diversen philosophischen Schulen seiner Zeit üblich war[336]. Die vorstellungsfreie Wahrnehmung definiert er als Erscheinung eines Gegenstandes zum Zeitpunkt des ersten Kontaktes des Auges mit dem Individuum einer Klasse (*prathamākṣasamprayogasamaye bhāsamānam*). Dies wird von Yāmuna dahingehend verstanden, daß der Gegenstand bereits auf dieser Stufe in

---

[333] Vgl. NM I, 282,22f.:

ādyam eva hi vijñānam arthasaṃsparśi cākṣuṣam /
na taduttarabhāvīti kim idaṃ rājaśāsanam //
tad evāstu pramāṇaṃ vā tenāpi tv avagamyate /

vgl. auch I, 89,14–18; 78,30ff.; oben Anm. 331.

[334] Vgl. Kāś I, 252,3–7: *kim unmiṣitacakṣuṣo vicitrān bhāvān upalabhamānasya buddhir viśiṣyate na vā / yadi nety āha, kim asyottareṇa / atha viśiṣyate, saiva tarhi vilakṣaṇākārābuddhir upajātā asaṃśayitā deśādibhede'py anupajātavyatirekā ekatvam iva nānātvam api sthāpayati.*

[335] ĀP 144,5–14; vgl. dazu TV, Bd. II, 5,24f.: *kvacid dhi kācij jātigrahaṇe itikartavyatā bhavati*; auch ŚV (Samb.) v. 37.

[336] Die Unterscheidung im Wahrnehmungsvorgang in *nirvikalpapratyakṣam* und *savikalpapratyakṣam* entstand auf Grund der Auseinandersetzung der Nyāya-Schule mit Dignāga, die sehr bald auch von allen anderen Schulen übernommen wurde; vgl. GUPTA 1963,31ff.; auch oben Anm. 331.

seiner differenzierten Konkretheit (*vibhāgena*) in der Form: Dies ist eine Ziege, ein Elefant, ein Büffel usw. erfaßt wird. Yāmuna stimmt mit seinem Gegner überein, daß diese differenzierte Erkenntnis nicht bei der vorstellungsfreien Wahrnehmung eines Brahmanen usw. entsteht, da das Brahmanentum nicht wie andere Gegenstände an eine spezifische äußere Eigenform (*saṃsthānam*) gebunden ist.

Aus dieser Kontrastierung wird die besondere Funktion der vorstellungsfreien Wahrnehmung noch deutlicher. Da bereits die vorstellungsfreie Erkenntnis den Gegenstand in seiner Bestimmtheit ‚so' erkennen läßt, muß dabei einerseits das Verhältnis von Bestimmung und Bestimmten (*viśeṣaṇaviśeṣyabhāvaḥ*) und andererseits die Sonderung (*vyāvṛttiḥ*) von allen andersartigen Dingen miterfaßt werden (*prathamākṣasannipātasamantaram ... ajagajamahiṣādīn ... vibhāgena pratipadyāmahe*). Noch deutlicher ist die Aussage Yāmunas in der Ātmasiddhi (116, 4–5), wenn er gegen den buddhistischen Sahopalambhaniyama-Schluß polemisierend anmerkt, daß „die Dinge, selbst wenn das Gegenstück nicht in Erscheinung tritt [d. h. in der vorstellungsfreien Wahrnehmung], ausschließlich von [ihrer individuellen] Eigenform ausgehend als verschieden erfaßt werden" (*anavabhāsamāne'pi pratiyogini bhāvāḥ svarūpata eva vilakṣaṇāḥ pratyakṣyante*). Betrachtet man diese Aussage im Lichte der Unterscheidung, die Yāmuna zwischen *svarūpam* als dem individuellen Wesenskern eines Dinges und *svabhāvaḥ* als der wesensmäßigen Eigenschaft, die vom *svarūpam* getragen wird, trifft[337], so kann dies nur bedeuten, daß sich das Ding in der vorstellungsfreien Wahrnehmung in einer differenzierten Einheit von *saṃsthānī* (*svarūpam* = *viśeṣyaḥ*) und *saṃsthānam* (*svabhāvaḥ* = *viśeṣaṇam*) manifestiert, d. h., daß es eindeutig (*sarvalokasākṣikam etat*) in seiner jeweils individuellen Form (*svāsādhāraṇarūpam*) wahrgenommen wird[338].

Dieses charakteristische Merkmal wird auch von Rāmānuja aufgegriffen und verdeutlicht, wie unten zu sehen sein wird, wenn er erklärt: *prathamam eva vastu pratīyamānaṃ sakaletaravyāvṛttam eva pratīyate*[339].

Dies alles trifft für die vorstellungsfreie Erkenntnis eines Brahmanen nicht zu. Deshalb wird er auch auf dieser Stufe der Wahrneh-

---

337 Vgl. S. 99f.; 204f.; 214ff.

338 Vgl. ŚruP III, 474,26–27: *svarūpataḥ – asādhāraṇākāreṇa*; vgl. unten Anm. 636.

339 Vgl. S. 138f.

mung nicht erkannt, wohl aber auf der zweiten Stufe, in der ein Vergleich mit den gleichartigen Individuen möglich ist. Das heißt mit anderen Worten, daß der Brahmane nur auf Grund dieser Übereinstimmung als solcher erkannt werden kann.

Besonders bemerkenswert ist, daß Yāmuna im vorliegenden Fall sogar die Quelle, auf die er sich stützt, bekanntgibt, nämlich Kumārila: *tathaiva darśanasmaraṇapāramparyānugṛhītapratyakṣagamyāni brāhmaṇatvādīni*[340], dessen Ślokavārttika er zitiert[341].

Läßt man nun die Problematik der Erkennbarkeit des Brahmanentums auf sich beruhen, um unser Augenmerk auf die Wahrnehmungslehre Yāmunas zu richten, so kann man zusammenfassend sagen, daß wir hier einen eindeutigen Beleg für die beiden Arten der Wahrnehmung finden. Während die vorstellungsfreie Wahrnehmung eine Erkenntnis von einem konkreten mit Besonderheiten bestimmten und daher von allen anderen Gegenständen gesonderten Ding hervorruft, besteht die vorstellende Wahrnehmung im Vergleich mit den gleichartigen Gegenständen, wodurch die Vorstellung der Übereinstimmung (*anuvṛttiḥ*) entsteht.

Diese Auffassung geht in einem wesentlichen Punkt über die ursprüngliche Lehre Kumārilas und Sucaritamiśras hinaus, besonders was die Eigenfunktion der vorstellungsfreien Wahrnehmung betrifft. Denn für Kumārila und Sucaritamiśra erfaßt die vorstellungsfreie Wahrnehmung das Ding nicht in seiner individuellen Form (*svāsādhāraṇarūpam*)[342] und so auch nicht in seiner konkreten Bestimmtheit: ‚Dies ist so', sondern eher konfus und frei sowohl von ‚Sonderung' als auch von ‚Übereinstimmung': *pramātā tu sāmānyam idam, viśeṣo'yam iti ca vivekavidhuram idam iti saṃmugdharūpam eva vastūpalabhate ... anuvṛttivyāvṛttiparāmarśarahitaṃ gṛhyata ity artham*[343].

Genauso unterscheidet sich der Standpunkt Yāmunas von der

---

[340] TV, Bd. II, 6,22–23. Die Prābhākara-Schule lehnt diese Auffassung entschieden ab, vgl. PP.100,12–103,4.

[341] ĀP 144,15ff. = ŚV (Samb.) v.37; vgl. TV, Bd. II, 217,14–15: *yathaiva tulyaśiraḥpāṇyādyākāreṣv api saṃkīrṇalokadṛṣṭigrāhyeṣu brahmaṇādiṣu mātāpitṛsambandhasmaraṇād eva varṇavivekāvadhāraṇaṃ bhavati*; Kāś III, 16,14ff.; vgl. dazu HALBFASS 1975, 294–303.

[342] Vgl. S. 145.

[343] Kāś I, 253,21ff.; vgl. unten S. 146. Yāmuna hält jedoch an dieser Lehre fest, wenn er in der Ātmasiddhi die Erkenntnis im Tiefschlaf erklärt: *aviśadaś ca svāpādau svānubhavo nirvikalpaś ca / paṭīyasā savikalpakenāvagamena smṛtibījam ādhīyate* (184,7ff.). Diese Erkenntnis, meint er, führt zu keinem Sprachgebrauch, weil sie der Erkenntnis der Kinder und Stummen ähnelt: *vyāhāraḥ*

diesbezüglichen Lehre der Nyāya-Schule, deren Ausdruck *prathamākṣasaṃnipāta-* = *prathamākṣasamprayoga-*[344], er für die Beschreibung der vorstellungsfreien Wahrnehmung entlehnt. Denn die vorstellungsfreie Wahrnehmung kann auch gemäß der Nyāya-Schule das Ding nicht in seiner konkreten Bestimmtheit erfassen[345], wie Yāmuna lehrt. Deshalb kann Yāmuna das ‚erste Zusammentreffen des Sinnesorganes mit dem Gegenstand' (*prathamākṣasaṃnipāta-*) als das konkrete Erfassen des ersten Stückes einer Gattung auffassen, auch wenn dies in der oben angeführten Stelle nicht ausdrücklich genannt wird. Rāmānuja stellt die Verbindung zwischen diesen beiden Vorgängen deutlich her: *ekajātīyadravyeṣu prathamapiṇḍagrahaṇam* = *prathamapratītiḥ*[346].

Die Wahrnehmungslehre Rāmānujas enthält eindeutig die Gedanken Yāmunas, die wir in dem oben analysierten Abschnitt skizzieren konnten. Sie lassen sich nun auf Grund der Ausführungen Rāmānujas präzisieren und vervollständigen. Rāmānuja erläutert den Wahrnehmungsvorgang folgenderweise: „Die Wahrnehmung, die in Form von vorstellungsfrei und vorstellend geschieden ist, ist hinsichtlich eines eigenschaftslosen Gegenstandes kein Erkenntnismittel. Das Objekt der vorstellenden [Wahrnehmung] hat Bestimmung, gerade weil es durch mehrere Kategorien wie Gattung usw. bestimmt ist.

Auch die vorstellungsfreie [Wahrnehmung] hat nur ein mit Bestimmungen versehenes Objekt, weil der Rückbezug auf einen bestimmten in ihr erkannten Gegenstand, der Grund für die vorstellende [Wahrnehmung] ist. Die vorstellungsfreie [Wahrnehmung] erfaßt nämlich [einen Gegenstand], der von einigen Besonderheiten frei ist, nicht [aber einen], der aller Besonderheiten ledig ist, weil eine Erkenntnis eines so beschaffenen [Gegenstandes] niemals beobachtet wird und weil [dies] unmöglich ist. Denn jede Erkenntnis entsteht,

---

prasajyata iti cet, kim aṅga? nirvikalpakabālamūkādivedanaviṣayo vyavahriyata eva (182,6–8). Damit spielt er offenkundig auf Ślokavārttika (Praty.) v. 112 an:

> *asti hy ālocanājñānaṃ prathamaṃ nirvikalpam /*
> *bālamūkavijñānasadṛśaṃ śuddhavastujam //*

vgl. unten Anm. 380. Damit vertritt Yāmuna die Meinung, daß sogar die Erkenntnis im Tiefschlaf differenziert (*saviśeṣa-*) ist. Eine Auffassung, die auch von Rāmānuja geteilt wird (vgl. ŚrīBh I, 116,1; 140,5ff.; III, 304,4 = II, 34,1ff.).

344 Vgl. NM I, 78,30–31; NBhū 176,8.

345 Vgl. Gupta 1963,69ff.; Slaje 1983,140ff.

346 Vgl. S. 135.

indem sie mit irgendwelcher Bestimmung versehen ist [in der Form:] ‚Dies ist so', weil es unmöglich ist, irgendeinen Gegenstand [z. B. eine Kuh] ohne ihre besondere [spezifische] Gestalt wie die dreieckige Wamme usw. zu erfassen. Daher ist die vorstellungsfreie [Wahrnehmung] das Erfassen des ersten Stückes der Gegenstände einer Klasse." (*pratyakṣasya nirvikalpasavikalpabhedabhinnasya na nirviśeṣavastuni pramāṇabhāvaḥ / savikalpakaṃ jātyādyanekapadārthaviśiṣṭaviṣayatvād eva saviśeṣaviṣayam / nirvikalpakam api saviśeṣaviṣayam eva, savikalpe svasminn anubhūtapadārthaviśiṣṭapratisandhānahetutvāt / nirvikalpakaṃ nāma kenacid viśeṣeṇa viyuktasya grahaṇaṃ na sarvaviśeṣarahitasya tathābhūtasya kadācid api grahaṇādarśanād anupapatteś ca / kenacid viśeṣenedam ittham iti hi sarvā pratītir upajāyate / trikoṇasāsnādisaṃsthānaviśeṣeṇa vinā kasyacid api padārthasya grahaṇāyogāt / ato nirvikalpakam ekajātīyadravyeṣu prathamapiṇḍagrahaṇam*)[347].

„Das Erfassen des zweiten und der weiteren Individuen bezeichnet man als vorstellende [Wahrnehmung]. Beim Erfassen des ersten Individuums [einer Klasse] wird das Gestaltsein, das mit dem Kuhtum usw. übereinstimmt, nicht erkannt. Nur wenn man das zweite bzw. die weiteren Individuen [einer Klasse] wahrnimmt, dann entsteht eine Erkenntnis der Übereinstimmung. Die Tatsache, daß das Kuhtum usw., das in der konkreten Gestalt des Dinges besteht und an das man sich auf Grund der ersten [vorstellungsfreien] Erkenntnis erinnert durch die Eigenschaft der Übereinstimmung bestimmt ist, ist [erst] im Erfassen des zweiten Individuums bzw. der weiteren Individuen [der Klasse] festzustellen. So besteht die vorstellende [Wahrnehmung] im Erfassen des zweiten und der weiteren [Individuen]. Beim Erfassen des ersten Stückes [einer Klasse] wird eine Übereinstimmung des Kuhtums usw., das die Form einer konkreten Gestalt des Gegenstandes wie Wamme hat, nicht wahrgenommen. So besteht die vorstellungsfreie [Wahrnehmung] im Erfassen des ersten

---

[347] ŚrīBh I, 117,5–118,5; VAS 88,5–8: *ataḥ prāmāṇikānāṃ na kenāpi pramāṇena nirviśeṣavastusiddhiḥ / nirvikalpakapratyakṣe'pi saviśeṣam eva vastu pratīyate / anyathā savikalpake so'yam iti pūrvāvagataprakāraviśiṣṭapratyayānupapatteḥ / vastusaṃsthānaviśeṣarūpatvād gotvāder nirvikalpakadaśāyām api sasaṃsthānam eva vastv ittham pratīyate / dvitīyādipratyayeṣu tasya saṃsthānaviśeṣasyānekavastuniṣṭhatāmātraṃ pratīyate.* Der Grundtypus dieser Wahrnehmungslehre kommt mit einigen entscheidenden Änderungen auch bei Śrīdhara vor. Für den Vergleich dieser beiden Lehren vgl. OBERHAMMER 1979,150ff.; vgl. auch unten Anm. 383.

Individuums [einer Klasse]. [Diese entsteht] wiederum nicht, weil die Gattung usw. in Form einer konkreten Gestalt nicht erfaßt wird. Da die Gattung in Form der konkreten Gestalt unterschiedslos sinnlich wahrnehmbar ist und weil eine Erkenntnis des Trägers einer konkreten Gestalt ohne diese Gestalt nicht möglich ist, erfaßt man auch beim Wahrnehmen des ersten Individuums [einer Klasse] ein Ding, das nur mit einer konkreten Gestalt versehen ist, indem man sagen [kann]: ‚[Es ist] so beschaffen'. Daher erkennt man im Erfassen des zweiten und der weiteren Individuen [einer Klasse] so wie den Träger der konkreten Gestalt und wie die konkrete Gestalt [auch] das Bestimmtsein durch die Eigenschaft der Übereinstimmung des Kuhtums usw. So liegt dabei nichts anderes als die vorstellende [Wahrnehmung] vor. Daher hat die Wahrnehmung niemals einen eigenschaftslosen Gegenstand." (*dvitīyādipiṇḍagrahaṇaṃ savikalpakam ity ucyate / tatra prathamapiṇḍagrahaṇe gotvāder anuvṛttākāratā na pratīyate / dvitīyādipiṇḍagrahaṇeṣv evānuvṛttipratītiḥ / prathamapratītyanusaṃhitavastusaṃsthānarūpagotvāder anuvṛttidharmaviśiṣṭatvaṃ dvitīyādipiṇḍagrahaṇāvaseyam iti dvitīyādigrahaṇasya savikalpakatvam / sāsnādivastusaṃsthānarūpagotvāder anuvṛttir na prathamapiṇḍagrahaṇe gṛhyata iti prathamapiṇḍagrahaṇasya nirvikalpakatvam; na punaḥ saṃsthānarūpajātyāder agrahaṇāt / saṃsthānarūpajātyāder apy aindriyakatvāviśeṣāt, saṃsthānena vinā saṃsthāninaḥ pratītyanupapatteś ca prathamapiṇḍagrahaṇe'pi sasaṃsthānam eva vastu ittham iti gṛhyate / ato dvitīyādipiṇḍagrahaṇeṣu gotvāder anuvṛttidharmaviśiṣṭitā saṃsthānivat saṃsthānavac ca sarvadaiva gṛhyata iti teṣu savikalpakatvam eva / ataḥ pratyakṣasya kadācid api na nirviśeṣaviṣayatvam*)[348].

Was Rāmānuja hier ausführlich und bisweilen in redundanter Weise vorträgt, entspricht genau der Lehre Yāmunas. Beide sind der Auffassung, daß die vorstellungsfreie Wahrnehmung sich von der vorstellenden deshalb abhebt, weil sie von der Eigenschaft der Übereinstimmung frei ist. Die ‚Übereinstimmung' kann aber nur auf einer Stufe entstehen, in der der Vergleich mit den gleichartigen Individuen möglich ist. Da die vorstellungsfreie Wahrnehmung als eine Erkenntnis des ersten Individuums einer Klasse charakterisiert wird, schließt sie die Möglichkeit eines Vergleiches aus. Die vorstellende Wahrnehmung hingegen ermöglicht ihn, insofern sie im Erfassen des zweiten und der weiteren Individuen einer Klasse besteht.

Beide sind sich auch darüber einig, daß die ‚Übereinstimmung'

---

348 ŚrīBh I, 118,5–121,1.

nur in Zusammenhang mit der Erkenntnis des ersten Individuums in der vorstellungsfreien Wahrnehmung erfolgen kann, und zwar mit Hilfe eines Rückbezuges bzw. einer Erinnerung auf / an das zuerst Wahrgenomme[349]. Diese Einigkeit findet sich ebenfalls darin, daß ein Ding bereits auf der Stufe der vorstellungsfreien Wahrnehmung in seiner konkreten Bestimmtheit: ‚Dies ist so beschaffen' visuell erfaßt wird. Rāmānuja präzisiert diesen Gedanken noch, indem er den genauen Unterschied zwischen den beiden Wahrnehmungsformen aufzeigt. Die vorstellungsfreie Wahrnehmung erfaßt im Gegensatz zu der vorstellenden nicht alle Besonderheiten eines Dinges, sondern nur einige, die aber so entscheidend sind, daß sie eine Erkenntnis des Dinges in seiner spezifischen Form: ‚Dies ist so' ermöglichen: *nirvikalpakaṃ nāma kenacid viśeṣeṇa viyuktasya grahaṇaṃ na sarvaviśeṣarahitasya ... kenacid viśeṣeṇedam ittham iti hi sarvā pratītir upajāyate*[350].

Dies wird von Rāmānuja noch ausführlicher dargelegt, wenn er die Bhedābheda-Lehre[351] als Folge seiner bisherigen Ausführungen

---

349 Vgl. ŚrīBh I, 118,2ff. Auch die anderen realistischen Schulen lehren, daß die vorstellende Wahrnehmung ohne die vorherige vorstellungsfreie Wahrnehmung nicht entstehen kann; vgl. NM I, 91,19ff.; 89,14ff.; ŚV (Praty.) vv. 123ff; Vyom 344,20–21; NBhū 99,13ff.; NK 446,9ff.

350 Vgl. Anm. 347.

351 Nach dieser vedāntischen Auffassung ist ein Ding sowohl verschieden (*bhedaḥ*) als auch nicht-verschieden (*abhedaḥ*): verschieden als eine Wirkung, als etwas Konkretes; nichtverschieden als Ursache, als etwas Allgemeines. Denn die Wirkung, das Konkrete haben ihren Ursprung im Sein der Ursache. Vgl. dazu BBh 18,21–22:

> *kāryarūpeṇa nānātvam abhedaḥ kāraṇātmanā /*
> *hemātmanā yathābhedaḥ kuṇḍalādyatmanā bhidā //*

17,3–5: *sattājñeyatvadravyatvādisāmānyātmanā sarvam abhinnaṃ vyaktyātmanā tu parasparavailakṣaṇyād bhinnam*; auch 98,23ff.
Genau betrachtet, enthält der von Yāmuna und Rāmānuja vertretene ontologische Ansatz eine enge Beziehung zum Bhedābhedavāda. Denn das konkrete Ding wird einerseits als eine absolute Einheit (*abhedaḥ*) aufgefaßt, die man mit Wörtern wie *aikyam*, *tādātmyam* wiedergibt. Andererseits ist das Ding in seinem Eigenwesen verschieden (*bhedaḥ*), da die besagte Einheit auf zwei verschiedenen Prinzipien beruht: *tādātmyam api vastudvayāśrayam* (vgl. SS v. 137). Sowohl Yāmuna als auch Rāmānuja bekennen sich in einem anderen Zusammenhang tatsächlich zu einer abgeschwächten Form des Bhedābhedavāda: *nānātve saty evābhedo nāmānvayaḥ ...* (ĀS 16,2); *viśiṣṭavastvekadeśatvenābhedavyavahāro mukhyaḥ*; *viśeṣaṇaviśeṣyayoḥ svarūpasvabhāvabhedena bhedavyavahāro mukhyaḥ*; *viṣeṣaṇaviśeṣyayoḥ svarūpasvabhāvabhedena bhedavyava-*

ausschließt (*ata eva sarvatra bhinnābhinnatvam api nirastam*)[352] und dann fortfährt: „Wie kann man bei der Erkenntnis ‚Dies ist so' eine Identität des Soseins und Diesseins erkennen? Dabei ist das Sosein eine Bestimmung [, nämlich] die konkrete Gestalt wie Wamme. Die dadurch bestimmte Substanz ist das ‚Dies-Element'. Auf diese Weise ist die Identität dieser beiden gerade durch die Erkenntnis aufgehoben. Nämlich so: Bereits der erste Gegenstand, der erfaßt wird, wird als von allen anderen gesondert wahrgenommen. Und die Sonderung ergibt sich aus der Erkenntnis: ‚[Dies ist] so beschaffen', dadurch daß [der Gegenstand] durch eine besondere konkrete Gestalt wie Kuhtum bestimmt ist. Bei jeder Erkenntnis von Bestimmung- und Bestimmtsein wird der absolute Unterschied zwischen den beiden nur auf Grund der Erkenntnis sehr deutlich." (*idam ittham iti pratītau idam-*

---

hāro mukhyaḥ (ŚrīBh III, 444,9–13). So auch Kumārila, dessen Standpunkt Yāmuna und Rāmānuja hier einnehmen (vgl. unten S. 144f.; 221ff.):

> *yathā kalmāṣavarṇasya yatheṣṭaṃ varṇanigrahaḥ ||*
> *citratvād vastuno'py evaṃ bhedābhedāvadhāraṇam |*

(ŚV [Ākṛti.] 57cd–58ab).

Der Grundunterschied zwischen diesen beiden Positionen liegt aber darin, daß Bhāskara bloß einen Unterschied im Zustand (*avasthābhedaḥ*) zwischen der Ursache und ihrer Wirkung usw. annimmt, nicht aber einen absoluten Unterschied (*atyantabhedaḥ*) zwischen ihnen: *sad eva kāryaṃ kutaḥ kāraṇam eva hi tāṃ tāṃ avasthāṃ pratipadyamānaṃ kāryam iti gīyate / avasthātadvatoś ca nātyantabhedo na hi śuklapaṭayor dharmadharmiṇor atyantabhedaḥ kiṃtv ekam eva vastu na hi nirguṇaṃ nāma dravyam asti na hi nirdravyo guṇo'sti tathopalabdheḥ, upalabdhiś ca bhedābhedavyavāsthāyām pramāṇaṃ pramāṇavyavahāriṇāṃ tathākāryakāraṇayor bhedābhedāv anubhūyete ... tasmāt sarvam ekānekātmakaṃ nātyantam abhinnam bhinnaṃ vā* (BBh 101,18–28 = ŚrīBh II, 157,8ff.). Für Yāmuna, Rāmanuja und Kumārila hingegen liegt hier ein *atyantabhedaḥ* vor (vgl. S. 144; in diesem Sinne auch für die Jainas, vgl. HSDS v. 48). So wird auch der Begriff *abhedaḥ* von Yāmuna und Rāmānuja im Sinne einer Einheit von zwei verschiedenen Prinzipien, die zueinander im Verhältnis von einer Bestimmung (*viśeṣaṇam*) und einem Bestimmten (*viśeṣyaḥ*) stehen, verstanden. Für Bhāskara heißt *abhedaḥ* jedoch Identität. Um aber eine Verwechslung mit der eigentlichen Lehre des Bhedābhedavāda zu vermeiden bzw. um sich davon mit aller Deutlichkeit zu distanzieren, versucht Rāmānuja im Rahmen seiner diesbezüglichen Erörterung genauso wie auch Kumārila, die extreme Form des Bhedābhedavāda zurückzuweisen: *ata eva sarvatra bhinnābhinnatvam api nirastam* = Kumārila: *evaṃ ca parihartavyā bhinnābhinnatvakalpanā* (ŚV [Ākṛti.] v. 55cd); vgl. dazu unten S. 143f.; unten Anm. 352.

[352] ŚrīBh I, 121,2; VAS 88,11; 106,11. Rāmānuja dürfte hier Bhāskara widerlegen (vgl. Ibid. 122,4 = BBh 17,11–12; 153,13–14; vgl. auch oben Anm. 351).

itthambhāvayor aikyaṃ katham iva pratyetum śakyate? tatretthambhāvaḥ sāsnādisaṃsthānaviśeṣaḥ, tadviśeṣyaṃ dravyam idamaṃśa iti anayor aikyaṃ pratītiparāhatam eva / tathā hi – prathamam eva vastu pratīyamānaṃ sakaletaravyāvṛttam eva pratīyate / vyāvṛttiś ca gotvādisaṃsthānaviśeṣaviśiṣṭayettham iti pratīteḥ / sarvatra viśeṣaṇaviśeṣyabhāvapratītau tayor atyantabhedaḥ pratītyaiva suvyaktaḥ)[353].

In der Sprache Yāmunas heißt das: „Die Erkenntnismittel, angefangen von der sinnlichen Wahrnehmung, grenzen ihren jeweiligen Gegenstand entsprechend ab, das heißt, sie treten ein, sofern [er] seinem Erkenner vor Augen liegt. Es ist nicht so, daß wie bei einem [dem Erkenner] vorliegenden blauschwarzen Gegenstand keine Erkenntnis entsteht, deren Beschreibung eine andere wäre als blauschwarz, die Erkenntnis hinsichtlich eines weißglänzenden Kristalls [nur diese] eine einzige Form hat. [Und] die Erkenntnis ‚bitter' im Falle der Nimba-Frucht ist eben nicht gleicher Art wie die Erkenntnis ‚süß' im Falle der Milch. Auch ist jeder weltliche oder vedische Denk- und Sprachgebrauch eindeutig festgelegt."

> (*pratyakṣādīni mānāni svaṃ svam arthaṃ yathāyatham /
> vyavacchindanti jāyanta iti yāvat svasākṣikam //
> yathāgrataḥ sthite nīle nīlimānyakathā na dhīḥ /
> ekākārā na hi tathā sphaṭike dhavale matiḥ //
> kṣīre madhuradhīr yādṛṅ naiva nimbakasāyadhīḥ /
> vyavahāraś ca niyatāḥ sarve laukikavaidikāḥ //*)[354].

An einer anderen Stelle trägt er den gleichen Gedanken nochmals vor: „Wie [schon] gesagt wurde, grenzen eben alle Erkenntnismittel ihren jeweiligen Gegenstand vom Nichtseienden und von den anderen Gegenständen ab [und] treten [so] für uns in Erscheinung. Denn es ist so, daß eben die Erkenntnis, die [mit dem Inhalt:] ‚Hier ist ein Topf' entsteht, weder sein Nichtsein noch sein Stoffsein zuläßt".

> (*sarvāṇy eva pramāṇāni svaṃ svam arthaṃ yathoditam /
> asato'rthāntarebhyaś ca vyavacchindanti bhānti naḥ //
> tathā hīha ghaṭo'stīti yeyaṃ dhīr upajāyate /
> sā tadā tasya nābhāvaṃ paṭatvaṃ vānumanyate //*)[355].

Wenn es hier auch nicht um die eigentliche Diskussion über die Wahrnehmung geht, so fügen sich die darin enthaltenen Gedanken

---

[353] ŚrīBh I, 121,2–5.
[354] SS vv. 365–370.
[355] Ibid. vv. 392–395.

dennoch nahtlos in die bereits gewonnene Wahrnehmungslehre Yāmunas ein, daß nämlich der in der vorstellungsfreien Wahrnehmung erkannte Gegenstand dermaßen bestimmt ist, daß er *eo ipso* nicht nur vom Nichtsein, sondern von allen anderen Gegenständen verschieden ist (*sakaletaravyāvṛttam*)[356].

Damit wird das wesentliche Element des Erkenntnisvorganges, nämlich das Erfassen des jeweiligen Dinges in der Unterscheidung von Bestimmung- und Bestimmtsein (*viśeṣaṇaviśeṣyabhāvaḥ*) bzw. die Sonderung (*vyāvṛttiḥ*) des Wahrgenommenen von allem anderen, eindeutig in die vorstellungsfreie Wahrnehmung verlegt.

Darüber hinaus ist auf dieser Stufe auch das sprachliche Element, das für die Nyāya-Schule zum Wesen der vorstellenden Wahrnehmung gehört[357], vorhanden. Denn die Zuordnung des wahrgenommenen Gegenstandes als ‚Dies ist so' bzw. ‚Dies ist eine Kuh' kann nur mit Hilfe der sprachlichen Bezeichnung erfolgen. Davon ist aber nur indirekt die Rede, wann Rāmānuja in Fortführung seiner Erörterung erklärt: „Weil der Denk- und Sprachgebrauch ‚verschieden' nur auf Grund des Erfassens der Gattung möglich ist, da [dabei] kein anderer Gegenstand beobachtet wird [, insofern es sich um das Erfassen des ersten Individuums einer Klasse auf der vostellungsfreien Wahrnehmung handelt], und weil [dies] selbst von einem, der etwas anderes [als Grund der Unterscheidung] annimmt, zugegeben wird, ist nur die Gattung usw. der Unterschied ... und der Denk- und Sprachgebrauch des Unterschiedes entsteht gerade wegen des Denk- und Sprachgebrauches der Gattung Kuhtum usw. Denn nur die Gattung Kuhtum usw. ist die Sonderung von allem anderen, weil, wenn Kuhtum usw. erfaßt wird, der Denk- und Sprachgebrauch von allem anderen außer der gleichen Klasse aufhört. Denn auf Grund des Erfassens der Unterschiedlichkeit hört eben die Nichtunterschiedlichkeit auf." (*jātigrahaṇenaiva bhinna iti vyavahārasambhavāt, padārthāntarādarśanāt, arthāntaravādināpy abhyupagatatvāc ca gotvādir eva bhedaḥ* / ... *bhedaś ca vyavahriyata eva, gotvādivyavahārāt* / *gotvādir eva hi sakaletaravy-*

---

[356] Vgl. oben S. 131f.; 138f.

[357] Vgl. NM I, 92,15–16:

> *tasmād ya eva vastvātmā savikalpasya gocaraḥ* /
> *sa eva nirvikalpasya śabdollekhavivarjitaḥ* //

vgl. dazu Anm. 320.

āvṛttiḥ, gotvādau gṛhīte sakaletarasajātīyabuddhivyavahārayor nivṛtteḥ / bhedagrahaṇenaiva hy abhedanivṛttiḥ)[358].

Verfolgt man diesen Gedankengang weiter, so kann man daraus ableiten, daß der Sprachgebrauch, von dem hier die Rede ist, sich ausschließlich auf die Unterschiedlichkeit des wahrgenommenen Dinges bezieht. Die Erkenntnis dieses Dinges ist auf der ersten Stufe dermaßen bestimmt, daß sie eine Entstehung des Sprachgebrauches eines Dinges anderer Klasse verhindert. Bemerkenswert ist, daß Rāmānuja eine deutliche Trennung zwischen dem besagten Sprachgebrauch und dem, der auf der zweiten Stufe der Wahrnehmung erfolgt, zieht, indem er anschließend erklärt: *ayam asmād bhinna iti tu vyavahāre pratiyoginirdeśasya tadapekṣatvāt pratiyogyapekṣayā bhinna iti vyavahāra ity uktam*[359]. Das besagt nun, daß der Sprachgebrauch, daß eine ‚Kuh' nicht in einem ‚Pferd' vorhanden ist und *vice versa* (= *itaretarābhāvaḥ*), nur in der vorstellenden Wahrnehmung möglich ist, weil dafür die Erkenntnis eines Gegenstückes erforderlich ist. Ein Grundsatz, den er ebenfalls mit Yāmuna teilt: ... *bhedavyāhārahetuḥ syāt pratiyogivyapekṣayā* ...[360].

Damit ergibt sich ein klares Bild, was die Charakterisierung der vorstellenden Wahrnehmung betrifft. Zu ihrem Wesen gehört einerseits die Erkenntnis der Übereinstimmung (*anuvṛttiḥ*), insofern darin ein Vergleich mit dem zweiten bzw. weiteren Individuen derselben Klasse entsteht, und andererseits die Artikulation der Erkenntnis des Unterschiedes in der Form: „Dies ist von jenem verschieden", insofern dies einen Gegenstand einer anderen Klasse (= das Gegenstück) voraussetzt.

Dieser extrem realistische Entwurf der Wahrnehmungslehre war nur auf Grund einer besonderen Ontologie möglich. In ihrem Mittelpunkt steht das konkrete Ding, das als eine Einheit von Bestimmung (*viśeṣaṇam*) und des zu Bestimmenden (*viśeṣyaḥ*) verstanden wird. Als Bestimmung gilt das *saṃsthānam*, und das zu Bestimmende ist die Substanz als deren Träger: *gotvādayas tu dravyasaṃsthānatayaiva padārthabhūtāḥ santo dravyaviśeṣaṇatayāvasthitaḥ*[361]. Somit kann die Gattung nie allein für sich, getrennt von den Einzeldingen, existieren

[358] ŚrīBh I, 128,1–129,1.
[359] ŚrīBh I, 129,1–2 = 123,5–7.
[360] SS v. 378.
[361] ŚrīBh I, 122,2.

(*na svatantrānyā*), sondern sie ist immer *in rebus* gegeben: *svaiḥ svair vyavasthitai rūpaiḥ padārthānāṃ tu yā sthitiḥ*[362].

Auf diese Weise ist sie als seinsbestimmender realer Faktor untrennbar mit ihrem Träger unmittelbar und wesensmäßig verbunden. Zwischen *saṃsthānam* und ihrem Träger gibt es zwar einen Unterschied aber keine Trennung. Die beiden sind daher zwei in einem. Dieser tragende Gedanke ist in einem Fragment aus dem Nyāyatattva Nāthamunis enthalten, der hier sowohl für Yāmuna als auch für Rāmānuja als Vorbild dient. Dieses Fragment lautet: „Der Unterschied ist zweifach zufolge der Differenzierung zwischen einem Unterschied [, der getrennt vorkommt] und einem Unterschied [, der nicht getrennt vorkommen kann]. Der Unterschied [, der getrennt vorkommt] ist hier eine Beschaffenheit, die in den anderen Beschaffenheitsträgern nicht existiert. Der Unterschied [, der nicht getrennt vorkommen kann] ist das Eigenwesen der Beschaffenheit und des Beschaffenheitsträgers usw. ... Die Einheit [zwischen Beschaffenheit und ihrem Träger] ist [deren] vollständige Verbindung.“ (*atirekavyatirekabhedena dvidho bheda iti / atrātireko dharmyantareṣv asan dharmaḥ / vyatireko dharmadharmyādeḥ svarūpam ... aikyaṃ sākalyena saṃyogaḥ*)[363].

Rāmānuja expliziert diesen Grundsatz folgendermaßen: „Insofern die konkrete Gestalt ein Modus ihres Trägers ist, ist sie eine reale [von ihm] verschiedene Kategorie. Da sie nur [sein] Modus ist, kann sie weder getrennt [von ihm] existieren noch getrennt [von ihm] wahrgenommen werden.“ (*saṃsthānasya saṃsthāninaḥ prakāratayā padārthāntaratvam / prakāratvād eva pṛthaksiddhyanarhatvaṃ pṛthaganupalambhaś ca*)[364].

Wir können annehmen, daß Rāmānuja diese Auffassung mit Yāmuna geteilt hat. Eine diesbezügliche Formulierung ist zwar in der Saṃvitsiddhi nicht mehr vorhanden. Aber Yāmuna deutet in dieser Form das Verhältnis zwischen Selbst und seiner Beschaffenheit *caita-*

---

362 SS vv. 408–409; ŚrīBh I, 126,4–127,1; vgl. oben S. 127.

363 NyS 263,2–3. Yāmuna referiert in der ĀS einen Gegner, der diese Definition des *saṃyogaḥ* (vgl. auch Anm. 373) verwirft: *ātmano'pi na caitanyena saṃyogaḥ, taddharmitvāt / na hi dharmadharmiṇoḥ sambandhaḥ saṃyogaḥ / samavāyo hi sa ayutasiddhasambandhatvāt / saṃyogas tu pṛthaksiddhayor dravyayoḥ kriyānimittā prāptiḥ ...*

364 VAS 88,12–13; ŚrīBh III, 444,9ff.; vgl. Oberhammer 1979,128–130.

nyam, das er als *asādhāraṇadharmaḥ/viśeṣaṇam* und *prakāraḥ* bezeichnet[365]. Genauso wird auch *saṃsthānam* charakterisiert[366].

In dieser ontologischen Konzeption war kein Platz für die *samavāya*-Verbindung, wie sie in der Nyāya-Vaiśeṣika-Schule als eigene Kategorie angenommen wurde. Für Nyāya-Vaiśeṣika war das konkrete Ding nichts anderes als die Summe mehrerer realer Kategorien (*padārthāḥ*) wie Substanz, Eigenschaft, Bewegung, Gemeinschaft, Besonderheit und Inhärenz (*samavāyaḥ*). Die letzte Kategorie war es, die die übrigen zusammenhielt und sie zu einer Einheit verband[367].

Da Yāmuna und Rāmānuja das konkrete Ding als eine absolute Einheit von Bestimmung und zu Bestimmendem bzw. Modus und Modifiziertem verstanden, war die Inhärenz-Verbindung überflüssig. Aus diesem Grund lehnt Yāmuna die Inhärenz als eigene Kategorie ab und subsumiert sie unter *saṃyogaḥ*: *saṃyogāntarbhāvaḥ samavāyasya*. Yāmuna definiert *saṃyogaḥ* offenkundig in Anlehnung an seinen Großvater Nāthamuni, der möglicherweise auch der Urheber dieser Wahrnehmungslehre ist, als ‚vollständige Nähe', ‚Unmittelbarkeit / Ungeschiedenheit': *nairantaryapadaparyāyam atyantasāmīpyamātraṃ ca saṃyogaḥ* bzw. *aikyaṃ sākalyena saṃyogaḥ*[368].

Auch was diesen ontologischen Ansatz betrifft, sind Yāmuna und Rāmānuja im großen Maße Kumārila und seiner Schule verpflichtet. Dies sieht man sehr deutlich am Begriff von *saṃsthānam*[369], der sich sehr stark an die Definition der *ākṛtiḥ* (Gestalt) durch Kumārila anlehnt. Für Kumārila ist diese nichts anderes als eine Gattung, wodurch das Konkretum bzw. das Einzelding wesensmäßig geformt wird und die der Grund für die einheitliche Erkenntnis aller Individuen einer Klasse ist:

> *jātim evākṛtiṃ prāhur vyaktir ākriyate yayā /*
> *sāmānyaṃ tac ca piṇḍānāṃ ekabuddhinibandhanam //*[370].

---

[365] ĀS 161,4–5; 89,4–6: *ātmanaḥ prakārabhūtaṃ caitanyam*; vgl. dazu Neevel 1977,125–141.

[366] Vgl. oben S. 93f.

[367] Frauwallner 1956, II, 197ff.

[368] ĀS 211,1–2; vgl. Anm 363; oben S. 84f.

[369] Vgl. oben S. 125f.

[370] ŚV(Ākṛti.) v. 3; vgl. dazu ĀS 201,6–202,1: *yathā gavādipadaśaktir ekabuddhisiddhe'pi sāmānyaviśeṣātmake vastuni sāmānyāṃśenaiva sambadhyate* ... Yāmuna führt dies als Beispiel an, um das Wirken des *caitanyam* zu erläutern (vgl. oben S. 102f.). Über die genaue Deutung der Begriffe *jātiḥ* und *ākṛtiḥ* bei Kumārila vgl. D'Sa 1980,151–165.

Sie ist keine selbständige Wesenheit wie *ākāśaḥ*, weil sie außerhalb der konkreten Dinge nicht existieren kann:

> *piṇḍeṣv eva ca sāmānyaṃ nāntarā gṛhyate yataḥ /*
> *na hy ākāśavad icchanti sāmānyaṃ nāma kiṃcana //*[371].

In diesem Sinne ist die Gattung ‚Kuhtum' untrennbar mit einem Einzelding mit Wamme usw. verbunden (*sāsnādyekārthasambandhi gotvam*)[372]. Deshalb kann Kumārila das Verhältnis zwischen Gattung und ihrem Träger als *dharmadharmiṇoḥ svarūpam* erklären, was die Ablehnung der Inhärenz-Verbindung zur Folge hat[373].

Die besagte Saṃyoga-Definition Nāthamunis (*vyatireko dharmadharmyādeḥ svarūpam ... aikyaṃ sākalyena saṃyogaḥ*)[374] enthält, wie dies auch in Zusammenhang mit der Erkenntnislehre gezeigt wurde[375], diesen Grundsatz. Denn der *saṃyogaḥ* als *aikyaṃ sākalyena* und *atyantasāmīpyam* impliziert sowohl *apṛthagdeśatvam* als auch *apṛthakkālatvam*[376]. Also eine örtliche und zeitliche Koinzidenz wie sie zwischen *dharmaḥ* und *dharmī* besteht. Auch das Verhältnis von *saṃsthānam* und *saṃsthānī* wird so verstanden. Sie bilden zwar eine Einheit im Sinne von *viśeṣaṇam* und *viśeṣyaḥ*, ohne aber miteinander identisch zu sein: *sarvatra viśeṣaṇaviśeṣyabhāvapratītau tayor atyantabhedaḥ pratītyaiva suvyaktaḥ*[377].

Gerade aus diesem Grund kann Rāmānuja im Anschluß an Kumārila die extreme Form von Bhedābhedavāda zurückweisen (*ata eva*

---

371 ŚV (Ākṛti.) v. 25. Die höchste Gemeinsamkeit *sattā* ist bloß ein Produkt unserer Abstraktion, da sie nicht in den Einzeldingen vorkommt; vgl. D'Sa 1980,153–154.

372 ŚV(Ākrti.) v. 45ab.

373 ŚV (Praty.) vv. 147–150 ... *samavāyo'stu svarūpaṃ dharmadharmiṇoḥ*. Diese Gedanken findet man auch bei den Jaina-Autoren, wie z. B. Kundakunda (ca. 4. Jhdt. n. Chr.; vgl. auch Anm. 181). Die Frage, ob und inwieweit sich Kumārila in seiner Darlegung das jinistische Gedankengut zu eigen gemacht hat, wurde bisher nicht untersucht, und diese Frage kann hier leider auch nicht weiter verfolgt werden. Sicher ist aber, daß Yāmuna und Nāthamuni in dem oben genannten Zusammenhang (S. 142f.; Anm. 363; 374) direkt von der Kumārila-Schule abhängen. In der Ātmā-Lehre Yāmunas hingegen ist der Einfluß der Jaina-Schule deutlich erkennbar (vgl. Anm. 160; 198; Mesquita 1989 147f.). Aus diesem Grund wird sie von Yāmunas Gegner als *arhatamatānukārātmavādaḥ* bezeichnet (ĀS 165,3–4).

374 Vgl. oben Anm. 363.

375 Vgl. oben S. 84f.

376 Vgl. oben S. 85.

377 Vgl. oben S. 138f.

sarvatra bhinnābhinnatvam api nirastam = Kumārila: *evaṃ ca parihartavyā bhinnābhinnatvakalpanā*)[378]. Es ist daher nicht zufällig, daß Rāmānuja die Bemerkung Kumārilas: *jātim evākṛtiṃ prāhur vyaktir ākriyate* sinngemäß als *saṃsthānam eva jātiḥ* wiedergibt. Auch Rāmānujas Definition: *saṃsthānaṃ nāma svāsādharaṇarūpam iti yathāvastu anusaṃdheyam* zeigt nicht nur inhaltliche, sondern auch wörtliche Nähe zur Beschreibung des *vyaktiḥ*, die wir im Tantravārttika vorfinden: *tasmād asādhāraṇā viśeṣā yasyāṃ sā vyaktir ity evaṃ vyākhyeyam*[379].

Ebenso bildet die Wahrnehmungslehre Kumārilas, die mit der oben skizzierten Ontologie abgestimmt ist, den Ausgangspunkt für die Entwicklung der entsprechenden Lehre bei Yāmuna und Rāmānuja. Denn die beiden Autoren greifen auf den Lehransatz Kumārilas zurück, daß bereits die vorstellungsfreie Wahrnehmung sowohl das Allgemeine als auch das Individuelle erfaßt. Kumārila vertrat die Ansicht, daß die vorstellungsfreie Wahrnehmung das ganze Konkretum (*vyaktiḥ*) in einer vagen und undifferenzierten Weise, ähnlich wie dies Kinder und Stumme tun, erfaßt:

> *asti hy ālocanājñānaṃ prathamaṃ nirvikalpam* /
> *bālamūkādivijñānasadṛśaṃ śuddhavastujam* //[380].

Zu diesem Zeitpunkt aber werden nach ihm weder das Individuelle noch das Allgemeine, die in der Einheit des Konkretums aufgehoben sind, als solche wahrgenommen:

> *na viśeṣo na sāmānyaṃ tadānīm anubhūyate* /
> *tayor ādhārabhūtā tu vyaktir evāvasīyate* //[381].

Somit verneint Kumārila, daß das wahrgenommene Ding in seiner Individualität (*asādhāraṇatvena*) erkannt wird, weil sowohl die Sonderung von den Individuen anderer Klassen als auch die Übereinstimmung mit den Gleichartigen, die dafür notwendig wären, auf dieser Stufe nicht möglich sind, weil alle beiden erst auf der darauffolgenden Stufe auftreten:

> *na hy asādhāraṇatvena paravyāvṛttyakalpanāt* /
> *viśeṣānugamāklpteḥ sāmānyam iti nāpi tat* //

---

[378] ŚrīBh I, 121,2; ŚV(Ākṛti.) v. 55cd; vgl. Anm 352.

[379] TV, Bd. II, 238,9–10. Kumārila kommentiert hier die Definition Śabaras: *asādhāraṇaviśeṣā vyaktiḥ* (vgl. ibid. 237,1f.).

[380] ŚV(Praty.) v. 112; vgl.; oben Anmn. 343; 370.

[381] ŚV (Praty.) v. 113.

tataḥ paraṃ punar vastudharmair jātyādibhir yayā /
buddhyāvasīyate sāpi pratyakṣatvena sanmatā //[382].

Sucaritamiśra trägt in seinem Kommentar diese Gedanken noch deutlicher vor, wenn er lehrt, daß man in der vorstellungsfreien Wahrnehmung das Allgemeine und Besondere eines Dinges nicht deutlich als ‚Dies ist das Allgemeine' bzw. ‚Dies ist das Besondere' erkennt, sondern eben konfus; nicht in ihrer Konkretheit, sondern ihrer allgemeinen Form nach. Er gibt dies als Grund an, warum auf dieser Stufe Übereinstimmung und Sonderung nicht stattfinden können: *pramātā tu sāmānyam idam viśeṣo'yam iti ca vivekavidhuram idam iti saṃmugdharūpam eva vastūpalabhate / śuddham iti / anuvṛttivyāvṛttiparāmarśarahitaṃ gṛhyata ity arthaḥ / śuddhavastujam ity atrāpi śuddhaśabdasyāyam evārtho draṣṭavyaḥ... ayam abhiprāyaḥ svarūpamātreṇa sāmānyaviśeṣau nirvikalpakena gṛhyate / nāsādhāraṇatayā sāmānyatayā ca vyāvṛttyanugamavikalpābhāvāt*[383].

Vergleicht man nun diesen Standpunkt mit der bereits dargelegten Lehre Yāmunas und Rāmānujas, so fällt eindeutig auf, daß sie trotz der grundsätzlichen Übernahme des Lehransatzes Kumārilas in einem entscheidenden Punkt von ihm abweichen. Für Yāmuna und Rāmānuja erfaßt die vorstellungsfreie Wahrnehmung das Einzelding in seiner konkreten Form: ‚Dies ist so', wobei die Bestimmung (*viśeṣaṇam*) und das zu Bestimmende voneinander abgehoben werden und infolgedessesn die Sonderung von allen anderen Dingen bereits auf dieser Stufe eintritt. Als charakteristisches Merkmal der vorstellen-

---

382 Ibid. vv. 119–120.

383 Kās I, 253,21–254,8. Bezeichnend ist, daß Śrīdhara sich voll mit diesem Standpunkt identifiziert, obwohl er eine ganz andere Ontologie vertritt (Anmn. 326; 384): *ataḥ savikalpakam icchatā nirvikalpakam apy eṣitavyam, tac ca na sāmānyamātraṃ gṛhṇāti, bhedasyāpi pratibhāsanāt / nāpi svalakṣaṇamātraṃ, sāmānyākārasya saṃvedanāt, vyaktyantaradarśane pratisandhānāc ca / kiṃtu sāmānyaṃ viśeṣaṃ cobhayam api gṛhṇāti, yadi param idaṃ sāmānyam ayaṃ viśeṣa ity evam vivicya na pratyeti vastvantarānusandhānavirahāt / / piṇḍāntarānuvṛttigrahaṇād dhi sāmānyaṃ vivicyate, vyāvṛttigrahaṇād viśeṣo'yam iti vivekaḥ / nirvikalpakadaśāyaṃ ca piṇḍāntarānusandhānābhāvāt sāmānyaviśeṣayor anuvṛttivyāvṛttī dharmau na gṛhyete, tayor agrahaṇān na vivicya grahaṇam, svarūpagrahaṇaṃ tu bhavaty eva tasyānyānapekṣatvāt / ata eva nirvikalpena sāmānyaviśeṣasvalakṣaṇānāṃ na viśeṣaṇaviśeṣyabhāvānugamaḥ, tasya bhedāvagatipūrvakatvān nirvikalpena ca sāmānyādīnāṃ parasparabhedānadhyavasāyāt / ataḥ paraṃ savikalpakaṃ sāmānyaviśeṣarūpatāṃ pratyeti piṇḍāntaram anusandhānasyātmano'nuvṛttivyāvṛttī dharmau pratipadyamānasyendriyadvāreṇa tathābhūtapratītyupapatteḥ* (NK 446,10–448,4); Anm. 347.

den Wahrnehmung bleibt daher nur die Beschaffenheit der Übereinstimmung und die Artikulation der Unterschiedlichkeit in der Form: ‚Dies ist von jenem verschieden' übrig.

Dies stellt eine bemerkenswerte Entwicklung dar, betrachtet man die Tatsache, daß die Wahrnehmungslehre Kumārilas von den anderen realistischen Schulen wie Nyāya-Vaiśeṣika und von den Anhängern Prabhākaras trotz ihrer unterschiedlichen Ontologie ohne wesentliche Änderungen rezipiert wurde[384]. So erhebt sich die Frage, wieso oder warum die ursprüngliche Lehre Kumārilas ausgerechnet bei den Viśiṣṭādvaita-Autoren (möglicherweise bereits bei Nāthamuni)[385] eine derartige Radikalisierung erfährt. Der Schlüssel für die

---

[384] Es handelt sich hier um Autoren wie Jayanta, Trilocana, Vācaspati, Śrīdhara, Śālikanātha usw.; vgl. dazu Gupta 1963,81, Anm. 186; Schmithausen 1963,104–115.

[385] Ich konnte zwar kein Fragment aus dem verlorenen Werk Nāthamunis finden, das sich direkt mit der hier dargelegten Wahrnehmungslehre beschäftigt, allerdings bemerkt Veṅkaṭanātha im Pratyakṣa-Abschnitt seines NP (87,6–7), daß die von den späteren Autoren des Viśiṣṭādvaita immer wieder unternommene Untersuchung der Erkenntnismittel auf Nāthamuni zurück gehe:

bhagavannāthamunibhir nyāyatattvasamāhvayā/
avadhīryākṣapādādīn nyabandhi nyāyapaddhatiḥ //
tadarvāgbhis tathācāryair yatheṣṭaṃ matam āsthitaiḥ /
praṇinye bahudhā tais taiḥ pramāṇādivicāraṇā//

„Von Nāthamuni wurde ein Handbuch der rationalen Philosophie mit dem Titel Nyāyatattvam (‚die wahre Form der rationalen Philosophie') unter Zurückweisung Akṣapādas u. a. verfaßt. Ebenso wurde auch von den späteren, in der guten Lehre gegründeten Lehrern [in ihren Werken] immer wieder eine Untersuchung der Erkenntnismittel usw. vorgenommen." (Übers. Oberhammer 1979,21); vgl. dazu auch SAS 321,15–17; Mesquita 1979,163. Möglicherweise stammt das Zitat in der ĀS (219,6–7; 166,4–5): *uktaṃ cātmadharmasya caitanyasya viṣayeṇa saṃyogo jñānam ity ucyate iti* aus dem Nyāyatattva (vgl. Oberhammer 1979,102; auch oben S. 103). Es gibt aber zwei andere sichere Fragmente aus diesem Werk, die mit der Thematik nur indirekt zu tun haben. Das eine lehrt „die Wahrnehmbarkeit der Bewegung (*karma*)": *vayaṃ tu kriyāyāḥ pratyakṣatvaṃ brūmaḥ ... tasmād deśād deśāntaraprāptir liṅgam iti na manyāmahe* (NyS 264,28–29; vgl. Oberhammer o. c. 124), und das andere enthält die Lehre, „daß nur Substanzen durch *saṃyogaḥ* wahrgenommen werden können, und die ihnen zukommenden Eigenschaften usw. nur dadurch, daß sie mit der Substanz eine Einheit sind (*aikyam*) und zu ihr im Verhältnis der *niṣṭhatā* stehen." ... *saṃyogaṃ sannikarṣaṇam / saṃyuktāśrayaṇaṃ ceti yathāsambhavam ūhyatām* (NyS 195,7; vgl. Oberhammer o. c. 147–149). Da die Wahrnehmungslehre Yāmunas in einer sehr engen Beziehung zur Saṃyoga-Definition Nāthamunis steht, wäre anzunehmen, daß er der eigentliche Schöp-

Beantwortung dieser Frage könnte in der Ontologie Kumārilas selber liegen, die im Gegensatz zu den anderen Schulen nur im Viśiṣṭādvaita volle Aufnahme fand. Der Standpunkt Yāmunas bzw. Rāmānujas ist eine konsequente Weiterführung des Denkmodells Kumārilas, daß in jeder Erkenntnis nur das Konkretum (*vyaktiḥ*) in Erscheinung tritt. Die Erkenntnis eines Konkretums kann, nach Yāmuna und Rāmānuja, ohne die konkrete Gestalt des jeweiligen Dinges nicht entstehen: *saṃsthānena vinā saṃsthāninaḥ pratītyanupapatteḥ*[386].

Die von Nāthamuni erstmals geschaffene Definition des *saṃyogaḥ* als *atyantasāmīpyam* bzw. *aikyaṃ sākalyena saṃyogaḥ* im Sinne von *apṛthagdeśatvam* und *apṛthakkālatvam* hatte nicht nur eine ontologische, sondern auch eine erkenntnistheoretische Dimension. Sie müßte unweigerlich zur Auffassung führen, daß das Konkretum (*vyaktiḥ*) ohne die mit ihm verbundene konkrete Form (*saṃsthānam*) weder getrennt existieren (*apṛthaksiddhiḥ*) noch getrennt wahrgenommen (*apṛthagupalambhaḥ*) werden könnte.

Ist nun in der vorstellungsfreien Wahrnehmung das Konkretum erkannt, so muß dabei auch die individuelle Gestalt (*saṃsthānam*) des Einzeldinges miterfaßt werden: *prathamapiṇḍagrahaṇe'pi saṃsthānam eva vastv ittham iti gṛhyate*[387]. Auf Grund der Erkenntnis dieser individuellen Form (*svāsadhāraṇarūpam*) erfolgt dann auch die Sonderung des wahrgenommenen Einzeldinges von allem anderen (*sakaletaravyāvṛttam*).

Das auslösende Moment für diese Entwicklung war sicherlich die Polemik gegen Maṇḍana, für den die vorstellungsfreie Wahrnehmung die einzig gültige Form der sinnlichen Erkenntnis war, die bloß das reine Sein (*sanmātram* = *sattā*) erfaßte. Dem hält Yāmuna entgegen, daß die Wahrnehmung gerade auf dieser Stufe das Einzelding in seiner individuellen Form erfaßt.

Aus dem Gesagten geht hervor, daß die Wahrnehmungslehre Yāmunas nur mit Hilfe der Ontologie Kumārilas entwickelt werden konnte. Man darf vermuten, daß der Ausgangspunkt für die Weiterbildung dieser Lehre in den Erläuterungen Sucaritamiśras gegeben war. Dieser folgte zwar eng in seinem Subkommentar Kāśikā der Lehrmeinung Kumārilas, trug aber zugleich der neuen Situation, die

---

fer dieser Lehre war, wie dies erwiesenermaßen für die Erkenntnislehre gilt (vgl. oben S. 88f.).

386 ŚrīBh I, 119,2.

387 Ibid. 119,2–120,1.

durch die Auseinandersetzung Maṇḍanas mit Kumārila eingetreten war[388], Rechnung. Beispielsweise postulierte Maṇḍana bei seiner logischen Deduktion, daß das Erfassen der Unterschiedlichkeit nur unter der Voraussetzung der Erkenntnis des gegenseitigen Nichtseins in der Form: ‚Dies ist von jenem verschieden' zu erfolgen habe[389]. Sucaritamiśra geht ganz darauf ein, wenn er schreibt: „[Einwand:] Ohne die Verneinung eines anderen [Dinges] kann man die Unterschiedlichkeit gar nicht erfassen. [Antwort:] Dies ist nicht so. Denn dieses Ding ist nicht wegen der Verneinung eines anderen verschieden, sondern nur wegen seiner Eigenform. Aus diesem Grund tritt es in Erscheinung. Es ist [daher] falsch, zu behaupten, daß [dabei] eine Unterschiedlichkeit nicht in Erscheinung tritt. Eben deshalb wird auch jene Behauptung zurückgewiesen, daß das gegenseitige Nichtsein wahrgenommen werden muß. Denn, um die Unterschiedlichkeit erkennen zu können, braucht man nicht das gegenseitige Nichtsein zu erfassen. Es ist sicher auch dort vorhanden, wird [jedoch zu jenem Zeitpunkt] durch die Wahrnehmung nicht erfaßt. Später aber wird es im Anschluß an die Erinnerung an das Gegenstück usw. als verschieden vom Sein festgestellt." (*nanu itarapratiṣedhād vinā bhinnaṃ vidhātum eva na śakyate / maivam / na hīdam itarapratiṣedhād vastu bhinnam, kiṃ tarhi svarūpeṇaiva / atas tat prakāśate / bhinnaṃ na prakāśata iti durbhaṇam / ata evetaretarābhāvasya pratyakṣatāpattir iti yad uktaṃ tad api pratyuktam / na hi bhinnaṃ grahitum itaretarābhāvo grahītavyaḥ / so'pi tatrāstu tāvat / na pratyakṣenāvasīyate / paścāt tu pratiyogyādismaraṇapuraḥsaraṃ bhāvavikalpenāsāv adhyavasīyate*)[390].

Yāmuna und Rāmānuja stimmen mit Sucaritamiśra vollständig überein, wie bereits oben ausgeführt wurde[391], daß die Unterschiedlichkeit nicht im gegenseitigen Nichtsein der Dinge, sondern in der Eigenform (*svarūpam*) des jeweiligen Dinges begründet ist. Wird nun die Eigenform des Dinges erfaßt, so erkennt man auch die Unterschiedlichkeit. Das gegenseitige Nichtsein ist zwar dort vorhanden, wird jedoch in der vorstellungsfreien Wahrnehmung nicht erfaßt: *so'pi tatrāstu tāvat / na pratyaṣeṇāvasīyate*. Gerade dieser Grundsatz wird in der Lehre Yāmunas weiter präzisiert: Die individuelle Eigenform (*svarūpam*) des jeweiligen Dinges wird so bestimmt erfaßt, daß

388 Vgl. BS 58,6–9 = ŚV(Praty.) v. 117ab; vgl. THRASHER 1978a, 140ff.
389 Vgl. oben S. 121ff.
390 Kāś I, 252,9ff.; ŚVṬĪ 149,12ff.; vgl. oben S. 127f.
391 Vgl. oben S. 146f.

dabei ebenfalls die Sonderung von allem anderen (*vyāvṛttiḥ*) miterkannt wird: *pratyakṣādīni mānāni... svaṃ svam artham... asato 'rthāntarebhyaś ca vyavacchindanti*...[392]. Die Artikulation dieser Sonderung in Form von ‚Dies ist von jenem verschieden' (*itaretarābhāvaḥ*) erfolgt, wie Sucaritamiśra auch lehrte, in der vorstellenden Wahrnehmung mit Hilfe der Erinnerung an das Gegenstück.

Auf Grund dieser entscheidenden Änderung entsteht eine ganz neue Lehre, die sich nur im Grundsätzlichen an Kumārila anschließt[393]. Denn der Schwerpunkt liegt nunmehr nicht wie bei Kumārila in der vorstellenden, sondern vielmehr in der vorstellungsfreien Wahrnehmung, da diese das absolut individuelle Ding (*svāsadhāranarūpam*) erfaßt, das von allem gesondert ist (*sakaletaravyāvṛttam*). Für die vorstellende Wahrnehmung bleiben somit lediglich die Erkenntnis der Übereinstimmung und die Artikulation des Unterschiedes vorbehalten. Damit rückt der Standpunkt Yāmunas, wenn auch nur in formeller Hinsicht, in die Nähe der buddhistischen Auffassung, die das Erfassen des individuellen Einzeldinges (*svalakṣaṇam*), das von allem gesondert ist (*parāvṛttam*), der vostellungsfreien Wahrnehmung zuschreibt[394]. Bedenkt man nun, daß die hier widerlegte Auffassung Maṇḍanas selbst eine Anpassung dieses dharmakīrtischen Ansatzes an den Monismus des Vedānta war, indem das *svalakṣaṇam* im Sinne von *sanmātram* uminterpretiert und als der einzig gültige Inhalt der Wahrnehmung erklärt wurde[395], so ergibt sich eine bizarre Situation durch den Umstand, daß auch die radikale Auffassung des Wahrnehmungsvorganges Yāmunas und Rāmānujas letztlich zu dem genannten buddhistischen Lehransatz führt.

Mit Hilfe dieser extrem realistischen Wahrnehmungslehre konnten Yāmuna und Rāmānuja viel entschiedener als die anderen realistischen Schulen den Standpunkt Maṇḍanas zurückweisen und an der differenzierten sinnlichen Erkenntnis der Weltdinge festhalten.

---

[392] Vgl. Anm 355.

[393] Vgl. oben S. 146f.

[394] Vgl. Dharmakīrti, Nyāyabindu (*Kashi Sanskrit Series 22*, 1954) 15,20: *tasya* (= *pratyakṣasya*) *viṣayaḥ svalakṣaṇam*. Dharmottara kommentiert dies folgendermaßen: *tasya caturvidhāpratyakṣasya viṣayo boddhavyaḥ / svalakṣaṇam / svam asādhāraṇaṃ lakṣaṇaṃ tattvaṃ svalakṣaṇam / vastuno hy asādhāraṇaṃ ca tattvam asti sāmānyaṃ ca / yad asādhāraṇaṃ tat pratyakṣagrāhyam*; vgl. dazu Ch. Lindtner, *Marginalia to Dharmakīrti's Pramāṇaviniścayaḥ*, WZKS (1984),151ff.

[395] Vgl. Thrasher 1978a,137–138.

Das Ergebnis der bisherigen Auseinandersetzung mit Maṇḍana könnte man daher folgenderweise kurz zusammenfassen: Der absolut gültige Inhalt einer Wahrnehmung ist nicht nur das ‚Dasein' (*sanmātram*) der Dinge, sondern auch ihr ‚Sosein' (*itthambhāvaḥ*)

Damit ist aber die Widerlegung Maṇḍanas nicht ausgeschöpft. Rāmānuja zeigt mit Hilfe logischer Argumentation und auf Grund der Analyse der Sinneserkenntnis die Unhaltbarkeit der Position Maṇḍanas. Die in diesem Zusammenhang vorgetragenen Argumente sind weder neu noch originell, insofern sie bereits von den Mīmāṃsā-Autoren wie Umveka und Śālikanātha gegen Maṇḍana vorgebracht worden waren. Es ist anzunehmen, daß auch Yāmuna diese Argumente in irgendeiner Form in der verlorenen Diskussion berücksichtigt hatte. Rāmānuja formuliert sie folgendermaßen: „Ferner, erfaßt [die Wahrnehmung nur] das reine Sein, so entsteht ein Widerspruch zu der Erkenntnis mit einem differenzierten Gegenstand wie ‚der Topf existiert'; ‚der Stoff existiert'."

Außerdem, wenn die Unterschiedlichkeit, die durch die Gattung usw. in Form einer konkreten Gestalt des Dinges, die mehr als das bloße Sein ist, charakterisiert ist, durch die Wahrnehmung nicht erkannt wird, warum wendet sich [dann] einer, der ein Pferd begehrt, beim Anblick eines Büffels [davon] ab? Wenn [wiederum] nur das bloße Sein der Gegenstand aller Erkenntnisse ist, warum erinnert man sich bei je einzelnen Erkenntnissen nicht an alle Namen, die den Gegenständen jeweils verschiedener Erkenntnisse angehören? Darüber hinaus würde es keine unterschiedliche Erinnerung geben, insofern sowohl die Erkenntnisse bezüglich eines Pferdes und eines Elefanten sich auf einen einzigen Gegenstand [, nämlich auf das bloße Sein] richten, weil die [darauf] folgende [Erkenntnis der Erinnerung] eine Wahrnehmung von etwas [bereits] Wahrgenommenen ist, und weil es verschiedene [Dinge] nicht gibt. Nimmt man [nun] an, daß jede Erkenntnis verschieden ist, so ist [auch] anzunehmen, daß auch der Gegenstand der Wahrnehmung ein Ding ist, das unterschiedlich ist. Bei der Annahme, daß alle Erkenntnisse einen einzigen Gegenstand haben, würde folgen, daß es keine Blinden, Tauben usw. gibt, weil eben durch ein einziges Erkennen alles erfaßt wäre. Und der Gesichtssinn nimmt das bloße Sein nicht wahr, weil er Farbe, farbige Gegenstände und Dinge, die nur mit Farbe [eng] verbunden sind, erfaßt. Der Gefühlssinn auch nicht, weil sein Gegenstand ein Ding mit ‚Berührung' ist. Auch die [anderen] Sinne Gehör usw., haben nicht das bloße Sein zu ihrem Gegenstand, sondern eben [andere] unterschiedliche Gegenstände, die durch Ton, Geschmack und Geruch charakterisiert sind. Daher wird hier überhaupt kein Erkenntnismittel beobachtet, das das bloße Sein erfaßt.

Ist das unterschiedslose bloße Sein nur durch die Wahrnehmung erkannt, so wäre die sich darauf beziehende Offenbarung[sstelle kein eigentliches Erkenntnismittel dafür], insofern sie nur das wiederholen würde, was [bereits von der Wahrnehmung] erkannt worden ist[396]." (*api ca - sanmātragrāhitve ghaṭo'sti, paṭo'stītiviśiṣṭaviṣayā pratītir virudhyate | yadi ca sanmātrātirekivastusaṃsthānarūpajātyādilakṣaṇo bhedaḥ pratyakṣeṇa na gṛhītaḥ, kim ity aśvārthī mahiṣadarśane nivartate | sarvāsu pratipattiṣu sanmātram eva viśayaś cet, tattatpratipattiviṣayasahacārinaḥ sarve śabdā ekaikapratipattiṣu kim iti na smaryante | kiṃca aśve hastini ca saṃvedanayor ekaviṣayatvenoparitanasya gṛhītagrāhitvād viśeṣābhāvāc ca smṛtivailakṣaṇyaṃ na syāt | pratisaṃvedanaṃ viśeṣābhyupagame pratyakṣasya viśiṣṭārthaviṣayatvam evābhyupagataṃ bhavati | sarveṣāṃ saṃvedanānām ekaviṣayatāyām ekenaiva saṃvedanenāśeṣagrahaṇād andhabadhirādyabhāvaś ca prasajyeta |*[397] *na ca cakṣuṣā sanmātraṃ gṛhyate, tasya rūparūpirūpaikārthasamavetapadārthagrāhitvāt | nāpi tvacā, sparśavadvastuviṣayatvāt | śrotrādīny api na sanmātraviṣayāṇi; kiṃtu śabdarasagandhalakṣaṇaviśeṣaviṣayāṇy eva | ataḥ sanmātrasya grāhakaṃ na kiṃcid iha dṛśyate | nirviśeṣasanmātrasya pratyakṣeṇaiva grahaṇe tadviṣayāgamasya prāptaviṣayatvenānuvādakatvam eva syāt*)[398].

Diese Ausführungen sprechen so deutlich für sich, daß man auf die Explikation einzelner Argumente verzichten kann. Wichtig für un-

---

[396] Dieses Argument beruht auf dem erkenntnistheoretischen Grundsatz, daß ein gültiges Erkenntnismittel etwas Neues erkennen lassen muß; vgl. ŚV (Codanā.) v. 80; SCHMITHAUSEN 1965,193ff. Auch im Advaitavedānta wurde dieses Prinzip anerkannt: *apūrvādhigamaṃ kurvat pramāṇaṃ syān na cen na tat* (NS III, 83); *ajñātārthāvagama eva pramāṇalakṣaṇam* (PañcPV 731, 9–10; SambV v. 882).

[397] Vgl. ŚVTĪ 149,6–10: *saṃvedanaṃ parāmṛśatu bhavān; aśve gavi ca yat saṃvedanadvayaṃ tayoḥ kiṃ bhinnaṃ saṃvedyam utābhinnam? ekasyāṃ vyaktau saṃvedadvayavat tatrāsmākaṃ tāvad bhinnaṃ saṃvedyam / tapasvināṃ tu na vidmaḥ kīdṛśam iti / yadi ca viṣayato bhedo na pratibhāsate, kim iti tarhi godarśanād aśvārthī nivartate? kim iti vā godarśane saty aśvaśabdasmaraṇaṃ na bhavati?*

[398] Śrībh I, 125,1–126,1; vgl. PP 336,6ff.: *satyaṃ vidhāyakam eva pratyakṣam / tac ca vidadhad api rūpaṃ rūpatayā, rasaṃ ca rasatayā vidadhāti, na punaḥ sarvam ekatayā, yathā rūpe dhārāvāhinī buddhiḥ, tathābhūtaiva yadi rase'pi syāt, tadā bhaved eva pratyakṣeṇa sākṣātkṛtam advaitam / na tv etad evam iti sarvapratipattṛsvasaṃviditam.*

sere Untersuchung ist jedoch die Art und Weise, wie diese Argumente vorgebracht werden, nämlich im Rahmen einer Diskussion, in der das Erkenntnismittel im Mittelpunkt steht. Auffallend ist, daß Rāmānuja dabei gar nicht auf die Einwände Maṇḍanas gegen den äußeren Gegenstand eingeht, die er im Pūrvapakṣa ausführlich referiert[399] und die er auch im Uttarapakṣa zu Beginn der Zurückweisung kurz angedeutet hatte: *yat tu pratyakṣaṃ sanmātragrāhitvena na bhedaviṣayam, bhedaś ca vikalpāsahatvād durnirūpaḥ, ity uktam, tad api... dūrotsāritam)*[400].

Hätte Rāmānuja diese Einwände nicht widerlegen wollen, so bräuchte er sie nicht zu referieren. Wenn er diese aber vorträgt, muß er sie bekämpft haben. Tatsächlich betrachtet Rāmānuja sie als zurückgewiesen, und zwar auf Grund seines durch Erkenntnismittel erbrachten Beweises für die Realität der Welt, indem er statt des bloßen *sanmātram* das *saṃsthānam* als den einzig gültigen Inhalt der Wahrnehmung anerkennt.

Diese indirekte Beweisführung war mit Hilfe des von Kumārila aufgestellten Prinzips, das das Primat der Erkenntnismittel über die reine logische Deduktion voraussetzte[401], möglich. Auch Śaṅkara bediente sich dieser Methode, als er die buddhistischen Einwände der Unmöglichkeit des äußeren Gegenstandes widerlegte. Möglicherweise setzte sich diese Argumentation im Vedānta unter seinem Einfluß durch[402] und könnte daher auch für Yāmuna und Rāmānuja als Vorbild gedient haben.

Śaṅkara formulierte dieses Prinzip in folgender Form: „Die Möglichkeit und Unmöglichkeit werden als die Tätigkeit oder Nichttätigkeit der Erkenntnismittel zur Voraussetzung habend bestimmt, nicht aber die Tätigkeit und Nichttätigkeit der Erkenntnismittel als Möglichkeit und Unmöglichkeit zur Voraussetzung habend. Denn was auch von dem einen oder anderen Erkentnismittel [wie z. B.] von der sinnlichen Wahrnehmung usw. erkannt wird, das ist möglich. Was jedoch von gar keinem Erkenntnismittel erkannt wird, das ist nicht möglich. Wieso soll aber hier der äußere Gegenstand, der eben von allen Erkenntnismitteln je für sich erkannt wird, zufolge der [logi-

---

399 Vgl. oben S. 121f.

400 ŚrīBh I, 123,5–7.

401 Vgl. oben S. 118f.

402 Auch Śaṅkaras Schüler Padmapāda argumentiert in dieser Form; vgl. HACKER 1951,153; BBh 17,1–2.

schen] Alternativen wie Negation und Affirmation usw. nicht möglich sein?" (*pramāṇapravṛttyapravṛttipūrvakau sambhavāsambhavāv avadhāryete na punaḥ sambhavāsambhavapūrvake pramāṇapravṛttyapravṛttī | yad dhi pratyakṣādīnām anyatamenāpi pramāṇenopalabhyate tat sambhavati | yat tu na kenacid api pramāṇenopalabhyate tan na sambhavati | iha tu yathāsvaṃ sarvair eva pramāṇair bāhyo'rtho upalabhyamānaḥ kathaṃ vyatirekāvyatirekādivikalpair na sambhavati*)[403].

In Anwendung dieses Prinzips kann Yāmuna das Erfassen eines bloßen Seins (*sanmātram*) im Sinne Maṇḍanas für unmöglich erklären, wie er dies auch für die Unmöglichkeit eines unbestimmbaren Gegenstandes (*anirvacanīyam*) geltend macht[404]. Auch die advaitische Lehre von der absoluten Identität zwischen Brahma und Ātmā wird von Yāmuna gleicherweise zurückgewiesen[405].

Umgekehrt wird durch diese Methode die absolute Gültigkeit der alltäglichen Erkenntnis, die von allen Menschen bezeugt wird, begründet[406]. Somit wird die von Maṇḍana vorgebrachte Unterscheidung der Erkenntnis als *lokasiddhaḥ* und *pramāṇasiddhaḥ*[407] gegenstandslos.

Yāmuna dürfte auch von einem anderen Gesichtspunkt zu diesem

---

403 ŚBh 471,9–472,1.

404 Vgl. SS vv. 363–382; ŚrīBh II, 6,1–4; vgl. Anm. 286.

405 SS. v. 150; vgl. unten S. 229.

406 Vgl. ŚBh 471,3–4: *ataś caivam eva sarve laukikā upalambhante;* ŚrīBh III, 303,3: *evam eva hi sarve laukikā pratīyanti*; ĀS 116,5: *sarvalokasvasākṣikam etat*; SS vv. 186ff.; vv. 425–426; vgl. Anm 407.

407 Yāmuna setzt hier voraus, daß *lokasiddhaḥ* auf sich allein gestützt nichts begründen kann. Seine Gültigkeit muß immer von einem Erkenntnismittel ausgehen (vgl. Anm. 286). Daher ist *lokasiddhaḥ* zugleich *pramāṇasiddhaḥ*, wenn es um den Beweis der Existenz der Sinneswelt geht; vgl. dazu NM I, 230,16–18: *lokaprasiddher nirmūlāyāḥ pramāṇatvānupapatteḥ, lokaprasiddhir nāma laukikānām avicchinnā smṛtiḥ, smṛtiś ca prabhavantī pramāṇāntaramūlā bhavati na svatantrety avaśyam asyā mūlam anveṣaṇīyam*; ŚBh 474,2–4: *atyantaviruddhāṃ svātmani kriyām abhyupagacchasya agnir ātmānaṃ dahatītivat, aviruddhaṃ tu lokasiddhaṃ svātmavyatiriktena vijñānena bāhyo'rtho'nubhūyata iti necchasya ho pāṇḍityaṃ mahad darśitam*; ŚrīBh III, 303,2–5: *jñātur ātmano'rthaviśeṣavyavahārayogyatāpādanarūpeṇa jñānasyopalabdheḥ / evam eva hi sarve laukikāḥ pratiyanti ghaṭam ahaṃ jānāmīti / evaṃrūpeṇa sakarmakena sakartṛkena jñādhātvarthena sarvalokasākṣikam aparokṣam avabhāsamānenaiva jñānamātram eva paramārtha iti sādhayantaḥ sarvalokopahāsopakaraṇaṃ bhavanti*; vgl. Kāś II, 183,15ff.: *syād etat – bahiḥsantam evārthaṃ laukikā budhyante, parīkṣakās tu yuktito'vasthāpayitum aśaknuvantaḥ svāṃśālambanatvaṃ saṃvidāṃ pratipadyante*... [Uttarapaksa:] *yathā tasyārthasya loke buddhir utpadyate, parīkṣakair api tathaiva vācyam / ayathārthaṃ jñānaṃ hi vadanto na parīkṣakā*

Schluß gelangt sein, nämlich von seinem Seinsverständnis, das mit dem des Maṇḍana nicht übereinstimmt. Denn die Unterscheidung von *lokasiddhaḥ* und *pramāṇasiddhaḥ* geht davon aus, daß es verschiedene Realitätsgrade gibt. Maṇḍana und andere Advaitins stellten in Anlehnung an die Buddhisten eine Seinsabstufung auf[408]: Das absolut Seiende (*paramārthasat*), das absolut Nichtseiende wie eine Himmelsblume (*atyāntasat*) und eine Seinsstufe, die dazwischen liegt, und weder als absolut real noch als absolut irreal bestimmt werden kann (*anirvacanīyam*)[409]. Das charakteristische Merkmal dieser Seinsstufe ist, daß das Sein durch eine spätere Aufhebung wie bei einer Sinnestäuschung beseitigt wird. Nach der Auffassung des Advaita entsprechen dieser Seinsstufe alle empirisch faßbaren Dinge. So räumt Maṇḍana der Wahrnehmung usw. eine relative Gültigkeit ein, insofern sie den empirisch faßbaren Dingen nicht widerspricht. Es handelt sich hier also um eine relative Erkenntnisgültigkeit, da sie sich auf die Dinge bezieht, die aus dem Nichtwissen hervorgehen und daher im erlösenden Wissen aufgehoben werden: „Den [Erkenntnismitteln] wie Wahrnehmung kommt jedoch eine relative Gültigkeit zu, weil [ihr Zeugnis] auf Grund der Festigkeit des Engrammes des [anfanglosen] Nichtwissens zum Welttreiben nicht in Widerspruch steht. Und wenn ein Widerspruch zum Welttreiben entsteht, dann fehlt [ihnen] die Gültigkeit.“ (*pratyakṣādīnāṃ tu vyāvahārikaṃ prāmāṇyam, avidyāsaṃskārasya sthemnā vyavahāraviparyayābhāvāt, yatra ca vyavahāraviparyayo na tatra prāmāṇyam*)[410].

Yāmuna wehrt sich, diese Seinsordnung anzuerkennen. Die Dis-

---

eva bhaveyuḥ / idaṃ tu parīkṣakāṇāṃ tattvaṃ yat pramāṇaśaraṇatvam, asati tasmiṃs tattvahānir eva teṣām ...

[408] Vgl. HACKER 1952,279ff. Sucarita faßt den buddhistischen Standpunkt folgendermaßen zusammen: *nanu tridhaiva tattvaṃ vibhajāmahe satyam asatyaṃ saṃvṛtisatyaṃ ceti / saṃvṛtaṃ hi nātyantam asad bhavati vyavahārāvisaṃvādāt / nāpi sad eva pramāṇāntaravirodhāj jātyādivat / ato na saṃvṛtiḥ pramāṇaṃ nāpramāṇam iti vidhāntaram evedam iti yuktas tadāśrayatayā vyavahāraḥ* (Kāś II, 34,18–21). Zur buddhistischen Lehre von zwei Wahrheiten (*satyadvayavādaḥ*) vgl. CH. LINDTNER, *Atiśa's Introduction to the Two Truths and its Sources*, in: *Journal of Indian Philosophy 9* (1981),161ff.

[409] Vgl. BS 9,11–15: *nāvidyā brahmaṇaḥ svabhāvaḥ, nārthāntaram, nātyantam asatī, nāpi satī; evam eveyam avidyā māyā mithyāvabhāsa ity ucyate / svabhāvaś cet kasyacit, anyo'nanyo vā paramārtha eveti nāvidyā; atyantāsattve khapuṣpasadṛśī na vyavahārāṅgam; tasmād anirvacanīyā / sarvapravādibhiś cettham iyam āstheyā.*

[410] BS 40,11–13.

kussion, auf die Yāmuna ausdrücklich verweist, ist verloren[411]. Es gibt aber andere eindeutige Aussagen von ihm, wo er die These der ‚praktischen Realität' der Dinge ablehnt. Denn alles, was existiert, ist für ihn absolut real, und was nicht real ist, kann nicht existieren. In diesem Sinne sagt er, daß der gesamte Sprachgebrauch, so auch die Brahma-Erfahrung, zugrunde gehen würde, wäre die Welt nicht absolut real[412].

An anderer Stelle führt Yāmuna diesen Ansatz folgenderweise aus: „Ferner, ist die Beschaffenheit der Welt der Unterschiede, die als Fälschlichsein gekennzeichnet ist, [d. h. das Merkmal des Falsch- bzw. Unwirklichseins der Sinneswelt selbst] falsch oder absolut wahr? Die erste Alternative ist einfach nicht [möglich]. Ist sie [= die Beschaffenheit der Unwirklichkeit der Welt] falsch, dann kann man die Realität der Sinneswelt [nur] schwerlich leugnen. Und ist sie absolut wahr, so ergibt sich eben dadurch ein Widerspruch zu deiner Zweitlosigkeit."

(*kiṃca bhedaprapañcasya dharmo mithyātvalakṣaṇaḥ* |
mithyā vā paramārtho vā nādyaḥ kalpo'yam añjasā ||
tanmithyātve prapañcasya satyatvaṃ dūrapahnavam |
pāramārthye'pi tenaiva tavādvaitaṃ vihanyate ||)[413].

Wiederum treffen wir hier das Vorbild Kumārilas an, der gegen die Buddhisten die Unteilbarkeit des Seinsbegriffes lehrte: „Deshalb [muß man annehmen,] daß das, was nicht existiert wirklich nicht existiert. Was aber in Wirklichkeit existiert, das ist real. [Alles] andere ist irreal. So ist die Hypothese von zwei Realitäten (= Realitätsgraden) nicht möglich."

(*tasmād yan nāsti nāsty eva yat tv asti paramārthataḥ* |
tat satyam anyan mithyeti na satyadvayakalpanā ||)[414].

Der Sprachgebrauch, sagt Kumārila andernorts, ist ohne die rea-

---

411 Vgl. SS vv. 70–71.

412 SS vv. 68–69; vgl. oben S. 29.

413 SS vv. 388–391; vgl. dazu ŚV (Nirāl.) vv. 6–7:
saṃvṛter na tu satyatvaṃ satyabhedaḥ kuto'nvayam /
satyaṃ cet saṃvṛtiḥ keyaṃ mṛṣā cet satyatā katham //
satyatvaṃ na ca sāmānyaṃ mṛṣārthaparamārthatayoḥ /
virodhān na hi vṛkṣatvaṃ sāmānyaṃ vṛkṣasiṃhayoḥ //

414 ŚV l. c. v. 10.

len Gegenstände nicht möglich: *kathaṃcin na hi kalpyeta vyavahā-ro'rthavarjitaḥ*[415].

Auch Rāmānuja stützt sich auf dieses Prinzip, wenn er im Vedārthasaṃgraha sowohl Śūnyavādins als auch Māyāvādins das Recht abspricht, sich auf eine Diskussion einzulassen, die zur Darlegung ihres Standpunktes führt, da sie die absolute Realität der Erkenntnismittel nicht akzeptieren. Und er beruft sich dabei ausdrücklich auf die Meinung des Fachkundigen (= Kumārila), dessen Ślokavārttika (Nirāl. 129ab) er in diesem Zusammenhang zitiert: *sarvaśūnyavādino brahmavyatiriktavastumithyātvavādinaś ca svapakṣasādhanapramāṇa-pāramārthyānabhyupagamenābhiyuktair vādānadhikāra eva pratipāditaḥ | adhikāro'nupayatvān na vāde śūnyavādinaḥ | iti |*[416].

Im Śrībhāṣya legt Rāmānuja diesen Standpunkt nochmals dar, wenn er auf die These Maṇḍanas von der Überlegenheit der Offenbarung über die sinnliche Wahrnehmung eingeht[417]. Von besonderer Wichtigkeit im Hinblick auf die Wiedergewinnung der verlorenen Diskussion in der Saṃvitsiddhi ist aber seine Widerlegung von Maṇḍanas These der praktischen Realität (*vyāvahārikam*) bzw. Unterscheidung zwischen *lokaprasiddhaḥ* (= *āpātapratītisiddhaḥ*) und *pramāṇasiddhaḥ* (= *yuktibhir nirūpitaḥ*), die Rāmānuja im oben genannten Zusammenhang folgenderweise vorträgt: „[Einwand:]

---

[415] Ibid. v. 175cd.

[416] VAS 102,12ff. = ŚV(Nirāl.) v. 129ab: *sarvathā sadupāyānāṃ vādamārgaḥ pravartate*; vgl. ŚrīBh III, 247,11f. Kumārila hatte diese Argumente gegen die Buddhisten gerichtet. Ähnlich argumentiert der Digambara–Autor Samantabhadra (600 Jhdt.n.Chr.) in seiner Āptamīmāṃsā (vv. 26–27) gegen die Advaitins:

> *hetor advaitasiddhiś ced advaitaṃ syād dhetusādhyayoḥ |*
> *hetunā ced vinā siddhir dvaitaṃ vānmātrato na kim ||*
> *advaitaṃ na vinā dvaitād ahetur iva hetunā |*
> *saṃjñinaḥ pratiṣedho na pratiṣedhyād ṛte kvacit ||*

So auch Umveka (vgl. ŚVṬĪ 196,15–16; 224,14ff.; 230,13ff.). Umgekehrt wurden diese Argumente zum Teil auch von den Advaitins in ihrer Auseinandersetzung mit den Śūnyavādins herangezogen und überraschenderweise auch gegen die Realisten ins Treffen geführt; vgl. z. B. (IS 192,3–9): *sā ca māyā anirvacanīyatvād aśūnyatvād asti nāstīti ca vyavahartuṃ śakyate | śūnye tu śūnyatvād eva buddhiśabdānāṃ na pravṛttiḥ kathaṃcid api yujyate | ataś śūnyavādinaḥ kriyākārakavyavahārasya pramāṇaprameyavyavahārasya ca sarvasya lopaḥ prasajyate, sarvasatyavādīnām iva | ātmavādinas tv ātmano'vyavahāryatve'pi svamāyāvaśenaiva tasya sarvavyavahārāspadatvopapatter na vyavahāralopaprasaṅgaḥ.*

[417] ŚrīBh I,175,9–176,3.

Auch für uns gibt es nur einen Sprachgebrauch von Erkenntnisgegenständen und Erkenntnismitteln, dem eine praktische Realität zukommt. [Entgegnung:] Was heißt wohl ‚praktische Realität'? Antwortet man [darauf,] daß [sie darin besteht,] daß [etwas,] das auf Grund der [zuerst] eintretenden Erkenntnis erwiesen ist, [später aber] auf Grund der logischen Deduktion als nicht so zuverlässig betrachtet wird, was bezweckt man [also] damit, da man die Tätigkeit eines Erkenntnismittels als nicht gegeben annimt – wenn doch durch die Tatsache, daß ein Erkenntnismittel [wirkt, ein Ding] erkannt wird – weil [diese Erkenntnis später] bloß auf Grund der logischen Deduktion aufgehoben wird?" (*nanu vyāvahārikapramāṇaprameyavyavahāro'smākam apy asty eva | ko'yaṃ vyāvahāriko nāma? āpātapratītisiddho yuktibhir nirūpito na tathāvasthita iti cet, kiṃ tena prayojanam? pramāṇatayā pratipanne'pi yauktikabādhād eva pramāṇakāryābhāvāt*)[418].

Rāmānuja geht hier davon aus, daß ein Erkenntnismittel, das nicht absolut real ist, gar nicht in Aktion treten kann. Läßt es aber einen Gegenstand erkennen, so müssen das Erkenntnismittel und die von ihm bewirkte Erkenntnis absolut real sein. Sachlich entspricht dies der Stellungnahme, die wir oben für Yāmuna postuliert haben[419].

Eine solche Übereinstimmung zwischen Yāmuna und Rāmānuja läßt sich auch bei der Zurückweisung der These von *śāstrabalīyastvam*, daß nämlich die Offenbarung im Konfliktfall das Zeugnis der Wahrnehmung aufheben und sich somit als stärkeres bzw. überlegenes Erkenntnismittel erweise, vermuten. Diese Diskussion ist jedoch zur Gänze verloren. Yāmuna hatte diese These sowie das Faktum einer Sinnestäuschung als mögliche Einwände gegen die Gültigkeit der direkten Wahrnehmung unmittelbar in Anschluß an den diesbezüglichen Beweis behandelt[420].

Rāmānuja trägt die besagte gegnerische Ansicht sowie ihre Widerlegung jeweils in Mahāpūrvapakṣa und Mahāsiddhānta vor. Es

---

[418] ŚrīBh I, 176,4–6.

[419] Vgl. oben S. 154f.; vgl. dazu ŚV(Nirāl.) vv. 155–157:

nanu lokaprasiddhena pūrvam etena hetunā |
sādhyasiddhir mămāpy āsīt paramārtho'sya nāstitā ||
yo'dhunā paramārthena nāstīty evaṃ prakāśate |
kathaṃ pūrvam asāv āsīd asaṃś cet sādhanaṃ katham ||
sādhanaṃ ced avaśyaṃ ca paramārthāstitā bhavet |

vgl. auch Kāś II,78,20ff.

[420] Vgl. Mesquita 1984,214–215; Mesquita 1988,53–56f.

scheint aber, daß Rāmānuja die ursprüngliche diesbezügliche Erörterung in der Saṃvitsiddhi um einiges erweitert hat, indem er darin zusätzlich auch noch die Ansicht Prakāśātmans berücksichtigt hat. Yāmuna hingegen geht in der Saṃvitsiddhi auf Prakāśātman nicht ein[421].

Auffallend ist, daß Rāmānuja im Pūrvapakṣa ausschließlich die von Maṇḍana vertretene Auffassung wiedergibt. Im Uttarapakṣa hingegen richtet er sein Augenmerk auf den Standpunkt Prakāśātmans, der im Gegensatz zu Maṇḍana der Meinung ist, daß die Offenbarung genauso wie die anderen Erkenntnismittel ein Produkt der *avidyā* ist[422]. Und diese Diskrepanz könnte darauf hinweisen, daß Rāmānuja tatsächlich das Material aus der Saṃvitsiddhi übernommen hat, die – wie bereits erwähnt – Prakāśātman nicht zu kennen scheint.

Für die Darlegung der Stellungnahme Yāmunas zur These der Überlegenheit der Offenbarung werden daher im folgenden nur solche Argumente herangezogen, die Rāmānuja gegen die Ansicht Maṇḍanas vorträgt.

4. Nachweis der Widerspruchslosigkeit von Wahrnehmung und Offenbarung

Die These von der Überlegenheit der Offenbarung (*śāstrabalīyastvam*) im Falle eines Konfliktes mit der sinnlichen Wahrnehmung wird von Maṇḍana in seiner Brahmasiddhi im Anschluß an die beiden anderen, die jeweils die Überlegenheit der sinnlichen Wahrnehmung bzw. die Gleichwertigkeit von Pratyakṣa und Śabda vertreten[423], vorgetragen[424]. Die Tatsache, daß Maṇḍana diese These der Überlegenheit der Offenbarung zuletzt behandelt und darin die beiden anderen Theorien widerlegt, könnte man als Grund dafür ansehen, daß er sie als seinen Siddhānta betrachtet. Man ist aber überrascht festzustellen, daß er unmittelbar nach dieser Diskussion einen weite-

---

421 Vgl. Mesquita 1988, 60–61.

422 Vgl. Mesquita 1984, Anm. 28.

423 BS 39,10–25: *tatra kecid āhuḥ – pratyakṣādivirodhe āmnāyasya daurbalyaṃ sāpekṣatvāt...*; 40,12: *anye manyante – tulyabalatve'pi pratyakṣādīnām āmnāyasya ca vastuni vikalpānupapatter virodhe saṃśāyaḥ syāt, tenāvirodha upapādyata iti.*

424 BS 40,3–44,9. Bhartṛhari war es, der zuerst das Zeugnis der direkten Wahrnehmung zugunstens der Offenbarung relativiert hatte, vgl. Biardeau 1965,40.

ren dazu im Gegensatz stehenden Standpunkt einnimmt und ausführlich darlegt[425], daß es keinen Widerspruch zwischen den beiden Erkenntnismitteln gibt. Da Maṇḍana diese Ansicht gleich im Einleitungsvers des Tarkakāṇḍa formuliert: *naikatva āgamas tena pratyakṣeṇa virudhyate*[426], darf man wohl annehmen, daß es sich hier um seine eigene Meinung handelt.

Bei näherem Zusehen stellt sich aber heraus, daß diese scheinbar gegensätzlichen Lehren bloß als zwei Aspekte eines einzigen Standpunktes zu betrachten sind, wie unten zu sehen sein wird.

a) Zu Maṇḍanas These der überlegenen Maßgeblichkeit der Offenbarung

Diese Lehre vom *śāstrabalīyastvam*, die später auch von Prakāśātman mit einigen Änderungen übernommen wurde[427], wird im folgenden in wesentlichen Punkten festgehalten. Ihr tragender Gedanke ist, daß nur die Offenbarung die höchste Wirklichkeit erkennen läßt: *āmnāyāt tattvadarśanam*[428], während die sinnliche Wahrnehmung usw. nur die bedingt wirkliche Sinneswelt erfassen kann: *pratyakṣādīnāṃ tu vyāvahārikaṃ prāmāṇyam*; *vyavahārāvisaṃvādilakṣaṇaṃ tu tat, na tattvāvedanalakṣaṇam*[429]. Maṇḍana verdeutlicht dies folgenderweise: „Weil die sinnliche Wahrnehmung usw. aber mit dem Welttreiben übereinstimmen, kann man [bei ihnen] keinen Fehler annehmen, der eine Erkenntnis verursacht, die dem Welttreiben widerspricht. Denn diesen [Fehler] könnte man [nur] wegen des Widerspruches mit dem Welttreiben annehmen. Da die Erkenntnis der höchsten Wirklichkeit hingegen, sofern sie aus der vedischen Offenbarung hervorgeht, im Gegensatz [zur sinnlichen Erkenntnis] steht, wird [bei dieser] eine Verbindung mit dem anfanglosen Nichtwissen als Grund [dafür] angenommen, daß die [Wahrnehmung usw.] nur [die Erkenntnis] der höchsten Wirklichkeit vereiteln. Aus diesem Grund [entsteht] kein Widerspruch, wenn man sagt, daß [bei der Wahrnehmung usw.] sowohl eine Verbindung mit dem [metaphysischen] Fehler (= Nichtwissen) als auch eine [bedingte] Erkenntnisgültigkeit gegeben ist." (*pratyakṣādīnāṃ tu vyavahāre saṃvādān na śakyate vyavahāravisaṃvādijñānahetur doṣaḥ kalpayitum*; *vyavahāraviparyayād dhi sa kal-*

---

[425] BS 40,10ff.

[426] BS 39,4.

[427] Vgl. PañcPV 351,6ff.; 730,4ff.; Cammann 1965, 130–131.

[428] BS 41,3; 40,17; PañcPV 352,5–7; 730,18.

[429] BS 40,11–12; 41,2; PañcPV 352,1; vgl. Cammann 1965,142ff.

pyeta; tattvadarśanasya tu vedāntajanmanaḥ pratipakṣatvāt tattvapratihatimātrahetur evānādir avidyānubandhaḥ kalpyate; tato doṣānubandhaḥ prāmāṇyaṃ ceti na virodhaḥ)[430].

Der hier implizierte, aber nicht ausdrücklich ausgesprochene Gedanke ist, daß die Offenbarung im Gegensatz zur Wahrnehmung usw. keine Verbindung mit dem anfanglosen Nichtwissen hat. Dies bringt Maṇḍana in anderem Zusammenhang sehr deutlich zum Ausdruck: „Es wird gesagt, daß die [Lehre von der Nicht-Realität der Sinneswelt] nur von der Offenbarung abhängig ist, weil die sinnliche Wahrnehmung usw., insofern sie mit dem Nichtwissen vermengt sind, [das Brahma] nicht in einer Form, die von jeder Unterschiedlichkeit frei ist, zu ihrem Gegenstand machen können, da das Verschwinden der Unterschiedlichkeit [nur] durch die Offenbarung erkennbar ist." (*āmnāyaikanibandhanatvaṃ tu tasyocyate, pratyakṣādīnām avidyāsambinnatvāt pratyastamitanikhilabhedena rūpeṇāviṣayīkaraṇād bhedapratyastamayasyāmnāyāvagamyatvād iti*)[431].

Dies besagt nun, daß die Offenbarung und die weltlichen Erkenntnismittel jeweils zwei verschiedene Geltungsbereiche haben, nämlich den der höchsten Wirklichkeit (*tattvam* = *abhedaḥ*) und den des Welttreibens (*vyavahāraḥ* = *bhedaḥ*). Die Wahrnehmung ist zwar auf ihrer Ebene gültig, kann aber wegen ihrer Verbindung mit dem Nichtwissen, die höchste Wirklichkeit nicht erkennen lassen. Die Offenbarung hingegen tut dies und kann damit in Widerspruch zur Wahrnehmung geraten (*tadvirodhāt teṣu tattvadarśanāṃśam evāpabādhate na vyavahārāvisaṃvādāṃśam*)[432].

Der Grund für ihre Überlegenheit liegt darin, daß sie nicht dem Nichtwissen verhaftet ist und infolgedessen die höchste Wirklichkeit offenbaren kann. Damit scheint Maṇḍana der Offenbarung eine höhere ontologische Seinsweise gegenüber den übrigen Erkenntnismitteln einzuräumen[433].

Ihre Überlegenheit wird weiters auch dadurch begründet, daß die Offenbarung im Gegensatz zur Wahrnehmung über alle Fehler erhaben ist: „Und daher, weil für die Wahrnehmung usw. verschiedene Irrtumsursachen möglich sind, und weil die Offenbarung [hingegen]

---

430 BS 40,15–19; PañcPV 730,18–731,3.

431 BS 157,19–21.

432 BS 41,3–4.

433 Möglicherweise deutet Maṇḍana damit an, daß *śabdaḥ* (= Offenbarung) mit Brahma identisch ist (*śabdabrahmavādaḥ*); vgl. THRASHER 1978a,156ff.

frei von jedem Zweifel eines Fehlers ist, da, wenn im [Offenbarungs]wort ein Verkünder-Wesen fehlt, die Fehler, die auf ein Verkünder-Wesen zurückgehen, nicht möglich sind ... entsteht auf diese Weise bei einer urheberlosen Offenbarung überhaupt keine Befürchtung eines Fehlers." (*itaś ca – sambhavadvicitravibhramahetutvāt pratyakṣādīnām, vigalitanikhiladoṣāśaṅkatvāc cāmnāyasya; puruṣāśrayāṇāṃ hi doṣāṇāṃ śabde puruṣābhāve'sambhavāt ... na tv evam apauruṣeye śabde kācid doṣāśaṅkā*)[434]. In Fortführung dieser Argumentation sagt er dann: „Wäre aber ein Fehler in der Offenbarung möglich, so [könnte sie] nicht auf Grund der Mitteilung der höchsten Wirklichkeit erkenntnisgültig [bleiben, auch] nicht auf Grund der Übereinstimmung mit dem Welttreiben, weil [ihr] Gegenstand nicht sichtbar ist und weil man beobachtet, daß eine Erkenntnis, die dem Welttreiben widerspricht, wegen der Fehler [wie im Falle einer Sinnestäuschung entsteht]." (*śabde tu sambhāvitadoṣe na tattvāvedanena prāmāṇyam; na vyavahārāviparyayeṇa; adṛṣṭārthatvād doṣebhyo vyavahāravisaṃvādijñānadarśanāc ca*)[435].

Aus dem bisher Gesagten können wir folgende Schlüsse für die Überlegenheit der Offenbarung ziehen: Sie überragt alle weltlichen Erkenntnismittel, weil sie erstens nicht mit dem Nichtwissen in Berührung kommt, weil sie zweitens urheberlos und daher erhaben über alle Fehler ist und, weil sie drittens einen Gegenstand hat, der nicht sichtbar ist bzw. außerhalb der Sphäre des Welttreibens liegt, und so nur der Offenbarung zugänglich bleibt.

Somit stellt Maṇḍana klar, daß die Offenbarung eine Erkenntnis erzeugt, die absolut gültig ist und die sich daher im Falle eines Widerspruches mit den weltlichen Erkenntnismitteln weder aufheben noch anders interpretieren läßt (*anavakāśatvam*)[436]. Umgekehrt muß aber jede ihr widersprechende Erkenntnis aufgehoben (*bādhyatvam*) oder als ungültig erklärt werden (*sāvakāśatvam*) wie im Falle der sinnlichen Täuschung ‚Silber statt Muschel' (*na ca pratyakṣādīnām ananyagatitvād anavakāśatvam; yā khalu rajatādivibhramāṇāṃ*

---

434 BS 40,7–11; PañcPV 730,8ff.

435 BS 40,13–15.

436 Es wird hier eindeutig mit den Prinzipien gearbeitet, die von der Mīmāṃsā in der Opferwissenschaft angewandt wurden, um die gegenseitig widersprüchlichen Opferweisungen harmonisieren zu können; vgl. MSū VI.5.54 mit Śabarabhāṣya und TV; Mīmāṃsākoṣa (ed. Kevalanandasaraswati 1966) Part VII, s. v. *sāvakāśaniravakāśayor niravakāśo balīyān iti nyāyaḥ* ...

gatiḥ sā teṣām api)[437]. Diese Aufhebung gilt jedoch nur für jenen Teil der Erkenntnis, der mit der höchsten Wirklichkeit (*tattvadarśanāṃśam*) in Widerspruch steht, nicht aber für den Teil, der mit dem Welttreiben übereinstimmt (*na vyavahārāvisaṃvādāṃśam*)[438].

Es ist nicht unwichtig zu wissen, daß der genannte Widerspruch zu der Offenbarung nur auf jener Stufe der Wahrnehmung entstehen kann, in der ihre Wertigkeit nicht kritisch untersucht wurde (*āpātapratītisiddhaḥ / lokasiddhaḥ*). Die logisch untersuchte Wahrnehmung (*yuktibhir nirūpitaḥ / pramāṇasiddhaḥ*)[439] hingegen läßt einen solchen Widerspruch gar nicht aufkommen. Denn diese erfaßt nur das *sanmātram = abhedaḥ*[440]. Aus diesem Grund kann Maṇḍana neben dem *śāstrabalīyastvam* auch noch die These aufstellen, daß es zwischen der Offenbarung und der Wahrnehmung in bezug auf die Lehre der Identität bzw. höchsten Wirklichkeit keinen Widerspruch gibt: *naikatva āgamas tena pratyakṣeṇa virudhyate.*

Daß Maṇḍana diese beiden Grundsätze in einer Lehre vereinigt hat, bezeugt auch Śaṅkhapāni in seinem Kommentar zur Brahmasiddhi, wenn er die These vom *śāstrabalīyastvam* ausdrücklich Maṇḍana zuschreibt: *evaṃ matadvayena virodhaparihāraprayojanam uktvā svamatam āha – anyad iti*[441].

Für die Beurteilung dieser Lehre ist es interessant, zu wissen, daß Maṇḍana trotz seiner Annahme, daß die direkte Wahrnehmung nur das *sanmātram* erfaßt, an dem Grundsatz festhält, daß nur die Offenbarung die höchste Wirklichkeit (*tattvam = brahma*) mitteilen

---

437 BS 42,23–24. Der Gegner Maṇḍanas hatte diese These im umgekehrten Sinn vertreten, daß nämlich das Zeugnis der sinnlichen Wahrnehmung absolut gültig ist (*anavakāśatvam*), das der Offenbarung jedoch nicht, da sich ihre Mitteilung über die Identität anders interpretieren ließe, nämlich im sekundären Sinn: *api ca sāvakāśānavakāśayor anavakāśaṃ balavat; anavakāśaś ca pratyakṣādayaḥ sāvakāśás tu śabdo gauṇenārthena* ... (BS 39,14f.). Maṇḍana weist dies unter anderem mit dem Hinweis zurück, daß die Wörter wegen ihrer naturgegebenen Verbindung (*autpattikaḥ*) einen primären Sinn erkennen lassen (BS 41,17ff.).

438 Vgl. Anm. 432; PañcPV 352,1ff.; 730,21ff.; vgl. Cammann 1965,142.

439 Vgl. oben S. 119f.

440 Vgl. oben S. 120f.

441 Brahmasiddhivyākhyā, in: BS 110,1; 127,6ff. Rāmānuja dürfte in seinem Referat diesem Umstand Rechnung tragen, wenn er folgenderweise fortfährt (ŚrīBh I, 96,3–4): *pratyakṣādivirodhe ca śāstrasya balīyastvam uktam / sati ca virodhe balīyastvaṃ vaktavyam; virodha eva na dṛśyate, nirviśeṣasanmātrabrahmagrāhitvāt pratyakṣasya.*

kann[442]. Denn *sanmātram* ist für ihn nicht identisch mit *brahma*, da das *sanmātram* dem Bereich des Nichtwissens angehört[443].

Damit übernimmt Maṇḍana die in der Mīmāṃsā vertretene Lehre von zwei Erkenntnismitteln mit zwei verschiedenen Geltungsbereichen. Wahrnehmung ist das Erkenntnismittel für sichtbare Dinge und die Offenbarung für nicht sichtbare[444]. Ein Grundsatz, den sich auch Yāmuna zu eigen gemacht hat[445].

Rāmānujas Referat dieses Pūrvapakṣa, das möglicherweise auf Yāmuna zurückgeht[446], ist eine getreue Wiedergabe der Lehre Maṇḍanas: *nanu ca sakalabhedanivṛttiḥ pratyakṣaviruddhā katham iva śāstrajanyavijñānena kriyate? kathaṃ vā ‚rajjur eṣā na sarpaḥ' iti jñānena pratyakṣaviruddhā sarpanivṛttiḥ kriyate? tatra dvayoḥ pratyakṣayor*[447] *virodhaḥ, iha tu pratyakṣamūlasya śāstrasya pratyakṣasya ceti cet – tulyayor virodhe vā kathaṃ bādhyabādhakabhāvaḥ*[448] *pūrvotta-*

---

[442] Vgl. Biardeau 1969,54: „... mais il reste vrai que la perception ne suffit pas à nous faire connaître cet être pur comme béatitude essentielle, comme but suprême de l'homme."

[443] Vgl. Biardeau 1969,72: „On ne peut donc pas dire que Brahman soit *sattā*, mais seulement que ce *mahāsāmānya*, ce genre qui englobe la totalité de ce qui existe, pointe vers une réalité plus profonde et qui la sous-tend, mais qui échappe à l'ordre empirique."

[444] Vgl. Biardeau 1969,192: „On notera que ce *Tarkakāṇḍa* a un contenu qui le rapproche du *Tarkapāda* du ŚBh. Alors que Śabara, en pur Mīmāṃsaka, nie toute possibilité de conflit entre perception et Parole en établissant l'une maîtresse du visible et l'autre maîtresse de l'invisible, Maṇḍana oppose *vyavahāra* et *tattva*, sous lesquels on n'a aucune difficulté à rétablir les termes *bheda* et *abheda*. Le *bheda* est vrai à son plan, mais l'*abheda* représente la vérité ultime. L'équilibre entre le visible et l'invisible n'est donc plus possible: la Révélation peut contredire la perception, et c'est elle alors qui a raison, mais á son plan de réalité."

[445] Vgl. unten S. 177ff. Auch im Advaitavedānta wird dieser Grundsatz anerkannt: „Ein Widerspruch der aus der Offenbarung gewonnenen Erkenntnis zur weltlichen Erfahrung, d. h. zu dem durch die weltlichen Erkenntnismittel gewonnenen Wissen *kann* nicht bestehen, weil die weltlichen Erkenntnismittel ganz andere Dinge zum Gegenstand haben als die Offenbarung ... Ebensowenig wie die Erkenntnis des Gesichtssinnes einen Widerspruch zu der des Gehörs enthalten kann – denn beide haben getrennte Bereiche –, ebensowenig kann die aus der Offenbarung kommende Erkenntnis der Erkenntnis der Sinne widersprechen ... Die einzelnen Erkenntnismittel haben ihre festen Grenzen, und was durch eines von ihnen erkannt wird, ist keinem anderen zugänglich." (Hacker 1951,83); vgl. Anm. 494.

[446] Vgl. Anmn. 290; 323.

[447] Vgl. BS 39,10ff.

[448] Vgl. BS 40,1–2.

rayor duṣṭakāraṇajanyatvatadabhāvābhyām iti cet śāstrapratyakṣayor api samānam etat / etad uktaṃ bhavati – bādhyabādhakabhāve tulyatvasāpekṣatvanirapekṣatvādi na kāraṇam; jvālābhedānumānena pratyakṣopamardāyogāt / tatra hi jvālaikyaṃ pratyakṣenāvagamyate / evaṃ ca sati dvayoḥ pramāṇayor virodhe yat sambhāvyamānānyathāsiddhi, tat bādhyam, ananyathāsiddham anavakāśam itarad bādhakam iti bādhyabādhakabhāvanirṇaya iti / tasmād anādinidhanāvicchinnasampradāyāsambhāvyamānadoṣagandhānavakāśaśāstrajanyanirviśeṣanityaśuddhamuktabuddhasvaprakāśacinmātrabrahmātmabhāvāvabodhena sambhāvyamānadoṣasāvakāśapratyakṣādisiddhavividhavikalparūpabandhanivṛttir yuktaiva / sambhāvyate ca vividhavikalpabhedaprapañcagrāhipratyakṣasyānādibhedavāsanādirūpāvidyākhyo doṣaḥ...[449].

b) Yāmunas Widerlegung des *śāstrabalīyastvam*

In Antwort auf den oben besprochenen Pūrvapakṣa dürfte Yāmuna seine Kritik in erster Linie gegen die Hauptthese Maṇḍanas, nämlich daß die Wahrnehmung im Gegensatz zur Offenbarung dem ontologischen Fehler unterliegt, gerichtet haben. Auch Rāmānuja beschäftigt sich damit gleich am Beginn seines Uttarapakṣa, den er folgenderweise einleitet: „Zu der Behauptung, daß die Offenbarung [das Zeugnis] der sich auf alle (= unendliche)[450] Unterschiede stützenden sinnlichen Wahrnehmung aufhebt, da [bei ihr] auf Grund [ihres] Beruhens auf einem Fehler eine falsche Erkenntnis möglich ist, soll man fragen, worin dieser Fehler besteht, kraft dessen die sinnliche Wahrnehmung [etwas] Falsches erweist. Sagt man, daß [dieser] Fehler nämlich eben der anfangslose Eindruck der Unterschiedlichkeit ist, [so soll man weiter fragen,] ob die Tatsache, daß der anfangslose Eindruck der Unterschiedlichkeit die Ursache der falschen Erkenntnis eines Dinges ist, das [so] wie es ist, existiert, früher in [irgendeinem] anderen Fall beobachtet wurde wie [der Fehler] der Timira-Augenkrankheit usw. Antwortet man [darauf], daß [dies] nur auf Grund des Widerspruches mit der Offenbarung erkannt wird, so trifft das nicht zu, wegen des [logischen Fehlers] des gegenseitigen Voraussetzens. [Denn] die Festellung, daß der [anfangslose] Eindruck der Unterschiedlichkeit ein Fehler ist, erfolgt unter der sicheren Annahme, daß die Offenbarung einen Gegenstand erkennen läßt, der von jeder Unterschiedlichkeit frei ist, und die Gewißheit, daß die

---

449 ŚrīBh I, 83,5–85,4.

450 Vgl. dazu VAS 102,17: *kena doṣeṇa jātaṃ pratyakṣam anantabhedaviṣayam iti vaktavyam.*

Offenbarung einen absolut unterschiedslosen Gegenstand mitteilt, entsteht [wiederum] unter der Überzeugung, daß der [anfanglose] Eindruck der Unterschiedlichkeit ein Fehler ist.“ (*yad uktaṃ doṣamūlatvenānyathāsiddhisambhāvanayā sakalabhedāvalambipratyakṣasya śāstrabādhyatvam iti ko'yaṃ doṣa iti vaktavyaṃ yanmūlatayā pratyakṣasyānyathāsiddhiḥ / anādibhedavāsanaiva hi doṣa iti cet bhedavāsanāyās timirādivad yathāvasthitavastuviparītajñānahetutvaṃ kim anyatra jñātapūrvam / anenaiva śāstravirodhena jñāsyata iti cen, na; anyonyāśrayaṇāt, śāstrasya nirastanikhilaviśeṣavastubodhitvaniścaye sati bhedavāsanāyā doṣatvaniścayaḥ, bhedavāsanāyā doṣatvaniścaye sati śāstrasya nirastanikhilaviśeṣavastubodhitvaniścaya iti*)[451].

Rāmānuja kreidet seinem Gegner an, daß hier eine willkürliche Einschränkung der Erkenntnisgültigkeit der sinnlichen Wahrnehmung usw. in bezug auf die äußeren Gegenstände vorliegt, weil die Annahme ihrer ontologischen Falschheit nicht näher begründet werden kann, wie z. B. die Falschheit der sinnlichen Täuschung wegen der Augenkrankheit. In dieser ganz gezielten Argumentation trifft Rāmānuja den Kern der Aussage Maṇḍanas und deckt dabei den gravierenden logischen Fehler einer *petitio principii* auf. Denn Maṇḍana hatte die Überlegenheit der Offenbarung selbst durch eine Offenbarung (*āmnāyād eva*) begründet: *śakyo hy āmnāyād evānādir avidyāsaṃskāro vibhramahetuḥ pratyakṣādiṣu sambhāvayituṃ niścetuṃ ca dehātmābhimāna iva*[452].

Die Bedeutung dieses Gedankenganges kann man nur dann voll erfassen, wenn man dazu eine weitere, damit eindeutig eine gedankliche Einheit bildende Überlegung Rāmānujas heranzieht[453]. In der Darlegung Rāmānujas wird diese jedoch durch eine Polemik gegen

---

451 ŚrīBh I, 174,3–175,4.

452 BS 40,9–10; PañcPV 730,8ff.

453 Dies ergibt sich aus dem Umstand, daß darin die Auffassung Maṇḍanas widerlegt wird. Das dazwischen eingeschobene Argument (175,4–9) setzt hingegen die Meinung Prakāśātmans voraus, daß nämlich sowohl die Wahrnehmung als auch die Offenbarung ontologisch falsch sind (*mithyātvam* vgl. Anm. 427). Rāmānuja dürfte dagegen auch in folgenden Stellen polemisieren: 176,7–177,6; 182,2–183,1. Wenn meine Annahme zutreffen sollte, daß Rāmānuja hier mit dem Material aus der Saṃvitsiddhi gearbeitet hat (vgl. Anmn. 290; 323, oben S. 159), so mußte er die ursprüngliche Diskussion Yāmunas, der in seiner Saṃvitsiddhi Prakāśātman noch nicht kennt (vgl. MESQUITA 1988, 60f.), durch die Polemik gegen ihn ausgebaut bzw. ergänzt haben. Eine Vermengung der Ansichten Maṇḍanas und Prakāśātmans kann man auch im VAS (102,15ff.) feststellen.

den Standpunkt Prakāśātmans unterbrochen. Darin wird festgehalten, daß es gar kein Erkenntnismittel gibt, mit dessen Hilfe man die besagte These Maṇḍanas nachweisen könnte: „Ferner, aus welchem [Erkenntnismittel] erfährst du, daß diese Offenbarung[454] [jeden] möglichen Fehler [ausschließt], die Wahrnehmung hingegen nicht? Zunächst läßt das selbstbewußte Bewußtsein, das von jeder Unterschiedlichkeit frei ist, einen derartigen Gegenstand nicht erkennen, weil es gegen jeden Gegenstand gleichgültig ist und weil es in bezug auf die Offenbarung unparteiisch ist; auch nicht die sinnliche Wahrnehmung, weil [sie deiner Meinung nach] einen falschen Gegenstand [mitteilt], da [sie] auf einem [ontologischen] Fehler beruht. Auch nicht die übrigen Erkenntnismittel, weil [sie] gerade diese [Wahrnehmung] zur Voraussetzung haben. Daher ist die von dir angenommene Anschauung nicht erwiesen, da ein Erkenntnismittel für ihren Nachweis nicht zugestanden werden kann." (*api ca – idaṃ śāstram asambhāvyamānadoṣam, pratyakṣaṃ tu sambhāvyamānadoṣam iti kenāvagataṃ tvayā? na tāvat svataḥsiddhā nirdhūtanikhilaviśeṣānubhūtir imam artham avagamayati, tasyāḥ sarvaviṣayaviraktatvāt, śāstrapakṣapātavirahāc ca / nāpy aindriyakapratyakṣaṃ doṣamūlatvena viparītārthatvāt / tanmūlatvād eva nānyāny api pramāṇāni / ataḥ svapakṣasādhanapramāṇānabhyupagamān na svābhimatārthasiddhiḥ*)[455].

Fällt nun der Grund für die Überlegenheit der Offenbarung weg, so stellt sich damit auch nicht die Frage nach der Aufhebung bzw. Unglaubwürdigkeit (*aprāmāṇyam*) der Wahrnehmung. Denn die Offenbarung kann das Zeugnis der Wahrnehmung nicht aufheben oder als ungültig erklären, da es zwischen den beiden nie zu einem Verhältnis von *bādhakatvam/bādhyatvam* bzw. *anavakāśatvam/sāvakāśatvam* kommen kann.

Offenbarung und Wahrnehmung sind in ihrem eigenen Bereich unbedingt gültig (*anavakāśatvam*) und können sich daher nicht gegenseitig aufheben, wie dies unten noch näher erklärt werden wird.

Mit größter Wahrscheinlichkeit hat Rāmānuja diesen Gedanken in Yāmunas Saṃvitsiddhi vorgefunden[456]. Der weitere Verlauf dieser Erörterung im genannten Werk läßt sich aber in der diesbezüglichen

---

[454] Meiner Übersetzung liegt die Lesung von der Poona-Ausgabe (I, 83,7) zugrunde: *api ca – idaṃ śāstram asambhāvyamānadoṣam* ... Die von mir sonst zitierte Ausgabe liest hingegen: *api ca – idaṃ śāstram; etac cāsambhāvyamānadoṣam* ...

[455] ŚrīBh I, 175,9–176,3.

[456] Vgl. Anm. 446.

erweiterten Diskussion Rāmānujas nicht mehr genau erkennen, da sie in die breite Polemik Rāmānujas gegen Prakāśātman eingebettet ist. Für diese Annahme spricht vor allem die Tatsache, daß wir in den Ausführungen Rāmānujas wertvolle Aussagen finden, die ursprünglich eindeutig gegen die Ansichten Maṇḍanas gerichtet waren. Um zu diesen gelangen zu können, müssen wir kurz auf den äußeren Rahmen dieser Erörterung eingehen.

Prakāśātman vertrat die Ansicht, daß sämtliche Erkenntnismittel dem Bereich der *avidyā* zuzurechnen sind. Die Offenbarung war für ihn dennoch allen anderen Erkenntnismitteln überlegen, weil nur sie imstande war, einen Gegenstand erkennen zu lassen, der außerhalb der Sphäre des weltlichen *vyavahāraḥ* lag, nämlich das absolut reale, ‚zweitlose' Brahma (*...vyavahārātītaviṣayatvād*)[457].

Dem hielt Rāmanuja entgegen, daß ein illusorisches Erkenntnismittel nur illusorische Gegenstände erkennen lassen kann. Da sowohl die Erkenntnis der Sinneswelt als auch die des Brahma gleichermaßen auf Grund der illusorischen Erkenntnismittel zustande kommen, müssen auch ihre Gegenstände in der Sphäre der Illusion bleiben, weil sonst eine Vermischung von verschiedenen Seinsordnungen[458] bzw. ein unerlaubter Sprung aus dem Illusorischen zur realen Ordnung stattfinden würde: *idaṃ tato mithyābhūtaśāstrajanyajñānasya mithyātvena tadviṣayasyāpi brahmaṇo mithyātvam, yathā dhūmabuddhyā gṛhītabāṣpajanyāgnijñānasya mithyātvena tadviṣayasyāgner api mithyātvam*[459].

Damit folgte Rāmānuja den Gedankengängen Kumārilas, die er folgenderweise gegen die Buddhisten vorgetragen hatte:

sādhanaṃ ced avaśyaṃ ca paramārthāstitā bhavet /
siddhir nāparamārthena paramārthasya yujyate //
na dṛṣṭā śaśaśṛṅgādeḥ samyagjñānādihetutā /
bāṣpādināpy adhūmena mithyā vahnyādibodhanam //

---

457 PañcPV 730,18ff.

458 Prakāśātman unterschied drei Realitätsgrade: das Absolut-Reale (*paramārthasat*), das Praktisch-Reale (*vyāvahārikasat*) und das Scheinbar-Reale (*prātibhāsikasat*); vgl. Cammann 1965,46ff.

459 ŚrīBh I, 182,5–6. Rāmānuja faßt die Ergebnisse seiner Ausführungen in drei Schlüsse zusammen, die den Zweck haben, den Standpunkt Prakāśātmans *ad absurdum* zu führen: *bhavanti cātra prayogāḥ – vivādādhyāsitaṃ brahma mithyā, avidyāvata utpannajñānaviṣayatvāt prapañcavat / brahma mithyā, jñānaviṣayatvāt, prapañcavat / brahma mithyā, asatyahetujanyajñānaviṣayatvāt, prapañcavad eva* (ŚrīBh I, 177,5–6).

tasmād asatyahetor yā paramārthe matis tava /
sāpy asatyā na satyaṃ hi satyābhāsena gamyate //
ye'pi rekhādayo dṛṣṭā varṇānāṃ pratipādakāḥ /
na te svenāpi rūpeṇa paramārthatvavarjitāḥ //
varṇātmanā na satyāś cet sarvabhāveṣv ayaṃ vidhiḥ /
padārthāntararūpeṇa na satyaṃ kiṃcid iṣyate //[460].

Maṇḍana seinerseits verteidigte den hier angegriffenen Grundsatz in seiner Brahmasiddhi, wenn er erklärte, daß „Hören, Überdenken und anhaltende Meditation, die selbst ein Stück Nichtwissen sind", eine reale Wirkung, nämlich die Zerstörung des gesamten Nichtwissens herbeiführten[461].

Er nahm dabei ausdrücklich Bezug auf die von Kumārila vorgebrachten Argumente und Beispiele[462] und entgegnete ihm (*ucyate*) mit den Worten: „Es besteht nicht das Gesetz, daß etwas Unwahres zu keiner Wirkung [gut] ist" *nāyaṃ niyamaḥ – asatyaṃ na kasmaicit kāryāya bhavati*)[463]. Für die Erläuterung seiner Aussage brachte er die Beispiele vom gezeichneten Gayal, der Buchstaben, des Spiegelbilds und des eingebildeten Schlangenbisses vor: „Denn es ist [tatsächlich] ein Zaubertrug (*māyā*) Ursache von Wohlgefallen und Furcht, und etwas Unwahres Ursache der Erkenntnis von Wahrem; wie ein gezeichneter Gayal und geschriebene Silben." (*bhavati hi māyā prīter bhayasya ca nimittam asatyaṃ ca satyapratipatteḥ, yathā rekhāgavayo lipyakṣarāṇi ca*)[464].

„Desgleichen ist es nicht falsch, aus einem unwahren Spiegelbild die nichtwahrgenommene Ursache des Spiegelbilds als an einem bestimmten Ort befindlich zu erschließen ... Ebenso [kann] ein unwahrer (d.h. eingebildeter) Schlangenbiß (vgl. 7,17) Ursache des Todes [sein]; auch das Erschließen von Tod und Ohnmacht usw. aus [einem solchen eingebildeten Schlangenbiß] ist nicht unrichtig [genausowenig] wie [das Erschließen des Todes usw.] aus einem echten Schlangenbiß, der mit einer besonderen Zeit usw. verbunden ist."(*tathā asatyāt pratibimbāc cādṛṣṭasya pratibimbahetor viśiṣṭadeśāvasthasyānumānaṃ na mṛṣā ... tathā mithyāhidaṃśo maraṇahetuḥ; tataś ca*

460 ŚV(Nirāl.) vv. 157-161.

461 Vgl. Vetter 1969,27; 67ff.; BS 12,11ff.; vgl. TBV II, 279,13–280,3.

462 Vgl. BS 13,18ff.

463 BS 13,21–22; Übers. Vetter 1969,70.

464 BS 13,22f.; Übers. Vetter l. c.

maraṇamūrcchādyanumānaṃ na vitatham, kālādibhedayuktāt satyāhidaṃśād iva)[465].

All dies schloß Rāmānuja im Rahmen seiner Widerlegung der Ansicht Prakāśātmans aus: *ato'satyāt śāstrāt satyabrahmaviṣayapratipattir durupapādā*[466].

Es ist sehr wahrscheinlich, daß Yāmuna in seiner Erörterung auch diesen Teil der Ansicht Maṇḍanas berücksichtigt, da er einen unmittelbaren Bezug zur These des *śāstrabalīyastvam* zeigt. Denn die Überlegenheit der Offenbarung wird vor allem damit begründet, daß nur diese zur Schau des ewig leuchtenden Brahma führt. Und dies wäre ohne Hören, Überdenken usw. der Offenbarungssätze gar nicht möglich[467]. Um die diesbezügliche Diskussion bei Yāmuna rekonstruieren zu können, sind wir wiederum auf die besagten Ausführungen Rāmānujas angewiesen.

Rāmānuja begegnet der Kritik Maṇḍanas mit dem Hinweis darauf, daß es sich in all den von ihm genannten Beispielen um reale Erkenntnisse handelt, die zu einem bestimmten Zeitpunkt entstehen und Ausgangspunkt einer realen Wirkung werden, wenn er argumentiert: „Eine Erkenntnis, die im Zaubertrug besteht [und] von Zauberspruch- und kraut usw. eines Zauberers stammt, ist absolut wahr [und als solche] Ursache von Wohlgefallen und Furcht, weil auch im vorliegenden Fall die [Zauber-] Erkenntnis [später] nicht aufgehoben wird. Die [irrtümliche] Erkenntnis einer Schlange an Stelle von Strick, die auf Grund einer Störung im Erkenntnisgegenstand, Sinnesorgan usw. entsteht, ruft Furcht usw. hervor, nur [insofern] sie real ist. [So] ist die [eingebildete] Erkenntnis eines [Schlangen-] Bisses, auf Grund der [vorgestellten] Nähe einer Schlange, obwohl der Betreffende [von ihr gar] nicht gebissen wurde, absolut real. [Ebenso]

---

465 BS 14,12–15; Übers. VETTER l. c.

466 ŚrīBh I, 182,1.

467 Maṇḍana ist der Meinung, daß die Akte, die zur Erlösung führen, nicht gänzlich unwahr sind: „Außerdem sind auch die Mittel für das Sehen der Nichtverschiedenheit [Hören usw.] ihrem eigenen Wesen nach nicht falsch. Denn das Brahman selbst ist ihr Eigenwesen. Somit ist das Brahman selbst, verbunden mit Nichtwissen, das Mittel zur Erlangung des Brahman. Wie Buchstaben usw. [d. h. und Zeichnungen] nur einer Form nach, die es nicht gibt, [nämlich:] ‚dies ist die Silbe *ka*, dies ist ein Gayal' Laute usw. erkennen lassen." (*api ca abhedadarśanopāyā api na svarūpeṇa mithyā, yato brahmaivaiṣāṃ svarūpam; tatra brahmaivāvidyānubaddhaṃ brahmaprāptyupāyaḥ, yathā rekhādayaḥ ‚kakāro'yam, gavayo'yam' ity avidyamānarūpeṇaiva varṇādīnāṃ bodhakāḥ*), BS 14,4–7; Übers. VETTER 1979,70–71.

ist die Erkenntnis von einem Giftverdacht als Ursache des Todes tatsächlich real. Die Spiegelung des Gesichts usw. im Wasser usw. ist absolut real [und als solche] ist sie Ursache für die Feststellung der besonderen Züge, die sich im realen Gesicht befinden. Man stellt fest, daß diese Erkenntnisse [absolut] real sind, weil sie [erstens] entstehen und [zweitens], weil sie eine zielvolle Wirkung[468] hervorrufen." (*māyāvino mantrauṣadhādiprabhavaṃ māyāmayaṃ jñānaṃ satyam eva prīter bhayasya ca hetuḥ; tatrāpi jñānasyābādhitvāt | viṣayendriyādidoṣajanyaṃ rajjvādau sarpādivijñānaṃ satyam eva bhayādihetuḥ | satyaiva adaṣṭe'pi svātmani sarpasannidhānād daṣṭabuddhiḥ | satyaiva śaṅkāviṣabuddhir maraṇahetubhūtā | vastubhūtā eva jalādau mukhādipratibhāso vastubhūtamukhagataviśeṣaniścayahetuḥ | eṣāṃ saṃvedanānām utpattimattvād arthakriyākāritvāc ca satyatvam avasīyate*)[469].

Genau in diesem Sinne werden auch die beiden anderen Beispiele Maṇḍanas, nämlich ‚Schriftzeichen/Laute' und ‚gezeichnete Gayale' gedeutet, daß sie nämlich nur als wahre Dinge zu einer wahren Wirkung fähig sind: „Auch bei der Erkenntnis eines Lautes auf Grund des Schriftzeichens erkennt man nicht das Wahre auf Grund des Unwahren, weil das Schriftzeichen real ist. [Einwand:] Das Schriftzeichen, das man in Form eines Lautes erkennt, ist die Ursache für die ‚Lauterkenntnis'. Die Lautwesenheit ist aber unwahr[470]. [Antwort:] Dies ist nicht so, weil die unwahre Lautwesenheit nie ein Mittel sein kann. Man beobachtet nämlich nicht, daß etwas Unwahres [sofern] es wesenlos[471] [ist,] ein Mittel [für etwas] ist. Außerdem ist [dies] unmöglich. Ist nun die ‚Lauterkenntnis' ein Mittel dafür [nämlich für das Schriftzeichen][472], dann ergäbe sich auf diese Weise nicht, daß eine Erkenntnis vom Wahren mittels Unwahrem entsteht, weil

---

[468] Möglicherweise spielt Rāmānuja hier auf die Meinung Prakāśātmans an, für den die vedische Offenbarung usw. wegen ihrer Fähigkeit zu einer zielvollen Wirkung (*arthakriyāsamarthatvāt*) nicht absolut irreal sein können (vgl. PañcPV 679, 11–14; 352,5–7; 731,21ff. = BS 40,11f.). Im Gegensatz dazu sieht Rāmānuja gerade darin den Grund für die absolute Realität eines Dinges; vgl. dazu auch TBV II,194,33–196,7.

[469] ŚrīBh I, 178,3–7.

[470] Vgl. BS 14,3–4: *yena tu rūpeṇa pratipādakāḥ, tad asatyam; kāryopayogarahitā svarūpasatyatā vyarthā.*

[471] Der Terminus *nirupākhyaḥ* wird hier im Sinne von *śūnyaḥ*, wie Maṇḍana ihn versteht, übersetzt; vgl. THRASHER 1978b, 265–266.

[472] Vgl. BS 14,10–11: *tathā hi bālā hi rekhāsu varṇatvenaiva vyutpādyante, loke'bhedena ca vyapadeśaḥ, ‚ayam gavayaḥ' ity ākhyātuḥ, pratipattuś ca ‚gavayo'yaṃ mayā dṛṣṭaḥ'iti.*

[diese] Erkenntnis absolut wahr ist. Außerdem hätte dies eine Identität des Mittels und des zu Ermittelnden zur Folge, weil beides unterschiedslos die ‚Lauterkenntnis' wäre. Und wenn das Schriftzeichen ein Mittel ist in Form eines Lautes, den es nicht gibt[473], dann würde man auf Grund der Wahrnehmung eines [einzigen] Schriftzeichens alle Laute erkennen, insofern allein bei [diesem] einen Schriftzeichen die Wesenheit aller Laute, die es nicht gibt, leicht festzustellen ist. [Einwand:] Wie die Wortkonvention ‚Devadatta' usw. in bezug auf ein konkretes Individuum, [Ursache für die Erkenntnis dieses Individuums ist], [so] ist das besondere Schriftzeichen die Ursache für die Erkenntnis eines bestimmten Lautes kraft der Konvention eines besonderen mit dem Gehör wahrnehmbaren Lautes in bezug auf ein bestimmtes mit dem Auge faßbares Schriftzeichen[474].

[Antwort:] Wohlan, dann ergibt sich eine Erkenntnis vom Wahren auf Grund des Wahren, weil sowohl das Schriftzeichen als auch die Konvention real ist. [So entsteht] die Erkenntnis eines realen Gayal auch auf Grund eines gezeichneten Gayal [,insofern diese Erkenntnis] fest mit der Ähnlichkeit verbunden ist. Und die Ähnlichkeit ist absolut wahr." (*rekhayā varṇapratipattāv api nāsatyād rekhāyāḥ satyatvāt satyabuddhiḥ | nanu varṇātmanā pratipannā rekhā varṇabuddhihetuḥ, varṇātmatā tv asatyā | naivam; varṇātmatāyā asatyāyā upāyatvāyogāt | asato nirūpakhyasya hy upāyatvaṃ na dṛṣṭam anupapannaṃ ca | atha tasyāṃ varṇabuddher upāyatvam, evaṃ tarhy asatyāt satyabuddhir na syāt; buddheḥ satyatvād eva | upāyopeyayor ekatvaprasaṅgaś ca, ubhayor varṇabuddhitvāviśeṣāt | rekhāyā avidyamānavarṇātmanopāyatve ca ekasyām eva rekhāyām avidyamānasarvavarṇātmakatvasya sulabhatvād ekarekhādarśanāt sarvavarṇapratipattiḥ syāt | atha piṇḍaviśeṣe devadattādiśabdasaṅketavat cakṣurgrāhyarekhāviśeṣe śrotragrāhyavarṇaviśeṣasaṅketavaśād rekhāviśeṣo varṇaviśeṣabuddhihetur iti – hanta tarhi satyād eva satyapratipattiḥ, rekhāyāḥ saṅketasya ca satya-*

---

[473] Vgl. BS 14,6–7: *yathā rekhādayaḥ ‚kakāro'yam, gavayo'yam' ity avidyamānarūpeṇaiva varṇādīnāṃ bodhakāḥ*; vgl. oben Anm. 467.

[474] Die in diesem Einwand vorgebrachte Lehre wird von Maṇḍana referiert und abgelehnt. Der Grund, warum Rāmānuja dennoch darauf eingeht, dürfte darin liegen, daß er dadurch seine Argumentation vervollständigen möchte, sofern selbst bei der Annahme einer Konvention bzw. Ähnlichkeit das Prinzip *nāsatyāt satyapratipattiḥ* seine Gültigkeit beibehält; vgl. dazu BS 14,7 ff.: *yo'pi manyate – na rekhāgavayo gavayatvena gavayāntarāṇāṃ pratipattihetuḥ, na rekhā varṇatvena; kiṃtu sādṛśyāt – etatsadṛśo gavayo iti, rekhā ca samayāt – īdṛśīṃ rekhāṃ dṛṣṭvāyaṃ varṇaḥ smartavya iti / tasya lokavirodhaḥ* ...

tvāt | rekhāgavayād api satyagavayabuddhiḥ sādṛśyanibandhanā, sādṛśyaṃ ca satyam eva)[475].

In diesen Ausführungen finden wir also eine deutliche und entschiedene Ablehnung der von Maṇḍana am Standpunkt Kumārilas angebrachten Kritik. Vom Grundsatz Kumārilas: *nāsatyāt satyapratipattiḥ* ausgehend, bekämpft Rāmānuja auch die von Maṇḍana zusätzlich gegen dieses Prinzip gerichteten Beispiele von Spiegelung, eingebildetem Schlangenbiß, gezeichnetem Gayal, und hält wiederholt daran fest, daß ein unwahres Mittel in keinem einzigen Fall eine reale Wirkung herbeiführen kann. Dies läßt Rāmānuja auch für den *sphoṭaḥ* gelten[476]. Denn auch der *sphoṭaḥ*, argumentiert er, ist deshalb ein Grund für die reale Erkenntnis des Wortgegenstandes, weil er wahr ist[477].

Die Ausführungen Rāmānujas enthalten ebenfalls eine kurze Auseinandersetzung mit Śaṅkara. Rāmānuja geht dabei auf zwei weitere Beispiele ein, die nur von Śaṅkara[478] herangezogen werden, um zu zeigen, wie die unwirklichen Sätze der vedischen Offenbarung die reale Identität zwischen Brahma und Ātmā lehren können. Es handelt sich um die Beispiele vom eingebildeten Giftverdacht als Ursache des Todes und der ‚Traum-Erkenntnis‘. Wir können auch hier davon ausgehen, daß Rāmānuja hier auf älteres Material zurückgreift. Denn es ist unwahrscheinlich, daß er sich direkt mit einem Autor auseinandersetzt, der zeitlich so weit zurück liegt (8. Jhdt.). Außerdem ist diese Auseinandersetzung ein fester Bestandteil der hier vorgetragenen Gedankengänge. Möglicherweise ist die Saṃvitsiddhi ihre Quelle.

Der unmittelbare Kontext, in dem Śaṅkara unter anderem diese beiden Beispiele erläutert, ist wie folgt: „Wie aber kann die Erkenntnis, daß das Selbst in Wirklichkeit Brahma ist, durch einen unwahren

---

475 ŚrīBh I, 179,2–180,6.

476 Gemäß der Sphoṭa-Lehre gibt es ein ewiges einheitliches Wort (*sphoṭaḥ*), das durch vergängliche an sich unwirkliche Laute zur Erscheinung gebracht wird, und das der Grund für die Erkenntnis des Wortgegenstandes (*arthaḥ*) ist; vgl. Maṇḍanas Sphoṭasiddhi, in: M. Biardeau, *La Demonstration du Sphoṭa. Introduction, Traduction et Commentaire.* Pondichéry 1958,19ff.

477 Vgl. ŚrīBh I, 180,7–9: *na caikarūpasya śabdasya nādaviśeṣenārthabhedabuddhihetutve'pi asatyāt satyapratipattiḥ; nānānādābhivyaktasyaiva śabdasya tattannādābhivyaṅgyasvarūpeṇārthaviśeṣaiḥ saha sambandhagrahaṇavaśād arthabhedabuddhyutpattihetutvāt | śabdasyaikarūpatvam api na sādhīyaḥ; gakārāder bodhasyaiva śrotragrāhyatvena śabdatvāt.*

478 Auch Śaṅkara deutet das Beispiel von *rekhā* so wie Maṇḍana (vgl. ŚBh 379,6): *tathākārādisatyākṣarapratipattir dṛṣṭā rekhānṛtākṣarapratipatteḥ.*

Satz der vedischen Offenbarung [vermittelt werden]. Denn [ein Mensch,] der von einer Schlange, die [nichts anderes als] ein Strick ist, gebissen wird, stirbt nicht. Ebenfalls wird mit dem Wasser einer Luftspiegelung nicht der Zweck vom Waschen, Eintauchen usw. erfüllt. [Antwort:] Es besteht dieser Fehler nicht, weil die Wirkung des von einem [bloß eingebildeten] Giftverdacht verursachten [realen] Todes usw. beobachtet wird, und weil man [auch] beobachtet, daß man im Zustand der ‚Traum-Vision' Wirkungen wie Schlangenbiß, Wasserbad usw. [erlebt]. Würde man behaupten, daß auch diese Wirkung eben unwahr ist, so antworten wir darauf [folgendes:] Obwohl die Wirkungen wie Schlangenbiß, Wasserbad usw. eines, der sich im Zustand der ‚Traum-Vision' [befindet], unwahr sind, so ist doch ihre Erkenntnis eben ein reales Ergebnis, weil [sie] auch für den aus dem Schlaf Aufgewachten unaufgehoben bleibt. Der vom Schlaf Aufgestandene denkt nämlich nicht, wenn er die im Traum erlebten Wirkungen wie Schlangenbiß, Wasserbad usw. als unwahr erkennt, daß auch ihre Erkenntnis unwahr ist." (*kathaṃ tv asatyena vedāntavākyena satyasya brahmātmatvasya pratipattir upapadyeta, na hi rajjusarpeṇa daṣṭo mriyate, nāpi mṛgatṛṣṇikāmbhasā pānāvagāhanādiprayojanaṃ kriyata iti | naiṣa doṣaḥ | śaṅkāviṣādinimittamaraṇādikāryopalabdheḥ | svapnadarśanāvasthasya ca sarpadaṃśanodakasnānādikāryadarśanāt | tatkāryam apy anṛtam eveti ced brūyāt | atra brūmaḥ | yady api svapnadarśanāvasthasya sarpadaṃśanodakasnānādikāryam anṛtaṃ tathāpi tadavagatiḥ satyam eva phalam, pratibuddhasyāpy abādhyamānatvāt | na hi svapnād utthitaḥ svapnadṛṣṭaṃ sarpadaṃśanodakasnānādikāryaṃ mithyeti manyamānas tadavagatim api mithyeti manyate kaścit*)[479].

Analysiert man kurz diesen Gedankengang, so fällt auf, daß darin ein Doppelansatz enthalten ist. Denn einerseits bewirkt ein unwahres Mittel ein wahres Ergebnis wie z. B. ein eingebildeter Giftverdacht den realen Tod bzw. unwahre ‚Traum-Erkenntnis' reale Wirkungen wie Schlangenbiß, Wasserbad usw. (= *asatyena satyasya pratipattiḥ*). Andererseits steht die wahre Erkenntnis als Ausgangspunkt für unwahre Wirkungen, nämlich Schlangenbiß, Wasserbad usw. (= *satyena asatyasya pratipattiḥ*).

Dem setzt Rāmānuja ebenfalls Doppeltes entgegen. Zum einen meint er, daß der zuletzt genannte Ansatz Śaṅkaras nicht zielführend ist, insofern er seine Aussage: *asatyena vedāntavākyena satyasya brah-*

---

479 ŚBh 377,9–378,6.

mātmatvasya pratipattiḥ, nicht begründen kann, sondern genau das Gegenteil impliziert. In diesem Sinne argumentiert Rāmānuja: „Man darf auch nicht behaupten, daß die Tatsache, daß die Offenbarung, obwohl [sie] unwahr ist, dadurch daß sie sich auf Nichtwissen stützt, Ursache der Erkenntnis eines absolut realen Wesens wie Brahma ist, nicht widersprüchlich ist, [genauso] wie die Tatsache, daß eine unwahre Erkenntnis im Traum vom Elefanten usw. Ursache von realen angenehmen und unangenehmen Wahrnehmungen ist, weil die Erkenntnis im Traum nicht unwahr ist. Denn im vorliegenden Fall sind nur die [Erkenntnis]gegenstände unwahr. Man beobachtet nämlich, daß nur sie [im Wachzustand] aufgehoben werden, nicht [aber ihre] Erkenntnis. Denn bei gar keinem [Menschen, der vom Schlaf erwacht ist,] entsteht die Vorstellung: ‚Die Erkenntnis, die ich nämlich zum Zeitpunkt des Traumes erlebt habe, gab es nicht'. Im Gegenteil [entsteht bei ihm die Vorstellung:] ‚Die Erkenntnis [im Traum] war [real] gegeben; [ihre] Gegenstände waren nicht [real] vorhanden. So entsteht nämlich eine aufhebende Erkenntnis." (*na ca vācyam – svāpnasya hastyādivijñānasyāsatyasya paramārthaśubhāśubhapratipattihetubhāvavat avidyāmūlatvenāsatyasyāpi śāstrasya paramārthabhūtabrahmaviṣayapratipattihetubhāvo na viruddha iti*; *svāpnajñānasyāsatyatvābhāvāt* | *tatra hi viṣayāṇām eva mithyātvam*; *teṣām eva hi bādho dṛśyate*; *na jñānasya* | *na hi mayā svapnavelāyām anubhūtaṃ jñānam api na vidyata iti kasyacid api pratyayo jāyate* | *darśanaṃ tu vidyate, arthā na santīti hi bādhakapratyayaḥ*)[480].

Im zweiten Schritt versucht Rāmānuja zu zeigen, daß man hier auch das Prinzip: *nāsatyāt satyapratipattiḥ* anwenden kann, weil es sich bei den unwahren Gegenständen im Traum nicht um etwas absolut Nichtseiendes geht, sondern um Gegenstände, die anderswo oder anderswann tatsächlich existieren. Damit schließt sich Rāmānuja wiederum an Gedanken Kumārilas[481], genauer an seine Lehre von der Anyathākhyāti an: „[Einwand:] Und wenn die [Traumgegenstände] wie Elefant usw. nicht real sind, wie sind [dann] ihre Erkenntnisse real? [Antwort:] Das trifft nicht zu, weil [diese] Erkenntnisse

480 ŚrīBh I, 177,7–178,3.

481 Vgl. SV (Nirāl.) vv. 108–109ab:

sarvatrālambanaṃ bāhyaṃ deśakālānyathātmakam /
janmany ekatra bhinne vā tathā kālāntare'pi vā //
taddeśo vānyadeśo vā svapnajñānasya gocaraḥ /

vgl. dazu Schmithausen 1965, 201–102; unten S. 241ff.

notwendigerweise durchaus eine [reale] Stütze haben. Denn eben [jede fälschliche] Erscheinung eines Gegenstandes [als etwas anderes] bezieht sich [immer] auf eine [reale] Stütze. Und die [fälschliche] Erscheinung [eines Gegenstandes als etwas anderes] kommt nur auf Grund einer Störung zustande. Man stellt fest, daß der [fälschlich anders erscheinende Gegenstand] unwahr ist [, sofern] er [später] aufgehoben wird. [Seine] Erkenntnis hingegen ist wahr, [da] sie unwiderlegt [bleibt]. So wurde eben [früher] gesagt." (*hastyādīnām abhāve 'pi kathaṃ tadbuddhayaḥ satyā bhavantīti cet*; *naitat, buddhīnāṃ sālambanatvamātraniyamāt* | *arthasya pratibhāsamānatvam eva hy ālambanatve apekṣitam* | *pratibhāsamānatā cāsty eva doṣavaśāt* | *sa tu bādhito 'satya ity avasīyate* | *abādhitā hi buddhiḥ satyaivety uktam*)[482].

Auffallend ist, daß Rāmānuja hier die These der Objektlosigkeit der ,Traum-Erkenntnis' durch Heranziehung der Anyathākhyāti ablehnt, obwohl er die Realität der Gegenstände im Traum besser durch die in der eigenen Tradition vertretene Lehre der Yathārthakhyāti, zu der er sich ausdrücklich bekennt[483], hätte begründen können[484]. Dies ist vor allem deshalb bezeichnend, weil diese Haltung mit der Position Yāmunas übereinstimmt. Denn dieser gibt eindeutig der Anyathākhyāti den Vorzug, verbindet sie aber mit der Yathārthakhyāti. Und Rāmānuja folgt in diesem Punkt Yāmuna, wie ich dies andernorts gezeigt habe[485].

Betrachtet man nun den hier zum Ausdruck kommenden Parallelismus zwischen diesen beiden Autoren, besonders was die Übernahme vom Gedankengut Kumārilas anbelangt, nämlich Seinsverständnis und Irrtumslehre, wie auch die in Zusammenhang mit den anderen Diskussionsthemen festgestellte Abhängigkeit Rāmānujas von seinem Paramaguru Yāmuna[486], so scheint all dies meine Hypothese zu erhärten, daß die Argumente Rāmānujas gegen die These des *śāstrabalīyastvam*, sofern sie die Meinung Maṇḍanas berücksichtigen, auf die Saṃvitsiddhi Yāmunas zurückgehen.

Eine Verschärfung der bisher vorgetragenen Kritik gegen die besagte These ergibt sich durch die Darlegung des Siddhānta Yāmunas.

---

482 ŚrīBh I, 178,8–179,1.

483 Vgl. unten S. 248f.

484 Vgl. unten S. 250f.; 255f.

485 Vgl. Mesquita 1988, 61–66.

486 Vgl. oben Anm. 323.

c) Die Lehre Yāmunas

Die These von der Überlegenheit der Offenbarung geht davon aus, daß es einen Konflikt zwischen der Offenbarung und der direkten Wahrnehmung gibt. Yāmuna leugnet entschieden, daß ein Widerspruch zwischen diesen beiden Erkenntnismitteln entstehen kann, da die Erkenntnismittel jeweils feste Grenzen bzw. verschiedene Geltungsbereiche haben:

> *pratyakṣādīni mānāni svaṃ svam arthaṃ yathāyatham* |
> *vyavacchindanti jāyanta iti yāvat svasākṣikam* ||[487].

Die eigentliche Ausarbeitung dieses Prinzips ist in der Saṃvitsiddhi verloren gegangen. So sind wir auch hier auf die Ausführungen Rāmānujas angewiesen, der sich in diesem Punkt an Yāmuna anschließt[488]. Und Rāmānuja trägt diesen Siddhānta im Vedārthasaṃgraha folgenderweise vor: „Die Wahrnehmung erfaßt die in einer konkreten Gestalt feststehenden Dinge wie z. B. die konkrete Gestalt eines Menschen usw., zusammen mit den Elementen wie Äther, Wind usw. und mit den daraus entstandenen [Sinnesobjekten] nämlich Ton, Berührung usw.[489]. Die Offenbarung hingegen hat einen [anderen] besonderen Gegenstand, der von der sinnlichen Wahrnehmung usw. nicht erkannt werden kann [, nämlich] das Eigenwesen des Brahma, das mit unendlichen Prädikaten wie das Selbstsein aller anderen Wesen, Wahrsein usw. bestimmt ist; seine Verehrungsformen wie Kultdienst usw.; sowie der besondere Lohn, der kraft seiner Gnade zu erlangen ist, und der auf die Vereinigung mit ihm folgt; und [schließlich] die Bestrafung [der Wesen,] die den [von diesen begangenen und] von ihm unerwünschten (=bösen) Taten folgt. Daher besteht kein Widerspruch zwischen der Offenbarung und der sinnlichen Wahrnehmung. Derjenige, der eine Überlegenheit der Offenbarung, die mit mehreren Eigenschaften ausgezeichnet ist, nämlich daß sie ohne Anfang und Ende ist, da sie sich auf eine Überlieferung usw. stützt, die auf ein ununterbrochenes Veda-Studium zurückgeht, vorträgt, muß notwendigerweise [nicht nur eine praktische (*vyāvahārikaḥ*)[490], sondern] die absolute Realität der sinnlichen Wahrnehmung zugestehen. Schluß mit dieser Zurückweisung des Netzknäuels der schlechten Argumentation einer dummen Lehre,

---

[487] SS vv. 365–366; vgl. oben S. 139; Anm. 445.
[488] Mesquita 1988, 52–56.
[489] Vgl. ŚrīBh I, 125,6f.; vgl. oben S. 152f.
[490] Vgl. oben S. 157ff.

die wie ein Flaum durch den Windstoß größter Zahl [, nämlich] von hunderten Offenbarungstellen weggeblasen wird. So hören wir [mit dieser Diskussion] auf." (*ākāśavāyvādibhūtatadārabdhaśabdasparśādiyuktamanuṣyatvādisaṃsthānasaṃsthitapadārthagrāhi pratyakṣam | śāstraṃ tu pratyakṣādyaparicchedyasarvāntarātmatvasatyatvādyanantaviśeṣaṇaviśiṣṭabrahmasvarūpatadupāsanādyārādhanaprakāratatprāptipūrvakatatprasādalabhyaphalaviśeṣatadaniṣṭakaraṇamūlanigrahaviśeṣaviṣayam iti na śāstrapratyakṣayor virodhaḥ | anādinidhanāvicchannapāṭhasampradāyatādyanekaguṇaviśiṣṭasya śāstrasya balīyastvaṃ vadatā pratyakṣapāramārthyam avaśyam abhyupagantavyam ity alam anena śrutiśatavitativātavegaparāhatakudṛṣṭiduṣṭayuktijālatūlanirasanenety uparamyate*)[491].

Wir finden hier eine deutliche Abgrenzung zwischen den Gegenständen der Offenbarung und der Wahrnehmung, insofern das, was durch ein Erkenntnismittel erfaßt wird, für das andere unzugänglich bleibt. Damit ist es im vorliegenden Fall nicht mehr angebracht, von der Überlegenheit eines bestimmten Erkenntnismittels zu sprechen, wenn die Möglichkeit eines Widerspruches ausbleibt.

Die Lehre der getrennten Geltungsbereiche der Erkenntnismittel war in der Mīmāṃsā aufgestellt worden, um die absolute Gültigkeit der vedischen rituellen Vorschriften (*codanā*) begründen zu können. So lehrte man, daß die vedische Vorschrift nur solche Inhalte mitteilte, die keinem anderen Erkenntnismittel zugänglich waren: „Die Weisung vermag nämlich dergleichen wie Vergangenes, Gegenwärtiges, Zukünftiges, Feines, Verborgenes und Entferntes erkennen zu lassen, und sonst kein Sinnesorgan." (*codanā hi / bhūtaṃ bhavantaṃ bhaviṣyataṃ sūkṣmaṃ vyavahitaṃ viprakṛṣṭam ity evaṃjātīyakam arthaṃ śaknoty avagamayituṃ nānyat kiṃcanendriyam*)[492].

Die sinnliche Wahrnehmung hingegen konnte nur etwas sichtbar Vorhandenes erkennen lassen, sofern ein Kontakt der Sinnesorgane damit bestand: „Das Entstehen einer Erkenntnis eines Menschen, wenn ein Kontakt der Sinnesorgane besteht, das ist Wahrnehmung... Diese wiederum ist das Wahrnehmen von etwas Vorhandenem, und nicht von etwas Nichtvorhandenem." (*sati indriyārthasam-*

---

491 VAS 103.3–9.

492 ŚābBh, in: FRAUWALLNER 1968, 16,12–14; Übers. FRAUWALLNER 1968,17.

bandhe yā puruṣasya buddhir jāyate tat pratyakṣam ... sataś caitad upalambhanam, nāsataḥ)[493].

Diese Meinung wird nun auch von Yāmuna und Rāmānuja geteilt, allerdings mit dem Unterschied, daß für sie nicht die rituellen Handlungen im Mittelpunkt der vedischen Offenbarung stehen, sondern das Brahma. Yāmuna lehrt dies im Āgamaprāmāṇya in direkter Polemik gegen die diesbezügliche Meinung der Mīmāṃsā, wenn er argumentiert: *atha vilakṣaṇāgnihotrādiviṣayakāryasyāsambhāvitamānāntaratayā tatpratipādayad vacaḥ pramāṇam, hanta tarhi niratiśayāvabodhaiśvaryamahānandasandohavapuṣi bhagavati na manāntarasambandhagandha iti sarvaṃ samānam anyatrābhiniveśāt*)[494].

Die Wahrnehmung hingegen, sagt Yāmuna genauso wie Rāmānuja, läßt die konkrete Gestalt des jeweiligen Dinges (*saṃsthānam*) erkennen:

> *tasmād astīti saṃvittir jāyamānā ghaṭādiṣu* |
> *tattatpadārthasaṃsthānapāramārthyāvabodhinī* ||[495].

Damit gedanklich und inhaltlich verknüpft ist eine weitere Feststellung Yāmunas, die er als Zusammenfassung der nunmehr verlorenen Erörterung in den Anfangspartien der Saṃvitsiddhi trifft: „Daher ist die Realität der Sinneswelt durch [diese] Śruti-Stelle über die ‚Nicht-Zweiheit' nicht aufgehoben, sondern [sie wird] durch die Kraft des für sie [gültigen] Erkenntnismittels [, nämlich der Wahrnehmung] erwiesen und auch durch die Śruti bestätigt."

> (*tasmāt prapañcasadbhāvo nādvaitaśrutibādhitaḥ* |
> *svapramāṇabalāt siddhaḥ śrutyā cāpy anumoditaḥ* ||)[496].

Ein Zweifaches läßt sich daraus ableiten: Erstens, daß die Offenbarung das Zeugnis der sinnlichen Wahrnehmung deshalb nicht berichtigen kann, weil es sich dabei um einen Gegenstand handelt, wofür ausschließlich das letztere Erkenntnismittel zuständig ist, und zweitens, daß die Offenbarung indirekt die Gültigkeit der diesbezügli-

---

493 ŚābBh, in: Frauwallner 1968,22,13–15; Übers. Frauwallner 1968,23.

494 ĀP 80,14–17; 40,4–7; Mesquita 1971,6ff., 106ff.; Mesquita 1980,207ff. So auch Śaṅkara: *nanu bhūtavastutve brahmaṇaḥ pramāṇāntaraviṣayatvam eveti vedāntavākyavicāraṇānarthikaiva prāptā / na / indriyāviṣayatvena sambandhāgrahaṇāt / svabhāvato viṣayaviṣayānīndriyāṇi, na brahmaviṣayāṇi* (ŚBh 53,4ff.); *tadbrahma sarvajñaṃ sarvaśakti jagadutpattisthitilayakāraṇaṃ vedāntaśāstrād evāvagamyate* (ibidem 61,10ff.); vgl. Anm. 445.

495 SS vv. 405–406; vgl. oben S. 126.

496 SS vv. 31–32.

chen Wahrnehmung bestätigt, wenn sie lehrt, daß das Brahma ohne ein ‚Zweites' ist (*ekam evādvitīyam*)[497]. Darüber äußert sich Yāmuna noch deutlicher, wenn er anschließend die Offenbarungsstelle näher erklärt: „Deshalb gilt für die Śruti-Stelle ‚Brahma ist ohne ein Zweites' folgende Bedeutung: Weder gab es, noch gibt es, noch wird es [einen Gegenstand] geben, der als Zweites [neben ihm] aufgezählt werden könnte. Es wird aber [nur das] als Zweites gezählt, was ihm gleichwertig oder überlegen ist. Da diese Welt nur ein winziger Teil der Entfaltung seiner [Schöpfungs]macht ist, wie könnte sie da zum Gegenstand des Wortes ‚Zweites' werden?

Wie die Aussage: ‚Der Cola-Fürst ist jetzt Allherrscher auf Erden ohne einen Zweiten' den Zweck hat, [die Existenz eines Zweiten] ihm gleichwertigen Fürsten auszuschließen, nicht aber [die Existenz] seiner Minister, Söhne, Frauen usw., ebensowenig [verneint die Aussage: ‚Brahma ist ohne ein Zweites' die Existenz von] Millionen von Göttern, Dämonen, Menschen, Brahmās und Brahmāṇḍas, die [nur] Spritzer von [einem] Tropfen aus dem Ozean der Größe von Viṣṇus [Schöpfungs]macht sind, welcher von den Befleckungen, den [guten und schlechten] Werken, deren Resultat und ähnlichem unberührt, der Herr von allen ist und als Inbegriff der sechs Eigenschaften, nämlich Erkenntnis usw. eine unvorstellbare Majestät besitzt."

(*tenādvitīyaṃ brahmeti śruter artho'yam ucyate* |
dvitīyagaṇanāyogyo nāsīd asti bhaviṣyati ||
samo vābhyadiko vāsya yo dvitīyas tu gaṇyate |
yato'sya vibhavavyūhakalāmātram idaṃ jagat |
dvitīyavāgāspadatāṃ pratipadyeta tat katham ||
yathā colanṛpaḥ saṃrāḍ advitīyo'dya bhūtale |
iti tattulyanṛpatinivāraṇaparaṃ vacaḥ ||
na tu tadbhṛtyatatputrakalatrādiniṣedhakam |
tathā surāsuranarabrahmabrahmāṇḍakoṭayaḥ ||
kleśakarmavipākādyair aspṛṣṭasyākhileśituḥ |
jñānādiṣāḍguṇyanidher acintyavibhavasya tāḥ |
viṣṇor vibhūtimahimasamudradrapsavipruṣaḥ ||)[498].

Die Gemeinsamkeit zwischen Yāmuna und Rāmānuja besteht auch darin, wenn sie an der Mīmāṃsā-Lehre festhalten, daß die Offenbarung absolut fehlerfrei und an sich gültig (*svataḥprāmāṇyam*)

---

[497] Mesquita 1988,49ff.
[498] SS vv. 33–44.

ist: *nirdoṣāpauruṣeyī ca śrutiḥ*[499]. Da die Offenbarungsinhalte sich auf nicht sichtbare Dinge beziehen, entziehen sie sich jeder empirischen Verifikation. So ist das Zeugnis der unfehlbaren Offenbarung von Natur aus gültig. Wenn auch die sinnliche Wahrnehmung selbständig wirkt und an sich richtig ist, ist ihre Erkenntnis dennoch, da es sich dabei um sichtbare Dinge handelt, der empirischen Verifizierbarkeit unterworfen. So besteht für sie, gemäß der Mīmāṃsā, die Möglichkeit einer nachträglichen Aufhebung durch eine berichtigende Erkenntnis, sofern die Wahrnehmung auf eine gestörte Ursache zurückgeht[500]. Daß die sinnliche Erkenntnis, die die Realität der Sinneswelt unmittelbar bezeugt, eine fehlerhafte Wahrnehmung als Grundlage haben könnte, schließt Yāmuna im nächsten Schritt aus, wenn er in der Saṃvitsiddhi auf die Irrtumsproblematik eingeht[501].

5. Zu Yāmunas Kritik der Kosmologie und der Irrtumslehren

Die Erörterung des Irrtums in der Saṃvitsiddhi diente dem Zweck, den bereits vorgelegten Wahrnehmungsbeweis für die Realität der Sinneswelt weiter zu untermauern. Die Besprechung dieser Problematik geschieht hier sowohl unter einem kosmologischen als auch unter einem erkenntnistheoretischen Aspekt. Damit trägt Yāmuna dem Standpunkt eines Advaita-Gegners Rechnung, der den Realitätsgrad der Erscheinungswelt vom Realitätsgrad des Irrtumsphänomens ableitet[502]. Die Entstehung der Erscheinungswelt im Sinne eines scheinbaren Vielfältigwerdens des Einen wird hier durch die Übernahme des buddhistischen Begriffs *vivartaḥ* als Bezeichnung für die kosmogonische Entfaltung und des damit eng verbundenen Illusionismus erklärt[503]. Dies deutet Yāmuna mit seiner Fragestellung an: *kiṃca prapañcarūpeṇa kā na saṃvid vivartate*[504], wie auch

---

[499] Ibid. v. 152; ĀP 170,7–9; ŚrīBh III, 65,9ff.; III, 329,8ff. Zur Svataḥprāmāṇya-Lehre Yāmunas und Rāmānujas vgl. ĀP 59,7ff.; Oberhammer 1971,80ff.; 95ff.; VAS 167,3–6. Zur Mīmāmsā-Lehre des *svataḥprāmāṇyam* und *apauruṣeyatvam* vgl. D'Sa 1980,105ff., 180ff., 192ff.

[500] Vgl. ŚābBh, in: Frauwallner 1968,26,19–21: *tasmād yasya ca duṣṭaṃ karaṇaṃ yatra ca mithyeti pratyayaḥ, sa eva asamīcīnaḥ pratyayo nānya iti.*

[501] Vgl. Mesquita 1988,56ff.

[502] Vgl. Mesquita 1988,57.

[503] Hacker 1953,16–17.

[504] SS v. 157.

mit der Charakterisierung der Meinung der Buddhisten als: *saṃvidvivartatvaṃ prapañcaḥ sphuṭam añcati*[505].

So heißt für den monistischen Vedānta die Kosmogonie „eine scheinbare Entwicklung des Wahrhaftseienden zum Nichtwahrhaftseienden[506]." Darin ist der Gedanke impliziert, daß die Welt nicht von einer ungeistigen Urmaterie abzuleiten ist, wie die Sāṃkhya-Schule lehrt, sondern vom geistigen Brahma, das die bewirkende Ursache (*nimittakāraṇam*) und materielle Ursache (*upādānakāraṇam*) der Welt ist: „Der Advaitin kann aber die Entstehung der Welt (oder ihren ontologischen Zustand: das ist hier dasselbe) auch so deuten, daß er sie von der Māyā oder Avidyā ableitet. *Māyā* (‚Zauber') oder *avidyā* (‚Nichtwissen') – beide können wir hier als identisch ansehen – ist der scheinhafte oder illusorische oder nichtwahrhaftseiende oder weder-als-seiend-noch-als-nichtseiend bestimmbare Urstoff (*prakṛti, causa materialis*) der Welt und alles Nichtwahrhaftseienden. Sie ist kraft einer Beziehung, die ihrerseits ebenfalls widerlogisch und ontologisch unbestimmbar ist, dem Wahrhaftseienden eigen; das Wahrhaftseiende ist ihr Substrat (*āśraya*). Zum Nichtwahrhaftseienden steht sie – das ist nach dem bisher Ausgeführten verständlich – in der Pariṇāma-Beziehung: die Māyā als Urstoff und die Welt als Produkt gehören ja demselben ontologischen Bereich an, innerhalb dessen die Pariṇāma-Beziehung statthaben kann.

Ein und derselbe Entwicklungsvorgang (oder, was hier auf dasselbe hinausläuft: ein und dieselbe ontologische Beziehung) kann also auf zweierlei Weise ausgedrückt werden: die Welt ist Vivarta des Brahman oder Pariṇāma der Māyā. Das geistige Absolutum wird .... als das Substrat der Māyā oder Avidyā erklärt. Ebenso bleibt es natürlich auch für die Pariṇāma-Entwicklungen der Māyā die Basis, der Ort, das Substrat (*āspada, adhiṣṭhāna*)[507]."

Der *vivarta*-Begriff hat auch eine erkenntnistheoretische Verwendung, die in der Irrtumslehre stattfindet. Denn diese „ist für den Illusionismus deswegen von ganz besonderer Wichtigkeit, weil sie hier auch die Kosmologie begründen hilft. Die ganze Welt gilt in diesem System als Illusion; darum können die Gesetze, die für das Irrtumsphänomen gelten, auch auf die Welterscheinung angewandt werden. Irrtumslehre und Kosmologie fallen weithin zusammen.

---

505 Ibid. v. 422; ĀS 10,7ff.; THRASHER 1981,217–230.

506 Vgl. HACKER 1953,7.

507 Vgl. HACKER 1953,8–9.

Darum tritt auch in beiden Disziplinen der Begriff des Vivarta auf[508]."

Yāmuna polemisiert in der Saṃvitsiddhi sowohl gegen den Standpunkt der Buddhisten[509] als auch gegen die Advaitins. Das Hauptgewicht seiner diesbezüglichen Erörterung liegt jedoch eindeutig in der Ablehnung der Advaita-Lehre. Yāmuna unterzieht dabei die advaitische Grundthese, daß nicht nur die Materialursache, sondern auch die gesamte Sinneswelt als ihr Produkt ‚weder als seiend noch als nichtseiend' bestimmbar sind (*sadasadanirvacanīyam* = *sadasadvilakṣaṇam*), einer eingehenden Kritik. Im Gegensatz zu dieser ‚Weder-noch'-Bestimmung entfaltet er das Denkschema ‚Sowohl-als-auch' Kumārilas. Yāmuna versteht daher die Materialursache und ihr Produkt ‚sowohl als seiend als auch als nichtseiend' (*sadasadātmakam*). Dieser Grundsatz wird von Yāmuna nicht nur in der Irrtumslehre eingenommen, sondern auch in der Darlegung seiner Kosmologie. So kann er die konkrete Gestalt (*saṃsthānam*) eines Dinges als ein reales Ergebnis einer realen Umwandlung (*pariṇāmaḥ*) erklären, die sowohl als seiend als auch als nichtseiend charakterisiert werden kann. Damit erweist sich dieser Schritt als eine Ergänzung des Nachweises der Wirklichkeit der Welt durch die Wahrnehmung[510].

Indem Yāmuna nun dem *sadasadvilakṣaṇatvam* des Advaita ein *sadasadātmakatvam* entgegensetzt, vertritt er im Anschluß an die Mīmāṃsā des Kumārila die Anyathākhyāti und weist dadurch die Anirvacanīyakhyāti, womit der Advaita-Vedānta seine Kosmologie begründet, zurück: *nirṇayaḥ kriyate tatra mīmāṃsakamatena*[511]. Daß Yāmuna in diesem Zusammenhang zuerst auf die Ansicht der zwei anderen realistischen Schulen, die ebenfalls die Anyathākhyāti in einer leicht geänderten Form vertreten, eingeht, ist darin begründet, daß er durch die Auseinandersetzung mit ihnen den eigenen Standpunkt präzisieren will. Während dieser ganzen Diskussion bleibt der kosmologische Aspekt im Vordergrund. So wird sich die Studie im folgenden mit der Kosmologie, zunächst mit der Kritik der besagten Schulen, im Anschluß daran mit der Darlegung der Lehre Yāmunas, und erst dann mit der Irrtumsproblematik befassen.

---

508 Vgl. Hacker 1953,10.

509 Vgl. oben Anm. 505.

510 Vgl. oben S. 117f.

511 SS v. 88.

a) Polemik gegen die Jaina-Schule

Die erste gegnerische Meinung, die im genannten Abschnitt von Yāmuna vorgetragen wird, ist die der *syādvādaḥ* der Jainas. Diese fassen die Welt genauso wie auch Kumārila, sowohl als seiend als auch als nichtseiend auf: „Weil beim Zusammentreffen [dieses] widersprüchlichen Paares, welches durch die [gleichzeitige] Vorstellung ‚seiend' und ‚nichtseiend' erlangt wird, eine Entscheidung zugunsten der einen von den beiden Bedeutungen nicht getroffen werden kann, behaupten die Jainas allerdings, daß die Welt [zugleich] seiend und nichtseiend sei."

(*sadasatpratyayaprāptaviruddhadvandvasaṅgame* /
tayor anyatarārthasya niścayābhāvahetutaḥ /
sadasattvaṃ prapañcasya jaināś tu pratijānate //)[512].

Die Charakterisierung dieser Meinung ist so knapp, daß wir keine konkrete Lehre daraus ableiten und daher kein endgültiges Urteil über ihren Stellenwert in der vorliegenden Diskussion fällen können. Es ist auch nicht festzustellen, welchen Jaina-Autor Yāmuna hier referiert. Für weitere Diskussion wird hier deshalb die Lehre eines der bedeutendsten Jaina-Autoren, des Haribhadrasūri herangezogen. Dieser lebte kurz vor Yāmuna und lehrte, daß bei allen Dingen dieser Welt das Sein mit dem Nichtsein vermengt ist: *viśvajagadantargatānāṃ sakalavastusattvānām eva tadasattvānuvedhaḥ*[513]. Seiend ist das jeweilige Ding, indem es an einem bestimmten Ort, zu einer bestimmten Zeit und in einem bestimmten Zustand existiert. Nichtseiend ist es in der Gestalt eines anderen Dinges, das anderswo bzw. zu einem anderen Zeitpunkt vorhanden ist: *tatra yat tāvad uktam – katham ekam eva ghaṭādirūpaṃ vastu sac cāsac ca bhavati? tad etad āgopālāṅganādiprasiddham anāśaṅkanīyam eva, yatas tat svadravyakṣetrakālabhāvarūpeṇa sat vartate, paradravyakṣetrakālabhāvarūpeṇa cāsat; tataś ca sac cāsac ca bhavati, anyathā tadabhāvaprasaṅgāt*[514]. Dies ist aber

---

512 SS vv. 77–79.

513 AJ I, 61,3–4; vgl. dazu auch die Ausführungen von Vidyānanda in seiner Asrī (124,21ff.). Er widerlegt interessanterweise den von der Kumārila- und Sāṃkhyaschule vertretenen *sadasadātmakavādaḥ* vgl. auch 117,5–20; unten Anm. 549.

514 AJ I, 36,2–6; vgl. dazu sein Autokommentar 36,15ff.: *tad etad ghaṭādirūpaṃ vastu sac cāsac ceti* (*āgopālāṅganādiprasiddham*) – *tathopalambhanārthakriyābhyāṃ pratiṣṭhitam* (*anāśaṅkanīyam eva*) (*yatas tat*) – *ghaṭādirūpaṃ vastu* (*svadravyakṣetrakālabhāvarūpeṇa sad vartate, paradravyakṣetrakālabhāvarūpeṇa ca*) – *paṭādirūpeṇa* (*asat*) (*tataś ca sac cāsac ca bhavati*) – *tad vastu śabalam*,

nicht so zu verstehen, lehrt er, daß ein Nichtsein real oder wesenlos ist, sondern nur, daß bei einem Dinge jeweils das Sein eines anderen Dinges fehlt: „Daher, selbst wenn das Nichtsein bedeutet, daß das Sein nicht ist, so ist es dennoch auf gar keinen Fall wesenlos, da [es] mit dem Sein des Eigenwesens der [Substanz, die *hic et nunc* existiert und wahrgenommen wird] vermengt ist, weil [hier nur] das Sein in Form einer anderen Substanz [, die anderswo existiert,] negiert wird, und weil ihr Sein *hic*[*et nunc*] nicht vorkommt." (*ato yady api san na bhavatīty asat, tathāpi paradravyādirūpeṇa sataḥ pratiṣedhāt tasya ca tatrāsattvāt, tatsvarūpasattvānuvedhān na nirupākhyam eva tat*)[515].

Da das Sein und Nichtsein eines Dinges eng miteinander vermischt sind, so sagt er weiter, werden sie in einem Wahrnehmungsakt zugleich erfaßt: „In bezug auf den Topf usw., der sich [z. B.] vor [uns] befindet, entsteht ein Bewußtsein, das genau die Form des eindeutig festgestellten Seins dieses [Topfes] und des Nichtseins eines anderen [Dinges] enthält." (*saṃvedanaṃ puro'vasthite ghaṭādau tadbhāvetarābhāvādhyavasāyarūpam evopajāyate = na cānayor ekatvam eva, avigānataḥ samyag ubhayopalabdheḥ*)[516].

Haribhadrasūri verneint ausdrücklich, daß diese Auffassung einen Widerspruch impliziert, da das Sein und das Nichtsein eines Dinges zwei verschiedene Wirkungen hervorrufen, nämlich jeweils die Vorstellung des Seins und Nichtseins: „Und gerade aus diesem Grund kann auch kein Widerspruch entstehen, wenn Sein und Nichtsein bei einem [einzigen Ding] vorkommen, weil sie verschiedene Ursachen haben, insofern die [jeweils] eigene Substanz usw. [, die dort vorkommt], Ursache [von der Vorstellung] ‚Sein', während die [jeweils] andere Substanz usw. [, die dort nicht vorkommt], Ursache [von der Vorstellung] ‚Nichtsein' ist, und weil [dies] durch die Erkenntnis erwiesen ist." (*ata eva caikatra sadasattvayor viruddho'pi na sambha-*

(*anyathā*) – *evam anaṅgīkaraṇe* (*tadabhāvaprasaṅgāt*) – *tasya ghaṭādirūpasya vastuno'bhāvaprasaṅgāt*; vgl. auch Vidyānandas Asrī 287,4f... *so'yam anekāntam abhipretya saptabhaṅganayāpekṣaḥ svabhāvaparabhāvābhyāṃ sadasadādivyavasthāṃ pratipādyati*; auch TBV V, 707,33ff.; Anmn. 514; 523.

515 AJ I, 58,12–59,4; vgl. auch 59,6ff.: *etad uktaṃ bhavati – vastv eva sadasadātmakam, na tatra svarūpasattvapṛthagbhūtaṃ pararūpāsattvam, na ca pararūpāsattvāsampṛktaṃ svarūpasattvam / na cānayor ekatvam eva, avigānataḥ samyag ubhayopalabdheḥ / na ca nānātvam eva, tadvyavasthāyogāt tathānupalabdheḥ / ity anyonyānuvidhaṃ bhedābhedavṛtti tatsvabhāvaṃ viśiṣṭam ubhayam eva tat, anyathā vastūnāṃ vaiśiṣṭyānupattir.*

516 AJ I, 76,10–11; 59,8ff.

vati, bhinnanimittatvāt, svadravyaparadravyādīnāṃ sadasaddhetutvāt, anubhavasiddhatvāc ca)[517]; „... die [jeweils] eigene Substanz usw. erzeugt die Vorstellung der Realität, die [jeweils] andere Substanz usw. die der Nichtrealität." (*... svadravyādayaḥ sattvakalpanāyā nimittaṃ paradravyādayaś cāsattvakalpanāyā iti)*[518].

Die Kritik Yāmunas richtet sich gerade gegen diesen Punkt der Jaina-Lehre. Er lehnt sich dabei grundsätzlich an das von den Kommentatoren der Brahmasūtren gegen den *anekāntavādaḥ* (= *syādvādaḥ*) vorgebrachte Argument der Unmöglichkeit an[519]: „Daß ein und dasselbe [Ding zugleich] seiend und nichtseiend ist, ist [schon] wegen der Widersprüchlichkeit unmöglich... Hat man [z. B.] bezüglich des Wesens eines Topfes wahrgenommen, daß [er im selben Augenblick] existiert und nicht existiert, so könnte es gleichzeitig ein Vorhandensein und ein Nichtvorhandensein in bezug auf Topf und andere Dinge geben."

> (*sadasattvaṃ tathaikasya viruddhatvād asambhavi* //
>
> . . . .
>
> *ghaṭasvarūpe nāstitvam astitvaṃ yady abūbudhat* /
> *syād eva yugapat sattvam asattvaṃ ca ghaṭādiṣu* //)[520].

Das Auffällige in dieser Stellungnahme ist die Tatsache, daß Yāmuna das Argument der Unmöglichkeit nur für jenen Teil der Jaina-Lehre gelten läßt, in dem behauptet wird, daß die Realität und Nicht-Realität eines Dinges gleichzeitig sinnlich erfaßt werden können (*yady abūbudhat*...). Die Grundlehre der Jainas wird dabei aber nicht angegriffen, nämlich daß das Wesen der Dinge sowohl durch das Sein als auch durch das Nichtsein charakterisiert ist: *vastu eva tat sadasadātmakam*[521], wie dies etwa in der Kritik Śaṅkaras zum Ausdruck kommt[522].

---

517 Ibid. 63,5–7; vgl. dazu auch Hemacandra, Pramāṇamīmāṃsā (*Text and Translation*... by S. Mookerjee. Varanasi 1970) 32,17–20: *naivaṃ pratīyamāne vastuni virodhasyāsambhavāt / yat sannidhāne yo nopalabhyate sa tasya virodhīti niścīyate / upalabhyamāne ca vastuni ko virodhagandhāvakāśaḥ? nīlānīlayor api yady ekatropalambho'sti tadā nāsti virodhaḥ.*

518 AJ (Autokomm.) 63,18–19.

519 ŚBh 480,4ff.; BBh 126,7ff.

520 SS vv. 76; 89–90; vgl. ŚrīBh III, 309.9ff.: *ekasmin vastuni astitvanāstitvāder viruddhasya chāyātapavad yugapad asambhavāt... naikasmin viruddhadharmasamāveśaḥ sambhavati*; vgl. unten Anm. 522.

521 Vgl. oben Anm 515.

522 Śaṅkara (ŚBh 482,3ff.) lehnt diese Lehre ohne jede Einschränkung rund-

Der Grund für diese Zurückhaltung liegt darin, daß auch Yāmuna in Anlehnung an die Ansicht Kumārilas an dem ontologischen Grundsatz vom doppelten Charakter der Dinge festhält:

svarūpapararūpābhyāṃ nityaṃ sadasadātmake /
vastuni jñāyate kaiścid rūpaṃ kiṃcit kadācana //[523].

‚Nichtseiend' ist für Kumārila hier kein absoluter, sondern nur ein relativer Begriff. Wenn etwa im Irrtum Silber an Stelle von Perlmuschel erscheint, so heißt dies, daß nur ein *hic et nunc* Nichtseiendes erkannt wird, nicht aber ein absolut Nichtseiendes. Denn ‚Silber' existiert tatsächlich ‚anderswo und anderswann' (*deśakālānyathātmakam*)[524]. In diesem Sinne sagt er: „Deshalb ist diejenige Erkenntnis objektlos, die etwas anders erfaßt, als es ist, und sie ist es, die ein Nichtseiendes zum Objekt hat. [Denn] das Nichtseiende ist das andere Ding, sonst nichts, da sich [ein anderes Nichtseiendes] nicht feststellen läßt."

(*tasmād yad anyathā santam anyathā pratipadyate* //
tan nirālambanaṃ jñānam abhāvālambanaṃ ca tat /
bhāvāntaram abhāvo'nyo na kaścid anirūpaṇād //)[525].

Des weiteren bedeutet dies, daß die Realität und Nichtrealität der sinnlichen Erkenntnis von der Existenz und Nichtexistenz der Verbindung des Gegenstandes mit dem Sinnesorgan abhängt:

sarvatrārthendriyāṇāṃ naḥ saṃyogasadasattayā /
saṃvittau vidyamānāyāṃ sadasadgrāhyatā sthitiḥ //[526].

Sucaritamiśra präzisiert diesen Gedankengang, indem er erklärt, daß die Verbindung mit einem Sinnesorgan nur dann entsteht, wenn der Erkenntnisgegenstand *hic et nunc* vorhanden ist. Sie existiert nicht, wenn er anderswo gegeben ist. Und dies hat die Erkenntnis ‚dies existiert hier bzw. dies existiert hier nicht' zur Folge: „Deshalb

---

weg ab: *na hy ekasmin dharmiṇi yugapat sadasattvādiviruddhadharmasamāveśaḥ sambhavati śītoṣṇavat*. Auch Rāmānuja schließt sich an ihn an (vgl. Anm. 520), obwohl er anderswo im Sinne Yāmunas annimmt, daß ein Ding *sadasadātmakam* ist; vgl. unten S. 243f.

[523] ŚV (Abhāv.) v. 12. Der Jaina-Autor Vidyānanda versucht den von Kumārila bzw. von den Sāṃkhya-Anhängern vertretenen *sadasadātmakavādaḥ* zu widerlegen; vgl. Anm. 514.

[524] ŚV (Nirāl.) v. 108ab.

[525] Ibid. vv. 117c–118d; Übers. Schmithausen 1965,204.

[526] ŚV (Nirāl.) v. 55.

hat diejenige [Erkenntnis] einen nichtseienden Gegenstand, die ein Ding erfaßt, das sich an einem anderen Ort befindet [, und daher] nicht zum Sinnesorgan [zur Wahrnehmung] gelangen kann. Man sagt [daher]: Sein Gegenstand existiert nicht. Bei irgendeiner [Erkenntnis] wird [einmal] irgendein [Gegenstand] verneint. [Er kann] keinesfalls eben [seinem] Eigenwesen nach [d. h. im absoluten Sinn] verneint werden. [So z. B.] bedeutet die Aussage: ‚Das ist nicht Silber' nicht, daß der Gegenstand ‚Silber' [überhaupt nirgends] existiert. Denn er existiert an einem anderen Ort usw. [z. B. beim Silberschmied]. Es heißt jedoch, daß er nicht hier vorhanden ist, wenn es zu keiner Verbindung mit dem Sinnesorgan kommt. Auch die Aussage: ‚Dies existiert' kann man nur über jenen [Gegenstand] machen, wenn er mit dem Sinnesorgan in Verbindung kommt." (*ato yad deśāntarastham indriyāprāptam artham gṛhṇāti tad asadgrāhyam / tasyārtho nāstīty ucyate / kvacid hi kiṃcit pratiṣidhyate / na svarūpeṇaiva kiṃcit / nedaṃ rajatam iti nāyam arthā rajataṃ nāstīti / asti hi tad deśāntarādiṣu / kiṃtu iha nāstīti yatrendriyeṇa na prāpyate, idam astīty api yad eva yatrendriyeṇa prāpyate tad ucyate*)[527].

Gerade diesen Gedanken bringt Yāmuna gegen den Standpunkt der Jainas vor, und es besteht kein Zweifel, daß er dabei Sucaritamiśra folgt, wenn er argumentiert: „Weil unsere Vorstellungen von ‚es existiert' und ‚es existiert nicht' infolge der Unterscheidung von Raum, Zeit und Zustand [immer] dergestalt sind: ‚Jetzt [und] hier existiert das bzw. existiert das nicht', ergibt sich daraus für den Topf usw. entsprechend der Unterscheidung von Raum usw., daß er seiend bzw. nichtseiend ist. Die [Syādvāda-] Lehre [der Jainas] ist hier nicht möglich, weil sie [mit dem bisher Gesagten] widerlegt wurde."

> (*idānīm idam atrāsti nāstīty evaṃvidhā yataḥ /*
> *deśakāladaśabhedād astināstīti no dhiyaḥ //*
> *ato deśādibhedena sadasattvaṃ ghaṭādiṣu /*
> *vyavasthitaṃ nirastatvād vādasyeha na sambhavaḥ //*)[528].

Damit widerlegt Yāmuna nur einen Teil der Jaina-Lehre, daß nämlich die Erkenntnis eines Dinges sowohl ein Urteil über das Sein als auch über das Nichtsein enthält: *saṃvedanaṃ puro'vasthite ghaṭādau tadbhāvetarābhāvādhyavasāyarūpam evopajāyate* (= SS: *sadasadpratyayaprāptaviruddhadvandvasaṅgame*) und folgt dabei – wie

[527] Kāś II, 49,23–50,9.
[528] SS vv. 91–94.

bereits erwähnt – der Mīmāṃsā Kumārilas: *nirṇayaḥ kriyate tatra mīmāṃsakamatena*[529]. Die Tatsache, daß die hier geäußerte Kritik eher minimal ausfällt, ist – wie bereits angedeutet – auf den gemeinsamen Grundsatz von *sadasadātmakatvam* und auf die damit zusammenhängende Anyathākhyāti zurückzuführen, der die Jaina-Autoren[530] wie Yāmuna anhängen[531].

In ähnlicher Form bringt Yāmuna anschließend Korrekturen an dem *satkāryavādaḥ* des Sāṃkhya an, der von allen Vedānta-Schulen in irgendeiner Weise rezipiert wurde[532].

b) Polemik gegen die Sāṃkhya-Schule

Im Sāṃkhya-System begegnen wir ganz anderen ontologischen Voraussetzungen, nach denen die Frage nach der Realität und Nicht-Realität der Weltdinge beantwortet wird. Für das Sāṃkhya gibt es kein wirkliches Entstehen und Vergehen, sondern ein bloßes In-Erscheinung-Treten (*abhivyaktiḥ*) und ein Entschwinden aus der Sichtbarkeit. Dies hält ein Fragment in der Yuktidīpikā deutlich und in prägnanter Form fest: „Und so lehren die Anhänger Vṛṣagaṇas: Diese Dreiwelt entschwindet aus der Sichtbarkeit, nicht [jedoch] aus der Seiendheit. Sie existiert auch nach ihrem Entschwinden, weil [ihre] Vernichtung verneint wird. Und weil [sie wieder mit der Urmaterie] verbunden ist (= *saṃsargāt*) ergibt sich [ihre] Feinheit, und aus dieser Feinheit [ihre] Unwahrnehmbarkeit. Deshalb ist die Vernich-

---

529 Ibid. v. 88.

530 Vgl. AJ I, 36,12ff.; 86,6ff. (= ŚV [Abhāv.] vv. 15–16). Auch andere Jaina-Autoren wie Siddhasena, Śāntisūri usw. haben Anyathākhyāti vertreten (vgl. Das Gupta 1975, I, 183; Schmithausen 1965, Anm. 180). Auf Grund der Tatsache, daß bei den Jaina-Autoren die Anyathākhyāti als Irrtumslehre der Schule erscheint, dürfte die Bezeichung Sadasadkhyāti, die von den späteren Advaita-Autoren bezeugt wird (vgl. Mesquita 1988, Anm. 59), bloß ein anderer Namen für die Anyathākhyāti sein, genauso wie die viśiṣṭādvaitische Yathārthakhyāti später auch unter dem Namen Satkhyāti gekannt wurde (vgl. Anm. 872). Die Bezeichnung Sadasadkhyāti bringt den Grundsatz vom *sadasadātmakatvam*, auf dem die Anyathākhyāti beruht (S. 241ff.), deutlicher zum Ausdruck.

531 Über die anderen Berührungspunkte Yāmunas mit dem Standpunkt der Jainas vgl. Anmn. 118; 160; 179; 181; 198; 258a; 281; 351; 373; 416; 534; 549; Mesquita 1989, 147f.

532 Vgl. Hacker 1953,5ff.; 26ff. Śaṅkara erklärt sogar, daß das Sāṃkhya ein Teilgebiet des Vedānta sei: *jñātavyaḥ padārthāḥ saṃkhyāyante yasmiñ śāstre, tat sāṃkhyaṃ vedāntaḥ* (ŚBgBh zu 18,13); vgl. dazu ŚrīBh III, 329,23: *śārīrake ca sāṃkhyoktatatttvānām abrahmātmakatāmātraṃ nirākṛtaṃ na svarūpam.*

tung [bloß] ein Entschwinden aus der Sichtbarkeit." (*tathā ca vārṣagaṇāḥ paṭhanti – tad etat trailokyaṃ vyakter apaiti, na sattvād, apetam apy asti, vināśapratiṣedhāt / (a)saṃsargāc cāsya saukṣmyam, saukṣmyāc cānupalabdhis tasmād vyaktyapagamo vināśaḥ*)[533].

Nach den Grundlagen dieser Lehre stellt sich also das Problem der Irrealität gar nicht, da die Erscheinungswelt immerwährend real ist (*trailokyaṃ vyakter apaiti, na sattvād*). Dies referiert Yāmuna wie folgt: „Die Sinneswelt mit ihrem Anfang und Ende fällt daher in den Bereich des Seienden. Es wurde ja gelehrt: was weder am Anfang noch am Ende existiert, das existiert auch nicht dazwischen. Daher muß man annehmen, daß die [Sinneswelt], von der man festgestellt hat, daß [sie] seiend ist, immer seiend ist."

> (*ādyantavān prapañco'taḥ satkakṣyāntarniveṣyate /*
> *uktaṃ ca –*
> *ādāv ante ca yan nāsti nāsti madhye'pi tat tathā // iti*
> *ato niścitasadbhāvaḥ sadā sann abhyupeyatām /*)[534].

Eine Analyse dieses Gedankenganges zeigt, daß die mannigfachen Gegenstände der Sinneswelt lediglich den groben und feinen Zustand wechseln, je nachdem, ob sie aus der Sichtbarkeit entschwinden und in der Urmaterie aufgehoben sind oder ob sie kraft der Hilfsmittel wie Ort, Zeit, Form usw. als individuelle Einzeldinge in Erscheinung treten und so sinnlich erfaßt werden.

Es ist auch diesen Faktoren zu verdanken, daß nicht alle Dinge auf einmal in Erscheinung treten können: *deśakālākāranimittāpabandhān na khalu samānakālam ātmānam abhivyaktiḥ*[535]. Da diese Faktoren an Seiendem haften, muß die erscheinende Wirkung bzw. das erscheinende Ding als solches in der Urmaterie vorhanden sein[536]. Dies bringt Yāmuna in seinem Referat wie folgt zum Ausdruck: „[Einwand:] Die Verbindung mit [Faktoren wie] Raum usw. ist nur für ein Seiendes möglich. Es wird nicht angenommen, daß ein Nichtseiendes wegen der Verbindung mit Raum und Zeit seiend ist."

---

533 YD 57,6–7; zur Lesart *saṃsargāt* vgl. WEZLER 1981, Anm. 85.

534 SS vv. 99–101. Dieses Prinzip des Satkāryavāda wird auch in der Jaina-Schule vertreten, ebenso wie auch die Lehre der Umwandlung (*parimāṇaḥ*): *bhāvasya nāsti nāśo nāsty abhāvasya caivotpādaḥ / guṇaparyāyeṣu bhāvā utpādavyayān prakurvanti //* (vgl. PSS vv. 15; 11; auch FRAUWALLNER 1956, II, 260ff.).

535 YBh, in: YBhV 258,1–2.

536 Vgl. FRAUWALLNER 1953, I, 388ff.; TBV II, 280,21–285,4.

(*nanu deśādisambandhaḥ sata evopapadyate* /
na deśakālasambandhād asataḥ sattvam iṣyate //)[537].

Die Zurückweisung dieser Ansicht ist nicht überliefert. Angesichts der Tatsache, daß Yāmuna im Prinzip sowohl dem sāṃkhyistischen *satkāryavādaḥ* als auch dem *sarvasarvātmakavādaḥ*[538] beipflichtet, wäre anzunehmen, daß er in der Saṃvitsiddhi keine ausführliche Polemik gegen die Sāṃkhya-Lehre entfaltet hat. Es wäre nicht schwer, sich vorzustellen, worin der Schwerpunkt der Kritik Yāmunas lag. Da er die Erscheinungswelt (*jagad*) genauso wie Rāmānuja als eine reale Modifikation (*vikārajātam*)[539] der Materialursache versteht, mußte er die sāṃkhyistische Abhivyakti-Lehre, nach der es bloß ein scheinbares Werden und Vergehen[540], bzw. daß es nur ein scheinbares Nichtsein gibt, verworfen haben.

Rāmānuja argumentiert in dieser Form im Ārambhaṇādhikaraṇa seines Śrībhāṣya, daß nämlich die von den Sāṃkhya-Anhängern über die *abhivyaktiḥ* angestellten Überlegungen zurückzuweisen sind, weil die Annahme von einem realen Entstehen und Vergehen mit dem *satkāryavādaḥ* nicht in Widerspruch stehe. Der Widerspruch würde vielmehr entstehen, fährt er fort, wenn man lehrte, daß das Produkt, das jetzt entsteht, bereits vorher als solches in der Materialursache vorhanden war: *abhivyaktyanubandhīni codyāni tasyā anabhyupagamād eva parihṛtāni / utpattyabhyupagame'pi satkāryavādo na virudhyate; sata evotpatteḥ / vipratisiddham idam abhidhīyate, pūrvam eva sat, tad utpadyate ceti*[541].

Rāmānuja erklärt dies folgenderweise näher: „Es kommt der Substanz [wie Lehm] eine Verbindung mit [allen ihren] jeweils später [entstehenden] Gestalten [wie Topf, Teller usw.] zu. Es kommt [ihr auch] ein Vergehen zu, insofern ihre jeweils früheren Gestalten [wie Lehmerde und -klumpen verschwinden]. Ihrem [neuen] Zustand aber kommt eine Entstehung zu. Daher besteht kein Widerspruch zum

---

537 SS vv. 95–96.

538 Vgl. unten S. 260ff.

539 SS vv. 58ff.; VAS 89,2ff.

540 In der Yuktidīpikā wird ausdrücklich darauf hingewiesen, daß die Verwendung der Verben, die an sich eine reale Tätigkeit bezeichnen wie *kṛ*; *utpad* und *jan* nur im Sinne von einem scheinbaren Werden zu verstehen ist, da es in Wirklichkeit weder ein reales Entstehen noch ein reales Vergehen gibt: *paramārthatas tu na kasyacid utpādo'sti na vināśaḥ* (YD 54,2–6); vgl. FRAUWALLNER 1953, I, 385ff.; vgl. auch Anmn. 534, 549.

541 ŚrīBh III, 253,4ff.; vgl. TBV II, 296,8–310,6.

satkāryavādaḥ, weil die Substanz als Träger aller Zuständen [bzw. Gestalten] real ist.“ (*dravyasyottarottarasaṃsthānayogaḥ pūrvapūrvasaṃsthānasaṃsthitasya vināśaḥ; svāvasthasya tūtpattiḥ / ataḥ sarvāvasthasya dravyasya sattvāt satkāryavādo na virudhyate*)[542].

Aus dem Gesagten geht hervor, daß es, um dem *satkāryavādaḥ* gerecht zu werden, vollkommen genügt, wenn nur die Materialursache vor der Entstehung ihrer Wirkung existiert. Die Wirkung hingegen beginnt erst nach ihrer Entstehung zu existieren. Aus diesem Grund kann Rāmānuja die Wirkung als den Übergang der Substanz in einen anderen neuen Zustand definieren: *kāryatvaṃ hi nāmaikasya dravyasyāvasthāntarāpattiḥ*[543]. Gerade an diesem Punkt liegt der entscheidende Unterschied zwischen dem *satkāryavādaḥ* Rāmānujas und Yāmunas einerseits und dem *satkāryavādaḥ* des Sāṃkhya andererseits. Beide stimmen aber mit dem Sāṃkhya überein, daß das Produkt seinem Wesen nach dasselbe ist wie seine Ursache: *ananyat kāraṇāt kāryaṃ pāvakād visphuliṅgavat*[544].

Damit wird hier die Einheit des Seins von Wirkung und Ursache vertreten, da das Sein der Wirkung ihren Ursprung im Sein der Ursache hat. Auf diese Weise entsteht zwischen den beiden ein Verhältnis der Verschiedenheit und Nicht-Verschiedenheit (*bhedābhedaḥ*)[545]: Nicht-Verschiedenheit, insofern das Sein der Ursache in die Wirkung fließt; Verschiedenheit, indem die Ursache in den Zustand der Wirkung übergeht und somit der Grund für die Vielheit in der Welt wird.

Wir können davon ausgehen, daß Yāmuna im Rahmen seiner nunmehr verlorenen Zurückweisung auch dem Sāṃkhya-Prinzip zugestimmt hat, daß die Faktoren wie Raum, Zeit usw. nur an einem Seienden wirksam sein können: *deśādisambandhaḥ sata evopapadyate*[546]. Denn es ist nicht ein absolut Nichtseiendes, das mit Hilfe dieser Faktoren in Erscheinung tritt (*na deśakālasambandhād asataḥ sattvam iṣyate*)[547], sondern ein Seiendes, nämlich die Substanz (= Ma-

---

542 Śrībh III, 253,6–8.

543 ŚrīBh, III, 357,14; vgl. dazu PañcPV 653,8–9: *ekasya pūrvarūpaparityāgena satyarūpāntarāpattiḥ pariṇāmaḥ*.

544 SS v. 60; VAS 79,8ff.

545 Diese Position ist in einer gewissen Hinsicht dem Bhedābhedavāda ähnlich, obwohl Rāmānuja und Yāmuna die extreme Form dieser Lehre entschieden ablehnen; vgl. Anmn. 351; 352.

546 SS v. 95.

547 Ibid. v. 96.

terialursache), die an einem bestimmten Ort und zu einer bestimmten Zeit ihre ursprüngliche Form aufgibt und eine neue annimmt. Da diese materielle Veränderung ein reales Entstehen und Vergehen involviert, wie dies unten im Rahmen des Pariṇāmavāda Yāmunas näher erklärt werden wird, kann Yāmuna einen weiteren von ihm referierten Lehrinhalt des Sāṃkhya verwerfen, daß nämlich das Seiende ausschließlich seiend und das Nichtseiende ausschließlich nichtseiend ist: „Daher muß man annehmen, daß [die Sinneswelt], von der man festgestellt hat, daß [sie] seiend ist, immer seiend ist. Ein Nichtseiendes [aber] ist zufolge der Unmöglichkeit [seiner] Entstehung wie eine Himmelsblume stets nichtseiend. Bei einem Nichtsein gibt es in diesem Fall keinen Unterschied bezüglich des früheren Nichtseienden oder absoluten Nichtseienden."

(*ato niścitasadbhāvaḥ sadā sann abhyupeyatām* /
asataḥ sarvadāsattvaṃ janyayogāt khapuṣpavat //
asattve na viśeṣo'sti prāgatyantāsator iha /)[548].

Denn ein reales Entstehen setzt ein früheres Nichtsein voraus, ebenso das Vergehen ein Nichtsein danach.

c) Zur Kosmologie Yāmunas

Betrachtet man nun die Fragestellung, mit der Yāmuna den vorher besprochenen Abschnitt der Saṃvitsiddhi begonnen hatte: *nanu sattve prapañcasya nāstīti pratyayaḥ katham* / *asattve vā kathaṃ tasminn astīti pratyayo bhavet* /, im Lichte der Untersuchung der Lehren der genannten Schulen wie die von Jainas, Sāṃkhya und Mīmāṃsā, so ergibt sich, was das Einzelding betrifft, folgendes Bild: Yāmuna stimmt mit allen diesen Systemen überein, daß in den Dingen ein doppeltes Wesen vereinigt ist[549]. Er ist jedoch nicht einer Meinung mit den Jainas, wohl aber mit Kumārila, wenn er verneint,

---

[548] Ibid. vv. 101–103.

[549] Vgl. FRAUWALLNER 1956, II, 154: „Diese Lehre, nach der in den Dingen ein doppeltes Wesen vereinigt ist, das sie teils in dieser, teils in jener Form erscheinen läßt, wurde Relativitätslehre (*syādvādaḥ*) genannt und findet sich auch im Sāṃkhya-System und im System der Jaina."; vgl. ibid. I, 400: „Das Sāṃkhya lehrte nun, daß die Gemeinsamkeit etwas Wirkliches und im Wesen der Dinge verankert sei. Denn auf ihr beruht es, wenn mehrere gleichartige Dinge die gleiche Wirkung hervorzubringen vermögen. Aber sie ist keine Wesenheit für sich. Gemeinsames und Besonderes ist vielmehr in dem einen Wesen der Dinge vereinigt und gehört untrennbar zu ihm. Und dasselbe Ding erscheint in verschiedener Hinsicht betrachtet bald als gleichartig, bald als verschiedenartig. Diese Lehre, welche auch als Relativitätslehre (*syādvādaḥ*)

daß die sinnliche Erkenntnis diesen doppelten Charakter eines Dinges erfassen kann.

Im Anschluß an die Sāṃkhya-Schule vertritt Yāmuna die Ansicht, daß ein seiendes Einzelding nur aus einem „ursächlich" Seienden (= Materialursache) entstehen kann (= *satkāryavādaḥ*), und daß das Produkt seinem Wesen nach dasselbe ist wie seine Ursache. Im Gegensatz dazu lehrt Yāmuna, daß das Einzelding im realen Sinn entsteht und vergeht.

Allen diesen Schulen ist – wie erwähnt – gemeinsam, daß sie die realen Weltdinge als seiend und nichtseiend (*sadasadātmakam*) zu-

---

bezeichnet wurde, wurde in der Folgezeit von dem großen Mīmāṃsā-Lehrer Kumārila aufgegriffen." Vgl. auch ibid. II, 275–276.

Das Sāṃkhya bekennt sich auch zum *sadasadātmakatvam* (vgl. oben S. 183.). Da dieser Lehrsatz davon ausgeht, daß ein Nichtseiendes (*asat* / *abhāvaḥ*) nichts anderes ist als das andere Ding: *bhāvāntaram abhāvaḥ* (ŚV [Nirāl.] v. 118c), war der genannte Lehrsatz auch mit dem Standpunkt des Sāṃkhya vereinbar, daß ‚das Seiende ausschließlich seiend ist' (*yad asty asty eva tat*, vgl. Mesquita 1988, Anmn. 167; 167a). Überdies läßt sich aus einem anderen wichtigen Lehrtheorem des Sāmkhya, daß alles aus allem besteht (*sarvasarvātmakatvavādaḥ*), tatsächlich eine Art *sadasadātmakatvam* ableiten, insofern der *sarvasarvātmakatvavādaḥ* die These impliziert, daß in jedem Einzelding alle anderen Dinge der Erscheinungswelt unsichtbar, d. h. als nicht mehr wahrnehmbare Dinge, enthalten sind (vgl. Wezler 1981, 388; vgl. unten S. 262). Wenn nun in der Erscheinungswelt ein bestimmtes Ding in seinem spezifischen Wesen manifest wird, z. B. als Topf wahrgenommen wird, so ist darin ebenfalls ein anderes Ding, etwa ein ‚Stoff', unsichtbar vorhanden. Das heißt, daß das ‚Sein' (*sat*) des Topfes untrennbar mit dem ‚Nicht-Sein' (d. h. Nicht-Wahrnehmbar-Sein) (*asat*) des Stoffes verbunden ist. Sein Nicht-Sein bzw. Nicht-Wahrnehmbar-Sein hängt für Kumārila bzw. das Sāṃkhya damit zusammen, daß es nicht an einen bestimmten Ort, eine bestimmte Zeit oder Gestalt usw. gebunden ist. Somit kann auch das Sāṃkhya im Prinzip dem Lehrsatz Kumārilas zustimmen: *svarūpapararūpābhyaṃ nityaṃ sadasadātmakaṃ vastu* (ŚV [Abhāv.] v. 12). Ein Prinzip, von dem auch die Irrtumslehre Kumārilas, die Anyathākhyāti, ausgeht (vgl. unten S. 242). Daß sich auch die Sāṃkhya-Schule diese Lehre tatsächlich angeeignet hatte, zeigt die Auseinandersetzung Vidyānandas damit. Er widerlegt im unmittelbaren Anschluß an seine Ablehnung von Kumārilas *sadasadātmakavādaḥ* (AsṛĪ 117,5–12) auch die diesbezügliche Lehre der Sāṃkhya-Schule (117,13–20): *tathā sāṃkhyasyaivam ubhayaikātmyaṃ bruvataḥ ... tato naivam apy ubhayaikāntaḥ sidhyati, virodhāt* (vgl. Anm. 513). Das *sadasadātmakatvam* beinhaltet in gewissem Sinne einen Bhedābhedavāda: „Dasselbe Ding erscheint in verschiedener Hinsicht betrachtet bald als gleichartig, bald als verschiedenartig" (vgl. Frauwallner 1953, I, 400). Und umgekehrt impliziert der Bhedābhedavāda ein *sadasadātmakatvam* (vgl. Hacker 1952,281; vgl. unten Anm. 556).

gleich auffassen. Ein Standpunkt, der in diametralem Gegensatz zu der Ansicht des Advaita-Vedānta steht, daß nämlich das Einzelding bzw. die gesamte Weltausbreitung weder als seiend noch als nichtseiend bestimmbar ist: *sadasadbhyām anirvācyaṃ prapañcaṃ kecid ūcire*[550]. Es kann kein Zweifel daran sein, daß Yāmuna hier *sadasadātmakatvam* und *sadasadbhyām anirvacanīyam* bzw. *sadasadvilakṣaṇatvam* zueinander in Beziehung setzen möchte, um letztere durch erstere widerlegen zu können. Dies geschieht nicht nur wenn Yāmuna der Anirvacanīyakhyāti des Advaita die Anyathākhyāti des Kumārila entgegensetzt[551], sondern auch wenn er den Lehransatz Kumārilas von *sadasadātmakatvam* heranzieht, um ebenfalls die Realität und Nichtrealität der gesamten Weltausbreitung bzw. ihrer Materialursache deuten zu können. Leider gehört auch diese Diskussion zu den verlorenen Partien der Saṃvitsiddhi. Daß Yāmuna tatsächlich darauf eingegangen ist, zeigt seine Fragestellung: *nanu sattve prapañcasya nāstīti pratyayaḥ katham* ... Es kann nicht bezweifelt werden, daß Yāmuna damit nicht nur die Frage nach der Realität und Nichtrealität des Einzeldinges angeschnitten hatte, sondern auch die der gesamten Weltausbreitung (*prapañcasadbhāvaḥ*): „Ferner, welches Bewußtsein erscheint eigentlich in Gestalt der Sinneswelt? Zunächst einmal nicht die ‚Topf-Erkenntnis', weil man [die Erscheinungswelt] auch dann beobachtet, wenn diese fehlt. Man kann nämlich nicht sagen, daß die ganze Welt nicht existiere, wenn diese [Topf-Erkenntnis noch] nicht entstanden ist bzw. verschwunden ist, weil eine [derartige] Aussage durch Wahrnehmung aufgehoben würde. [Sie erscheint] auch nicht als Erkenntnis irgendeines anderen [Gegenstandes], weil man, auch wenn diese vergangen ist, andere [Weltgegenstände] wahrnimmt."

(*kiṃca prapañcarūpeṇa kā na saṃvid vivartate* /
na tāvad ghaṭadhīs tasyām asatyām api darśanāt //
na hi tasyām ajātāyāṃ naṣṭāyāṃ vākhilaṃ jagat /
nāstīti śakyate vaktum uktau pratyakṣabādhanāt /
nāpy anyasaṃvit tannāśe'py anyeṣām upalambhanāt //)[552].

Wir sind in der glücklichen Lage, auch diese verlorene Diskussion an Hand von diesbezüglichen Ausführungen Rāmānujas wenigstens in wesentlichen Konturen rekonstruieren zu können. Denn es dürfte

---

550 SS v. 84.

551 Vgl. S. 240ff.

552 SS vv. 157–161.

nicht rein zufällig sein, daß Rāmānuja sich mit dieser Frage gerade im Rahmen seiner Widerlegung der advaitischen Anirvacanīya-khyāti beschäftigt[553], in der er eindeutig Yāmuna gefolgt ist, wie ich dies anderorts gezeigt habe[554]. Außerdem bekennt sich Yāmuna zu den Grundsätzen der Sāṃkhya- und Kumārilaschule, auf die Rāmānuja seine Deutung aufgebaut hat, nämlich auf den Grundsatz der deutlichen Trennung zwischen Geist und Materie und den des *sadasadātmakatvam*. So können wir uns hier an Rāmānuja orientieren.

Bemerkenswert ist, daß auch die Vertreter des Bhedābhedavāda[555] das zuletzt genannte Prinzip Kumārilas in Anspruch nehmen, um das Verhältnis des „Einen Geistigen und dem Vielen Ungeistigen" zu definieren[556].

Rāmānuja erklärt dieses Verhältnis wie folgt: „In der Erscheinungswelt, die mit geistigen und ungeistigen [Wesen] gemischt ist, ist der geistige Teil mit einer unterschiedlichen und selbstevidenten Eigenform, die weder durchs Wort noch durch den inneren Sinn erfaßt werden kann, durch das [Zeit-] Wort: ‚Es existiert' beschrieben, weil [er] unvergänglich ist, insofern [er], dadurch daß er ein reines Bewußtsein ist, von der materiellen Unterschiedlichkeit [absolut] unberührt ist. Der nicht geistige Teil hingegen wird durch [die Negation:] ‚Es existiert nicht' bezeichnet, da er mit der durch die Umwandlung [entstandenen] Unterschiedlichkeit, die mittels des Karma des geistigen Teiles verursacht wird, vergänglich ist. Beide [Teile] aber haben, dadurch daß sie Körper Vāsudevas sind, der das höchste Brahma ist, diesen als [ihr] Selbst." (*cidacinmiśre jagati cidaṃśo vāṅmanasāgocarasvasaṃvedyasvarūpabhedo jñānaikākāratayāspṛṣṭaprākṛtabhedaḥ, avināśitvena astiśabdavācyaḥ* / *acidaṃśas tu*

---

[553] Vgl. ŚrīBh II, 38,4 ff.: *yat punaḥ sadasadanirvacanīyam ajñānaṃ śrutisiddham iti, tad asat*... Rāmānuja widerlegt hier die Behauptung, daß auch die Itihāsas und Purāṇas eine derartige Lehre vortragen (41,1 ff.).

[554] Vgl. Mesquita 1988,63–66.

[555] Vgl. Anm. 351.

[556] Vgl. Hacker 1952,281: „Dieser Realitätsgrad wurde außerhalb der Vedāntaschulen von der Mīmāṃsāphilosophie des Kumārila anerkannt, innerhalb des Vedānta von den zwar monistischen, aber nicht illusionistischen Bhedābheda-Philosophen, d. h. von denjenigen, welche das Verhältnis zwischen dem Einen Geistigen und dem Vielen Ungeistigen als ein Zugleich von Verschiedenheit und Identität definieren: dementsprechend erklärten sie den Seinsgrad der Erfahrungswelt als ein Zugleich von Wahrhaftsein und Nichtwahrhaftsein."

cidaṃśakarmanimittapariṇāmabhedo vināśīti nāstiśabdābhideyaḥ / ubhayaṃ tu parabrahmabhūtavāsudevaśarīratayā tadātmakam)[557].

Die Übereinstimmung mit den Gedanken Yāmunas wird hier deutlich, wenn man bedenkt, daß auch Yāmuna die Weltausbreitung ‚als aus geistigen und ungeistigen Wesen bestehend, die Brahma als ihr Selbst hat', beschreibt: *brahmātmanātmalabho'yaṃ prapañcaś cidacinmayaḥ*[558]. Darüber hinaus bestimmt er, daß das Karma des geistigen Teiles ein Katalysator bei der realen Umwandlung des ungeistigen Teiles ist[559]. Und es ist anzunehmen, daß auch Yāmuna genauso wie Rāmānuja das relative Nichtsein der materiellen Welt in Beziehung zu dem absoluten Sein des geistigen Teiles, der von Natur aus zu keiner Änderung fähig ist, gesetzt hat, wie unten zu sehen sein wird.

Offenbar wird hier der Lehransatz Kumārilas von *sadasadātmakatvam* mit dem Denkmodell der Sāṃkhya-Schule, das einen scharfen Gegensatz zwischen dem geistigen und ungeistigen Teil ausdrückt, verbunden. Der geistige Teil ist. Er kann nicht werden: *astiśabdābhidheyo hy ādimadhyaparyantahīnaḥ satataikarūpaḥ padārthaḥ*; *tasya kadācid api nāstibuddhyanarhatvāt*[560].

Der Grund dafür liegt, nach Rāmānuja, darin, daß der Ātmā eine absolut selbstevidente Eigenform hat (*vaṅmanasāgocarasvasaṃvedyasvarūpa-*). Und dies entspricht der Meinung Yāmunas, daß der Ātmā in seiner Eigenform (*svarūpam* = Ich) absolut unveränderlich ist (*na vikriyātmakam*), sofern ihm ein unvermitteltes ewiges Bewußtsein zukommt[561], bzw. daß jedes andere vermittelte Bewußtsein nur im *svabhāvaḥ* des Ātmā stattfindet[562]. Damit lehrt auch Yāmuna, daß der Ātmā in seiner Eigenform zu keiner Änderung fähig ist. Deshalb kann vom Ātmā gesagt werden, daß er ist, und daß er nicht werden kann.

Der ungeistige Teil hingegen trägt immer den Keim des Werdens und der Vergänglichkeit mit sich: *acidaṃśas tu kṣaṇapariṇāmitvena sarvadā nāśagarbha iti sarvadā nāstiśabdābhidheyaḥ*[563].

In dieser seltsamen Kombination verlieren aber die beiden Denk-

---

557 ŚrīBh III, 43,1–4; vgl. auch III, 259,10–260,11.
558 SS v. 66; vgl. S. 219: Yāmunas SR v. 12.
559 Vgl. unten S. 203.
560 ŚrīBh II, 46,7–8.
561 Vgl. oben S. 91 f.; MESQUITA 1980,221 ff.
562 Vgl. oben S. 96.
563 ŚrīBh II, 49,2–3.

modelle ihren ursprünglichen Sinn. Denn der sāṃkhyistische Dualismus, ein Ausdruck der schärfsten Gegensätzlichkeit, wird in der Interpretation Rāmānujas und Yāmunas in der Einheit des Körpers Gottes aufgehoben[564].

Die ontologische Charakterisierung als *sadasadātmakatvam* erfährt dabei ebenfalls eine wesentliche Akzentverschiebung. Erklärte man das *sadasadātmakatvam* des Einzeldinges damit, daß es als sich selbst seiend, aber als etwas anderes nichtseiend war (*svarūpapararūpābhyāṃ nityaṃ sadasadātmake vastuni*)[565]. So ließ sich diese Auffassung nicht mehr auf die gesamte Weltausbreitung übertragen. Denn außerhalb dieser Weltausbreitung gab es nichts mehr, das als „etwas anderes" von ihr abgesondert werden konnte. Die besagte ontologische Charakterisierung konnte daher bloß die „Innen-Beziehung" zwischen Geistigem und Ungeistigem, die trotz ihrer Gegensätzlichkeit eine Einheit des Körpers Vāsudevas bildeten, näher erklären.

Betrachtet man nun die Tatsache, daß der geistige und ungeistige Teil in der Theologie Yāmunas und Rāmānujas als Körper Gottes und damit als eine Bestimmung (*viśeṣaṇam*) aufgefaßt wurde, so konnte das relative Nichtsein des ungeistigen Teiles auf gar keinen Fall im Sinne eines illusorischen Seins ausgelegt werden. In Rāmānujas Ausführungen wird es sowohl vom absoluten Nichtsein als auch vom illusorischen Sein deutlich abgehoben. Er bezeichnet es als ‚vergängliches Sein': *atra cācidvastuni nāstyasatyaśabdau na tucchatvamithyātvaparau prayuktau, api tu vināśitvaparau*[566]. Mit dieser Erklärung deutet Rāmānuja an, daß die Vergänglichkeit der ungeistigen Dinge im Sinne der realen Umwandlung (*pariṇāmaḥ*) zu verstehen ist. Die materiellen Dinge entstehen infolge einer realen Umwandlung, in der das Objekt der Veränderung seine vorherige Gestalt aufgibt, bevor es in eine andere übergeht[567]. Damit hängen das Sein und Nichtsein der Einzeldinge von ihrem realen Entstehen und Vergehen ab. Dies würde nun implizieren, daß jedes weltliche Sein ein Sein im Werden ist bzw. daß jedes Werden ein vergängliches Sein hat.

Interessant ist, daß Rāmānuja in diesem Zusammenhang das Sein und Nichtsein der Dinge nach dem Prinzip der Wahrnehmungslehre

---

564 Vgl. unten S. 225f.

565 Vgl. S. 187f.

566 ŚrīBh II, 50,7–8.

567 Vgl. unten S. 217ff.

Kumārilas deutet wie Yāmuna[568]. Denn die Umwandlungsform wird jeweils zu dem Zeitpunkt, in dem sie existiert, als seiend wahrgenommen, und zu einem späteren Zeitpunkt, wenn eine andere Form an ihre Stelle tritt, als nichtseiend: *ekenākāreṇaikasmin kāle'nubhūtasya kālāntare pariṇāmaviśeṣeṇānyathopalabdhyā nāstitvopapādanāt*[569]. Und aus der Tatsache, daß ein Ding wahrgenommen wird, wird ausgeschlossen, daß es sich dabei um ein absolutes Nichtsein handelt: *tucchatvaṃ hi pramāṇasambandhānarhatvam*[570]. Genauso verneint Rāmānuja, daß die Umwandlung eine Scheinentwicklung sei (*mithyā*). Denn ein *mithyātvam*, sagt Rāmānuja, liegt dort vor, wo eine Aufhebung durch eine spätere Erkenntnis gegeben ist (*jñānabādhyatvam*): „Und eine Aufhebung [entsteht], wenn ein und dasselbe [Ding] dadurch, daß es an einen bestimmten Ort und an eine bestimmte Zeit gebunden ist, als seiend erkannt wird und [zugleich] als nichtseiend dadurch, daß es an denselben Ort und an dieselbe Zeit gebunden ist. [Sie] liegt aber nicht vor, wenn das zu einem Zeitpunkt [als seiend] wahrgenommene [Ding], zu einem anderen Zeitpunkt als nichtseiend erfaßt wird, da [an seiner Stelle ein anderes Produkt der] Umwandlung usw. [auftritt], weil [dabei] auf Grund des Zeitunterschiedes ein Widerspruch fehlt. Daher ist [die Umwandlung] nicht eine Scheinentwicklung." (*bādho'pi yaddeśakālādisambandhitayā yad astīty upalabdham, tasya taddeśakālādisambandhitayā nāstīty upalabdhiḥ, na tu kālāntare'nubhūtasya kālāntare pariṇāmādinā nāstīty upalabdhiḥ, kālabhedena virodhābhāvāt / ato na mithyātvam*)[571].

Faßt man die bisherigen Ergebnisse zusammen, so stellt man fest, daß der Advaitin in seiner kosmologischen Deutung der Sinneswelt nicht nur das Einzelding, sondern auch seine Materialursache (*māyā / avidyā/prakṛtiḥ*), deren Substrat das geistige Absolutum ist, als *sadasadvilakṣaṇam*[572], d. h. weder als seiend noch als nichtseiend bestimmbar (*sadasadbhyām anirvācyam*)[573] erklärt. Damit wird ihnen

[568] Vgl. oben S. 188.

[569] ŚrīBh II, 50,10–11.

[570] Ibid. 50,11; vgl. S. 157ff.

[571] Ibid. 50,11ff.; vgl. ibid. I, 132,1–4: *atra ghaṭapaṭādiṣu deśakālabhedena virodha eva nāsti / yasmin deśe yasmin kāle yasya sadbhāvaḥ pratipannaḥ, tasmin deśe tasmin kāle tasyābhāvaḥ pratipannaś cet, tatra virodhād balavato bādhakatvaṃ bādhitasya ca nivṛttiḥ, deśāntarakālāntarasambandhitayānubhūtasyānyadeśakālayor abhāvapratītau na virodhaḥ.*

[572] SS v. 398.

[573] Ibid. v. 84.

ein Realitätsgrad zugewiesen, der eigentlich dem Objekt einer Sinnestäuschung zukommt. Denn ontologisch unbestimmbar ist etwas, das durch eine spätere Erkenntnis aufgehoben, verdrängt oder beseitigt werden kann[574].

In seiner Stellungnahme ersetzt Yāmuna das advaitische *sadasadvilakṣaṇatvam* durch ein *sadasadātmakatvam* im Sinne Kumārilas, nämlich als Charakteristikum der Realität. Damit kann er in direkter Opposition zum Advaita den Grundsatz vertreten, daß nicht nur das Einzelding – als Produkt der Umwandlung und seiner Materialursache – seiend und nichtseiend zugleich ist, sondern daß auch die gesamte Weltausbreitung – in ihren geistigen und ungeistigen Teilen (*prapañcaś cidacinmayaḥ*) – dieses entscheidende Charakteristikum der Realität besitzt. Diesen Standpunkt begründet Yāmuna näher, sowohl wenn er seinen *pariṇāmavādaḥ* vorlegt, als auch wenn er die advaitische Anirvacanīyakhyāti zurückweist.

i) Yāmunas Lehre von der Weltentstehung als einer realen Umwandlung Brahmas

Yāmunas Antwort auf den illusionistischen *vivartavādaḥ* ist leider nicht tradiert[575]. Sie läßt sich jedoch aus seiner oben bereits dargelegten Auffassung des *satkāryavādaḥ* und aus seinen anderen gelegentlichen Äußerungen sowohl in der Saṃvitsiddhi als auch in der Ātmasiddhi zum größten Teil erschließen.

Den Grundunterschied zwischen der Position Yāmunas und derjenigen der Buddhisten und Advaitins kann man folgenderweise kurz zusammenfassen: Die *pariṇāmaḥ* genannte Entwicklung verläuft innerhalb ein und derselben Seinsstufe. Mit anderen Worten heißt das, daß bei ihr das Produkt denselben Realitätsgrad hat wie seine Materialursache. Beim *vivartavādaḥ* hingegen erfolgt der kausale Übergang von einer höheren Seinsstufe (*satyaḥ*) zu einer niedrigeren (*asatyaḥ*). So bezeichnet Yāmuna die innerweltliche Entwicklung *vibhūtiḥ* Brahmas[576], die genauso real ist wie das Brahma, ihre Ursache selbst. Yāmuna wählt verschiedene Redewendungen, um die absolute Realität der Sinneswelt und die absolute Transzendenz Brahmas zum Ausdruck zu bringen: „Deshalb gilt für die Śruti-Stelle: ‚Brahma ist ohne ein Zweites' folgende Bedeutung: Weder gab es, noch gibt es,

---

[574] Vgl. Hacker 1952,284–285.

[575] Vgl. Mesquita 1988,86–87.

[576] Vgl. SS vv. 36, 44, 73, 67: ... *iti pramīyate brāhmī vibhūtir na niṣidhyate*; vgl. auch Mesquita 1980,220.

noch wird es [einen Gegenstand] geben, der als Zweites [neben ihm] aufgezählt werden könnte. Es wird aber [nur das] als Zweites gezählt, was ihm gleichwertig oder überlegen ist. Da diese Welt nur ein winziger Teil der Entfaltung seiner [Schöpfungs]macht ist, wie könnte sie da zum Gegenstand des Wortes ‚Zweites' werden?

Wie die Aussage: ‚Der Cola-Fürst ist jetzt Allherrscher auf Erden ohne einen Zweiten' den Zweck hat, [die Existenz eines Zweiten] ihm gleichwertigen Fürsten auszuschließen, nicht aber [die Existenz] seiner Minister, Söhne, Frauen usw., ebensowenig [verneint die Aussage: ‚Brahma ist ohne ein Zweites' die Existenz von] Millionen von Göttern, Dämonen, Menschen, Brahmās und Brahmāṇḍas, die [nur] Spritzer von [einem] Tropfen aus dem Ozean der Größe von Viṣṇus [Schöpfungs]macht sind, welcher von den Befleckungen, den [guten und schlechten] Werken, deren Resultat und ähnlichem unberührt, der Herr von allen ist und als Inbegriff der sechs Eigenschaften, nämlich Erkenntnis usw. eine unvorstellbare Majestät besitzt.

Fürwahr, wer würde, wenn er die Ozeane, sieben an der Zahl, an den Fingergliedern abzählt, [auch noch] die Spritzer der Schaumblasen der Wellen zählen? Wie doch [auch] nicht die Sonnenstrahlen durch die Aussage: ‚Nur eine Sonne, keine Zweite [gibt es] am Himmelszelt', bestritten werden. [Und] wie eine als getrennt existierende Zahl bei der Zahl des eigentlich Zu-Zählenden genausowenig gezählt wird wie ein dabei vom Zählenden verschiedener Gegenstand, ebenso schloß [die Śruti-Stelle], die lehrt: ‚Ein Schritt von ihm sind alle Wesen, sein Drei-Schritt ist das Unsterbliche im Himmel', die gesamte Welt im Sosein ein.

Ebenso [lehren auch] andere Śruti-Stellen: ‚So groß ist seine Majestät, er ist fürwahr mächtiger als diese [Welt]'; ‚Wo man nichts anderes erkennt, das ist das höchste Wesen'; ‚[Wenn] er einen Zwischenraum, Unterschied macht, wird ihm Furcht offenbar usw.' [Auch] Stellen wie ‚Von dem – wie vom [Berg] Meru ein Atom – dieses Brahmāṇḍa, die gesamte Welt [nur ein winziger Teil ist].' [Alle diese Textstellen] beziehen sich darauf, daß alles in dessen Sosein ist."

(tenādvitiyaṃ brahmeti śruter artho'yam ucyate /
dvitīyagaṇanāyogyo nāsīd asti bhaviṣyate //
samo vābhyadiko vāsya yo dvitīyas tu gaṇyate /
yato'sya vibhavavyūhakalāmātram idaṃ jagat /
dvitīyavāgāspadatāṃ pratipadyeta tat katham //
yathā colanṛpaḥ samrāḍ advitīyo'dya bhūtale /

iti tattulyanṛpatinivāraṇaparaṃ vacaḥ //
na tu tadbhṛtyatatputrakalatrādiniṣedhakam /
tathā surāsuranarabrahmabrahmāṇḍakoṭayaḥ //
kleśakarmavipākādyair aspṛṣṭasyākhileśituḥ /
jñānādiṣāḍguṇyanidher acintyavibhavasya tāḥ /
viṣṇor vibhūtimahimasamudradrapsavipruṣaḥ //
kaḥ khalu aṅgulibhaṅgena samudrān saptasaṅkhyayā /
gaṇayan gaṇayed ūrmiphenabudbudavipruṣaḥ //
yathaika eva savitā na dvitīyo nabhaḥsthale /
ity uktyā na hi sāvitrā niṣidhyante'tra rasmayaḥ //
yathā pradhānasaṅkhyeyasaṅkhyāyāṃ naiva gaṇyate /
saṅkhyā pṛthaksatī tatra saṅkhyeyānyapadārthavat //
tathā –
pādo'sya viśvā bhūtāni tripād asyāmṛtaṃ divi /
iti bruvañ jagat sarvam itthambhāve nyaveśayat //
tathā –
etāvān asya mahimā tato jyāyastaro hi saḥ /
yatrānyan na vijānāti na bhūmodaram antaram /
kurute'sya bhayaṃ vyaktam ityādiśrutayaḥ parāḥ //
meror ivānur yasyedaṃ brahmāṇḍam akhilaṃ jagat /
ityādikāḥ samastasya taditthambhāvatāparāḥ //)[577].

Der *pariṇāmavādaḥ* Yāmunas impliziert also eine objektive Schöpfung, die als eine reale Umwandlung des Brahma, das ihre Ursache sowohl in materieller als auch in bewirkender Hinsicht ist. Das Produkt ist demnach wesentlich wie die Ursache: „Modifikation geworden, beruht die unbewegliche und bewegliche Welt bloß auf dem Wort [d. h. Sprachgebrauch]. Das Seiende ist nur die absolut unveränderliche Wurzel-Ursache. Die Wirkung [, nämlich die Welt] ist von [ihrer] Ursache genausowenig verschieden wie der Funken vom Feuer.“

(*vācārambhaṇamātraṃ tu jagat sthāvarajaṅgamam* /
vikārajātaṃ kūṭasthaṃ mūlakāraṇam eva sat //
ananyat kāraṇāt kāryaṃ pāvakād visphuliṅgavat /)[578].

In der Ātmasiddhi finden wir weitere Äußerungen zu dieser Thematik, wenn Yāmuna in der Einleitung eine Reihe von Ansichten über die Leitgedanken, das individuelle und das höchste Selbst be-

[577] SS vv. 33–55; 11–12; 25; vgl. ŚrīBh I, 220,5–221,3.
[578] Ibid. vv. 58–60.

treffend, aufzählt, darunter auch eigene[579]. Seine Ansicht über die Umwandlung lautet: „Andere (= Yāmuna usw.) aber lehren: [1.:] Dieses [höchste Selbst] hat genau [dieselbe] Eigenform (*svarūpam*), wie [vorher] beschrieben wurde, [nämlich: *kūṭasthavijñānaikarasam*]; [2.: Das höchste Selbst] ist bestimmt durch eine Fülle [von Eigenschaften, wie] Allwissenheit usw.[580], die [es] erlangt, weil [sein] Eigenwesen durch die wunderbare Macht[581] [der sechs Eigenschaften, wie *jñānam* usw.] bestimmt ist, [mit deren Kraft] die mannigfaltige [Welt] als Umwandlung [aus ihm hervorgeht, und] die von ihm [als der bewirkenden und materiellen Ursache] abhängt; [3.: Das höchste Selbst ist bestimmt durch] viele Unterarten von Seelen, [außerdem durch die gesamte Schöpfung], die mit Brahmā beginnt, mit belebten Dingen endet, weil [sie] aus der Quintessenz seiner [sechs] Eigenschaften [*jñānam* usw.] entstanden ist, bedingt vom Karma (= *avidyā*)[582] [der vielen individuellen Selbste]." (*apare tu yathoktasvarūpam evāvidyopadhānena tadguṇasāratayā prakalpitabrahmādisthāvaraparyantavividhajīvabhedaṃ svādhīnavicitravivartasvabhāvamāyopahitatayā samāsāditasārvajñyādisampadam upahitam imam abhidadhati*)[583].

---

[579] Yāmuna legt hier den vollständigen Plan vor, wonach er nicht nur die Ātmā-Problematik, sondern auch die Gottesproblematik darlegen will. Der überlieferte Text bricht plötzlich ab. Im vorhandenen Teil finden wir nur eine vollständige Diskussion über das Wesen der Seele bzw. über die Mittel, sie zu erkennen. Möglicherweise hat Yāmuna dieses Werk nicht vollenden können; vgl. dazu Mesquita 1973,184ff.

[580] Vgl. unten S. 215ff.

[581] Vgl. dazu ŚrīBh III, 426,5: *māyāśabdo hy āścaryavācī = acintyavibhavaḥ* (SS v. 43b); ŚrīBh II, 39,11: *māyāśabdo vicitrārthasargakarābhidhāyī*. Auch Veṅkaṭanātha schließt sich dieser Deutung an in seinem Kommentar zur Yāmunas Catuḥślokī: *sa* (*māyāśabdaḥ*) *ca vicitrasṛṣṭyupakaraṇatayā prakṛter āścaryamayatvaṃ vyañjayati* (CSBh 14,12–13).

[582] Ich habe hier *avidyā* als Synonym zu Karma aufgefaßt: *avidyā karmasaṃjñānyā tṛtīyā śaktir iṣyate* (VPur VI.7.61), zitiert in VAS 98,10; vgl. auch ŚrīBh II, 43,3: *acidaṃśas tu cidaṃśakarmanimittapariṇāmabhedaḥ*; ŚrīBh III, 272,17ff., 634, 12ff.; ŚrīBh I, 221,2:... *puṇyapāpātmakakarmarūpāvidyāveṣṭitatvena*...; vgl. dazu auch Neevel 1977, Anm. 54.

[583] ĀS 10,2–5. Es ist ein großes Verdienst Neevels, daß er die eigentliche Ansicht Yāmunas unter vielen anderen Auffassungen, die dieser über die Themen der Ātmā- und Paramātmā-Problematik aufzählt, auf historisch-philologischer Basis lokalisiert hat. Ich folge ihm, wenn er die besagte Meinung Yāmuna zuschreibt (159; 277; Anmn. 49: 51), obwohl ich in ihrer Auslegung von ihm abweiche (vgl. Mesquita 1980, 217ff.). Auch seine Übersetzung dieser Stelle scheint mir fragwürdig zu sein, nicht nur weil er *brahmādisthāvaraparyanta-* unübersetzt läßt (vgl. 159), sondern vor allem wegen seiner Wiedergabe

Betrachtet man diese Stelle näher, so fällt auf, daß hier alle Facetten der Umwandlungslehre Yāmunas, wenn auch in sehr komprimierter Form, enthalten sind. Da die ausführliche Diskussion darüber im überlieferten Text der Ātmasiddhi nicht mehr erhalten ist[584], müssen wir bei unserer Darlegung ausschließlich von diesen knappen Gedankengängen ausgehen.

Besonders bemerkenswert ist dabei die Tatsache, daß Yāmuna diese Meinung in direktem Gegensatz zur advaitischen Lehre der Scheinentfaltung (*kālpanikam*), möglicherweise so, wie sie von Śaṅkara vertreten wurde[585], vorträgt. So wird in Yāmunas Formulierung sein Anliegen sichtbar, die Wandellosigkeit Brahmas nicht aus den Augen zu verlieren. Schon mit seinen einleitenden Worten: *yathokta-svarūpam eva* bringt Yāmuna deutlich zum Ausdruck, daß die Wandellosigkeit in seiner eigenen Lehre genauso gut oder noch besser gesichert ist wie in der unmittelbar vorher vorgebrachten Auffassung des Advaita. Denn mit *yathoktasvarūpam eva* möchte Yāmuna genau jene Form der Wandellosigkeit lehren, die vorher der Advaitin mit *kūṭasthavijñānaikarasam* beschrieben hatte[586].

Die These der Wandellosigkeit (*kūṭasthatvam*) besagt für Yāmuna, daß das *svarūpam* Gottes von der realen Entwicklung, die auschließlich in seinem *svabhāvaḥ* stattfindet, absolut unberührt ist: *kūṭasthaṃ mūlakāraṇam eva sat*[587]. In diesem Sinne ist auch die folgende Stelle aus der Saṃvitsiddhi zu verstehen: „[Die Aussage: ‚Brahma ist ohne ein Zweites' verneint nicht die Existenz von] Millionen von Göttern, Dämonen, Menschen, Brahmās und Brahmāṇḍas, die [nur] Spritzer von [einem] Tropfen aus dem Ozean der Größe von Viṣṇus [Schöpfungs]macht sind, welcher von den Befleckungen, den [guten und schlechten] Werken, deren Resultat und ähnlichem unberührt, der

von *tadguṇasāratayā*. Dieses Instrumentalis bezieht sich bestimmt auf die sechs Eigenschaften wie *jñānam* usw. und nicht auf *avidyopadhānena*. Neevel ist sich aber der Fragwürdigkeit seiner Übersetzung bewußt: „The phrase ‚*avidyā-upadhānena tad-guṇa-sāratayā*' is hard to interpret lacking Yāmuna's Extended Diskussion" (278, Anm. 54); vgl. unten Anm. 590.

[584] Vgl. oben Anm. 579.

[585] Vgl. ĀS 9,3–10,2; Neevel 1977,158; 267; 276–277; Anmn. 48; 49; 50.

[586] ĀS 9,4ff.; vgl. Mesquita 1980,217ff.; Vetter 1979,56ff.; 129.

[587] SS v. 59; vgl. ŚrīBh II, 77,12–13: *evaṃ ca sati parasya brahmaṇaḥ kāryānupraveśe'pi svarūpānyathābhāvābhāvād avikṛtatvam upapannataram*; vgl. S. 214ff.

Herr von allen ist und als Inbegriff der sechs Eigenschaften, nämlich Erkenntnis usw. eine unvorstellbare Majestät besitzt[588]."

Mit dem *svabhāvaḥ* Gottes sind hier also die sechs Eigenschaften gemeint, die Yāmuna in der Ātmasiddhi folgenderweise wiedergibt: *svābhāvikaniravadhikātiśayajñānabalaiśvaryavīryaśaktitejaḥprabhṛti-sakalakalyāṇaguṇagaṇamahārṇavaṃ puruṣaviśeṣam īśvaram ātiṣṭhante*[589].

Auch in der oben zitierten Stelle aus der Ātmasiddhi führt Yāmuna die gesamte Schöpfung auf die Quintessenz dieser sechs Eigenschaften zurück: *tadguṇasāratayā prakalpitabrahmādisthāvaraparyanta-* = *jñānādiṣāḍguṇyādyair acintyavibhava-*[590].

Näheren Aufschluß gibt uns diese Formulierung, insofern sie einen Topos der Vyūha-Evolution darstellt, die wir bereits bei Śaṅkara belegt finden: *brahmādistambaparyantasya samastasyaiva jagato bhagavadvyūhatvāvagamāt*[591].

ii) Weltschöpfung durch Emanation der Eigenschaften Brahmas

Yāmuna versteht die Welt also als ein Produkt der Emanation aus den sechs göttlichen Eigenschaften, die seinem *svabhāvaḥ* angehören. Er erklärt diese Emanation im Sinne der Vyūha-Lehre des Pāñcarātra: ... *yato' sya vibhavavyūhakalāmātram idaṃ jagat*[592]. Darüber hinaus charakterisiert Yāmuna diese Evolution als eine reale Umwandlung (*vicitravivarta-*)[593], die vom Karma der Seelen bedingt ist. Eine Ansicht, die auch von Rāmānuja geteilt wird: *acidaṃśas tu cidaṃśakarmanimittapariṇāmabhedaḥ*[594]. Yāmuna hält dabei ausdrücklich fest, daß Brahma nicht ganz in die Welt umgewandelt wird, da die

---

588 SS vv. 41–43; vgl. oben S. 201 f.

589 ĀS 11,2–3.

590 ĀS 10,3 = SS v. 43. Von diesem Verständnis her dürfte Neevel mit seiner Übersetzung: „... which are produced and governed (*prakalpita*) by him through the application of the restricting conditions of *avidyā* [or *karma*] (*avidyā-upadhānena*) in as much as he is essentially possessed of the properties of *avidyā* [or *karma*] (*tad-guṇa-sāratayā*)." (159), nicht das Richtige getroffen haben, da er *tadguṇasāratayā* auf *avidyopadhānena* bezieht; vgl. oben Anm. 583.

591 ŚBh 496,14; vgl. unten S. 207; 213.

592 SS v. 36; vgl. auch SR vv. 7; 11; 12

593 Der Ausdruck *vivartaḥ* heißt hier reale Umwandlung und ist somit gleichbedeutend mit *pariṇāmaḥ*; vgl. unten S. 217.

594 ŚrīBh II, 43,3; vgl. Anm. 582.

Welt ein winziger Teil seiner Emanation ist: *vyūhakalāmātram idaṃ jagat.*

Für die inhaltliche Diskussion der hier gewonnenen beiden Charakteristika der evolutionistischen Brahma-Lehre gibt es in den bisher herangezogenen Werken Yāmunas keine eindeutigen Aussagen. In seinem Āgamaprāmāṇya hingegen finden wir einige Anhaltspunkte für die Rekonstruktion seiner Emanationslehre im Sinne der Vyūha-Theologie, wenn er die These seiner Vedānta-Gegner zurückweist, daß schon Bādarāyaṇa in BrSū II.2.42–45 das Pāñcarātra-System widerlegt habe. Wenn auch hier nicht die Erörterung über die einzelnen Lehrinhalte dieses Systems im Vordergrund steht, sondern die Frage nach der Autorität der Pāñcarātra-Überlieferung, so kommen dabei dennoch einige typische Ansichten des Pāñcarātra zur Sprache, wie etwa die Vyūha-Lehre[595]. Im Rahmen dieser Auseinandersetzung bringt Yāmuna im Uttarapakṣa vier bzw. fünf verschiedene Interpretationen der besagten Sūtren vor, die sich manchmal gegenseitig widersprechen[596]. Für unseren Zweck sind vor allem die ersten zwei Interpretationen wichtig, da darin Wert darauf gelegt wird, „Argumente gegen bestimmte Lehrinhalte des Systems durch inhaltliche Argumente zu widerlegen und so indirekt die Glaubwürdigkeit des Pāñcarātra zu beweisen.[597]"

Yāmuna identifiziert sich zwar mit keiner von den beiden Interpretationen[598], dennoch könnte man mit Hilfe der ihnen zugrundeliegenden Theoreme auch Klarheit über Yāmunas eigene Lehre gewinnen. So z. B. setzt die erste Interpretation, die eine Polemik gegen Śaṅkaras Erklärung von BrSū II.2..42–45 enthält[599], die ontologische Unterscheidung von reiner und unreiner Schöpfung voraus, „und zwar wenigstens in der Form, daß die Vyūhas in ihrer ontologischen Struktur den Wesenheiten der ‚innerweltlichen Seinsweise' (*brahmādistambaparyantaṃ jagat*) radikal entgegengesetzt sind, indem allen Vyūhas die sechs göttlichen Eigenschaften im gleichen Maße zuerkannt werden und gerade dadurch die Vierzahl der Vyūhas möglich wird, während im Falle der Welt eine Abstufung dieser Eigenschaften (*jñānaiśvaryāditāratamyakṛto bhedaḥ*) angesetzt und so Differenziert-

[595] Meinen Ausführungen liegen die in der diesbezüglichen Arbeit Oberhammers 1971 erzielten Ergebnissen zugrunde.

[596] Vgl. Oberhammer 1971,41ff.

[597] Ibidem 62; 71.

[598] Ibidem 41; 54; 60f.

[599] Ibidem 55.

heit der Welt von Gott Brahmā bis hinunter zum vegetativen Leben erklärt und auf Gott zurückgeführt wird[600].“

Gerade diese Lehre scheint auch Yāmuna in der oben zitierten Stelle aus der Ātmasiddhi anzudeuten: *tadguṇasāratayā prakalpitabrahmādisthāvaraparyanta ...*

Das höchste Brahma wandelt sich zu den vier Vyūhas durch das jeweils verschiedene In-Erscheinung-Treten von den sechs göttlichen Eigenschaften *jñānam* usw. (= *śuddhasṛṣṭiḥ*). Etwa in der Ahirbudhnyasaṃhitā wird dies folgenderweise beschrieben:

> *tatra śuddhamayaṃ sargaṃ vibhūteḥ prathamaṃ śṛṇu* ||
> *yat tat ṣāḍguṇyam ity uktaṃ jñānaiśvaryabalādikam* |
> *yugais tasya tribhiḥ śuddhā sṛṣṭir bhūteḥ pravartate* ||
> *tatra jñānabaladvandvād rūpaṃ sāṅkarṣaṇaṃ hareḥ* |
> *aiśvaryavīryasambhedād rūpaṃ prādyumnam ucyate* ||
> *śaktitejaḥsamutkarṣād āniruddhī tanur hareḥ* |
> *ete śaktimayā vyūhā guṇonmeṣasvalakṣaṇāḥ* ||[601].

Diese Textstelle erweist sich als besonders wichtig für die Rekonstruktion der Lehre Yāmunas, da Yāmuna nicht nur die hier genannten Eigenschaften erwähnt, sondern sie genau in der Reihenfolge wiedergibt, wie sie paarweise dem jeweiligen Vyūha zugeordnet werden[602].

Somit erklärt sich auch die zunächst schwer zu verstehende Verbindung der erworbenen Eigenschaften Brahmas (*samāsāditasārva-*

---

600 Ibidem 24.

601 ABS V, 15cd–18.

602 Vgl. oben S. 204; vgl. dazu NEEVEL 1977, 170f.: „The significance of Yāmuna's phrasing is not simply that he explicitly mentions the ‚Six Qualities' (*ṣaḍ-guṇas*) but that he presents them in an order or ‚arrangement' that unmistakably identifies them with their functions in the Vyūha theory of manifestation or ‚extension'. According to this theory, the *ṣaḍ-guṇas* exist in co-equal fullness in the Godhead or highest Vyūha (*para-vyūha*) named Nārāyaṇa or Vāsudeva. The other three Vyūhas, while still possessing all the Six Qualities, become manifest through the ‚re-arrangement' of them so that particular pairs become predominant:

Saṃkarṣaṇa: 1) *Jñāna* and 4) *Bala*
Pradyumna: 2) *Aiśvarya* and 5) *Vīrya*
Aniruddha: 3) *Śakti* and 6) *Tejas*

Since Yāmuna presents the Six Qualities in precisely this order, it is clear that he was openly and self-consciously integrating this Pāñcarātrika view of the Godhead with the Upaniṣadic view of the Paramātmā ...“

jñyādisampadam . . .)[603] mit seinem reinen Bewußtsein (*vijñānaikarasam*)[604]. Denn es handelt sich dabei um Eigenschaften, die im Laufe der Vyūha-Entfaltung in Erscheinung treten[605].

Es ist aber in diesem Zusammenhang hervorzuheben, daß die in der ersten Interpretation der BrSū II.2.42–45 vorausgesetzte Pāñcarātra-Theologie in einem wesentlichen Punkt von der Auffassung Yāmunas abweicht. Yāmuna bekennt sich eindeutig zum Śaktismus, demnach „die Weltschöpfung eine kontinuierliche Abstufung von Gottes Śakti" ist[606]. In der besagten Interpretation fehlt jede Spur eines Śaktismus[607].

iii) Die Rolle der personifizierten Kraft Brahmas in der Weltschöpfung

Überraschend ist, daß die zweite Interpretation der genannten Brahmasūtren bemerkenswerte Ähnlichkeit mit Yāmunas Auffassung zeigt, nicht nur, weil sie eine śaktistische Vyūha-Theologie voraussetzt[608], sondern vor allem, weil sie die für Yāmuna typische Theologie in den Wortlaut des Sūtra II.2.44 interpretiert: „*vijñānādi* im Sinne von Erkenntnis und Ursprung ist das Brahma.[609]" *Vijñānam* und *ādi* werden hier also mit *paramātmā*(= Brahma) und *prakṛtiḥ* (= *śaktiḥ*) gleichgesetzt, „wobei *ādi* wohl als Urgrund der Welt verstanden werden müßte, und beide in einer anfanglosen Verbindung die Einheit des Brahma wären.[610]"

Auch die uns bereits bekannte Stelle aus der Einleitung der Ātmasiddhi enthält diesen Lehransatz, da Yāmuna dort Paramātmā als *vijñānaikarasam* definiert, der durch *svabhāvamāyā* bestimmt ist (*upahitam*). Und die *māyā* wird dabei als Ursprung für die reale

---

603 Vgl. oben S. 203. Damit nimmt Yāmuna eine Hierarchie in den Eigenschaften des Brahma an, wie dies später auch von Rāmānuja gelehrt wird, nämlich die absolut unveränderlichen Eigenschaften, die mit dem *svarūpam* des Brahma identisch sind (vgl. Mesquita 1980,217 ff.) und Eigenschaften, die im Laufe der Pariṇāma-Entfaltung des Brahma von diesem erworben werden (*samāsāditāḥ = pratipannāḥ*; vgl. ŚrīBh III, 473,7 ff.); vgl. unten S. 215 f.

604 Vgl. oben S. 203.

605 Vgl. oben Anm. 603; Schrader 1973,37 ff.

606 Oberhammer 1971,18, Anm. 14.

607 Ibidem 21 f.

608 Ibidem 57 ff.

609 Ibidem 56 f.

610 Ibidem 58, Anmn. 136: 133.

Umwandlung der mannigfachen Sinneswelt dargestellt (*vicitravivarta*)[611].

Es besteht kein Zweifel, daß Yāmuna hier die śaktistische Struktur des Brahma andeutet. Diese wird ebenfalls in der genannten zweiten Interpretation der Brahmasūtren mittels eines Zitates zum Ausdruck gebracht: „Auf Grund der unbegrenzten Śakti des einen Vāsudeva, des höchsten Ātmā, kraft der Aktivität seiner Māyā sind Wirkung und Ursache möglich." (*ekasyaiva paramātmano vāsudevasyāparicchinaśakteḥ svamāyāveśavaśāt kāryakāraṇabhāvopapattir iti*)[612].

Hier stellt sich nun die Frage, wie Yāmuna die Śakti Gottes in seine Vyūha-Theologie integriert hat. Da uns hier der kosmologische Aspekt interessiert, wird in den folgenden Ausführungen nur dieser Gesichtspunkt berücksichtigt, an Hand des kürzesten Werkes Yāmunas, nämlich des ‚Viervers', der *catuḥślokī*, zu Ehren der Śrī.

Im ersten Vers erfahren wir von ihren Charakteristika. Sie ist unter anderem ein ewiges, geistiges Prinzip, das mit ‚du' angeredet wird;[613] der höchste Puruṣa ist ihr Gatte (*kāntas te puruṣottamaḥ*) und ihr Ruheort bzw. Sitz (*śayyāsanam*)[614]. Sie heißt *śrīḥ* (*śrīr ity eva nāma*) und steht über allen anderen geistigen Wesen, die ihre Diener und Dienerinnen sind (*brahmeśādisuravrajaḥ sadayitas tvaddāsadāsīgaṇaḥ*)[615].

Besonders aufschlußreich für unseren Zweck ist aber der vierte Vers, der so lautet: „Das [gestaltlose] höchste Brahma mit einer

---

611 Vgl. ĀS 10,4; vgl. oben S. 203f.

612 ĀP 118,7–8; Übers. Oberhammer 1971,57; Anm. 133.

613 In seinem CSBh gibt Veṅkaṭanātha dies auch als Grund an, warum *śrīḥ* nicht mit der ungeistigen Urmaterie bzw. mit *sattā*, *ahaṃtā* usw. identifiziert werden darf: *ye punar āhuḥ śrīr nāma bhagavataḥ sarvakartur adhiṣṭheyā prakṛtir iti / ye ca tasya sattāhaṃtāprabhāśaktividyecchābhoktṛtādirupeyam, śāstreṣu tathātathā vyapadeśadarśanād ity āhuḥ / teṣāṃ tatraiva śāstre nirbādhena cetanatvavyapadeśena nirāsaḥ / atrāpy ayam arthaḥ te tvām iti yuṣmac chabdena sambodhanena ca śriyaś cetanatvam upasthāpayatā sūcitaḥ* (14,29–15,1).

614 Vgl. ähnliche Bezeichnungen Rāmānujas in den Maṅgala-Versen des Śrībhāṣya, Vedāntadīpa und Vedāntasāra: *śrīnivāsaḥ*; *śrīyaḥ kāntaḥ śrīmat*. In der Einleitung seines RBgBh wird Viṣṇu *śriyaḥ patiḥ* genannt; vgl. auch Yāmunas SR vv. 37–40; 44–45: vgl. dazu Carman 1981,238ff.

615 Zur Catuḥślokī Yāmunas vgl. M. Dhavamony, *Yāmuna's Catusślokī. An analysis and interpretation*, in: *Indologica Taurinensia 3–4* (1975–76),197–208. Die Interpretation Dhavamonys beruht auf den Texten der Āḷvārs, besonders den von Namāḷvār. Seine Übersetzung der Catuḥślokī ist jedoch an mehreren Stellen verbesserungswürdig.

friedvollen, unendlich großen [Welt-]Entfaltung [ist identisch mit der] Gestalt Viṣṇus [bzw. mit dem] gestalthaften Brahma – gefälliger als selbst dieses ist [deine] Gestalt [O Śrī], die gewaltig ist. All die anderen Formen [,die Viṣṇu], wenn er sich, wie es ihm gefällt, die Zeit vertreibt[616], eignen, diese sind [,wie die Offenbarungstexte] lehren, tief in deinen eigenen [dem Willen Viṣṇus] entsprechenden Gestalten und Emanationen verborgen (= fest verbunden)[617]."

(*śāntānantamahāvibhūti paramaṃ yadbrahma rupaṃ harer*
mūrtaṃ brahma tato' pi tatpriyataraṃ rūpaṃ yad atyadbhutam |
yāny anyāni yathāsukhaṃ viharato rūpāṇi sarvāṇi tāny
āhuḥ svair anurūparūpavibhavair gāḍhopagūḍhāni te ||)[618].

Betrachtet man diesen Vers, so erhellt, daß hier zwischen Brahma vor und nach der Weltentfaltung (*amūrtam/mūrtam*) unterschieden wird. Auch werden sämtliche Emanationsformen (*sarvāṇi rupāṇi*) Viṣṇus mit der Śrī und ihren Erscheinungsformen in enge Verbindung gebracht. Daß hier sowohl die reine als auch die unreine Schöpfung gemeint ist, zeigt ebenfalls der Kommentar Veṅkaṭanāthas, wenn er *mahāvibhūtiḥ* folgenderweise auslegt: *mahatyau śuddhāśuddhe vibhūtī yasya tanmahāvibhūti*[619].

Der Ausdruck *śaktiḥ* kommt zwar in keinem der vier Verse vor, er dürfte dennoch mit *śrīḥ* gemeint sein. Dies ergibt sich aus einem Vergleich mit dem Lehrgut der Saṃhitās, die die gesamte Weltentfaltung auf den „Augenaufschlag" von Śakti des höchsten Brahmas bzw. Haris zurückführen. So lehrt z. B. die Ahirbudhnyasaṃhitā:

tasya staimityarūpā yā śaktiḥ śūnyatvarūpiṇī ||
svātantryād eva kasmāccit kvacit sonmeṣaṃ ṛcchati |
ātmabhūtā hi yā śaktiḥ parasya brahmaṇo hareḥ ||
devī vidyud iva vyomni kvacid uddyotate tu sā |
śaktir vidyotamānā sā śaktir ity ucyate 'mbare ||[620].

---

616 Vgl. CSBh 22,4: *viharata ity anenāvatārarūpāṇāṃ svecchāmātrahetukatvaṃ krīḍārthatvaṃ ca gamyate.*

617 Ibidem 22,11: *gāḍhopagūḍhāni – dṛdhasambaddhāni viyogānarhāṇīty arthaḥ / etena sanniyogaśiṣṭanyāyaḥ sūcitaḥ.*

618 Vgl. CSBh 21,15–18.

619 Ibidem 21,21.

620 ABS V, 3cd–5; vgl. dazu Schrader 1973,33–34: „In the eighth and last part of the Cosmic Night (*pauruṣī rātri*) the great Śakti of Viṣṇu, awakened as it were by His command, ‚open her eyes'. This (*unmeṣa*) ‚opening of the eyes', ... is like the appearance of a lightning in the sky. And it means that the Śakti, which was so far indistinguishable from the ‚windless atmosphere' or

Die Śakti Brahmas ist nicht nur Ursprung der reinen Schöpfung, sondern auch der unreinen:

vyanakti vividhān bhāvān śuddhāśuddhān samūrtikān |
tasyā unmeṣaṃ ṛcchantyāḥ svātantryaṃ yat svanirmitam || [621].

Im Hintergrund dieser Lehre können wir davon ausgehen, daß Yāmuna mit seiner Bemerkung: ... *rūpāṇi sarvāṇi* ... *gāḍhopagūḍhāni te*, nichts anderes sagen möchte, als daß alle Emanationsformen ausnahmslos bei *śrīḥ* als Śakti Brahmas ihren Ursprung haben. In den Kontext der Schöpfungstätigkeit der Śakti paßt eine weitere Aussage Yāmunas, die hier nicht weiter verfolgt zu werden braucht, daß nämlich die Weltentwicklung von Gott Brahmā bis herunter zum vegetativen Leben durch das Karma der Individualseelen bedingt ist [622].

iv) Das Motiv der Weltschöpfung

Die hier geschilderte Emanation beinhaltet kein automatisches bzw. blindes Hervorgehen aus den göttlichen Eigenschaften, da der gesamte Emanationsprozeß vom Willen Brahmas abhängt. Und in diesem Zusammenhang verdient eine Bemerkung Yāmunas in der Catuḥślokī über das Motiv der Weltausbreitung noch näher erklärt zu werden. Für Yāmuna impliziert die Evolution keinen Verlust der Vollkommenheit Brahmas, da sie mühelos (*yathāsukham*) aus reinem Vergnügen (*viharataḥ*) geschieht. Auch im Āgamaprāmāṇya geht Yāmuna im Rahmen seiner ersten Interpretation von BrSū II.2.42–45 kurz auf diese Frage ein. Es geht hier in erster Linie um das Motiv der vierfachen Differenzierung Gottes in Form der Vyūhas (*vyūhabhedaḥ*). Auch hier lautet die Antwort, „daß eben er, der Erhabene, der dank seiner *līlā* vierfach differenziert ist, auch die ganze Welt schützt." (*sa eva bhagavān līlāviracitacaturbhedaḥ sakalam api jagat saṃrakṣati*)[623]. Inwieweit Yāmuna die hier angesprochene

---

‚motionless ocean' of the Absolute, existing only as it were in a form of ‚darkness' or ‚emptiness', suddenly, ‚by some independent resolve' (*kasmāccit svātantryāt*), flashes up, with an infinitely small part of herself, in her dual aspect of *kriyā* (acting) and *bhūti* (becoming), that is Force and Matter."

[621] ABS V, 5cd–6ab; V, 18; II, 57cd: *jagatprakṛtibhāvo yaḥ sā śaktiḥ parikīrtitā*; vgl. dazu auch Rāmānujas Śaraṇagatigadya v. 1, in dem Śrī als *akhilajaganmātā* bzw. *asmanmātā* bezeichnet wird; Yāmunas SR vv. 12, 14, 17.

[622] Vgl. oben S. 203.

[623] ĀP 114,7–8; Übers. OBERHAMMER 1971,29; vgl. dazu SR v. 20: *tvadāśritānāṃ jagadudbhavasthitipraṇāśasaṃsāravimocanādayaḥ / bhavanti līlā* ...; VAS 79,6–7.

Lehre, „daß die Vyūhas lenkende Wesenheiten der Prinzipien des menschlichen Mikrokosmos sind“[624], zu eigen gemacht hat, läßt sich in Ermangelung des Materials nicht mehr eruieren. Ebenso ist nicht gesichert, ob Yāmuna den ritualistischen Lehransatz, wonach das In-Erscheinung-Treten Gottes in Form von vier Vyūhas dazu dient, „um der Reihenfolge der Varṇas entsprechend die jeweilige Form des zu verehrenden Gottes mitzuteilen“[625], übernommen hat. Da aber einerseits Yāmuna alle diese verschiedenen Auslegungen der Vyūhas gekannt hat, und da sie sich andererseits, nicht gegenseitig ausschließen, wäre es gut möglich, daß er sie in seiner Vyūha-Theologie in irgendeiner Weise mitberücksichtigt hat[626].

v) Polemik gegen die Vyūha-Theologie Śaṅkaras

Die inhaltliche Diskussion über die Vyūha-Theologie könnte man mit einem Vergleich mit der diesbezüglichen Position Śaṅkaras erweitern. Denn die Stelle aus der Ātmasiddhi, von der wir bei unseren bisherigen Ausführungen ausgegangen sind, hatte Yāmuna in direktem Gegensatz zum Illusionismus Śaṅkaras formuliert[627]. Dieser Kontrast wird auch in der Konzeption der Vyūha-Evolution deutlich. Śaṅkara erklärt seinen illusionistischen *pariṇāmavādaḥ* im Sinne

---

[624] Vgl. Oberhammer 1971,43ff.; 49ff.

[625] Ibidem 48ff.; 27; ĀP 110,4ff.

[626] Vgl. Mesquita 1980,220ff.; vgl. dazu auch Veṅkaṭanāthas Pāñcarātrarakṣā (ed. Aṇṇaṅgarācārya, [*Śrīmadvedāntadeśikagranthamālā*], Conjeevaram 1940) 148,11–13: *tataś ca* –

> *parasmin vyūhākhye vibhavanivahe'rcāvatarane tathāpy antaryantaryajahadadhikārādiniyamāḥ* /
> *nirudhya svaṃ cittaṃ niravadhimahānandajaladhau nirastānyāpekṣāniyatasaphalaṃ kālam akhilam* //

eṣu ca paravyūhaprabhṛtiṣu cittālambaneṣu prapattyekaniṣṭhā nāthayāmunaprabhṛtayaḥ; vgl. auch 113,7–9; Mesquita 1979, 189. Möglicherweise wurde diese Lehre auch von Rāmānuja, da er sich im Maṅgalavers seines ŚVG auf Yāmuna beruft, geteilt:

> *yāmunāryasudhāmbhodhim avagāhya yathāmati* /
> *ādāya bhaktiyogākhyaṃ ratnaṃ saṃdarśayāmy aham* //

Yāmuna seinerseits führt diese Lehre auf Nāthamuni zurück:

> *bhūyo namo'parimitācyutabhaktitattvajñānāmṛtābdhiparivāhaśubhair vacobhiḥ* /
> *loke'vatīrnaparamārthasamagrabhaktiyogāya nāthamunaye yamināṃ varāya* //
> (SR v. 3).

[627] Vgl. oben S.204.

einer kontinuierlichen Scheinentwicklung in Form von Vyūhas, lehnt es aber entschieden ab, diese auf eine Vierzahl zu reduzieren, wenn er argumentiert: *na caite bhagavadvyūhāś catuḥsaṃkhyāyām evāvatiṣṭheran, brahmādistambhaparyantasya samastasyaiva jagato bhagavadvyūhatvāvagamāt*[628]. In diesem Sinne stellt er auch fest: „Wenn nun hier lediglich gesagt würde, daß Nārāyaṇa, von dem man weiß, daß er höher als das Unentfaltete ist, welcher das höchste Selbst, das das Selbst von allem ist, existiert, indem er sich selbst zur Vielheit differenziert hat, so wird dies nicht geleugnet, weil zufolge der Śrutis wie z. B. ‚dieser ist einfach, dieser ist dreifach' (Ch. Up. VII,26,2) erkannt ist, daß das höchste Selbst vielfach ist." (*tatra yat tāvad ucyate yo 'sau nārāyaṇaḥ paro 'vyaktāt prasiddhaḥ paramātmā sarvātmā sa ātmanātmānam anekadhā vyūhyāvasthita iti, tan na nirākriyate, ‚sa ekadhā bhavati tridhā bhavati' ityādiśrutibhyaḥ paramātmano 'nekadhābhāvasyādhigatatvāt*)[629].

Für die Annahme der Vyūha-Theologie durch Śaṅkara spricht auch die Tatsache, daß dieser in seinem Gītābhāṣya der Lehre von sechs Eigenschaften in typischer Pāñcarātra-Aufzählung beipflichtet: *sa ca bhagavān jñānaiśvaryaśaktibalavīryatejobhiḥ sadā sampannaḥ ...*[630].

Wir können diesen Kontrast auch in anderen Aspekten der Umwandlungslehre verfolgen. Im Advaita-Vedānta Śaṅkaras hatte man, um die absolute Transzendenz und die Wandellosigkeit des Brahma zu verteidigen, einen Dualismus geschaffen: das geistige Absolutum und sein Produkt, die ungeistige Welt, sind völlig verschieden. Den Monismus rettete man mit Hilfe von Illusionismus, indem man an Stelle der Urmaterie (*prakṛtiḥ*) das Nichtwissen (*avidyā*) als Prinzip

---

628 ŚBh 496,13–14.

629 Ibidem 494,15ff.; Übers. Oberhammer 1971,16.

630 ŚBgBh 2,5; vgl. Neevel 1977,19ff.; 170ff. Śaṅkara scheint sogar die typischen im Pāñcarātra üblichen fünf Frömmigkeitsübungen, die durch den Begriff *pañcakālavidhiḥ* wiedergegeben werden (vgl. Oberhammer 1971, Anm. 9), anzuerkennen, wenn er fortfährt: *yad api tasya bhagavato 'bhigamanādilakṣaṇam ārādhanam ajasram ananyacittatayābhipreyate, tad api na pratiṣidhyate / śrutismṛtyor īśvarapraṇidhānasya prasiddhatvāt* (ŚBh 495,2ff.). Zur Frage der Zugehörigkeit Śaṅkaras zum Viṣṇuismus vgl. S. R. Sastri, *Śaṅkara and Vaiṣṇavism*, in: *Proceedings and Transactions of the All India Oriental Conference* 18, Annamalainagar 1955 [1958], 499–504; P. Hacker, *Relations of early Advaitins to Vaiṣṇavism*, WZKSO 9 (1965),170ff. (= *Kl. Schriften*, Wiesbaden 1978,205ff.).

der Sinneswelt einsetzte[631]. Auch Yāmuna versucht, die Wandellosigkeit des Brahma zu verteidigen mit Hilfe einer polaren Unterscheidung von *svarūpam/svabhāvaḥ*.

Die Termini *svarūpam* (= Eigenform) und *svabhāvaḥ* (= Eigenwesen) sind zwar synonym und bedeuten im Advaita-Vedānta etwa das, was dem Wesen eines Dinges ursprünglich angehört, beständig und unveränderlich ist, und stehen im Gegensatz zu all dem, was durch Ursachen bewirkt wird (*naimittakam*) und daher zu dem Wesen eines Dinges akzidentell (*āgantukam*) ist[632]. In der Ontologie des Viśiṣṭādvaita werden aber die beiden Begriffe semantisch differenziert. Mit *svarūpam* wird der individuelle, absolut unveränderliche Wesenskern des Brahma gemeint, während mit *svabhāvaḥ* der veränderliche Wesensaspekt des Brahma zum Ausdruck gebracht wird. In diesem Sinne beschreiben sowohl Yāmuna als auch Rāmānuja das *svarūpam* des Brahma mit den upaniṣadischen Eigenschaften wie *satyam*, *jñānam*, *anantam* usw. und seinen *svabhāvaḥ* mit den sechs typischen Eigenschaften des Pāñcarātra, nämlich *jñānam*, *balam*, *aiśvaryam*, *vīryam*, *śaktiḥ* und *tejaḥ*[633], die Ausgangspunkt für die innerweltliche Entfaltung (*mahāvibhūtiḥ*) sind[634].

---

631 Vgl. Hacker 1953,9; 26ff.

632 Vgl. Hacker 1951,111.

633 Vgl. oben S.205f.

634 Nach Carman kann Rāmānuja diese Unterscheidung nicht überall durchhalten: „This, however, still does not explain the phrase in *Gītābhāṣya* 18.55: *svarūpa-svabhāva-guṇa-vibhūti*, where a distinction is made between *svabhāva* and *guṇa* (quality). For this usage I can offer no explanation.“(91). Carman faßt dieses Kompositum als Dvandva auf (vgl. 286, Anm. 6). Es dürfte sich dabei jedoch um ein Tatpuruṣa-Kompositum handeln, wobei jeweils das folgende Glied durchs vorhergehende näher erklärt wird. Dem gemäß könnte man diese Stelle folgenderweise wiedergeben: „Der Sinn ist [folgender]: Er erreicht mich in Wirklichkeit [nur] auf Grund der grenzenlosen und vorzüglichen Hingabe, die im Anschluß an die Erkenntnis von der wunderbaren Entfaltung der [vortrefflichen sechs] Eigenschaften [wie *jñānam* usw.], die zum Eigenwesen [ihres Trägers = *dharmī* =], nämlich des *svarūpam* gehören, entsteht.“ (*tattvataḥ svarūpasvabhāvaguṇavibhūtidarśanottarakālabhāvinyā anavadhikātiśayabhaktyā māṃ prāpnotīty arthaḥ*, RBgBh 484,1). Offenbar wird hier von der wunderbaren innerweltlichen Entfaltung im Rahmen der *vyūhas* (= *vibhūtiḥ*) gesprochen, deren Ausgangspunkt die sechs vortrefflichen Eigenschaften (*kalyāṇaguṇāḥ*) sind, die nach Yāmuna und Rāmānuja zum *svabhāvaḥ* Brahmas gehören (*svābhāvikānavadhikātiśayāsaṅkhyeyakalyāṇaguṇa-*, vgl. ĀS 11,2–3; VAS 169,4ff.; RBgBh; 18, 6f.; 503,11–13; Anm. 663; S. 219f.) und deren Träger das *svarūpam* des Brahma ist. In diesem Sinne wird diese Stelle auch von Veṅkaṭanātha ausgelegt, wenn er sagt: *guṇaśabdo'tra nirūpitasvarūpaviśeṣakajñāna-*

So läßt diese Unterscheidung eine Hierarchie in den Eigenschaften des Brahma entstehen. Damit ergeben sich einerseits Eigenschaften, die mit dem Brahma identisch sind und daher seine eigentlichen absolut unveränderlichen Bestimmungen (*lakṣaṇāni*) sind und andererseits untergeordnete Bestimmungen (*upalakṣaṇāni*), die von der innerweltlichen Entwicklung abhängen und daher einer Änderung fähig sind[635].

Rāmānuja expliziert dies, wenn er erklärt, wie das eine und dasselbe Brahma Gegenstand von verschiedenen Meditationsformen sein kann: „Jene [Eigenschaften] aber, die mit dem Gegenstand identisch sind, insofern sie mit der Vorstellung [dieses] Gegenstandes zusammenhängen, da sie Beschaffenheiten sind, die die Eigenform des Gegenstandes bestimmen, diese kommen, wie die Eigenform des Gegenstandes selbst, in jeder [Meditation] vor. Und diese Eigenschaften sind *satyatvam*, *jñānatvam*, *ānandatvam*, *amalatvam* und *anantatvam*[636]. Das Brahma, das durch [das Offenbarungs]wort wie ‚*yato vemāni*' als Ursache der Welt sekundär bezeichnet ist, wird nämlich durch *ānandaḥ* usw. in [seiner individuellen bzw. spezifischen] Eigenform definiert, wenn [die Offenbarung] lehrt: ‚*satyam*, *jñānam*, *anantam brahma*', ‚*ānando brahma*'[637]. Daher [müssen,] um die Eigenform des Brahma als Gegenstand der Verehrung erkennen zu können, [die Eigenschaften] wie *ānandaḥ* in jeder *vidyā* vorkommen. Die [übrigen unendlichen Eigenschaften] des Brahma aber, dessen Eigenform [mit *ānandaḥ* usw.] bestimmt ist, diese [Eigenschaften] wie *kāruṇyam* usw., die [in der innerweltlichen *pariṇāma*-Entfaltung] erworben werden, sind, wenn sie auch getrennt von [ihrem] Träger nicht existieren können, [nur dann] in der [Meditation] einzubringen, wenn sie von der Śruti [ausdrücklich] erwähnt werden, weil [bei ihnen] das Verbundensein mit der Vorstellung [des Brahma] fehlt." (*ye tv arthasamānā arthasvarūpanirūpaṇadharmatvenārthapratītyanubandhinas te 'rthasvarūpavat sarvatrānuvartante | te ca guṇāḥ satyajñānānandāmalatvānantavāni |‚yato vemāni' ityādinā jagatkāraṇatvatayopalakṣi-*

śaktyādisamastadharmaviṣayaḥ (Tātparyacandrikā, ed. Aṇṇaṅgarācārya, [*Śrīmadvedāntadeśikagranthamālā*]. Conjeevaram 1941,484,8–9). Es steht daher außer Zweifel, daß Rāmānuja mit dem Ausdruck *svabhāvaguṇa* bzw. *svābhāvikaguṇa* die ewigen (*nitya-*) Eigenschaften meint, um sie von den vergänglichen (*āgantuka-* / *kādācitka-*) zu unterscheiden (vgl. dazu S. 214).

635 Vgl. oben S.207f.

636 Vgl. ŚruP III,474,26–27: *svarūpataḥ – asādhāraṇākāreṇa*.

637 TaiUp II.1.; III.6.

taṃ brahma ,satyaṃ jñānam anantaṃ brahma', ,ānando brahma' ityānandādibhir hi svarūpato nirūpyate | ata upāsyabrahmasvarūpāvagamāya sarvāsu vidyāsv ānandādayo 'nuvartante | ye tu nirūpitasvarūpasya brahmaṇaḥ kāruṇyādayo guṇāḥ pratipannās, teṣāṃ guṇyapṛthaksthitatve 'pi pratītyanubandhitvābhāvāt, ye yatra śrutās te tatropasaṃhāryā...)[638].

Seltsam erscheint aber, daß hier Beschaffenheiten (*lakṣaṇāni*) wie *jñānam* usw., die das *svarūpam* Brahmas ausmachen, zugleich für Beschaffenheitsträger gehalten werden, da man sie als *dharmī*, *guṇī* bzw. *aśrayaḥ* anderer untergeordneten Eigenschaften (*upalakṣaṇāni*), nämlich der sechs typischen Pāñcarātra-Eigenschaften versteht. Offenkundig faßt man hier die *lakṣaṇāni* als ,Substanz' auf, indem man das Denkschema ,Substanzialismus' aufgreift, das im Laufe des Mittelalters ein ,beherrschender Faktor' des indischen Denkens auch der vedāntischen Systeme wurde[639]. In Übereinstimmung damit vertrat auch Śaṅkara die Meinung, daß die Beschaffenheit ihrem Wesen nach eine Substanz sei:... *na dravyaguṇayor ātmabhedaḥ sambhavati, tasya tādātmyenaiva pratīyamānatvāt*[640].

Dieser Substanzialismus kommt nicht nur in der Upaniṣaden-Literatur zum Ausdruck[641], sondern auch in den Pāñcarātra–Saṃhitās. So erklärt sich, daß die Auffassung Rāmānujas bzw. Yāmunas eine verblüffende Ähnlichkeit mit der Lehre der Ahirbudhnyasaṃhitā aufweist, die z. B. das *jñānam* als *svarūpaṃ brahmaṇas tac ca guṇaś ca* bezeichnet, das zugleich als Träger anderer Eigenschaften erklärt wird: *ete śaktyādayaḥ pañca guṇā jñānasya kīrtitāḥ*[642].

Damit wird der Dualismus des Sāṃkhya (*puruṣaḥ/prakṛtiḥ*), wonach die gesamte materielle und geistige Tätigkeit im Bereich der

---

[638] ŚrīBh III,473,7–474,5; vgl. dazu CARMAN 1981,88ff.

[639] Vgl. HACKER 1985,112; vgl. oben Anm. 240.

[640] ŚBh 445,6–7.

[641] Vgl. HACKER 1985 111: „Eine andere Anwendung des Denkschemas des Substanzialismus ist die folgende... Sie betrifft die vedāntische Vorstellung vom Absoluten, vom *brahman*; ich erwähnte, daß der Vedāntismus das *brahman* als seiend, Geist und Seligkeit (*sat*, *cit*, *ānanda*) charakterisiert. Nun werden diese drei Charakteristika nicht als Attribute oder Qualitäten des Absolutums verstanden, vielmehr erklären die Vedāntisten, daß jedes der drei Charkteristika das Ganze des Absolutums beschreibt. Wir können diese Idee so interpretieren, daß wir sagen, der Vedāntismus vertritt eine substanzielle Identität der drei Charkteristika des *brahman*."; vgl. auch oben Anm. 66

[642] Vgl. ABS II, vv. 57ab; 61cd. Zur ausführlichen Darlegung dieses Parallelismus vgl. NEEVEL 1977,182–191.

Urmaterie (*prakṛtiḥ*) stattfindet, während der geistige *puruṣaḥ* ewig untätig, absolut unveränderlich (*niṣkriyaḥ, kūṭasthanityaḥ*) als reiner Betrachter (*sākṣī*) west[643], im System Yāmunas durch das Begriffspaar *svarūpam/svabhāvaḥ* ersetzt wird. Eine Unterscheidung, die Yāmuna ebenfalls für die Sicherstellung der absoluten Unveränderlichkeit des Selbst und des gegenständlichen Erkennens im Erkenntnisvorgang heranzieht[644].

War für den Advaita-Vedānta der Vivarta, „als Vorgang verstanden, eine scheinbare Entwicklung; als Ergebnis verstanden, ein scheinbares Sein[645]", so sind diese beiden Momente der Umwandlung für Yāmuna absolut real, nämlich sowohl als Vorgang: *svādhīnavicitravivarta-* als auch als Ergebnis: *prakalpitabrahmādisthāvaraparyanta-*[646]. Beide finden ausschließlich im *svabhāvaḥ* Brahmas statt (*tadguṇasāratayā/svabhāvamāyopahitatayā*) und werden Bestimmungen (*upahitam*) Brahmas[647].

Yāmuna bezeichnet die reale Umwandlung mit gleichbedeutenden Wörtern[648] wie *vikāraḥ*[649], *vivartaḥ*[650] und *pariṇāmaḥ*[651].

Da die Ausführungen Yāmunas in der Saṃvitsiddhi zu diesem Thema restlos verloren sind, müssen wir versuchen, sein Verständnis des *pariṇāmaḥ* aus seinen diesbezüglichen gelegentlichen Erklärungen in seinen anderen Werken wiederzugewinnen. Zu diesem Zweck haben wir auch die für diesen Zusammenhang relevante Darlegung Rāmānujas herangezogen.

vi) Die Lehre Yāmunas

Möglicherweise ging Yāmuna bei seiner Deutung des Umwandlungsvorganges von der folgenden Definition des Sāṃkhya aus: „Wenn ein Gegenstand eine frühere Eigenschaft aufgibt und eine andere neue annimmt, ohne sein Wesen zu verlieren, so wird das Umwandlung genannt."

---

643 Vgl. Frauwallner 1953, I, 396ff.
644 Vgl. oben S. 96.
645 Vgl. Hacker 1953,7.
646 Vgl. oben S. 203.
647 Vgl. oben S. 203f.
648 Vgl. Hacker 1953,34.
649 Vgl. SS v. 59a; vgl. oben S. 202f.
650 Vgl. ĀS 10,4; vgl. oben S. 205.
651 Vgl. ĀS 10,7f.

(*jahaddharmāntaraṃ pūrvam upādatte yadā param |*
tattvād apracyuto dharmī pariṇāmaḥ sa ucyate ||)[652].

Dies wird von Rāmānuja vorausgesetzt, wenn er die Wirkung als den Übergang der Substanz in einen anderen, neuen Zustand definiert: *kāryatvaṃ hi nāmaikasya dravyasyāvasthāntarāpattiḥ*[653]. So bestimmt auch Prakāśātman die reale Umwandlung im Gegensatz zur Scheinentfaltung: „*Pariṇāmaḥ* ist der Übergang eines [Dinges] in eine andere wahrhaftseiende Gestalt, wobei die ursprüngliche Gestalt aufgegeben wird." (*ekasya pūrvarūpaparityāgena satyarūpāntarāpattiḥ pariṇāmaḥ*)[654].

Rāmānuja erläutert im Rahmen des Satkāryavāda das Entstehen neuer Gestalten an Stelle der früheren Formen wie folgt: „Für uns aber gehört jede Entstehung usw. nur [einer Substanz] an, die [vorher irgendeinen anderen] Zustand hatte, weil [die verschiedenen] Zustände [einer Substanz] weder getrennt [von ihr] erkannt noch wirksam werden können. So ist [dies] fehlerfrei. Wie der Zustand des Topfseins [entsteht], nachdem [die früheren] Zustände wie etwa Schüsselsein, [Ton]staubsein, [Ton]klumpensein aufgegeben wurden. [So entsteht] der Zustand der Vielheit, nachdem [der frühere] Zustand der Einheit aufgegeben wurde, [und umgekehrt entsteht] der Zustand der Einheit, nachdem jener aufgegeben wurde. Daher liegt [hier] gar kein Widerspruch vor." (*asmākaṃ tu avasthānāṃ pṛthakpratipattikāryayogānarhatvād avasthāvata evotpattyādikaṃ sarvam iti niravadyam | kapālatvacūrṇatvapiṇḍatvāvasthāprahāṇena ghaṭatvāvasthāvat, ekatvāvasthāprahāṇena bahutvāvasthā, tatprahāṇenaikatvāvasthā ceti na kaścid virodhaḥ*)[655].

Da während dieses Prozesses eine neue Gestalt *realiter* entsteht, die frühere *realiter* vergeht und die Substanz aber als solche ihr Wesen nicht verliert, folgt, daß in ihr ein doppeltes Wesen vereinigt ist (*sadasadātmakatvam*)[656]. Des weiteren folgt daraus, daß die Substanz je nach der Umwandlungsform als seiend bzw. nichtseiend erkannt wird: *ekenākāreṇaikasmin kāle 'nubhūtasya kālāntare pariṇāmaviśeṣenānyathopalabdhyā nāstitvopapādanāt*[657].

---

652 YD 75,6–7; Übers. FRAUWALLNER 1953, I, 389; 411ff.
653 ŚrīBh III, 357,14.
654 PañcPV 653,8–9; Übers. HACKER 1953,40.
655 ŚrīBh III, 253,10–12.
656 Vgl. oben Anm. 549; vgl. S. 197f.
657 ŚrīBh II, 50,10–11; vgl. unten Anm. 747; vgl. S. 199.

Wir können auch annehmen, daß Yāmuna diese materielle Kausalität, die vom *svabhāvaḥ* Brahmas ausgeht, genauso wie Rāmānuja mit dem begrifflichen Ausdruck von *sūkṣmabrahma* (= *causa materialis latens*), und *sthūlabrahma* (= *causa materialis evoluta*) wiedergegeben hat. Denn im letzten Vers der Catuḥślokī unterscheidet Yāmuna – wie bereits ausgeführt wurde[658] – zwischen *amūrtam* und *mūrtam brahma*. Vor der Schöpfung bilden das Geistige (*cit*) und Ungeistige (*acit*) den feinen Körper Gottes: Brahma im Zustande der Ursache. Die Schöpfung ist Brahma im Zustande der Wirkung, die nichts anderes ist als eine Umwandlung dieses feinen Körpers in einen groben. Rāmānuja beschreibt diesen Vorgang folgenderweise: „Und wenn [dies] so ist, dann besitzt eben der Īśvara den Zustand der Ursache. Ebenso hat er auch den Zustand des Produktes, nämlich der Welt, deren Materialursache er ist. Daher ist das Produkt von [seiner] Ursache nicht verschieden. Und [so] besteht zu keiner Śruti-Stelle ein Widerspruch. Infolgedessen hat das Brahma auf diese Weise den Zustand der Ursache, indem es Prakṛti und Puruṣa als Körper hat, insofern sich diese in der latenten Phase befinden und zu einer Differenzierung nach Name und Gestalt (= Individuation) unfähig sind. Und eben diese Phase [heißt] Weltauflösung. Das Brahma hat den Zustand des Produktes, indem es die geistigen und nichtgeistigen Dinge als Körper hat, insofern sich diese in der groben [entfalteten Phase] befinden und durch Differenzierung nach Name und Gestalt (= Individuation] geschieden sind. Eben ein solcher grober [entfalteter] Zustand des Brahma heißt Weltschöpfung.“ (*tathā ca sati kāraṇāvastha īśvara eveti tadupādānakajagatkāryāvastho'pi sa eveti kāryakāraṇayor ananyatvaṃ sarvaśrutyavirodhaś ca bhavati | tad evaṃ nāmarūpavibhāgānarhasūkṣmadaśāpannaprakṛtipuruṣaśarīraṃ brahma kāraṇāvastham, jagatas tadāpattir eva ca pralayaḥ | nāmarūpavibhāgavibhaktasthūlacidacidvastuśarīraṃ brahma kāryāvasthaṃ brahmaṇas tathāvidhasthūlabhāva eva jagataḥ sṛṣṭir ity ucyate*)[659].

Der Sache nach entspricht dies der Ansicht Yāmunas, die er in der Einleitung der Ātmasiddhi vorträgt: „Andere (= Yāmuna usw.) aber sind der Meinung, daß der Herr eine besondere Person ist, die von einer Fülle (wörtlich: Großozean) von allen unzähligen edlen Eigenschaften unendlicher Vorzüglichkeit, wie *jñānam*, *balam*, *aiśvaryam*, *vīryam*, *śaktiḥ*, *tejaḥ* usw. ausgezeichnet ist, die ihrem *svabhāvaḥ*

---

[658] Vgl. oben S. 210; vgl. auch SR vv. 14; 17.

[659] VAS 113,6–10; vgl. auch ŚrīBh III, 358,3ff.; ŚrīBh III, 444,16–19.

angehören (= *sūkṣmabrahma*); [eine Person], die [auch] die dreifache von ihr [absolut] abhängige [grobe] geistige und ungeistige[660] [Welt samt ihren] verschiedenen Eigenformen, so auch [ihr] Bestehen und [ihre] Tätigkeit[661] hat (= *sthūlabrahma*)." (*anye tu svādhīnatrividhacetanācetanasvarūpasthitipravṛttibhedaṃ svābhāvikaniravadhikātiśayajnānabalaiśvaryavīryaśaktitejaḥprabhṛtisakalakalyāṇaguṇagaṇamahārṇavaṃ puruṣaviśeṣam īśvaram ātiṣṭhante*)[662]. Eine Charakterisierung, die auch Rāmānuja fast wörtlich in seinen Śrīvaikuṇṭhagadya vorbringt: *svādhīnatrividhacetanācetanasvarūpasthitipravṛttibhedam, kleśakarmādyaśeṣadoṣāsaṃspṛṣṭam, svābhāvikānavadhikātiśayajñānabalaiśvaryavīryaśaktitejaḥprabhṛtyasaṃkhyeyakalyāṇaguṇagaṇaughamahārṇavam, paramapuruṣaṃ bhagavantaṃ nārāyaṇaṃ svāmitvena suhṛttvena gurutvena ca parigṛhya* ...[663].

Interessant ist, daß diese Auffassung größte Ähnlichkeit mit der Schöpfungslehre Śaṅkaras zeigt, daß Name und Gestalt als Urstoff im Brahma ruhen (*avyākṛte nāmarūpe*), die bei der Schöpfung lediglich zur Entfaltung kommen (*vyākṛte nāmarūpe*)[664].

Faßt man das bisher Gesagte zusammen, so stellt man fest, daß der *pariṇāmavādaḥ* Yāmunas darauf gerichtet ist, die absolute Transzendenz Brahmas einerseits und die absolute Realität der Sinneswelt

---

660 Die geistige Welt wird in der Viśiṣṭādvaita-Schule dreifach differenziert: Ewigerlöste-Erlöste- und unerlöste-Seelen (vgl. ĀS v. 1). Die dreifache materielle Welt wäre: *avyaktaḥ, vyaktaḥ* und *kālaḥ* (vgl. SCHRADER 1973, 78ff.; ĀS v. 1a).

661 Mit dem Ausdruck *cetanācetanasvarūpasthitipravṛtti-* kann nur die enfaltete grobe Welt gemeint sein, was von Rāmānuja mit *nāmarūpavibhāgavibhaktasthūlacidacidvastuśarīram* widergegeben wird.

662 ĀS 11,1–3; vgl. NEEVEL 1977,161.

663 ŚVG v. 1.; vgl. auch RBgBh 18,6f., 503,11–13: *nikhilajagadudbhavasthitipralayalīlāśeṣadoṣapratyanīkakalyāṇaikasvarūpasvābhāvikānavadhikātiśayajñānabalaiśvaryavīryaśaktitejaḥprabhṛtisamastakalyāṇaguṇagaṇamahārṇavaparabrahmaśabdābhidheyaparamapuruṣa-*; VAS 169,3–5.

664 Vgl. HACKER 1950,82: „Die Lehre von den Avyākṛte Nāmarūpe entspricht dem Satkāryavāda, nach welchem nichts aus einem Nichts werden kann und alles vor seiner Entstehung schon in potentieller, „ursächlicher" Form exitiert, aber auch der Ansicht von den reingeistigen Natur des Brahman als des weltschöpferischen Prinzips: nicht aus dem Brahman direkt, sondern aus den ungeistigen Avyākṛte Nāmarūpe gehen die Vikāras der Welt, d. h. die Vyākṛte Nāmarūpe hervor."; vgl. dazu auch VETTER, ZDMG 1977, (Supplement III,2), 1018; YD 27,4–6: *tasmin pratyākhyāte guṇānām evāvasthāntarāpekṣaḥ kāryakāraṇabhāvaḥ / sūkṣmāṇāṃ mūrtilābhaḥ kāryam / nivṛttiviśeṣāṇām avibhāgātmanāvasthānaṃ kāraṇam ity ayaṃ siddhāntaḥ.*

andererseits zu verteidigen. Dies wird von ihm durch die ontologische Unterscheidung von *svarūpam/svabhāvaḥ* im Wesen Brahmas erreicht. Die Einzelseelen und die ungeistigen Dinge der Sinneswelt sind zwar untereinander *realiter* verschieden, bilden aber eine Einheit mit Brahma, indem sie sein Attribut (*viśeṣaṇam*) sind. Sie sind sein Sosein (*itthambhāvaḥ*)[665].

Die Frage nach der Einheit des göttlichen Wesens, die in den bisherigen Ausführungen wiederholt zur Sprache kam, und nicht eingehend berücksichtigt werden konnte, wird im folgenden als Thema aufgegriffen und erörtert.

d) Zu Yāmunas Lehre von der Einheit in der Verschiedenheit

Yāmuna erklärt die Einheit des göttlichen Wesens durch die Analogie von Leib-Seele näher: Die geistige und die ungeistige Welt bilden den Körper Gottes, während dieser ihre Seele ist: *brahmātmanātmalābho'yaṃ prapañcaś cidacinmayaḥ*[666].

Es ist wohl anzunehmen, daß Yāmuna diese Einheit in der Verschiedenheit im Sinne seiner Saṃyoga-Definition bestimmt hat. *Saṃyogaḥ* ist für ihn: *nairantaryapadaparyāyam atyantasāmīpyamātram*[667]. Darunter subsumiert Yāmuna auch die Inhärenz: *saṃyogāntarbhāvaḥ samavāyasya*[668].

Da für Yāmuna die *saṃyoga*-Verbindung *apṛthagdeśatvam* und *apṛthakkālatvam* heißt[669], bedeutet dies, daß das *svabhāvaḥ* Brahmas nie getrennt von seinem *svarūpam* existieren oder wahrgenommen werden kann (*apṛthaksiddhiḥ/apṛthagupalambhaḥ*), genauso wie der Körper Gottes nie getrennt von der Seele existieren oder wahrgenommen werden kann.

Eine präzise Aussage darüber macht Rāmānuja, wenn er das Verhältnis zwischen Welt und Brahma erläutert: „Wie eben früher [mit den Sūtren II.3.43/45:] *aṃśo nānāvyapadeśāt*; *prakāśādivat tu naivaṃ paraḥ* [dargelegt wurde], ist der ungeistige Teil (= Urmaterie) als Bestimmung [Brahmas], die nicht getrennt [von ihm] vorkommen kann, [genauso] wie die Individualseele ein Teil Brahmas. Der Denk-

---

665 SS vv. 52b; 57b.

666 Ibidem v. 66; ĀS 214,6–215,2; vgl. ŚrīBh III,223,4–5: *ataḥ sarvaṃ paramapuruṣena sarvātmanā svārthe niyāmyaṃ dhāryaṃ taccheṣataikasvarūpam iti sarvaṃ cetanācetanaṃ tasya śarīram*; auch Anmn. 687; 696.

667 ĀS 211,1; vgl. oben S. 85f.; 148.

668 ĀS 211,3–4.

669 Vgl. oben S. 85f.

und Sprachgebrauch von der Nicht-Verschiedenheit [der beiden] ist primär, insofern das differenzierte Ding sich an ein [und demselben] Ort befindet [wie seine Bestimmung]. [Auch] der Denk- und Sprachgebrauch von der Verschiedenheit [der beiden] ist primär, insofern sich Bestimmung und zu Bestimmendes sowie *svarūpam* und *svabhāvaḥ* unterscheiden. Und [damit] ist die Makellosigkeit Brahmas gewahrt. Ebenso wie nun Glanz, Gattung, Eigenschaft und Körper [jeweils] in Bezug auf Juwel, Individuum, Eigenschaftsträger, Seele als [deren] Bestimmungen, die durch ‚getrennt nicht vorkommen' definiert sind, Teile sind, genauso ist hier sowohl die Individualseele als auch das ungeistige Ding (= Urmaterie) in Bezug auf Brahma ein Teil." (*pūrvavad eva | aṃśo nānāvyapadeśāt, prakāśādivat tu naivaṃ paraḥ, iti jīvavat pṛthaksiddhyanarhaviśeṣaṇatvenācidvastuno brahmāṃśatvam | viśiṣṭavastvekadeśatvenābhedavyavahāro mukhyaḥ, viśeṣaṇaviśeṣyayoḥ svarūpasvabhāvabhedena bhedavyavahāro mukhyaḥ; brahmaṇo nirdoṣatvaṃ ca rakṣitam | tadevaṃ prakāśajātiguṇaśarīrāṇāṃ maṇivyaktiguṇyātmanaḥ prati apṛthaksiddhilakṣaṇaviśeṣaṇatayā yathā aṃsatvam, tatheha jīvasyācidvastunaś ca brahma praty aṃśatvam*)[670].

An dieser Stelle fällt auf, daß hier eine abgeschwächte Form des Bhedābhedavāda[671], so wie sie auch Yāmuna lehrt[672], vertreten wird. Wegen der örtlichen und zeitlichen Koinzidenz der Eigenschaft mit dem Eigenschaftsträger, kann diese nie getrennt von ihrem Träger

[670] ŚrīBh III, 444,9–13; vgl. dazu auch ibidem III, 382,9–386,3: *tuśabdaś codyaṃ vyāvartayati, prakāśādivat jīvaḥ paramātmano'ṃśaḥ / yathāgnyādityāder bhāsvato bhārūpaḥ prakāśaḥ, aṃśo bhavati, yathā gavāśvaśuklakṛṣṇādīnāṃ gotvādiviśiṣṭānāṃ vastūnāṃ gotvādīni viśeṣaṇāny aṃśāḥ, yathā vā dehino devamanuṣyāder deho'ṃśaḥ, tadvat / ekavastvekadeśatvaṃ hy aṃśatvam / viśiṣṭasyaikasya vasteno viśeṣaṇam aṃśa eva / tathā ca vivecakāḥ viśiṣṭe vastuni viśeṣaṇāṃśo'yam viśeṣyāṃśo'yam iti vyapadiśanti / viśeṣaṇaviśeṣyayor aṃśāṃśitve'pi svabhāvavailakṣaṇyaṃ dṛśyate; evaṃ jīvaparayor viśeṣaṇaviśeṣyayor aṃśāṃśitvaṃ svabhāvabhedaś copapadyate / tad idam ucyate, naivaṃ para iti yathābhūto jīvaḥ, na tathābhūtaḥ paraḥ / yathaiva hi prabhāyāḥ prabhāvān anyathābhūtaḥ, tathā prabhāsthānīyāt svāṃśāt jīvād aṃśī paro'py arthāntarabhūta ity arthaḥ / evaṃ jīvaparayor viśeṣaṇaviśeṣyatvakṛtaṃ svabhāvavailakṣaṇyam āśritya bhedanirdeśāḥ pravartante / abhedanirdeśās tu pṛthaksiddhyanarhaviśeṣaṇānāṃ viśeṣyaparyantatvam āśritya mukhyatvenopapadyante / ‚tat tvam asi', ‚ayam ātmā brahma' ityādiṣu, tacchabdabrahmaśabdavat tvam ayam ātmeti śabdā api, jīvaśarīrakabrahmavācakatvenaikārthābhidhāyitvād ity ayam arthaḥ prāg eva prapañcitaḥ.*

[671] Vgl. oben Anm. 351.

[672] Vgl. MESQUITA 1980, 213ff.

vorkommen und infolgedessen auch nicht wahrgenommen werden. Aus diesem Grund ergibt sich im wahrsten Sinn des Wortes (*mukhyaḥ*) eine Einheit (*abhedaḥ*) zwischen den beiden. Da aber andererseits die Bestimmung und das zu Bestimmende nicht ein und dasselbe sein können, sind die Eigenschaft (= *svabhāvaḥ*) und der Eigenschaftsträger (= *svarūpam*) im primären Sinn zugleich untereinander verschieden (*bhedaḥ*).

Yāmuna hatte für die Erklärung der Einheit in Verschiedenheit in Brahma weltliche, wahrnehmbare Dinge als Paradigma, wie z. B. blauer Lotus, herangezogen[673]. Noch deutlicher ist aber Rāmānuja, wenn er hier die weltlichen Dinge wie auch Brahma jeweils nach ihrem *svarūpam/viśeṣyaḥ* und *svabhāvaḥ/viśeṣaṇam* unterscheidet, nämlich als Juwel/ Glanz; Individuum/Gattung; Eigenschaftsträger/ Eigenschaft; Individualseele/Körper und schließlich Brahma/Seele und *acidvastu*. Die Vereinnahmung der Urmaterie als Teil Brahmas hingegen erfolgt in Rāmānujas Erklärung nach dem Vorbild der Individualseele : *jīvavat* ... *acidvastuno brahmāṃśatvam*. Diese Erweiterung können wir auch für Yāmuna annehmen, der in der Einleitung der Ātmasiddhi das Verhältnis zwischen *ātmā* und *paramātmā* so wie Rāmānuja bestimmt: „Gerade wenn es eine Verschiedenheit [der beiden] gibt, liegt [zwischen ihnen auch] eine Beziehung, die Nicht-Verschiedenheit heißt, die durch Teil- und Ganz-Sein charakterisiert ist. [Denn es besteht zwischen ihnen] eine Inhärenz [verbindung, die unter *saṃyogaḥ* subsumiert ist, und die] durch die Abhängigkeit charakterisiert ist. Sie hat die Form [einer Verbindung wie] zwischen Rest und Ganzem, [genauso wie] ein [Verbunden-]Sein von Eigentum und Eigentümer, [oder wie eine Verbindung] mit dem Merkmal von Diener und Hausherr.“ (*nānātve saty evābhedo nāmānvayaḥ aṃśāṃśibhāvalakṣaṇaḥ samavāyaḥ paratantratālakṣaṇaḥ śeṣaśeṣitvarūpaḥ, svasvāmibhāvaḥ, bhṛtyasvāmilakṣaṇaḥ*[674].

Wichtig ist für unsere Interpretation das Begriffspaar *śeṣa-śeṣī*, da es sich wie *aṃśa-aṃśī* verhält. Es stammt aus einem rituellen Kontext und wird im Mīmāṃsāsūtra III.1.2 nach den Prinzipien der Sāṃkhya-Schule definiert: *śeṣaḥ parārthatvāt*. Dementsprechend müßte man das Korrelat von *śeṣaḥ* als *śeṣī svārthatvāt* charakterisieren. Damit bringt dieses Begriffspaar eine absolute Abhängigkeit (*paratantratā*) des *śeṣaḥ* vom *śeṣī* zum Ausdruck. Genau in diesem

---

673 SS vv. 146f.; vgl. unten S. 230.

674 ĀS 13,2–4; vgl. Neevel 1977,163–164.

Sinne wird der Terminus *śeṣaḥ* im Śābarabhāṣya erklärt: „[Einwand:] Auch einer, der Hauptperson ist, existiert gelegentlich zum Zweck eines anderen, wie z. B. ein Lehrer [obwohl] Hauptperson, existiert er [zum Zweck] der Vermittlung des Wissens und der Erziehung der Schüler. [Antwort: Wir] lassen es gelten [, daß er dafür] existiert. Aber [nur] einer, der völlig für das andere [da ist, gerade] diesen nennen wir ‚Rest', wie z. B. man eben sagt, daß der geborene Sklave nur zum Zweck der [Servil-] Arbeit für seinen Herrn gekauft wird, und wie ein Ochse [nur] gekauft wird, damit er für seinen Besitzer [die Lasten zieht]." (*nanu yo'pi pradhānabhūtaḥ so'pi kadācit parārthe vartate, yathopādhyāyaḥ pradhānabhūtaḥ śiṣyāṇāṃ vidyāvinayādhāne vartate | satyaṃ vartate | yas tv atyantaṃ parārthas taṃ vayaṃ śeṣa iti brūmaḥ | yathā garbhadāsaḥ karmārtha eva svāmino'naḍvāṃś ca krīyate vakṣyatīty eva*)[675].

Vergleicht man nun die Anwendung von *śeṣaśeṣitvarūpaḥ* bei Yāmuna mit der diesbezüglichen Erklärung Śabaras, so zeigt sich, daß zwischen den beiden eine Affinität besteht. Dies ergibt sich nicht nur aus dem Umstand, daß Yāmuna damit die absolute Abhängigkeit des *ātmā* von *paramātmā* im Sinne von *aṃśāṃsibhāvaḥ* ausdrücken möchte (*paratantratā* = *atyantaṃ parārthaḥ*), sondern auch, weil wir zu einem besseren Verständnis von den beiden anderen Beispielen Yāmunas kommen. Denn *svasvāmibhāvaḥ* und *bhṛtyasvāmilakṣaṇaḥ* scheinen eindeutig nach Śabaras *anaḍvān/svāminaḥ* und *garbhadāsaḥ/svāminaḥ* konzipiert zu sein. Sie dürften daher eine untergeordnete Rolle haben, insofern sie das Verhältnis zwischen *śeṣa-śeṣī* näher erklären. Genau in diesem Sinne werden sie auch von Rāmānuja verstanden[676].

Aus dem Gesagten geht also hervor, daß Yāmuna die Einheit und Verschiedenheit in Brahma, sofern der *jīvaḥ* und das *acidvastu* sein *viśeṣaṇam* ist, im Sinne von *aṃśāṃśī-śeṣaśeṣī*-Beziehung gedeutet hat, daß nämlich der *jīvaḥ* und das *acidvastu* in absoluter Abhängigkeit von Brahma existieren. Interessant ist auch hier die Ähnlichkeit

---

[675] ŚābBh in: TV, Bd. IV,15,2–6. Zur Bedeutung vom *svasvāmibhavaḥ* vgl. auch Yāmunas Gītārthasaṃgraha vv. 14; 19; 26.

[676] Vgl. VAS 151,4–7: *evaṃ garbhadāsādīnām api puruṣaviśeṣātiśayādhānecchayopādeyatvam eva svarūpam / evam īśvaragatātiśayādhānecchayopādeyatvam eva cetanācetanātmakasya nityasyānityasya ca sarvasya vastunaḥ svarūpam iti sarvam īśvaraśeṣabhūtaṃ sarvasya ceśvaraḥ śeṣīti sarvasya vaśī sarvasyeśānaḥ patir viśvasyetyādy uktam*. Zur ausführlichen Diskussion darüber vgl. Carman 1981,147ff.

mit Śaṅkara, der einerseits unter Einfluß des Sāṃkhya-Yoga eine derartige Verbindung annimmt[677], um das Verhältnis zwischen Geistigem und Ungeistigem zu erklären: „Auf zweierlei Weise sind die Dinge ‚für' den Puruṣa, zum ‚Zweck des Puruṣa' da: entweder zum ‚Genießen' oder zur ‚Erlösung'. Im Upadeśasāhasrīgadyaprabandha-Gespräch aber ist dieser Grundsatz zu einer allgemeinen philosophischen Aussage ausgeweitet: Ungeistiges ist allgemein für Geistiges da (56; 70f.). Das Ungeistige ist auch hier das Zusammengesetzte (*saṃhata*), während das geistige Selbst das absolut Einfache ist. Alle Dinge sind durch ihr Füranderesdasein schließlich auf das geistige Selbst bezogen[678]." Andererseits versucht Śaṅkara die Vielheit in der Einheit mit Hilfe eines abgeschwächten Bhedābhedavāda vorzutragen[679], wie wir dies sowohl bei Yāmuna als auch bei Rāmānuja feststellen konnten[680].

Für die Deutung Yāmunas der Einheit in der Verschiedenheit im Sinne der Analogie von Leib-Seele, können wir uns auch an die diesbezüglichen Ausführungen Rāmānujas anschließen, die mit den oben dargelegten Gedanken eng verbunden sind: „Dieses Verhältnis zwischen ‚Selbst und Körper' ist nichts anderes als ein Verhältnis zwischen ‚Stütze und zu Stützendem', die nicht getrennt vorkommen können, bzw. ein Verhältnis zwischen ‚Lenker und zu Lenkendem' und zwischen ‚Rest und Ganzem'. Weil es, insofern es mit [seinem] ganzen Wesen Stütze, Lenker und Ganzes ist, erlangt, [heißt es] Selbst. Und weil er, insofern er in jeder Hinsicht ein zu Stützendes, zu Lenkendes und Rest ist, eine Form ist, die als Modus [von ihrem Träger] nicht getrennt vorkommt, heißt er Körper. Denn nur so geartet ist die Verbindung der Individualseele mit ihrem Körper. Da

---

677 Vgl. Hacker 1968/69 142: „Einige Begriffe aber, die für das Denken des Yoga mit dem ‚Verbundensein' unauflöslich assoziert sind, behalten für Ś ihre Bedeutung; sie treten auch in der Folge der Upadeśasāhasrī-Diskussion auf. Mit anderem Verbundensein, Zusammengesetztsein bedeutet nach einem Axiom des Sāṅkhya-Yoga Für-anderes-Dasein (*parārthatva*), nicht etwa Dasein der zusammengesetzten Dinge für einander (sie sind ja eins geworden), sondern allgemein Dasein für anderes, Nichtfürsichsein, Nichtselbständigsein. Als Beispiel dafür ist sowohl bei Vyāsa YBh 4,24 als auch bei Ś (Upadeśasāhasrīgadyaprabandha 55; KaUpBh 2,2,5) ein Haus genannt. Das ‚andere' jedoch, für das ein Zusammengesetztes da ist, ist nach YBh 4,24 nicht irgend ein anderes im allgemeinen (*para-sāmānya-mātra*), sondern das Selbst (*puruṣa*)."

678 Ibidem 142–143.

679 Vgl. Vetter 1979, 141; 129.

680 Vgl. oben S. 222; Anm. 372.

gerade so alles den Körper der höchsten Seele bildet, kann sie mit jedem Wort bezeichnet werden." (*ayam eva cātmaśarīrabhāvaḥ pṛthaksiddhyanarhādhārādheyabhāvo niyantṛniyāmyabhāvaḥ śeṣaśeṣibhāvaś ca | sarvātmanādhāratayā niyantṛtayā śeṣitayā cāpnotīty ātmā sarvātmanādheyatayā niyāmyatayā śeṣatayā capṛthaksiddhaṃ prakārabhūtam ity ākāraḥ śarīram iti cocyate | evam eva hi jīvātmanaḥ svaśarīrasambandhaḥ | evam eva paramātmanaḥ sarvaśarīratvena sarvaśabdavācyatvam*)[681].

Somit könnte man das Verhältnis zwischen *viśeṣyaḥ* und *viśeṣaṇam* in Brahma oder in einem beliebigen weltlichen Ding im Sinne einer unaufhebbaren Einheit bei gleichzeitiger unaufhebbarer Verschiedenheit erklären.

Die hier dargelegten Gedanken über die Einheit in der Verschiedenheit beinhalten eine Art des Monismus, der als modifizierter bzw. qualifizierter Monismus bezeichnet wird. Wenn auch der dafür verwendete Sanskrit-Ausdruck *viśiṣṭa-advaitaḥ* erst um das 14. Jahrhundert von Sudarśanasūri bezeugt wird, so wurde diese Art des Monismus der Sache nach bereits von dem Schulhaupt Nāthamuni vertreten[682], da er in der von ihm formulierten Saṃyoga-Definition: *aikyaṃ sākalyena saṃyogaḥ* fest verankert war[683].

Zu einem tieferen Verständnis dieses Monismus führt uns die von Yāmuna dargebotene Interpretation des *tat tvam asi*, wenn er *tat* (= Brahma) und *tvam* (= Einzelseele) als eine differenzierte Einheit auffaßt. Damit lehnt Yāmuna die von den Advaita-Autoren vertretene Ansicht entschieden ab, daß dieser heilige Satz im Sinne einer absoluten Identität auszulegen sei, wenn er sagt: „Von Jammer, Kummer und Leid ist die mit dem Wort ‚du' benannte Geist (-Seele) geplagt; allwissend, vollbefriedigt [und] ein Ozean grenzenlosen Glücks ist [dagegen] der Wortgegenstand von ‚jenes'. Wie kann diesen beiden [, die sich] wie Licht und Finsternis [gegenseitig ausschließen,] eine Identität zukommen?"

---

681 VAS 114, 1—5; vgl. Anm. 666.

682 Vgl. dazu SAS 321, 15–17: *nāthopajñaṃ pravṛttam – nāthamunim ārabhya pravṛttam / bahubhir yāmuneyaprabhandhair upacitam / yatīndraiḥ samyag eva bhāṣyādiprabandhapañcakanirmāṇena paritrātam idam eva darśanam akhilatamaḥkarśanam iti svadarśanasya sūryodayavad aśeṣārthaprakāśakatvaṃ darśayati* ...; vgl. dazu Mesquita 1979, 163ff.

683 Vgl. oben S. 85f.; 148.

(*kārpaṇyaśokaduḥkhārtaś cetanas tvampadoditaḥ* |
sarvajñaḥ satyasaṅkalpo niḥsīmasukhasāgaraḥ |
tatpadārthas tayor aikyaṃ tejastimiravat katham ||)[684].

Ebensowenig läßt Yāmuna die Meinung gelten, daß diese beiden Worte wegen des Widerspruches nicht in ihrer wörtlichen Bedeutung zu verstehen sind, daß man sie vielmehr mit Hilfe einer annähernden Indikation (*lakṣaṇā*) miteinander gleichsetzen soll, wie bei dem Identifikationssatz: Jene Kuh ist diese: „[Die Annahme, daß] sowohl das Wort ‚jenes' als auch das Wort ‚du' wegen der Ausschließung eines Teiles der [wörtlichen] Bedeutung in einem [einzigen] Konkretum ‚Geist' gründen würde, wie im Satz ‚Jenes ist dieses Rind', wäre ungeschickt. Weil infolge der Unterscheidung von Raum, Zeit und Zustand sogar bei einem einzigen Eigenschaftsträger ein zueinander in Widerspruch stehendes Paar [von gegensätzlichen Eigenschaften] auftreten kann, ist [die Aussage:] ‚Jenes ist dieses Rind' angebracht. Für das Zusammentreffen von einem zueinander in Widerspruch stehenden Paar [von gegensätzlichen Eigenschaften] bezüglich des selbstleuchtenden Geistprinzips gäbe es [dagegen] nichts, was man in [Kategorien wie] Raum, Zeit, Zustand usw. einordnen könnte."

(*vācyaikadeśabhaṅgena cidekavyaktiniṣṭhatā* |
so'yaṃ gaur itivat tattvampadayor ity apeśalam ||
deśakāladaśābhedād ekasminn api dharmiṇi |
viruddhadvandvasaṅkrānteḥ so'yaṃ gaur iti yujyate ||
svaprakāśasya ciddhātor viruddhadvandvasaṅgatau |
na vyavasthāpakaṃ kiṃcid deśakāladaśādike ||)[685].

Tat und *tvam*, lehrt Yāmuna, sind in ihrem primären Sinn aufzufassen, da das höchste Brahma (= *tat*) mit dem Brahma identisch, das durch das Einzelseelesein (= *tvattvam*) modifiziert ist: „Dieses Wortpaar ‚jenes' und ‚du', das einen primären Sinn hat, hat die Wesenseinheit der Einzelseele mit dem Höchsten zum Gegenstand. Und die Wesenseinheit hat zwei Substanzen als Substrat."

(*tattvampadadvayaṃ jīvaparatādātmyagocaram* |
tan mukhyavṛtti tādātmyam api vastudvayāśrayam ||)[686].

Damit wäre für Yāmuna die Annahme einer annähernden Indikation für die Interpretation dieses *mahāvākyam* fehl am Platz. Wie dies

---

[684] SS vv. 106–108.
[685] Ibidem vv. 114–119; vgl. Mesquita 1988, Anmn. 172–173.
[686] vv. 136–137.

genau zu verstehen ist, können wir einer Stelle bei Rāmānuja entnehmen, der, an die Vorstellungen Yāmunas anknüpfend[687], diese Gedanken folgenderweise ausführt: „[Einwand:] Weil sich der Sinn in bezug auf die Identität [von *tat* und *tvam*] feststellen läßt, ist die annähernde Indikation kein Fehler, genau wie [beim Identifikationssatz:] ‚Der hier ist Devadatta.' So erkennt man im vorliegenden [Satz:] ‚Er ist dieser' mit dem Wort ‚Er' eine Person, die mit einem anderen Ort und mit einer anderen Zeit verbunden ist, und mit dem Wort ‚Dieser' [erkennt man] eine [Person,] die mit dem in der [unmittelbaren] Nähe befindlichen Ort bzw. mit der gegenwärtigen Zeit verbunden ist. Auf Grund der grammatischen Kongruenz erkennt man die Identität der beiden [Personen]. Da man hier eine [Person] nicht gut gleichzeitig als mit einander widersprechenden Orten und Zeiten verbunden erkennen kann, zielen eben diese beiden Wörter darauf hin, das bloße Eigenwesen festzulegen. So wird [damit] die [absolute] Identität des Eigenwesens erkannt. [Entgegnung:] Dem [aber] ist nicht so. Auch im vorliegenden Satz: ‚Er ist dieser Devadatta' gibt es keine Spur von einer annähernden Indikation, weil [dort] kein Widerspruch vorliegt. Denn es ist nicht widersprüchlich, ein und dieselbe Person mit zwei [verschiedenen] Tätigkeiten, [einer] vergangenen und [einer] gegenwärtigen zu verbinden. [Ihr] Sich-Befinden an einem anderen Ort ist vergangen. [Ihre] Anwesenheit an einem in der Nähe befindlichen Ort ist gegenwärtig. Daher ist die Annahme der Identität [einer Person], dadurch daß [sie] mit zwei [verschiedenen] Tätigkeiten, [einer] vergangenen und [einer] gegenwärtigen, verbunden ist, nicht widersprüchlich. Und der Widerspruch, der sich auf Grund der zwei [verschiedenen] Orte ergibt, wird durch den Unterschied in der Zeit aufgehoben [, insofern die Anwesenheit einer Person an verschiedenen Orten nicht zu gleicher Zeit, sondern zu verschiedenen Zeiten erfolgt][688]. Selbst wenn [hier] eine annähernde Indikation am Platz wäre, so müßte man sie eben nicht für die beiden Wörter annehmen, da der Widerspruch nur auf Grund des einen annähernd indizierten [Wortes] aufgehoben werden kann. Es wurde [aber] dargelegt, daß [in diesem Fall] gar keine annähernde

[687] Vgl. ŚrīBh II, 57, 4–5: *jīvasarīrakajagatkāraṇabrahmaparatve mukhyavṛttaṃ padadvayam / prakāradvayaviśiṣṭaikavastupratipādanena sāmānādhikaraṇyaṃ ca siddham*; vgl. unten Anm. 694.

[688] Vgl. dazu ŚrīBh II, 50, 11–51, 1: *bādho'pi yaddeśakālādisambandhitayā yad astīty upalabdham, tasya taddeśakālādisambandhitayā nāstīty upalabdhiḥ, na tu kālāntare'nubhūtasya kālāntare pariṇāmādinā nāstīty upalabdhiḥ kālabhedena virodhābhāvāt.*

Indikation gegeben ist, weil das Gegenwärtig-Sein dem Mit-einem-anderen-Ort-Verbunden-Sein nicht widerspricht, insofern [die Person] bloß als vergangene mit dem einen Ort verbunden war." (*nanv aikye tātparyaniścayān na lakṣaṇādoṣaḥ | so'yaṃ devadatta itivat |yathā so'yam ity atra sa iti śabdena deśāntarakālāntarasambandhī puruṣaḥ pratīyata ayam iti ca saṃnihitadeśavartamānakālasambandhī, tayoḥ sāmānādhikaraṇyenaikyaṃ pratīyate | tatraikasya yugapadviruddhadeśakālasambandhitayā pratītir na ghaṭata iti dvayor api padayoḥ svarūpamātropasthāpanaparatvaṃ svarūpasya caikyaṃ pratipadyata iti cen naitad evam | so'yaṃ devadatta ity atrāpi lakṣaṇāgandho na vidyate | virodhābhāvāt | ekasya bhūtavartamānakriyādvayasambandho na viruddhaḥ | deśāntarasthitir bhūtā saṃnihitadeśasthitir vartate | ato bhūtavartamānakriyādvayasambandhitayaikapratipādanam aviruddham | deśadvayavirodhaś ca kālabhedena parihṛtaḥ | lakṣaṇāyām api na dvayor api padayor lakṣaṇāsamāśrayaṇam | ekenaiva lakṣitena virodhaparihārāt | lakṣaṇābhava evoktaḥ deśāntarsambandhitayā bhūtasyaivānyadeśasambandhitayā vartamānatvāvirodhāt |*)[689].

Yāmuna äußert sich wie Rāmānuja nicht näher zur grammatischen Kongruenz (*sāmānādhikaraṇyam*) von *tat* und *tvam*. Aber sein Beispiel ‚Lotus ist blau', das er zur Illustration der Verbindung zwischen *tat* und *tvam* anführt, zeigt, daß er das *sāmānādhikaraṇyam* im Sinne der Grammatiker als *bhinnapravṛttinimittasya śabdasyaikasminn arthe vṛttiḥ sāmānādhikaraṇyam*[690] verstanden hat. Rāmānuja schließt sich dem ausdrücklich an, wenn er diese Definition bei seiner diesbezüglichen Erörterung fast wörtlich übernimmt: *bhinnapravṛttinimittānāṃ śabdānām ekasminn arthe vṛttiḥ sāmānādhikaraṇyam iti hi tadvidaḥ*[691].

Damit fassen die beiden das *adhikaraṇam* wie die Grammatiker, als ein Ding auf, das bezeichnet wird: *adhikaraṇaśabdo'bhidheyavācī*, und *samānādhikaraṇaḥ* als *samānābhideyaḥ*[692].

Die grammatische Kongruenz kann daher nur bei den Wörtern funktionieren, die in ihrer Grundbedeutung verschieden sind. Ange-

---

689 VAS 85, 9–86, 5; vgl. auch ŚrīBh II, 211, 1–4.

690 Kāśikā zu II.1.48; vgl. CARDONAS Übersetzung: "The functioning of words whose base meanings are distinct in referring to the same object is *sāmānādhikaraṇya*." (IIJ 12 [1970], 234); vgl. dazu auch ŚābBh (in: TV Bd. IV 49,3–4): *ekavibhaktinirdeśāt sāmānādhikaraṇyam avagamiṣyamaḥ / yathā nīlam utpalam iti.*

691 VAS 86, 8–9; ŚrīBh I, 191, 6ff; II, 208, 5.

692 Vgl. Kāśikā zu I.2.42.

wandt auf den vorliegenden Fall würde dies heißen: Genauso wie sich Lotussein und Blausein in ihrer jeweiligen Verschiedenheit auf ein einziges Konkretum beziehen und eine Einheit (*aikyam*) bilden, so haben auch das *tat-tvam* und *tvat-tvam* einen einzigen Bezug, nämlich das Brahma[693].

Andererseits, lehrt Yāmuna, daß zwischen den Wortbedeutungen von Lotus und Blau eine Verbindung besteht, die eine Art Sinnverschmelzung von Subjekt und Prädikat bewirkt und daß diese Verbindung durch die sinnliche Wahrnehmung unmittelbar erfaßt wird. Analogerweise wird auch zwischen *tat* und *tvam* eine derartige Verbindung angenommen, die jedoch von der Offenbarung her erfahren wird[694]: „Wie nämlich die Erkenntnis ‚blau' in bezug auf einen blauen [Gegenstand] beschaffen ist, ebenso ist es die Erkenntnis ‚blau' in bezug auf ‚Lotus'. [Denn] sie erscheint uns unmittelbar als ‚Dies ist eben der blaue Lotus'. Wie es auch bezüglich der bekannten *saṃyoga*-Definition, die durch die Sinneswahrnehmung erfaßt wird, falsch wäre, unlogische Alternativen von Unterschied und Nicht-Unterschied usw. vorzubringen, genauso läßt sich der Irrtum der unlogischen Alternativen bei der *tādātmya*-Verbindung [zwischen ‚jenes' und ‚du'], die sowohl auf der Śruti als auch auf der Wahrnehmung gründet, mit Hilfe der Śruti ausschließen. Die fehler- und urheberlose Śruti lehrt [doch] vehement [und] nachdrücklich, nicht bloß einmal, mit [dem Satz:] ‚Jenes bist du' die Wesenseinheit von Brahma und Einzelseele."

(*nīle nīlamatir yādṛg utpale nīladhīr hi sā* |
nīlam utpalam evedam iti sākṣāc cakāsti naḥ ||
yathā viditasaṃyogasambandhe'py akṣagocare |
bhedābhedādidustarkavikalpādhānavibhramaḥ ||
tadvat tādātmyasambandhe śrutipratyakṣamūlake |
śrutidaṇḍena dustarkavikalpabhramavāraṇam ||

---

[693] Vgl. ŚrīBh II, 209, 2–3: *nīlotpalādiṣu tu viśeṣaṇadvayānvayāvirodhād ekam evobhayaviśiṣṭaṃ pratipādyate*; ŚruP I, 205, 7f.: *yathā nailyaviśiṣṭasya utpalatvaviśiṣṭasya caikyam.*

[694] Vgl. ŚrīBh II, 207, 5–208, 3: *sarveṣv eva vākyeṣu padānāṃ vyutpattisiddhārthasaṃsargaviśeṣamātraṃ pratyāyyam / tatra samānādhikaraṇavṛttānām api nīlādipadānāṃ nailyādiviśiṣṭa evārtho vyutpattisiddhaḥ padāntarārthasaṃsṛṣṭo 'bhidhīyate, yathā nīlam utpalam ānayety ukte nīlimādiviśiṣṭam evānīyate, yathā ca vindhyāṭavyāṃ madamudito mātaṅgagaṇas tiṣṭhatīti padadvayāvagativiśeṣaṇaviśiṣṭa evārthaḥ pratīyate / evaṃ vedāntavākyeṣv api samānādhikaraṇanirdeśeṣu tattatviśeṣaṇaviśiṣṭam eva brahma pratipattavyam.*

nirdoṣāpauruṣeyī ca śrutir atyartham ādarāt |
asakṛt tat tvam ity āha tādātmyaṃ brahmajīvayoḥ ||)[695].

Worauf es Yāmuna hier ankommt, ist, daß zwischen *tat* und *tvam* eine differenzierte Einheit von zwei Wesen gegeben ist: *tādātmyaṃ vastudvayāśrayam*. Rāmānuja beschreibt sie als *viśiṣṭadravyaikyam eva hi sāmānādhikaraṇyasyārthaḥ* bzw. *prakāradvayaviśiṣṭaikavastupratipādanena sāmānādhikaraṇyaṃ ca siddham*[696]. So steht diese Auffassung in diametralem Gegensatz zu dem ungeteilt-einheitlichen Sinn (*akhaṇḍārthaḥ* = *nirviśeṣavastvaikyam*), zu dem sich die Advaitins bekennen. Rāmānuja erklärt diesen Unterschied kurz und bündig wie folgt: *tat tvam asyādivākyeṣu sāmānādhikaraṇyaṃ na nirviśeṣavastvaikyaparam; tattvampadayoḥ saviśeṣabrahmābhidhāyitvāt* | *tatpadaṃ hi sarvajñaṃ satyasaṅkalpaṃ jagatkāraṇaṃ brahma parāmṛśati tadaikṣata bahu syām ityādiṣu tasyaiva prakṛtatvāt* | *tatsamānādhikaraṇaṃ tvampadaṃ ca acidviśiṣṭajīvaśarīrakaṃ brahma pratipādayati; prakāradvayāvasthitaikavastuparatvāt sāmānādhikaraṇyasya*[697].

Diese Gedanken gibt Sudarśanasūri wieder, indem er zum ersten Mal den Sanskrit-Ausdruck *viśiṣṭa-advaitaḥ* mit dem später auch die Rāmānuja-Schule benannt wurde, verwendet: „Ferner ist gerade in unserem Standpunkt das sechsfache Merkmal [zum Zweck der Feststellung] der Bedeutung[698] bezüglich der *sadvidyā* [beinhaltet]. Es wird hier angenommen, daß dieses sechsfache Merkmal einen Zweitlosen (*advaitaḥ*) zum Gegenstand hat. [Es ist] damit aber nicht ein undifferenzierter [ungeteilt-einheitlicher] Zweitloser [gemeint], sondern ein modifizierter/differenzierter Zweitloser (*viśiṣṭādvaitaḥ*). So hat der Einleitungssatz [der Offenbarung] ‚Nur das Sein' [usw.] einen differenzierten Gegenstand, weil er sich auf das Bewirkende- und Materialursache-Sein [der Welt] und auf die damit in Verbindung stehende Allwissenheit, Allmacht usw. bezieht. [Auch] die in der

[695] SS 146–153; vgl. oben S. 223.

[696] ŚrīBh II, 214, 3; II, 57, 4–5; II, 208, 2–3: *tattadviśeṣaṇaviśiṣṭam eva brahma pratipattavyam*; ŚruP I, 205, 17f: *tena prakāreṇaikyaṃ na tu svarūpaikyam, viśiṣṭāntarbhāva evaikyam ity arthaḥ*.

[697] ŚrīBh II, 53, 4–54, 2.

[698] Es handelt sich hier um die exegetischen Prinzipien der Mīmāṃsā, die in einem Vers unbekannter Herkunft festgehalten sind:

upakramopasaṃhārāv abhyāso 'pūrvatā phalam /
arthavādopapattī ca liṅgaṃ tātparyaniścaye //

vgl. dazu Madhvas Brahmasūtrabhāṣya I.1.4.

zusammenfassenden Erklärung vorkommende grammatische Kongruenz in dem Satz: *tat tvam asi*, bezieht sich auf den modifizierten Zweitlosen, weil [*tat* und *tvam* jeweils] mit einer unterschiedlichen Grundbedeutung ein [-und denselben]Bezug haben.“ (*sadvidyāyāṃ ṣaḍvidhatātparyaliṅgaṃ cāsmatpakṣa evāsti / ṣaḍvidhatātparyaliṅgam advaitaviṣayam ity etad abhyupetam, tat tu na nirviśeṣādvaitaviṣayam, api tu viśiṣṭādvaitaviṣayam, upakrame sad eveti vākyaṃ ca nimittatvopādānatvatadupayogisārvajñyasarvaśaktitvādiparatvāt saviśeṣaviṣayam | upasaṃhāragataṃ tat tvam asītisāmānādhikaraṇyaṃ pravṛttinimittabhedenaikārthaviṣayatvād viśiṣṭādvaitaviṣayam*)[699].

Den Erklärungen Yāmunas können wir auch entnehmen, daß er der Sache nach *viśiṣṭādvaitaḥ* sowohl als *viśiṣṭasya advaitaḥ* als auch *viśiṣṭayor advaitaḥ* verstanden hat. Gemäß der ersten Auffassung bedeutet die Nichtzweiheit, daß es außerhalb des Brahma nichts gibt, das zu ihm als Zweites (*dvitīyam*) gezählt werden könnte, und daß alles, was existiert, also die gesamte Welt, ein winziger Teil seiner Schöpfungsmacht (*vibhūtiḥ*) und somit seine Beschaffenheit, sein Sosein ist: *jagat sarvam itthambhāve nyaveśayat*[700].

Dies führt Yāmuna aus, wenn er den Offenbarungssatz: *ekam evādvitīyam* auslegt. Unter anderem sagt er: „Deshalb gilt für die Śruti-Stelle: ‚Brahma ist ohne ein Zweites‘ folgende Bedeutung: Weder gab es, noch gibt es, noch wird es [einen Gegenstand] geben, der als Zweites [neben ihm] aufgezählt werden könnte. Es wird aber [nur das] als Zweites gezählt, was ihm gleichwertig oder überlegen ist. Da diese Welt ein winziger Teil der Entfaltung seiner [Schöpfungs] macht ist, wie könnte sie da zum Gegenstand des Wortes ‚Zweites‘ werden[701]?“

Demnach bedeutet die Nichtzweiheit des modifizierten Brahma (*viśiṣṭasya advaitaḥ*), daß Brahma eine Einheit mit seinen Eigenschaf-

---

[699] Die weiteren Glieder dieses Merkmals erläutert Sudarśanasūri anschließend wie folgt: *viśiṣṭaikārthaparasya tat tvam asīti vākyasyāvṛttatvād abhyāso 'sti, cidacidātmakaprapañcasya brahmaviśeṣaṇatvaṃ pramāṇāntarāgocaram ity apūrvatā cāsti / etadarthajñānavatas tasya tāvad eva ciram iti mokṣopadeśāt phalaṃ cāsti / etadviṣayasya pitāputrasaṃvādarūpatvād arthavādaś ca, tasminn evārthe mṛtkāryadṛṣṭāntopanyāsād upapattiś cāstīti ṣaḍvidhatātparyaliṅgaṃ viśiṣṭādvaitaviṣayam ity āsayaḥ* (Tātparyadīpikā, in: Rāmānujas VAS, Brindaban 1910, 45, 26ff.; vgl. auch Sudarśanasūris Śrutapradīpikā, in: Rāmānujas Śrībhāṣya mit zehn Subkommentaren, ed. V. Ananthacharya und V. Krishnamacharya. Madras 1937, Bd. III, 958, 2).

[700] SS vv. 52; 57.

[701] Ibidem vv. 33–37; vgl. oben S. 180; vgl. auch ŚrīBh I, 192, 4ff; VAS 90, 5ff.

ten bildet, sofern es sich von diesen unterscheidet und sofern die vielen Eigenschaften selber untereinander verschieden sind, wie Veṅkaṭanātha beispielsweise dies folgenderweise zusammenfaßt: *aśeṣacid-acitprakāraṃ brahmaikam eva tattvam | tatra prakāraprakāriṇoḥ prakārāṇāṃ ca mitho'tyantabhede'pi viśiṣṭaikyādivivakṣayaikatvavyapadeśaḥ, taditaraniṣedhaś ca*[702].

In der zweiten Auffassung, *viśiṣṭayor advaitaḥ*, besagt die Nichtzweiheit, daß das Brahma als Ursache der Welt mit der Welt selbst als dessen Wirkung identisch ist, da die Wirkung von ihrer Ursache nicht verschieden ist: „Modifikation geworden, beruht die unbewegliche und bewegliche Welt bloß auf dem Wort [d.h. Sprachgebrauch]. Das Seiende ist nur die absolut unveränderliche Wurzel-Ursache. Die Wirkung [, nämlich die Welt] ist von ihrer Ursache genausowenig verschieden wie der Funken vom Feuer[703]."

Rāmānuja präzisiert diesen Gedankengang wie folgt: „Und wenn [dies] so ist, dann besitzt eben der Īśvara den Zustand der Ursache. Ebenso hat er auch den Zustand des Produktes, nämlich der Welt, deren Materialursache er ist. Daher ist das Produkt von [seiner] Ursache nicht verschieden. Und [so] besteht zu keiner Śruti-Stelle ein Widerspruch. Infolgedessen hat das Brahma auf diese Weise den Zustand der Ursache, indem es Prakṛti und Puruṣa als Körper hat, insofern sich diese in der latenten Phase befinden und zu einer Differenzierung nach Name und Gestalt (= Individuation) unfähig sind. Und eben diese Phase [heißt] Weltauflösung. Das Brahma hat den Zustand des Produktes, indem es die geistigen und nichtgeistigen Dinge als Körper hat, insofern sich diese in der groben [entfalteten Phase] befinden und durch Differenzierung nach Name und Gestalt (= Individuation) geschieden sind. Eben ein solcher grober [entfalteter] Zustand des Brahma heißt Weltschöpfung[704]."

Die bereits hier faßbare zweifache Auslegung des *viśiṣṭa-advaitaḥ* wurde in weiterer Folge auch von den späteren Vertretern der Schule übernommen[705].

---

702 NyS 187, 14–15.

703 SS vv. 58–60; vgl. oben S. 202f.

704 VAS 113, 6–10; vgl. oben S. 219f.; vgl. auch ŚrīBh II, 77, 4—5: *iti kāraṇāvasthaparamātmavācinā śabdena kāryavācinaḥ śabdasya sāmānādhikaraṇyaṃ mukhyavṛttam | ataḥ sthūlasūkṣmacidacitprakārakaṃ brahmaiva kāryaṃ kāraṇaṃ ceti brahmopādānaṃ jagat.*

705 Vgl. V. Varadachari, *The Adyar Library Bulletin* 26 (1962), 177–181. Viśiṣṭādvaitavāda als Bezeichnung für die gesamte Schule wird aber erst im

Vergegenwärtigt man sich die in den bisherigen Ausführungen erzielten Ergebnisse, so kann man zusammenfassend feststellen, daß Yāmunas kosmologischer Ansatz von einer realen Umwandlung des Einen in viele wirkliche Gestalten ausgeht. Damit wird die reale Welt in eine ontologische bzw. kausale Beziehung zum Brahma gestellt. Yāmuna versucht seinen Realismus mit der Wandellosigkeit Brahmas dadurch zu vereinbaren, daß er die Vermengung Brahmas mit der Welt auf seinen *svabhāvaḥ*(= *viśeṣaṇam*) beschränkt. Sein *svarūpam* (=*viśeṣyaḥ*) hingegen bleibt von dieser realen Entfaltung absolut unberührt. Der Ausgangspunkt dieser Umwandlung ist die *śaktiḥ* (= *śrīḥ*) Gottes. Die vielgestaltige Welt als Produkt der Umwandlung ist ebenfalls als Bestimmung Gottes in seiner Einheit aufgehoben. Somit trägt Yāmuna eine Theologie des *saguṇabrahma* im Gegensatz zum *nirguṇabrahma* des Advaita vor.

Der Kontrast zum Advaita liegt auch in der Bestimmung des Eigenwesens des Weltdinges und seiner materiellen Ursache. Für den Gegner Yāmunas sind sie *sadasadvilakṣaṇam* bzw. *sadasadbhyām anirvācyam*. Für Yāmuna hingegen sind sie *sadasadātmakam*. Yāmuna baut diesen Ansatz weiter aus, wenn er gegen die Anirvacanīyakhyāti des Advaita polemisiert.

e) Besprechung der Irrtumslehren

Yāmunas direkter Gegner in dieser Diskussion ist Vimuktātman, der die Anirvacanīyakhyāti mit großer Konsequenz und Gründlichkeit vorgetragen hatte[706]. Er war es auch, der den Ausdruck Anirvacanīyakhyāti prägte[707], und die Bedeutung von *anirvacanīyam* auf *sadasadvilakṣaṇam* festlegte[708].

Interessant ist, daß die Irrtumslehre Vimuktātmans von einem realistischen Grundsatz ausgeht[709]. Denn jede Erkenntnis läßt für ihn

---

16. Jhdt. (vgl. Varadachari o. c. 181) bezeugt, und Mādhava (14. Jhdt.) führt sie in seinem Sarvadarśanasaṃgraha bloß als *rāmānujadarśanam* an.

[706] Vgl. Hacker 1952, 287f.; Mesquita 1988, Anmn. 64; 163–164; 276.

[707] Vgl. IS 42, 4; Hacker 1951, 166.

[708] Vgl. IS 35, 10–14: *nanūcyate anirvacanīyeti ca vipratiṣiddham / nāyaṃ doṣaḥ, sadasattvābhyām iti viśeṣaṇāt / sā hi yuktyā nirūpyamāṇā nāstīti niścitya vaktuṃ śakyā, nāpi nāstīti; sadasadvilakṣaṇatvena tadvacanānarthatvāt / tena anirvacanīyā, na punar avācyeti*; vgl. Mesquita 1979, 184ff.

[709] Vgl. Schmithausen 1965, 238–239: „Die vedāntische Irrtumslehre bei Maṇḍana unterscheidet sich jedoch von der späteren Lehre des Vedānta, wie sie z. B. bei Vimuktātman auftritt, dadurch, daß bei ihr unter buddhistischem Einfluß das Nichtwissen (*avidyā*) die jeweilige bestimmte Erkenntnis, deren

immer etwas Objektives erkennen. So definiert er das Erkennen als etwas, wodurch ein Gegenstand erkannt wird: *jñāyate'rtho'neneti jñānam*[710]. Dies erklärt er näher, wenn er fortfährt: „... Wenn auch jede einzelne Erkenntnis [ihren] Gegenstand nicht vollständig erkennen läßt, so ist [der Gegenstand] dennoch so [wie er vorgestellt wird] in dem Maße, wie sie ihn erkennen läßt. Und es gibt keine Erkenntnis, die objektlos ist. Daher, weil eine Erkenntnis, die [ihrem jeweiligen] Gegenstand nicht entspricht, nicht vorkommt, ist überhaupt jede Erkenntnis gültig, da sie [ihrem jeweiligen] Objekt entspricht." (... *yady api na kṛtsnam artham ekaikaṃ jñānaṃ bodhayati tathāpi yāvantaṃ bodhayati tāvāṃs tathaivāsti | jñānaṃ ca nārthaśūnyam asti | tasmād ayathārthajñānābhāvāt sarvam eva jñānaṃ yathārthatvāt pramāṇam*)[711].

Vimuktātman überträgt nun dieses Prinzip auch auf den Irrtum, wenn er sagt: „Wenn daher eine Erkenntnis von Silber [an Stelle von Perlmuschel] entsteht, so ist sie durchaus gültig." (*ato jñānam asti cet, pramāṇam asty eva rūpyasya*)[712]. Den Irrtumsvorgang selber beschreibt er folgenderweise: „Wäre das Silber[, das in Wirklichkeit an Stelle von] Perlmuschel [ist, absolut] wahr, so wäre seine Erkenntnis kein Irrtum wie die Erkenntnis eines wahrhaft existierenden Silbers. Und genauso wird diese [Erkenntnis später] nicht aufgehoben. Wäre dieses [Silber] andererseits [absolut] nicht existent wie ein Menschenhorn, so könnte es nicht erscheinen. Daher entstünden [dabei] weder ein Irrtum noch eine Aufhebung. [Man kann] nicht [behaupten, daß] die beiden [im Irrtum] gar nicht vorkommen, weil sie allen Menschen gut bekannt sind, und von den Vertretern aller [Irrtumslehren] angenommen werden." (*sattve śuktirūpyasya taddhīr na bhrāntiḥ syāt, satyarūpyadhīr iva | tadvad eva ca nāsyā bādhaḥ | asattve tu nṛśṛṅgavat*

Bestimmung als Irrtumsobjekt angesprochen werden kann, ist, bei Vimuktātman hingegen analog zur 'Prakṛtiḥ' des Sāṃkhya eine Art Welturstoff, aus dem die einzelne Irrtumserkenntnis (*bhrāntiḥ*) und ihr Objekt nebeneinander heraustreten. Mit anderen Worten: Der Advaita-Vedānta löst sich, wahrscheinlich mit Śaṃkara, aus der Gefolgschaft der Erkenntnisphilosophie des Yogācāra und schließt sich den ‚realistischen' Schulen an; die einzelne Erkenntnis ist jetzt absolut transparent und erfaßt ein ihr äußeres und insofern reales (wenn auch nicht wirkliches) Objekt." Vgl. MESQUITA 1979, Anm. 98.

[710] IS 105,9.

[711] IS 105,14–17.

[712] IS 105,17–18.

tasya na khyātiḥ | ato na bhrāntibādhau syātām | na ca tau na sta eva, sarvajantuprasiddhatvāt sarvavādibhiś ceṣṭatvāt)[713].

Diese beiden Momente im Irrtum, fährt Vimuktātman fort, können nur im Rahmen der Anirvacanīyakhyāti zufriedenstellend erklärt werden. Er trägt dies in einer rein negativen Formulierung vor: „So nämlich, weil [das Irrtumsobjekt Silber an Stelle von Perlmuschel] in Erscheinung tritt, ist [es] nicht nicht existent [wie. z. B. Menschenhorn]. Weil [es aber durch eine berichtigende Erkenntnis später] aufgehoben wird, ist [es] nicht existent. Deshalb wird von den Vertretern [der Anirvacanīyakhyāti], die sowohl die eine als auch die andere Alternative ablehnen, die Unbestimmbarkeit des [Irrtumsobjektes] Silbers dargelegt. Eben aus diesem Grunde ist auch seine Erkenntnis [unbestimmbar]." (*tathā hi – khyāter nāsat, bādhān na sad ity anyonyapakṣaṃ nirākurvadbhir vādibhir eva rūpyasyānirvacanīyatvaṃ sthāpitam | ata eva tajjñānasyāpi*)[714].

Damit räumt Vimuktātman dem Irrtumsobjekt und seiner Erkenntnis einen Realitätsgehalt ein, der ontologisch unbestimmbar ist. Und das Charakteristikum dieser Unbestimmbarkeit besteht gerade darin, daß sowohl das Irrtumsobjekt als auch seine Erkenntnis später durch eine berichtigende Erkenntnis aufgehoben bzw. verdrängt werden[715].

Für die Entstehung der Illusion postuliert Vimuktātman als erster[716] nicht nur eine Instrumentalursache, wie z. B. eine Störung des Sinnesorganes, sondern auch eine Materialursache, nämlich das anfangslose Nichtwissen, wenn er argumentiert: „... Und weil [das Irrtumsobjekt und seine Erkenntnis] gelegentlich auftreten, muß man nach der Ursache der beiden fragen. Und eine Wirkung entsteht nicht nur auf Grund der Instrumentalursache. Daher muß man auch nach [ihrer] Materialursache suchen. Man beobachtet auch deutlich, daß es für etwas Nichtseiendes keine seiende Materialursache gibt. Wäre außerdem die Materialursache wahr, so wäre [auch ihre Wirkung] wie ein Topf usw. wahr; man würde außerdem [ihre Realität] durch Erkenntnismittel erfassen. Auch das wird nicht angenommen. Daher muß man eine Materialursache annehmen, die auch dem [unbestimmbaren Charakter der beiden] entsprechend unbestimmbar

---

713 IS 47,10–13.

714 IS 47,22–48,1.

715 Vgl. Hacker 1952, 284f.

716 Vgl. Cammann 1965, 43.

ist. Und diese [Materialursache, nämlich das Nichtwissen] ist gleichsam anfangslos, weil [sie] nicht von einem weiteren Nichtwissen [abhängt]." (*kādācitkatvāc ca tayoḥ kāraṇaṃ mṛgyam | na ca nimittakāraṇamātrāt kāryasiddhiḥ, ata upādānaṃ ca mṛgyam | na cāsatyasya sākṣāt satyam upādānaṃ dṛṣṭam | satyopādānatve ca ghaṭādivat satyatvaṃ mānagamyatvaṃ ca syāt | tac ca neṣṭam | atas tadanurūpam anirvacanīyam evopādānam eṣṭavyam | tac ca nānyadajñānād anādi samasti*)[717].

Diese Irrtumsanalyse bildet nun den Ausgangspunkt für die Untersuchung der Existenzweise der Erscheinungswelt. Die Sinneswelt, sagt Vimuktātman, hat den gleichen Realitätsgrad wie ein Irrtumsobjekt: *sarvathā yā rūpyasya gatiḥ sā prapañcasyāpi prāpnoti*[718]. Dies besagt, daß auch die Weltgegenstände eine Scheinrealität haben, da sie durch die mystische bzw. erlösende Erkenntnis widerlegt werden (*taddarśanāc ca māyātatkāryanivṛtter na mokṣāsiddhiḥ*)[719].

Vimuktātman macht also keinen Unterschied zwischen dem empirischen und dem metaphysischen Irrtum. Auch die weltliche richtige Erkenntnis ist für ihn nichts anderes als ein Spezialfall des Irrtums[720]. Soweit die Lehre Vimuktātmans.

i) Polemik gegen die Anirvacanīyakhyāti

Die Kritik Yāmunas, insofern diese in dem noch vorhandenen Abschnitt der Saṃvitsiddhi zum Ausdruck kommt, richtet sich vor allem gegen den Begriff der ontologischen Unbestimmbarkeit: *sadasadbhyāṃ vilakṣaṇam*[721]. Er läßt auch hier genau wie bei der Widerlegung des Standpunktes Maṇḍanas[722] den Grundsatz Kumārilas gelten, daß die Möglichkeit und Unmöglichkeit eines Dinges bzw. einer Lehre nur mit Hilfe der Erkenntnismittel festgestellt werden können. Da die Erkenntnismittel nach diesem Theorem nur Dinge erkennen lassen können, die einerseits seiend sind und andererseits feste und konkrete Formen haben, ist die Erkenntnis eines Gegenstandes, der weder seiend noch nichtseiend ist, gar nicht möglich: „Woher läßt sich positiv bestimmen, daß die Unterschiede wie [Welt-] Elemente und die daraus entstandenen Dinge sowohl vom Seienden als auch

717 IS 48,4–10; 144,1ff.
718 IS 104, 21; 144,1f.
719 IS 33,3f.; 144,11f.; vgl. HACKER 1952, 284ff.
720 Vgl. HACKER 1952, 284ff.
721 Vgl. SS v. 398.
722 Vgl. oben S. 118f.; 153f.

vom Nichtseienden verschieden sind? Etwa [mit den Erkenntnismitteln wie] sinnliche Wahrnehmung usw. oder Offenbarung? Die Erkenntnismittel, angefangen von der sinnlichen Wahrnehmung, grenzen ihren jeweiligen Gegenstand entsprechend ab, das heißt, sie treten ein, sofern [er] seinem Erkenner vor Augen liegt. Es ist nicht so, daß, wie bei einem [dem Erkenner] vorliegenden blauschwarzen Gegenstand keine Erkenntnis entsteht, deren Beschreibung eine andere wäre als blauschwarz, die Erkenntnis hinsichtlich eines weißglänzenden Kristalls [nur diese] eine einzige Form hat. [Und] die Erkenntnis ‚bitter' im Falle der Nimba-Frucht ist eben nicht gleicher Art wie die Erkenntnis ‚süß' im Falle der Milch. Auch ist jeder weltliche oder vedische Denk- und Sprachgebrauch eindeutig festgelegt."

> (*bhūtabhautikabhedānāṃ sadasadvyatirekitā* |
> *kuto'vasīyate kiṃtu pratyakṣāder utāgamāt* ||
> *pratyakṣādīni mānāni svaṃ svam arthaṃ yathāyatham* |
> *vyavacchindanti jāyanta iti yāvat svasākṣikam* ||
> *yathāgrataḥ sthite nīle nīlimānyakathā na dhīḥ* |
> *ekākārā na hi tathā sphaṭike dhavale matiḥ* ||
> *kṣīre madhuradhīr yādṛṅ naiva nimbakasāyadhīḥ*/
> *vyavahārāś ca niyatāḥ sarve laukikavaidikāḥ* //)[723].

Um dieser Argumentation Nachdruck zu verleihen, trägt Yāmuna diesen Gedanken etwas später nochmals vor und präzisiert sie, wenn er sagt, daß die sinnliche Erkenntis den Gegenstand, genauso wie er in der Außenwelt ist, unmittelbar zum Bewußtsein bringt, ohne daß dabei eine Erkenntnis seines Nichtseins bzw. eines anderen Dinges entsteht: „Wie [schon] gesagt wurde, grenzen eben alle Erkenntnismittel ihren jeweiligen Gegenstand vom Nichtseienden und von den anderen Gegenständen ab [und] treten [so] für uns in Erscheinung. Denn es ist so, daß eben die Erkenntnis, die [mit dem Inhalt:] ‚Hier ist ein Topf' entsteht, weder sein Nichtsein noch sein Stoffsein zuläßt."

> (*sarvāny eva pramāṇāni svaṃ svam arthaṃ yathoditam* |
> *asato'rthāntarebhyaś ca vyavacchindanti bhānti naḥ* ||
> *tathā hīha ghaṭo'stīti yeyaṃ dhīr upajāyate* |
> *sā tadā tasya nābhāvaṃ paṭatvaṃ vānumanyate* ||)[724].

Mit dieser Erklärung will Yāmuna zum Ausdruck bringen, daß die

---

[723] SS vv. 363–370.
[724] SS vv. 392–395.

sinnliche Erkenntnis das Wirklichsein der konkreten Gestalt des jeweiligen Dinges enthüllt:

tasmād astīti saṃvittir jāyamānā ghaṭādiṣu |
tattatpadārthasaṃsthānapāramārthyāvabodhinī ||[725].

Auch die Möglichkeit, daß die Offenbarung einen unbestimmbaren Gegenstand mitteilt, schließt Yāmuna eindeutig aus, wenn er seine Argumentation so fortführt: „Die Offenbarung ist aber im Falle eines solchen Gegenstandes kein Erkenntnismittel, weil sie sich [nur] auf das zu Tuende bezieht. [Und] selbst wenn sie es wäre, würde sie nichts erkennen lassen, weil [sie dann etwas] zum Gegenstand haben würde, [das] für eine syntaktische Verbindung ungeeignet ist."

(*āgamaḥ kāryaniṣṭhatvād īdṛśe'rthe na tu pramā* |
prāmāṇye'py anvayāyogapadārthatvān na bodhakaḥ ||)[726].

Von seinem Seinsverständnis her, das keine Realitätsgrade duldet, kann Yāmuna zwei weitere Argumente vorbringen.

Erstens, daß die These der Unbestimmbarkeit jede Erkenntnis unmöglich macht: Ist der Gegenstand der Erkenntnis ‚der Topf ist' weder als seiend noch als nichtseiend bestimmbar, so müßte auch der Gegenstand des Upaniṣad-Satzes ‚das Brahma ist' genauso einen unbestimmbaren Gegenstand zum Vorschein bringen. Somit wäre Brahma mit dem ‚Topf' bzw. mit jedem anderen beliebigen Gegenstand identisch[727]: „Wenn das so ist, dann wird das in den Upaniṣaden vorkommende Brahma, das mit den Worten ‚Brahma ist' gelehrt wird, für dich so wie der Topf zu [etwas, das] weder als Seiendes noch als Nichtseiendes bestimmt werden kann. Gerade auf Grund der vedischen Bestimmungen [des Brahma als] Wonne, Sein, Erkennen usw. wird eben von dir in dieser Weise nachgewiesen, daß das Brahma aber nicht so beschaffen ist [, nämlich als von Seiendem und Nichtseiendem verschieden]. Und [so] wird die Lehre, daß die Sinneswelt von Seiendem und Nichtseiendem verschieden ist, aufgegeben. Wie immer etwas ausgesagt wird, so trifft dies für alles zu."

(*yady evam asti brahmeti brahmaupaniṣadaṃ matam* |
ghaṭavat sadasattvābhyām anirvācyaṃ tavāpatet ||

---

725 SS vv. 405–406.

726 SS vv. 383–384; Mesquita 1988, Anmn. 271–272.

727 Auch Rāmānuja verweist auf diese Folgerung: *ghaṭe'pi sanmātrasya pūrṇatvād īśvarasyāpi ghaṭātmakatvatadaṃśatvaprasaṅgāt* (vgl. ŚrīBh III, 258,1.; vgl. unten S. 243f.).

ānandasatyajñānādinirdeśair eva vaidikaiḥ |
brahmaṇo'pi atathābhāvas tvayaivaivaṃ samarthitaḥ ||
sadasadvyatirekoktiḥ prapañcasya ca hīyate |
yad yathā kiṃcid ucyeta tat sarvasya tathā bhavet ||)[728].

Das zweite Argument Yāmunas lautet, daß die Unbestimmbarkeit (= Falschheit)[729] als Beschaffenheit der Weltdinge unhaltbar ist, gleichgültig ob man diese Beschaffenheit als unwahr oder als wahr auffaßt: „Ferner ist die Beschaffenheit der Welt der Unterschiede, die als Fälschlichsein gekennzeichnet ist, [d. h. das Merkmal des Falsch- bzw. Unwirklichseins der Sinneswelt selbst] falsch oder absolut wahr? Die erste Alternative ist einfach nicht [möglich]. Ist sie [= die Beschaffenheit der Unwirklichkeit der Welt] falsch, dann kann man die Realität der Sinneswelt [nur] schwerlich leugnen. Und ist sie absolut wahr, so ergibt sich eben dadurch ein Widerspruch zu deiner Zweitlosigkeit."

(*kiṃca bhedaprapañcasya dharmo mithyātvalakṣaṇaḥ* |
mithyā vā paramārtho vā nādyaḥ kalpo'yam anjasā ||
tanmithyātve prapañcasya satyatvaṃ dūrapahnavam |
pāramārthye'pi tenaiva tavādvaitaṃ vihanyate ||)[730].

Besonders bemerkenswert in diesem Zusammenhang ist jener Teil der Argumentation Yāmunas, der sich mit der Kernaussage Vimuktātmans beschäftigt. Hatte dieser im Rahmen seiner Anirvacanīyakhyāti das Wesen des Irrtumsobjektes und damit auch eines Weltdinges als *sadasadvilakṣaṇam* bestimmt, so versucht Yāmuna in seiner kurzen Antwort darauf, diese Charakterisierung durch *sadasadātmakam* zu ersetzen und der Anirvacanīyakhyāti die Anyathākhyāti entgegenzustellen.

ii) Die Lehre Yāmunas

Bei der Entfaltung seiner Lehre geht Yāmuna davon aus, daß bei einem Irrtum nicht ein absolut Nichtseiendes erkannt werden kann. Ein Grundsatz, an dem auch Vimuktātman bei der Darlegung seiner

---

728 SS vv. 399—404; vgl. vv. 357–358.

729 Vgl. Hacker 1952,285: „Hier wird deutlich, daß *unbestimmbar* ein Synonym von *nichtwahrhaftseiend* ist. Das Wesen des Nichtwahrhaftseienden besteht eben in seiner Unbestimmbarkeit, und diese wiederum ist im wesentlichen Aufhebbarkeit. Gleichbedeutend mit *nichtwahrhaftseiend* und *unbestimmbar* sind auch alle Ausdrücke, die *falsch* oder *unwahr* bedeuten."

730 SS vv. 388–391.

Anirvacanīyakhyāti festhält: *ato na sad eva nāpi śūnyam eva bhātīti bhrāntir yujyate*[731].

Trotz dieser prinzipiellen Übereinstimmung ist der grundlegende Unterschied zwischen diesen beiden Positionen nicht zu übersehen, da sie je verschiedene Ontologien voraussetzen. ‚Seiend' und ‚Nichtseiend' wird daher hier in jeweils einem anderen Sinn aufgefaßt.

Darlegung der Anyathākhyāti

Yāmuna bringt den besagten Kontrast in der folgenden Gegenüberstellung vor: „Auch [die Behauptung,] daß [die Erscheinungswelt] auf Grund der Erkenntnis nicht nichtseiend sei, und daß [sie] auf Grund der Aufhebung nicht seiend sei, trifft nicht zu. [Denn] warum [sollte] die Erscheinungswelt nicht gerade auf Grund der Erkenntnis seiend sein [, und] warum [sollte sie] auf Grund der [späteren] Aufhebung nicht nichtseiend sein?"

(*nāsat pratīter bādhāc ca na sad ity api yan na tat* |
pratīter eva sat kiṃ na bādhān nāsat kuto jagat ||)[732].

Um diese Gegenüberstellung weiter verfolgen zu können, müssen wir uns nochmals die rein negative Argumentation Vimuktātmans vor Augen halten, durch die er zu seiner negativen Beschreibung „Weder-Noch" kommt: *tathā hi - khyāter nāsat, bādhān na sad ity anyonyapakṣaṃ nirākurvadbhir vādibhir eva rūpyasyānirvacanīyatvaṃ sthāpitam*[733].

Yāmuna lehnt diese Argumentation damit ab, daß er Vimuktātmans ‚Weder-Noch' durch eine positive Wertung: ‚Sowohl-als-auch' ersetzt. Ein Denkschema, das ihm erlaubt, die absolute Wirklichkeit der Sinneswelt gegenüber dem Illusionismus Vimuktātmans zu verteidigen.

Yāmuna stützt sich hier, wie bereits angedeutet, auf die Erkenntnis- und Irrtumslehre Kumārilas. Nach Kumārila entspricht jeder Erkenntnis ein realer Gegenstand in der Außenwelt, der bloß, was Ort- und Zeitbestimmungen anbelangt, anders beschaffen ist: *sarvatrālambanaṃ bāhyaṃ deśakālānyāthātmakam*[734]. Wenn nun Yāmuna auf die Formulierung Vimuktātmans *nāsat pratīteḥ* (=*khyāter nāsat*)

---

[731] IS 47,1–2.

[732] SS vv. 385–386.

[733] IS 47,22–24; vgl. oben S. 236.

[734] ŚV (Nirāl.) v. 108ab; vgl. Kāś II 64,7 f.: *asti hi sarvajñāneṣv eva deśāntarādistham ālambanam / yad eva hi kvacid deśe kāle vā dṛṣṭaṃ tad eva deśāntarādau pratīyata ity etad evānālambanatvam / na tu sarvathā grāhyābhāva iti.*

mit *pratīteḥ sat* antwortet, so heißt das, daß auch in einem Irrtum ein Seiendes erkannt wird, nämlich das Silber, das lediglich eine falsche örtliche und zeitliche Dimension hat: *deśakālānyathātmakam*. Der Anlaß für den sinnlichen Kontakt mit dem Silber, das *hic et nunc* nicht vorhanden ist, ist das Substrat der Perlmuschel[735]. Andererseits bedeutet die Aussage Yāmunas *badhān nāsat* als Ablehnung von Vimuktātmans *badhāc ca na sat* (= *badhān na sat*), daß in der Aufhebung ein *hic et nunc* Nichtseiendes festgestellt wird, daß nämlich die irrtümliche Erkenntnis ein Nichtseiendes zum Objekt hat. Und ein Nichtseiendes ist für Yāmuna im Anschluß an Kumārila ein Ding, das bloß *hic et nunc* nicht existiert. Da ein so geartetes Nichtseiendes in jedem Ding enthalten ist, insofern es *sadasat* zugleich in sich vereinigt: *sat* als sich selbst und *asat* als etwas anderes (*svarūpapararūpābhyāṃ nityaṃ sadasadātmakaṃ vastu* ...)[736], tritt im Irrtum auf Grund einer Sinnesstörung der negative Aspekt (*asat*) des jeweiligen Dinges in Erscheinung. In diesem Sinne lehrt Kumārila: „Deshalb ist diejenige Erkenntnis objektlos, die etwas anders erfaßt, als es ist, und sie ist es, die ein Nichtseiendes zum Objekt hat. [Denn] das Nichtseiende ist das andere Ding, sonst nichts, da sich [ein anderes Nichtseiendes] nicht feststellen läßt."

(*tasmād yad anyathā santam anyathā pratipadyate* ||
tan nirālambanaṃ jñānam abhāvālambanaṃ ca tat |
bhāvāntaram abhāvo'nyo na kaścid, anirūpaṇāt ||)[737].

War Vimuktātman von der Analyse des Irrtums ausgegangen, um den Realitätsgrad der Sinneswelt als *sadasadvilakṣaṇam* zu bestimmen, so nimmt Yāmuna den gegensätzlichen Standpunkt ein. Er erklärt den Irrtum und seine Erkenntnis vom ontologischen Wesen des Einzeldinges bzw. der Welt (*jagat*) aus. Denn jede Art von Erkenntnis ist nur dann möglich, wenn in der Außenwelt ein reales Ding existiert, das *sat* und *asat* in sich vereinigt. Bei der richtigen Erkennt-

---

[735] Vgl. SCHMITHAUSEN 1965,203.

[736] ŚV (Abhāv.) v. 12ac; vgl. SCHMITHAUSEN 1965,203f.

[737] ŚV (Nirāl.) vv. 117cd–118; Übers. SCHMITHAUSEN l. c. 204. Kumārila erklärt nicht, wie etwas Nichtseiendes eine Erkenntnis hervorrufen kann (vgl. ŚV [Nirāl.] v. 115cd.; SCHMITHAUSEN 1965, 202). Sucarita kommentiert diese Stelle so, daß die fälschliche Vergegenwärtigung des Silbers an Stelle der Perlmuschel auf einen Eindruck aus einem früheren Erleben zurückzuführen ist: *doṣasahāyebhyas tv indriyebhyaḥ prācīnānubhavajanitasaṃskāravaśenāvartamānam eva vartamānam iva bhāsata iti nopapannam;* vgl. auch Kās II, 66, 26–28; II, 64,7f.

nis wird der seiende Aspekt des jeweiligen Dinges erfaßt, nämlich das Ding als es selbst, und bei der irrtümlichen Erkenntnis der nichtseiende Aspekt, nämlich als ‚etwas anderes'. Damit bekommt der Irrtum einen höheren Realitätsgrad als bei Vimuktātman.

Yāmuna entfaltet diesen Ansatz in deutlicher Anlehnung an Kumārila und in Abgrenzung vom Standpunkt der beiden anderen realistischen Schulen von Jaina und Sāṃkhya, wie wir bereits gesehen haben[738]. In diesem Sinne stellt er fest: „Weil unsere Vorstellungen von ‚es existiert' und ‚es existiert nicht' infolge der Unterscheidung von Raum, Zeit und Zustand [immer] dergestalt sind: ‚Jetzt [und] hier existiert das bzw. existiert das nicht', ergibt sich daraus für den Topf usw. entsprechend der Unterscheidung von Raum usw., daß er seiend bzw. nicht seiend ist."

(*idānīm idam atrāsti nāstīty evaṃvidhā yataḥ* |
deśakāladaśābhedād asti nāstīti no dhiyaḥ ||
ato deśādibhedena sadasattvaṃ ghaṭādiṣu |)[739].

Und diese Abhängigkeit von Kumārila entspricht genau der in der Einleitung zu dem genannten Abschnitt geäußerten Absicht Yāmunas: „Kommt nun auf diese Weise, da die Vertreter der [verschiedenen] Lehrmeinungen sich gegenseitig aufreiben, Zweifel auf, [so] gelangt man diesbezüglich mit Hilfe der Lehrmeinung der Mīmāṃsakas [der Kumārila-Schule] doch zu einer Entscheidung."

(*tad evaṃ vādisaṃmardāt saṃśaye samupasthite* |
nirṇayaḥ kriyate tatra mīmāṃsakamatena tu ||)[740].

Sehr aufschlußreich in diesem Zusammenhang sind die polemischen Ausführungen Rāmānujas gegen die These der Anirvanīyakhyāti Vimuktātmans, da sie die oben besprochenen Argumente Yāmunas in geraffter Form enthalten. So erklärt Rāmānuja, daß ein unbestimmbarer Gegenstand durch die Erkenntnismittel nicht erfaßt werden kann (*pramāṇaśūnyatvam*) und daß er eine Gegenstandserkenntnis unmöglich macht, insofern diese als unbestimmbar aufgefaßte Erkenntnis, eine Erkenntnis jedes beliebigen Gegenstandes sein würde. Denn sie kann die spezifisch charakteristischen Merkmale des jeweiligen Dinges nicht tragen[741]. Und schließlich setzt er dem *sada-*

738 Vgl. oben S. 183f.

739 SS vv. 91–93; vgl. oben S. 188.

740 SS vv. 87–88.

741 Vgl. oben Anm. 727.

sadvilakṣaṇatvam Vimuktātmans ein *sadasadātmakatvam* entgegen: *anirvacanīyatvaṃ ca kim abhipretam? sadasadvilakṣaṇatvam iti cet; tathāvidhasya vastunaḥ pramāṇaśūnyatvenānirvacanīyataiva syāt | etad uktaṃ bhavati - sarvaṃ hi vastujātaṃ pratītivyavasthāpyam | sarvā ca pratītiḥ sadasadākārā | sadasadākārāyās tu pratīteḥ sadasadvilakṣaṇaṃ viṣaya ity abhyupagamyamāne sarvaṃ sarvapratīter viṣayaḥ syād iti*[742].

Es ist bestimmt kein bloßer Zufall, daß Sudarśanasūri bei der Auslegung dieser Stelle sich ausdrücklich auf die entsprechende Widerlegung in der Saṃvitsiddhi beruft, wenn er sagt: *ayaṃ viśeṣaḥ – sadasadvilakṣaṇatvaṃ kvacid api na dṛṣṭam; sadasadātmakatvaṃ dṛṣṭam iti | yathā saṃvitsiddhau*

nāsat pratīter bādhāc ca na sad ity api yan na tat |
pratīter eva sat kiṃ na bādhān nāsat kuto jagat ||

iti arthasthitau sattvam asattvaṃ vā syād na tadvilakṣaṇatvam[743].

Auf Grund dieser Parallelität, könnte man annehmen, daß die Polemik Rāmānujas gegen die Anirvacanīyakhyāti auch andere nunmehr verlorene Gedankengänge Yāmunas enthalten hat. Dies scheint tatsächlich der Fall zu sein. Denn Rāmānuja bringt weitere Argumente vor, die eine enge Einheit mit der oben besprochenen Kritik bilden[744].

War in der bisherigen Argumentation unter anderem davon die Rede, daß die These der Unbestimmbarkeit jede gegenständliche Erkenntnis unmöglich mache, so wird nun geltend gemacht, daß auch die irrtümliche Erkenntnis bzw. ihre Aufhebung und das damit zusammenhängende Handeln nie von einem Gegenstand aus erklärt werden können, der unbestimmbar ist, sondern nur von einem Ding, das mit einer ganz konkreten Gestalt in Erscheinung tritt: „Daher kann es gar keine Erkenntnis geben, die ein unbestimmbares Nicht-

---

742 ŚrīBh II, 6,1–4.

743 ŚruP II, 6,22ff. Darauf spielt auch Veṅkaṭanātha an, wenn er in ŚDū (*vādaḥ* 60, 220,9–11) folgenderweise argumentiert: ... *ṣaṣṭhe tu pakṣe viruddhadharmayoga eva vastuny asadvyavahārahetutayā vyapadiśyate, ghaṭo hi ghaṭātmanā san paṭātmanā punar asann iti nirdiśyate / sann eva svadeśakālayoḥ svavirodhideśakālayor asann iti / upalambhānukūlatvāl lāghavāc cedam evādriyante vṛddhā iti.* Vgl. oben S. 187.

744 Rāmānuja polemisiert hier auch gegen den diesbezüglichen Standpunkt Prakāśātmans (ŚrīBh II, 7,1–25,3 = PañcPV 74,2ff.). Yāmuna scheint zur Zeit der Abfassung der Saṃvitsiddhi die Werke Prakāśātmans nicht gekannt zu haben (vgl. Mesquita 1988, 61f.) Aus diesem Grund wird hier die Auseinandersetzung mit Prakāśātman nicht berücksichtigt; vgl. oben S. 158f.

wissen zum Gegenstand hat. Man kann auch nicht auf Grund der richtigen bzw. falschen Erkenntnis und [ihrer] Aufhebung einen derartigen [unbestimmbaren Gegenstand] annehmen. Denn genau das [, was bzw. wie] erkannt wird, ist der Gegenstand der richtigen bzw. falschen Erkenntnis und [ihrer] Aufhebung. Es ist nicht richtig zu behaupten, daß das, was durch diese Erkenntnisse oder durch eine andere nicht erfaßt wird, ihr Gegenstand ist... Nimmt man nämlich [doch] an, daß dieses [an Stelle von Perlmuschel erfaßte Silber] unbestimmbar ist, so wird es allerdings nicht als unbestimmbar erfaßt, sondern nur als ‚wahres Silber'. Wäre es [aber] nur als unbestimmbar wahrgenommen, so wäre die irrtümliche Erkenntnis und [ihre] Aufhebung [und] auch das [dadurch hervorgerufene] Handeln nicht möglich." (*ato'nirvacanīyājñānaviṣayā na kācid api pratītir asti | pratītibhrāntibādhair api na tathābhyupagamanīyam | pratīyamānam eva hi pratītibhrāntibādhaviṣayaḥ | ābhiḥ pratītibhiḥ pratītyantareṇa cānupalabdham āsāṃ viṣaya iti na yujyate kalpayitum... kalpyamānaṃ hīdam anirvacanīyam, na tāvad anirvacanīyam iti pratīyate; api tu paramārtharajatam ity eva | anirvacanīyam ity eva pratītaṃ cet, bhrāntibādhayoḥ pravṛtter apy asambhavaḥ*)[745].

Mit dieser Erklärung stellt Rāmānuja fest, daß die Anirvacanīyakhyāti nicht dem Irrtumsvorgang gerecht wird, da darin nie ein unbestimmbarer, sondern immer ein konkreter Gegenstand manifest wird. Er folgert daraus, daß nur die Anyathākhyāti den Irrtum zufriedenstellend deuten kann, und daß selbst ein Anhänger der Anirvacanīyakhyāti letztlich dem Grundsatz der Anyathākhyāti zustimmen muß, daß die Perlmuschel im Irrtum anders erscheint, als sie in Wahrheit ist, nämlich in der Gestalt des Silbers: *ato'nyasyānyathābhānavirahe pratītipravṛttibādhabhramatvānām anupapatteḥ, tasyāparihāryatvāc ca śuktyādir eva rajatādyākāreṇāvabhāsata iti bhavatābhyupagantavyam*[746].

Auffallend ist, daß Rāmānuja in seiner Ablehnung der Anirvacanīyakhyāti vom Standpunkt der Anyathākhyāti, nirgends diese Irrtumslehre ausführlich darlegt, obwohl er darauf immer wieder zurückgreift, auch in anderem Zusammenhang, wie im Rahmen des Pariṇāmavāda[747]. Er geht auch nicht auf die Einwände gegen sie ein,

---

[745] ŚrīBh II, 25,5–26,4.

[746] Ibid. 26,4–27,2; vgl. S. 248.

[747] Vgl. ŚrīBh I, 129,3ff.; II, 50,10–11; vgl. oben S. 199; ŚrīBh III, 244,5ff.

die etwa von Vimuktātman vorgebracht worden waren. Sein schwerwiegendster Vorwurf gegen sie war, daß sie in ihrer Deutung des Irrtumsvorganges von ihrem realistischen Ansatz abweiche. Denn für die Anyathākhyāti besteht ein Irrtum darin, daß „etwas anders erfaßt wird als es in Wirklichkeit ist, sei es durch eine falsche raumzeitliche Einordnung, sei es durch die Zuschreibung eines falschen besonderen Aspektes. In allen Fällen ist – zum mindesten auch – etwas Objekt, was nicht gegenwärtig ist. Der Irrtum unterscheidet sich also von einer richtigen Erkenntnis dadurch, daß er als ‚objektlos' in dem Sinne bezeichnet werden kann, daß er – zum mindesten hinsichtlich des bestimmten Elementes – kein gegenwärtiges Objekt hat. Er kann auch als ‚ein Nichtseiendes zum Objekt habend' bezeichnet werden; denn ein ‚Nichtseiendes' ist nur das andere Ding. Ein vom Seienden ontologisch abgehobenes Nichtseiendes gibt es für Kumārila nicht. An sich oder als sie selbst sind vielmehr alle Dinge seiend, nichtseiend hingegen sind sie als anderes: ‚Das Ding ist immer seiend und nichtseiend zugleich, nämlich als es selbst bzw. als anderes' (ŚV, Abhāv. 12ab). ‚Nichtseiend' ist somit bei Kumārila kein absoluter, sondern nur ein relativer Begriff. Wenn also im Irrtum etwas unter dem besonderen Aspekt eines anderen Dinges erscheint, so bedeutet das in der Tat, daß ein Nichtseiendes erscheint, nämlich ein mit dem vorhandenen Ding nicht konkret identisch Seiendes. Auch wenn, wie im Traum, bloß ein nichtgegenwärtiger Gegenstand erscheint, ist ein Nichtseiendes Objekt, u. z. genauer ein Nichtdaseiendes, keineswegs jedoch ein absolut Nichtseiendes; denn auch das Nichtdaseiende ist nichts anderes als ein anderswo oder anderswann Seiendes[748]."

Kumārila erklärte diese Objektlosigkeit folgenderweise: „Deshalb ist diejenige Erkenntnis objektlos, die etwas anders erfaßt, als es ist, und sie ist es, die ein Nichtseiendes zum Objekt hat. [Denn] das Nichtseiende ist das andere Ding, sonst nichts, da sich [ein anderes Nichtseiendes] nicht feststellen läßt[749]."

Vimuktātman stellte dagegen fest, daß eine Erkenntnis etwas ist, wodurch ein Objekt erkannt wird, und daß daher ohne ein zu erken-

---

[748] Vgl. SCHMITHAUSEN 1965,203–204. Für die ausführliche und historisch-systematische Darstellung dieser Lehre wird auf diese Arbeit verwiesen, besonders pp. 189–205.

[749] ŚV(Nirāl.) vv. 117cd–118; vgl. oben S. 242.

nendes Objekt auch seine Erkenntnis nicht entstehen kann: *jñāyate 'rtho'neneti hi jñānam, ato jñeyārthābhāve tajjñānam api na syāt*[750].

In diesem Sinne argumentiert er ganz pointiert gegen den Standpunkt Kumārilas, wenn er sagt: „Selbst wenn ein Fehler [wie z. B. eine Sinnesstörung] eine Verbindung zwischen dem Silber, das an einem anderen Ort vorhanden ist, und dem Gesichtsorgan bewerkstelligen würde, so [könnte er] dennoch keine [Verbindung zwischen Auge und Silber herbeiführen], das zu einem anderen Zeitpunkt vorhanden ist, weil [es] zum Zeitpunkt [seiner Erkenntnis gar] nicht existiert. Denn selbst tausende [so geartete] Fehler könnten nicht bewirken, daß ein zum Zeitpunkt [der Erkenntnis] nicht vorhandenes Silber mit dem Auge in Verbindung kommt, weil das [Auge ausschließlich] mit etwas Vorhandenem eine Verbindung haben kann." (*yady api deśāntarasthaṃ rūpyam akṣṇā yojayed doṣas tathāpi na kālāntarastham asattvāt tadā | na hi doṣasahasram api tadā asad rūpyaṃ cakṣuṣā yojayet, tasya vartamānayogitvāt*)[751].

Der in dieser Kritik aufgezeigte Mangel war tatsächlich die schwächste Stelle der Anyathākhyāti, die allein vom Grundsatz dieser Lehre her nicht zu beheben war. Es scheint nun, daß Yāmuna und Rāmānuja[752] dieser an sich berechtigten Kritik dadurch Rechnung tragen wollen, daß sie als Ergänzung zur Anyathākhyāti eine weitere Irrtumslehre, nämlich die Yathārthakhyāti heranziehen, die den Anforderungen Vimuktāmans, daß jede Erkenntnis einen Gegenstand haben muß, voll entspricht[753]. Somit erklärt sich, warum Rāmānuja ein vollständiges Referat der Yathārthakhyāti als ergänzende

---

[750] IS 105,9–10; 255,8f.:

naitat sāraṃ yadā dhīḥ syān na tadā vedyam asti cet |
sā nirālambanaiva syād asti cen nānyathāmatiḥ ||

[751] IS 139,17–20. In Fortführung dieser Argumentation schließt Vimuktātman ebenfalls aus, daß das Sinnesorgan einen Gegenstand erkennen lassen kann, der nicht dort existiert, wo er wahrgenommen werden soll: *doṣo'pi cakṣuṣaḥ sahakāry eva syāt, na cakṣurantaraṃ sṛjet; tad eva vānyatra/nayet/nayet cet, tatrasthā śuktir na dṛśyeta | saṃtataṃ cec cakṣuḥ, madhyasthā api ca padārthā dṛśyeran; na ca tathā dṛśyante | ato na deśāntarastham api vyavadhānāc ca | samīpastham api vyavahitaṃ na dṛśyate kiṃ punar dūḥstham ... idamātmanā ca bhrāntau rūpyaṃ bhāti tathā tat tavāpi nāsti | ato'kṣajabhrame'pi sad eva bhātīti niyantuṃ na śakyam | ato na tasyākṣajatvam api – asadviṣayatvāt | ato'nirvācyam eva rūpyādi bhātīti siddham | ato'sad anirvacanīyaṃ vā na khyātīti vacanam ayuktam eva*; vgl. auch 140,9–11.

[752] Vgl. Mesquita 1988,63–66.

[753] Vgl. Mesquita 1979,177ff.

Alternative (=*athavā*)[754] vorlegt, und dies im Gegensatz zur Anyathākhyāti, die er nirgends ausführt. Dies deutet darauf hin, daß sich Yāmuna und Rāmanuja sowohl die Anyathākhyāti als auch die Yathārthakhyāti zu eigen machen, wie ich dies anderenorts gezeigt habe[755], um dadurch die Einwände gegen die Realität der Welt erfolgreich abwehren zu können.

Der Vorteil der Anyathākhyāti liegt vor allem darin, daß sie sich rationell begründen und erklären läßt und in der Wahrnehmungslehre Kumārilas, die von den beiden Autoren weitgehend übernommen wurde[756], eingebettet ist. Der besagte schwache Punkt dieser Lehre wird nun mit der Yathārthakhyāti wett gemacht, nach der jede Erkenntnis einen entsprechenden Gegenstand in der Außenwelt haben muß (*yathārthaṃ sarvavijñānam*). So entpricht auch eine falsche Erkenntnis einem objektiven Gegenstand, weil alles in allem enthalten ist: *sarvasya sarvātmakatvam*. Gerade darin liegt der Vorzug dieser Lehre, insofern sie die ontologische Seite des Irrtums besser erklären kann als die Anyathākhyāti. Dies dürfte auch der Grund gewesen sein, warum Rāmānuja die Yathārthakhyāti in einer recht seltsamen Art ausklammert, wenn er den absoluten Vorrang der Anyathākhyāti über alle anderen Irrtumslehren lehrt: *khyātyantaravādināṃ ca sudūram api gatvānyathāvabhāso'vaśyāśrayanīyaḥ – asatkhyātipakṣe sadātmanā; ātmakhyātipakṣe arthātmanā; akhyātipakṣe'pi anyaviśeṣaṇam anyaviśeṣaṇatvena, jñānadvayam ekatvena ca; viṣayāsadbhāvapakṣe'pi vidyamānatvena*[757].

Auffällig ist aber, daß auch die Yathārthakhyāti ihre Nachteile hat. Zum einen wird sie ausschließlich von der Autorität der Offenbarung und Überlieferung her begründet: *śuktyādau rajatādeś ca bhāvaḥ śrutyaiva bodhitaḥ*[758]. Zum anderen verdunkelt sie die Realität des Irrtums und ist damit dem Vorwurf Vimuktātmans ausgesetzt: *sattve śuktirūpyasya taddhīr na bhrāntiḥ syāt, satyarūpyadhīr iva*[759].

Es scheint, daß Yāmuna und Rāmānuja die Anyathākhyāti und die Yathārthakhyāti, die ebenfalls sehr enge Verbindung mit einer

---

754 Nach Sudarśana beginnt hier der eigentliche *siddhāntaḥ*; Anm. 796.

755 Vgl. MESQUITA 1988,63–66.

756 Vgl. oben S. 143ff.

757 ŚrīBh II, 27,3–5; vgl. dazu ŚVṬĪ 53,4–7: ... *tarhy alaukikaṃ laukikatvenābhāsitam iti sudūram api gatvā viparyayajñānān na mucyāmahe* ...; vgl. auch MESQUITA 1988, Anm. 84.

758 ŚrīBh II,31,4; vgl. unten S. 250; 277.

759 IS 47,10–11.

weiteren in der Mīmāṃsā vertretenen Irrtumslehre, nämlich der Akhyāti[760], hat, so sinnvoll miteinander verbinden, daß sie jeweils die Schwäche der einen durch die Stärke der anderen beheben wollen. Und die Stärke der Anyathākhyāti liegt in ihrem erkenntnistheoretischen Ansatz, die der Yathārthakhyāti hingegen in ihrem ontologischen Ansatz[761]. Damit erklärt sich auch, warum Rāmānuja bei der Widerlegung der buddhistischen Lehre, daß die Erkenntnis im Wachzustand genauso *mithyā* ist, wie die im Traum, sich ausdrücklich auf die Yathārthakhyati bezieht: *svapnajñānādiṣv api nārthaśūnyatvam iti khyātinirūpaṇe pratipāditam*[762].

Das Referat der Yathārthakhyāti im Śrībhāṣya zeigt drei Hauptzüge. Der erste Abschnitt in Versform[763] beschäftigt sich mit der Sinnestäuschung als solche, während der zweite und dritte Teil, beide in Prosa, jeweils der Erkenntnis im Traum und in den Irrtumsfällen gewidmet sind.

Bevor ich auf einzelne Punkte dieser Lehre, die in der Saṃvitsiddhi zur Gänze in Verlust geraten ist, eingehe, empfiehlt es sich, diese Lehre hier vorerst in Text und Übersetzung anzuführen.

Yathārthakhyāti: *Text und Übersetzung*

athavā –

A) *yathārthaṃ sarvavijñānam iti vedavidāṃ matam* |
śrutismṛtibhyaḥ sarvasya sarvātmatvapratītitaḥ ||
,bahu syām' itisaṃkalpapūrvasṛṣṭyādyupakrame |
,tāsāṃ trivṛtam ekaikam' iti śrutyaiva coditam |
trivṛtkaraṇam evaṃ hi pratyakṣeṇopalabhyate ||
,yad agne rohitaṃ rūpaṃ tejasas tad apām api |

760 Vgl. unten S. 266f.

761 Auch DAS GUPTA vertritt die Meinung, daß Rāmānuja hier um eine Synthese dieser beiden Lehren bemüht ist, ohne jedoch diese Ansicht näher zu begründen: „Rāmānuja is thus faced with two different theories, one that he himself advocated and the other that was advocated by his seniors. Fortunately for him, while his own theory of *anyathā-khyāti* was psychological in character, the other theory of *yathārtha-khyāti* was of an ontological character, so that it was possible for one to hold the one view psychologically and the other view ontologically. Rāmānuja, therefore, offers the *yathārtha-khyāti* as an alternative." (1975 III, 180).

762 Vgl. ŚrīBh III, 304,4–5 (= ŚrīBh II, 34,1ff.); vgl. unten 255f.

763 Vgl. dazu MESQUITA 1984,212. Veṅkaṭanātha (NyS 195,3–4) überliefert auch ein Fragment in Prosa aus dem Nyāyatattva, das die gegnerische Deutung des Spiegelbildes wiedergibt, vgl. dazu unten S. 252 (5); vgl. Anm. 781.

śuklaṃ kṛṣṇaṃ pṛthvyāś ca' ity agnāv eva trirūpatā ||
śrutyaiva darśitā tasmāt sarve sarvatra saṃgatāḥ |
purāṇe caivam evoktaṃ vaiṣṇave sṛṣṭyupakrame ||
‚nānāvīryāḥ pṛthagbhūtās tatas te saṃhatiṃ vinā |
nāśaknuvan prajāḥ sraṣṭum asamāgamya kṛtsnaśaḥ ||
sametyānyonyasaṃyogaṃ parasparasamāśrayāḥ |
mahadādyā viśeṣāntā hy aṇḍam' ity ādinā tataḥ ||
sūtrakāro'pi bhūtānāṃ trirūpatvaṃ tathāvadat |
‚tryātmakatvāt tu bhūyastvāt' iti tenābhidhābhidā ||
somābhāve ca pūtīkagrahaṇaṃ śruticoditam |
somāvayavasadbhāvād iti nyāyavido viduḥ ||
vrīhyabhāve ca nīvāragrahaṇaṃ vrīhibhāvataḥ |
tad eva sadṛśaṃ tasya yat taddravyaikadeśabhāk ||
śuktyādau rajatādeś ca bhāvaḥ śrutyaiva bodhitaḥ |[764]
rūpyaśuktyādinirdeśabhedo[765] *bhūyastvahetukaḥ ||*
rūpyādisadṛśaś cāyaṃ śuktyādir upalabhyate |
atas tasyātra sadbhāvaḥ pratīter api niścitaḥ ||
kadācic cakṣurādes tu doṣāc chuktyaṃśavarjitaḥ |
rajatāṃso gṛhīto'to rajatārthī pravartate ||
doṣahānau tu śuktyaṃśe gṛhīte tan nivartate |
ato yathārthaṃ rūpyādivijñānaṃ śuktikādiṣu ||
bādhyabādhakabhāvo'pi bhūyastvenopapadyate |
śuktibhūyastvavaikalyasākalyagraharūpataḥ ||
nāto mithyārthasatyārthaviṣayatvanibandhanaḥ |
evaṃ sarvasya sarvatve vyavahāravyavasthitiḥ ||

B) *svapne ca prāṇināṃ puṇyapāpānuguṇam*[766] *bhagavataiva tattatpuruṣamātrānubhāvyās tattatkālāvasānās tathābhūtāś cārthāḥ sṛjyante | tathā hi śrutiḥ svapnaviṣayā, ‚na tatra rathā na rathayogā na panthāno bhavanti | atha rathān rathayogān pathaḥ sṛjate | na tatrānandā mudaḥ pramudo bhavanti | athānandān mudaḥ pramudaḥ sṛjate | na tatra veśāntāḥ puṣkariṇyaḥ sravantyo bhavanti | atha veśāntān puskariṇyaḥ sravantyaḥ sṛjate | sa hi kartā' iti | yady api*[767] *sakaletarapuruṣānubhāvyatayā tadānīṃ na bhavanti, tathāpi tattatpuruṣamātrānubhāvyatayā*

[764] Die Poona-Ausgabe des Śrībhāṣya enthält leicht abweichende Lesarten, die im folgenden angezeigt werden: *bodhitaḥ: coditaḥ* (I, 144,7).
[765] *°nirdeśabhedo: °nirdeśe bhedo* (I, 144,8).
[766] *°ānuguṇam: °ānuguṇā* (I, 145,5).
[767] *sakaletarapuruṣā°: sakalapuruṣetarā°* (I, 145,11).

tathāvidhān[768] *arthān īśvaraḥ sṛjati | sa hi kartā | tasya satyasaṃkalpasyāścaryaśaktes tathāvidhaṃ kartṛtvaṃ sambhavatīty arthaḥ | ‚ya eṣu supteṣu jāgarti kāmaṃ kāmaṃ puruṣo nirmimāṇaḥ | tad eva śukraṃ tad brahma tad evāmṛtam ucyate | tasmiṃl lokāḥ śritāḥ sarve tad u nātyeti kaścana' iti ca*[769] *| sūtrakāro'pi ‚sandhye sṛṣṭir āha hi', ‚nirmātāraṃ caike putrādayaś ca' iti sūtradvayena*[770] *svāpneṣv artheṣu jīvasya*[771] *sraṣṭṛtvam āśankya ‚māyāmātraṃ tu kārtsyenānabhivyaktasvarūpatvāt' ityādinā*[772] *na jīvasya saṃkalpamātreṇa sraṣṭṛtvam upapadyate, jīvasya svābhāvikasatyasaṃkalpādeḥ kṛtsnasya saṃsāradaśāyām anabhivyaktasvarūpatvāt |*[773] *īśvarasyaiva tattatpuruṣānubhāvyatayāścaryabhūtā sṛṣṭir iyam ‚tasmiṃl lokāḥ śritāḥ sarve tad u nātyeti kaścana' iti paramātmaiva tatra*[774] *sraṣṭety avagamyata iti pariharati.*

apavarakādiṣu śayānasya svapnadṛśaḥ svadehenaiva deśāntaragamanarājyābhiṣekaśiraśchedādayaś ca[775] *puṇyapāpaphalabhūtaḥ śayānadehasarūpasaṃsthānadehāntarasṛṣṭyopapadyante.*

C) (1) *pītaśaṅkhādau tu nayanavartipittadravyasambhinnā nāyanaraśmayaḥ śaṅkhādibhiḥ saṃyujyante | tatra*[776] *pittagatapītimābhibhūtaḥ śaṅkhagataśuklimā na gṛhyate | ataḥ suvarṇānuliptaśaṅkhavat, pītaḥ śaṅkha iti pratīyate | pittadravyaṃ tadgatapītimā cātisaukṣmyāt*[777] *pārśvasthair na gṛhyate | pittopahatena tu svanayananiṣkrāntatayātisāmīpyāt sūkṣmam api gṛhyate | tadgrahaṇajanitasaṃskārasacivanāyanaraśmibhir dūrastham api gṛhyate.*

(2) *japākusumasamīpavartisphaṭikamaṇir api tatprabhābhibhūtatayā rakta iti gṛhyate | japākusumaprabhā vitatāpi svacchadravyasaṃyuktatayā*[778] *sphuṭataram upalabhyata ity upalabdhivyavasthāpyam idam.*

(3) *marīcikājalajñāne'pi tejaḥpṛthivyor apy ambuno vidyamāna-*

---

[768] *tathāvidhān arthān: tathāvidhārthān* (I, 145,12).

[769] *iti ca:* fehlt *ca* (I, 146,1).

[770] BSū III.2.1; III.2.2.

[771] Die von mir verwendete Ausgabe enthält hier einen Druckfehler, da zwei Zeilen übersprungen werden (II, 34,9 = Poona-Ausgabe I, 146,4ff.).

[772] BSū III.2.3.

[773] Vgl. ŚrīBh zu Sū. III.2.5.

[774] *tatra:* fehlt *tatra* (I, 146,10).

[775] *°ādayaś ca:* fehlt *ca* (I, 146,11).

[776] *°pittagata°* : *°pittadravyagata° (I, 147,1).*

[777] *cātisaukṣmyāt: cātisūkṣmatayā* (I, 147,2).

[778] *°dravyasaṃyuktatayā: °dravyasaṃyuktā* (I, 147,5).

tvād indriyadoṣeṇa tejaḥpṛthivyor agrahaṇād[779] *adṛṣṭavāśāc cāmbuno grahaṇād yathārthatvam.*

(4) *alātacakre'py alātasya drutataragamanena sarvadeśasaṃyogād antarālāgrahaṇāt tathāpratītir upapadyate | cakrapratītāv apy antarālāgrahaṇapūrvakatattaddeśasaṃyukta*[780] *tattadvastugrahaṇam eva | kvacid antarālābhāvād antarālāgrahaṇam, kvacic chaighryād agrahaṇam iti viseṣaḥ | atas tad api yathārtham.*

(5) *darpaṇādiṣu nijamukhādipratītir api yathārthā darpaṇādipratihatagatayo hi nāyanaraśmayo darpaṇādideśagrahaṇapūrvakaṃ nijamukhādi gṛhṇanti | tatrāpy atiśaighryād antarālāgrahaṇāt tathā pratītiḥ*[781].

(6) *diṅmohe'pi digantarasyāsyāṃ diśi vidyamānatvād adṛṣṭavaśenaitaddigaṃśaviyukto digantarāṃśo gṛhyate | ato digantarapratītir yathārthaiva.*

(7) *dvicandrajñānādāv api aṅgulyavaṣṭambhatimirādibhir nāyanatejogatibhedena sāmagrībhedāt sāmagrīdvayam anyonyanirapekṣaṃ candragrahaṇadvayahetur bhavati | tatraikā sāmagrī svadeśaviśiṣṭaṃ candraṃ gṛhṇāti | dvitīyā tu kiṃcidvakragatis candrasamīpadeśagrahaṇapūrvakaṃ candraṃ svadeśaviyuktaṃ gṛhṇāti | ataḥ sāmagrīdvayena yugapad deśadvayaviśiṣṭacandragrahaṇe grahaṇabhedena grāhyākārabhedād ekatvagrahanābhāvāc ca dvau candrāv iti bhavati pratītiviśeṣah | deśāntarasya tadviśeṣaṇatvaṃ deśāntarasyāgṛhītasvadeśacandrasya*[782]*ca nirantaragrahaṇena bhavati | tatra sāmagrīdvitvaṃ pāramārthikam | tena deśadvayaviśiṣṭacandragrahaṇadvayaṃ ca pāramārthikam | grahaṇadvitvena candrasyaiva grāhyākāradvitvaṃ ca pāramārthikam | tatra viśeṣaṇadvayaviśiṣṭacandragrahaṇadvayasyaika eva candro grāhya iti grahaṇe, pratyabhijñānavat*[783] *kevalacakṣuṣaḥ sāmarthyābhāvāt cākṣuṣajñānaṃ*[784] *tathaivāvatiṣṭhate | dvayoś cakṣuṣor ekasāmagryantarbhāve 'pi timirādidoṣabhinnaṃ cākṣuṣaṃ tejaḥ sāmagrīdvayaṃ bhavatīti kāryakalpyam | apagate tu doṣe svadeśavisiṣṭasya*

---

[779] *agrahaṇād: agrahaṇāc ca* (I, 147,8).

[780] *°grahaṇapūrvaka°: grahaṇapūrvakaṃ°* (I, 147,10).

[781] Veṅkaṭanātha überliefert im NyS (195,3–4) ein Prosafragment aus dem Nyāyatattva Nāthamunis, das die diesbezügliche Auffassung des Pūrvapakṣin (Śālikanāthā?) wiedergibt: *pratibimbagrahaṇe tu svacchadravyapratihatasya nayanamahasaḥ pratisrotaḥprasarādimūlakatvaṃ bhrāntyadhikaraṇapūrvapakṣe abhihitam*; vgl. auch Anm. 763.

[782] *deśāntarasyā°: deśāntarasya ca°* (I, 148,11).

[783] *pratyabhijñānavat: pratyabhijñāvat* (I, 149,1).

[784] *cākṣuṣajñānam: cākṣuṣaṃ jñānam* (I, 149,2).

candrasyaikagrahaṇavedyatvād ekaś candra iti bhavati pratyayaḥ | doṣakṛtaṃ tu sāmagrīdvitvaṃ tatkṛtaṃ grahaṇadvitvaṃ tatkṛtaṃ grāhyākāradvitvaṃ ceti niravadyam | ataḥ sarvaṃ vijñānajātaṃ yathārtham iti siddham.

A) Oder [aber könnte man die Anirvacanīyakhyāti auch durch die Yathārthakhyāti widerlegen]. [Denn] die Vedakundigen sind der Meinung, daß jeder Erkenntnis ein Gegenstand [in der Außenwelt] entspricht, weil sowohl durch die Offenbarung als auch durch die Überlieferung erkannt wird, daß alles in allem enthalten ist. Und [in diesem Sinne] verkündet gerade die Offenbarung am Anfang [des Berichtes über die] Schöpfung usw., der ein Entschluß [des Schöpfers:] ‚Ich möchte vieles sein' vorausgeht, mit den Worten: ‚jede einzelne von diesen [will ich] je dreifach machen[785]'. So wird nämlich diese Verdreifachung durch die Wahrnehmung erfaßt. ‚Was die rote [Farbe] im [brennenden] Feuer [betrifft], das ist die Farbe der Glut; auch [was] die weiße [Farbe im Feuer betrifft], das ist die Farbe des Wassers; und was die schwarze [Farbe im Feuer betrifft, das ist die Farbe] der Erde[786]'. Damit erklärt eben diese Offenbarungsstelle, daß im [brennenden] Feuer eine Dreigestaltigkeit vorhanden ist. Daher findet sich alles in allem ein. Und genau in dieser Weise wird [auch] im Viṣṇupurāṇa am Beginn des Schöpfung[sberichtes] gelehrt: ‚Diese [sieben Prinzipien] ausgestattet mit verschiedenen Kräften konnten daher je einzeln ohne eine feste Verbindung [und] ohne sich vollständig zu vereinigen, die Geschöpfe nicht schaffen. Nachdem sie, mit großer [Wesenheit] beginnend, mit den Elementen endend, sich gegenseitig stützend eine wechselseitige Verbindung eingegangen waren, [schufen] sie nämlich das Ei[787]'.

[So] wird außerdem [auch] durch weitere [Stellen dieses Purāṇa vorgetragen]. Auch der [Brahma]-Sūtrenverfasser hat auf diese Weise mit dem [folgenden] treffenden Ausdruck [*bhūyastvād* im] ‚*try-*

---

785 ChUp VI.3.3–4.

786 Ibid. VI.4.1–2.

787 VPu I.2.52–54; MBh XII.224.41–42:

ete tu sapta puruṣā nānāvīryāḥ pṛthakpṛthak /
nāśaknuvan prajāḥ sraṣṭum asamāgamya sarvataḥ //
te sametya mahātmānam anyonyam abhisaṃśritāḥ /
śarīrāśrayaṇaṃ prāptās tataḥ puruṣa ucyate //

(vgl. dazu Rüping 1977,3–10).

ātmakatvāt tu bhūyastvād[788]' gelehrt, daß [alle] Dinge eine dreifache Natur haben. Und [aus diesem Grunde] bestimmt die Offenbarung, daß beim Nichtvorhandensein von Soma das Pūtīka-Kraut [an seiner Stelle] genommen werden kann[789], weil [darin] Teile von Soma vorhanden sind. So erklären die Mīmāṃsā-Gelehrten[790]. Und [so] werden beim Fehlen von Reis [körnern] Nīvāra [körner] genommen, da darin Reis [teile] vorhanden sind[791].

Nur diejenige Substanz ist einer [anderen] ähnlich, welche einen Teil von dieser besitzt. Und die Offenbarung selber teilt mit, daß ‚Silber' usw. in der Perlmuschel usw. [teilweise] vorhanden ist. Die unterschiedliche Bezeichnung des Silbers oder der Perlmuschel usw. ist in dem Übergewicht [des einen oder des anderen] begründet. Außerdem wird diese Perlmuschel usw. als dem Silber usw. ähnlich wahrgenommen. Daher wird auch mit Hilfe der [sinnlichen] Erkenntnis festgestellt, daß darin jenes [teilweise] vorhanden ist. Manchmal aber wird auf Grund der Störung des Gesichtssinnes usw. [nur] der Silberanteil [in der Perlmuschel] ohne den Perlmuschelteil [selbst] wahrgenommen. Daher handelt der [Wahrnehmende] als einer, der das Silber begehrt. Wenn aber die [Sinnes-]Störung behoben [und] der Perlmuschelteil erfaßt wird, hält sich [der Wahrnehmende] vom [Begehren des Silbers] zurück. Deshalb entspricht der Erkenntnis vom Silber an Stelle von Perlmuschel ein [realer] Gegenstand [in der Außenwelt].

Auch das Verhältnis zwischen der aufzuhebenden und aufhebenden [Erkenntnis] ist auf Grund des Umstandes des Übergewichtes möglich, insofern die Erkenntnisform in bezug auf das Übergewicht der Perlmuschel mangelhaft oder vollständig ist. Daher hängt [das Verhältnis zwischen der aufzuhebenden und aufhebenden Erkenntnis] nicht davon ab, ob [sie] einen falschen oder realen Gegenstand

---

788 BSū III.1.2.

789 Vgl. Tāṇḍyamahābrāhmaṇa IX.5.3: *yadi somaṃ na vindeyuḥ pūtīkān abhiṣuṇuyur*; Āśvalāyanaśrautasūtra VI.8: *anadhigame pūtīkān phalguṇāni*; vgl. dazu auch Nārāyaṇavṛtti (*Ānandāśrama*, ed. H. N. Āpte 1917,262,11–13): *somānadhigame pūtīkān phālguṇāni ca saṃsṛṣṭānyubhiṣuṇuyuḥ / pūtīkā nāma latārūpāḥ somasadṛśāḥ / phālguṇāni nāma stambharūpā aśodhiviśeṣāḥ / aprasiddhāḥ padārthā abhiyuktebhyaḥ śikṣitavyāḥ*; vgl. Anm. 823.

790 Nyāyavidas = Mīmāṃsakas; vgl. dazu Āpastambadharmasūtra II.4.8,13; H. Nakamura, *A History of Early Vedānta Philosophy*, Delhi 1983, 313.

791 Vgl. ŚābBh zu Sū. II.6.37–40; vgl. dazu auch TV.

hat. So [ergibt sich auch], wenn alles alles ist, die Besonderheit des Denk- und Sprachgebrauches."

B) „Und im Traum werden nur vom Erhabenen gemäß Verdienst und Schuld der Menschen, Gegenstände geschaffen, die ausschließlich vom jeweiligen [träumenden] Menschen erlebt werden können, die jeweils nach der Zeit [des Traumes] aufhören zu existieren und die so [wie die Gegenstände im Traum und nicht so wie die im Wachzustand] beschaffen sind[792]. So lehrt die Offenbarungs[stelle], die das Traum [geschehen] zum Gegenstand hat: ‚Es gibt in diesem [Zustand] weder Reitwagen noch Pferde noch Wege. Er schafft dann Reitwagen, Pferde [und] Wege. Es gibt da keine Wonne, Lust [und] Freude. Er schafft dann Wonne, Lust [und] Freude. Es gibt dort weder Weiher, noch Lotusteiche, noch Flüsse. Er schafft dann Weiher, Lotusteiche [und] Flüsse. Denn er ist der Urheber[793].' Wenn auch [diese Gegenstände] zu diesem Zeitpunkt nicht [so] sind, daß sie [auch] von allen anderen Menschen erlebt werden können, so schafft der Īśvara dennoch derartige Gegenstände, die nur von dem jeweiligen [träumenden] Menschen erlebt werden können.

Denn er ist der Schöpfer. Eine derartige Schöpfernatur ist bei ihm, dessen Wünsche sich erfüllen [und] der Wundermacht besitzt, möglich. [Das] ist der Sinn. Eine weitere [Offenbarungsstelle] lautet: ‚Derjenige *puruṣaḥ*, der, während die [Menschen] schlafen, wach ist, da er nach Belieben [Gegenstände] schafft, derselbe ist rein, er ist das Brahma: derselbe wird unsterblich genannt. In ihm befinden sich alle Welten, niemand fürwahr transzendiert ihn[794]'."

„Auch der [Brahma-]Sūtrenverfasser schließt, nachdem er in den zwei [ersten] Sūtren: *‚sandhye sṛṣṭir āha hi'* [und] *‚nirmātāraṃ caike putrādayaś ca'* die Urheberschaft der Einzelseele bezüglich der Traumgegenstände hypothetisch erwogen hatte, in dem [darauf folgenden Sūtra:] *‚māyāmātraṃ tu kārtsyenānabhivyaktasvarūpatvāt'* usw. die Möglichkeit einer Urheberschaft der Einzelseele durch den bloßen Willen aus, weil das wahre Wesen aller Einzelseelen, deren Wünsche sich von Natur aus erfüllen usw. im welthaften Dasein nicht in Erscheinung tritt[795]. [Denn] nur Īśvara gehört diese wunderbare

792 Vgl. ŚruP II,34,16–17: *kathaṃ dṛṣṭavijātīyā ity atrāha tathābhūtā iti.*

793 BṛUp IV.3.10.

794 KaUp V.8.

795 Vgl. dazu auch BSū. IV.4.3.; ŚrīBh III,634,12ff.: *svarūpeṇaivāyam ātmāpahatapāpmatvādisatyasaṅkalpatvaparyantaguṇaka iti prakaraṇād avaga-*

Schöpfung [der Traumgegenstände], wie sie von dem jeweiligen [träumenden] Menschen erlebt werden können [,da die Offenbarung lehrt:] ‚In ihm befinden sich alle Welten, niemand fürwahr transzendiert ihn'. So wird erkannt, daß hier nur die höchste Seele der Schöpfer ist. So widerlegt [das Sū. III. 2. 3 die These der Urheberschaft der Einzelseele]."

„Und die [Trauminhalte] eines Träumenden, der in einem Zimmer usw. liegt, wie das Gehen in ein anderes Land mit nichts anderem als seinem eigenen Körper, oder wie [seine] Königsweihe, Enthauptung usw., die das Resultat von [seinem] Verdienst und [seiner] Schuld sind, können mit der Schaffung eines anderen Körpers [durch Gott], der die gleiche Gestalt wie der [im Zimmer] liegende Körper hat, erklärt werden."

C) (1) „Im Falle einer ‚Gelbmuschel usw.' aber treten die Augenstrahlen, die mit der im Auge befindlichen Gallsubstanz vermengt sind, mit der [weißen] Muschel usw. in Verbindung.

Dabei wird die in der Muschel befindliche weiße Farbe, die durch die gelbe Farbe der Gall[substanz] überdeckt wird, nicht erfaßt. Daher entsteht die Erkenntnis: [Diese] Muschel ist gelb [genau] wie [die Erkenntnis] einer mit Gold überzogenen Muschel. Sowohl die Gallsubstanz als auch ihre gelbe Farbe wird von den in der Nähe befindlichen [Menschen] nicht wahrgenommen, weil sie überaus fein sind. Der mit der Gelbsucht Befallene hingegen nimmt [sie], obwohl sie fein sind, wahr, wegen [ihrer] unmittelbaren Nähe [zu ihm], dadurch daß sie durch seine Augen hinaustreten. Sogar [eine Muschel], die sich [in großer] Entfernung befindet, wird [von ihm] mit Hilfe der Augenstrahlen, die von einem durch die Wahrnehmung dieser [Gallsubstanz] hervorgerufenen Eindruck unterstützt sind, [als gelb] erfaßt."

(2) „Auch ein Kristalljuwel, das sich in der Nähe einer Japa-Blüte befindet, wird als rot erfaßt, dadurch daß [seine kristallweiße Farbe] durch den [roten] Glanz dieser [Japa-Blüte] überwältigt wird. Der Glanz der Japa-Blüte, obwohl diffus, wird [dennoch] deutlicher erfaßt, dadurch daß er mit einer kristallklaren Substanz verbunden ist. Dies [alles] ist mit Hilfe der direkten Wahrnehmung festzustellen."

---

myat... ato'pahatapāpmatvādisvarūpa evāyam ātmā saṃsāradaśāyāṃ karmākhyayāvidyayā tirohitasvarūpaḥ paraṃ jyotir upasampadyāvirbhūtasvarūpo bhavati / ataḥ prayagātmano'pahatapāpmatvādayaḥ svābhāvikā guṇāḥ paraṃ jyotir upasampannasyāvirbhavanti notpadyante; vgl. Mesquita 1980,218, Anm. 92.

(3) Auch in der Erkenntnis einer Fata Morgana liegt eine reale Entsprechung [in der Außenwelt] vor, weil auch in der Hitze und der Erde (=Sand) [teilweise] das Wasser vorhanden ist, [und] weil auf Grund einer Sinnesstörung bzw. des Unsichtbaren, Hitze und Erde nicht wahrgenommen werden, [sondern] das Wasser."

(4) „Auch im Falle eines Feuerrades kommt eine so geartete Erkenntnis vor, weil infolge einer sehr schnellen Umdrehung des Feuerbrandes eine Verbindung mit allen Raum-[punkten, die in seiner Schwungbahn liegen] entsteht, [und] weil man [dadurch] die Zwischenintervalle nicht erfaßt. Ebenso erfaßt man bei der Erkenntnis eines [richtigen] Rades das jeweilige Ding, das mit den jeweiligen Raum[punkten] verbunden ist, unter der Voraussetzung, daß man die Zwischenintervalle nicht wahrnimmt. In einem Fall erfaßt man die Zwischenintervalle nicht, weil diese nicht vorhanden sind; im anderen Fall wegen der [Umdrehungs]geschwindigkeit. So ist der Unterschied. Daher entspricht auch diese [Erkenntnis] dem [äußeren] Gegenstand."

(5) „Auch die Erkenntnis des eigenen Gesichtes usw. im Spiegel usw. entspricht einem Gegenstand. Denn die Augenstrahlen, deren Bewegung vom Spiegel usw. behindert wird, erfassen das eigene Gesicht usw., dem [aber] die Wahrnehmung der Spiegelfläche usw. vorausgeht. Auch hier entsteht eine Erkenntnis [wie im Falle des Feuerrades], weil die Zwischenräume [zwischen Spiegel und Gesicht] wegen der überaus großen Schnelligkeit nicht wahrgenommen werden."

(6) Auch bei einem Irrtum über die Himmelsrichtung [verhält es sich so], weil die andere Richtung [auch] in dieser Richtung vorhanden ist, erfaßt man mittels der ‚unsichtbaren Kraft' [nur] einen Teil der anderen Richtung ohne den Teil dieser Richtung. Aus diesem Grund entspricht die Erkenntnis der anderen (=falschen) Richtung genau dem [äußeren] Gegenstand."

(7) „Auch bei der Erkenntnis von ‚Zwei Monden' usw. sind die zwei von einander unabhängigen Ursachenkomplexe der Grund für das zweifache Erfassen des Mondes, weil zufolge einer Trennung der Bewegung der Augenstrahlen durch die Verwendung eines Fingers bzw. auf Grund der Timira-Augenkrankheit usw. [zwei] verschiedene Ursachenkomplexe [entstehen]. Dabei erfaßt der eine Ursachenkomplex den Mond, [so wie] er durch seinen [eigentlichen] Ort bestimmt ist, [während] der andere aber mit einem ‚etwas krummen Gang' den Mond ohne seinen [eigentlichen] Ort im Anschluß an die Wahrneh-

mung des in der Nähe des Mondes befindlichen Raumes, erfaßt. Daher entsteht eine besondere Erkenntnis: ‚Zwei Monde', wenn man auf Grund von zwei Ursachenkomplexen einen Mond erfaßt, der zugleich von zwei Orten bestimmt ist, weil durch den Unterschied im Erfassen auch ein Unterschied in der Erscheinungsform des [in der Erkenntnis] zu Erfassenden [vorliegt], und weil [dabei] die Erkenntnis der Einheit [des Mondes] fehlt.

Der andere Ort wird seine Bestimmung, weil man unmittelbar sowohl [diesen] anderen Ort als auch den Mond, ohne [aber] seinen [eigentlichen] Ort zu erfassen, wahrnimmt. Die Zweiheit des Ursachenkomplexes ist hier objektiv real. Und damit ist die zweifache Erkenntnis des Mondes, insofern [dieser] durch zwei Orte bestimmt ist [ebenso] objektiv real. Und da es zweierlei [reale] Erkenntnisse gibt, muß [auch] die zweifache Erscheinungsform des [in der Erkenntnis] zu Erfassenden [, nämlich] des Mondes selbst objektiv real sein. Weil hier eben der Gesichtssinn für das Erfassen [der Tatsache], daß das Objekt der zweifachen Erkenntnis des Mondes, der [irrtümlich] durch zwei [Orts]bestimmungen charakterisiert ist, eben ein [und derselbe] Mond ist – wie [z. B.] beim Wiedererkennen – unfähig ist, bleibt die sinnliche Erkenntnis genau so geartet (, d. h. als Erkenntnis von zwei Monden). Obwohl die beiden Augen einen [einzigen] Ursachenkomplex bilden, wird dennoch das Augenlicht, das durch die Störung der Timira-Krankheit geteilt ist, zum zweifachen Ursachenkomplex. So ist aus der Wirkung zu schließen. Wenn aber die Störung verschwunden ist, dann entsteht die Erkenntnis: ‚Der Mond ist ein einziger', weil der Mond mittels einer einzigen Erkenntnis als von seinem [eigentlichen] Ort bestimmt, erfaßt wird. Die Zweiheit des Ursachenkomplexes wird aber durch eine Störung verursacht. Die Zweiheit der Erkenntnis [wiederum] durch diese [Zweiheit des Ursachenkomplexes], und die zweifache Erscheinungsform des zu Erfassenden [ihrerseits] durch diese [Zweiheit der Erkenntnis]. So ist [diese Erklärung] unbestreitbar. Daher ist es erwiesen, daß alle Erkenntnisse einem [realen] Gegenstand entsprechen."

Soweit das Referat der Yathārthakhyāti im Śrībhāṣya Rāmānujas[796]. Rāmānuja bemerkt anschließend, daß er in diesem Zusammenhang nicht auf die Widerlegung anderer Irrtumslehren eingehen

---

[796] ŚrīBh. II, 29,2–37,7. Sudarśanasūri versteht *athavā* nicht als eine Einleitung zu einer gleichberechtigten Alternative zur Anyathākhyāti (vgl. oben S. 247f.; 249), sondern vielmehr als Einleitung zu einer vorzuziehenden Alter-

möchte, da dies vor ihm von vielen anderen Autoren unternommen worden war: *kyātyantarāṇāṃ dūṣanāni tais tair vādibhir eva prapañcitānīti na tatra yatnaḥ kriyate*[797]. Interessanterweise folgt im Anschluß daran ein weiterer Passus, der ebenfalls mit *athavā* eingeleitet wird und der sich mit der Erkenntnis im Traum beschäftigt. Er enthält jedoch keine neuen Gedanken. Da dieser Passus außerdem außerhalb des eigentlichen Referates der Yathārthakhyāti steht, dürfte er ein späterer Einschub sein, der den Zweck hat, den Unterschied zwischen dem Objekt im Traum und dem Irrtumsobjekt hervorzuheben. Sudarśanasūri bemerkt, daß dieser Passus in mehreren Manuskripten überliefert wurde, und daß er auch von den Kommentatoren ausgelegt worden ist: *athavā kim anenetyādipāṭho bahuṣu kośeṣu dṛśyate | vyākhyātṛbhir vyākhyātaś ca*[798].

Vollständigkeitshalber wird dieser Passus hier angeführt: *athavā kim anena bahunopapādanaprakāreṇa? pratyakṣānumānāgamākhyaṃ pramāṇajātam āgamagamyaṃ ca nirastanikhiladoṣagandham anavadhikātiśayāsaṃkhyeyakalyāṇaguṇagaṇam sarvajñaṃ satyasaṃkalpaṃ paraṃ brahmābhyupagacchatāṃ kiṃ na setsyati, kiṃ nopapadyate? bhagavatā hi pareṇa brahmaṇa kṣetrajñapuṇyapāpānuguṇaṃ tadbhogyatvāyākhilaṃ jagat sṛjatā sukhaduḥkhopekṣaphalānubhavānubhāvyāḥ padārthāḥ sarvasādhāraṇānubhavaviṣayāḥ kecana tattatpuruṣamātrānubhavaviṣayāḥ, tattatkālāvasānāḥ, tathātathānubhāvyāḥ sṛjyante | tatra bādhyabādhakabhāvaḥ sarvānubhavaviṣayatayā tadrahitatayā copapadyata iti sarvaṃ samañjasam.*

Yathārthakhyāti: Kommentar

Man kann hier davon ausgehen, daß es sich um ein vollständiges Referat dieser Irrtumslehre handelt, wie sie in dieser Form wahrscheinlich erstmalig von Nāthamuni formuliert worden war. Die Zueignungsworte *vedavidāṃ matam* gleich am Beginn des Referates werden von Veṅkaṭanātha als ausschließlicher Hinweis auf Nātha-

native, also zu dem Siddhānta Rāmānujas: *atha vakṣyamānayā yathārthakhyāteḥ svasiddhāntatvaṃ darśayati athaveti* (ŚruP II, 29,19; vgl. unten Anmn. 799–800).

[797] ŚrīBh II 37,7–8; vgl. dazu auch die Bemerkung Yāmunas in Zusammenhang mit der Widerlegung des Nirālambanavāda in seiner ĀS (65,2–4): *prapañcitaś ca pūrvottaramīmāṃsābhāgayor nirālambananatvapratiṣedhaḥ; yathārthakhyātisamarthena ca śāstra iti na vyāvarṇyate.* Sehr wahrscheinlich hat auch Yāmuna darauf verzichtet, auf die anderen Irrtumslehren einzugehen, da sich Nāthamuni in seinem Nyāyatattva damit ausführlich beschäftigt hatte; vgl. oben Anm. 32; MESQUITA, 1988, 62; Anm 62.

[798] ŚruP II, 37,27.

muni verstanden und diese Lehrtradition ausdrücklich auf ihn zurückgeführt: *uktapakṣadvaye dvitīyasya sāmpradāyikatvam āha nāthair iti | vimatamatiḥ – śuktirajatādibuddhiḥ | sā nyāyatattve bhrāntyadhikaraṇasiddhānte ṣaṣṭhī ceyaṃ khyātir yathārthakhyātir ityādinā nirdhāryata | ayaṃ ca pakṣo'thavā, yathārthaṃ sarvavijñānam iti vedavidāṃ matam iti bhāṣyakārair anvabhāsi*[799]. So schreibt auch Yāmunamuni diese Lehre Nāthamuni zu[800].

Betrachtet man diese Lehre genauer, so fällt auf, daß sie von der grundlegenden Voraussetzung ausgeht, daß jede Erkenntnis einen entsprechenden Gegenstand in der Außenwelt haben muß: *yathārthaṃ sarvavijñānam*. Es folgt daraus, daß jedes Erkennen, also auch ein irrtümliches, an sich ein richtiges Erkennen ist.

Für die Begründung dieser folgenreichen These wird zum Teil ein recht eigentümlicher Lehrsatz von *sarvasya sarvātmatvam* herangezogen, der besagt, daß nämlich alles aus allem besteht bzw. alles in allem enthalten ist.

Auffallend ist, daß diese Begründung direkt von der Offenbarung und Überlieferung abgeleitet wird: *śrutismṛtibhyaḥ sarvasya sarvātmakatvapratītaḥ = śuktyādau rajatādeś ca bhāvaḥ śrutyaiva bodhitaḥ*[801].

Die Offenbarungsstelle aus der Chāndogyopaniṣad (VI. 1f.) berichtet über die Entstehung der Welt (*sṛṣṭiḥ*), wie aus dem einen (*ekam eva*) zweitlosen (*advitīyam*) Sein (*sat*) sukzessive ‚Glut' (*tejaḥ*), ‚Wasser' (*āpaḥ*) und ‚Speise' (=Erde) (*annam*) hervorgehen und aus der Kombination dieser drei Elemente alles weitere entsteht. Das heißt, „daß alle Dinge aus den drei Urelementen bestehen, und daß

---

799 SAS 180,16–18; vgl. auch NP 91,10:

yan nāthamunimiśrādyair yathārthakhyātisādhanam |
tallokabuddhyanārohād vaibhavaṃ kecid ūcire ||

Eine kurze Zusammenfassung der Yathārthakhyāti bringt auch Śrīnivāsācārya in seiner YDī 4,21–5,22; vgl. auch Anm. 872.

800 Vgl. ĀS 65,2–4; vgl. oben Anm. 797. Nur Sudarśanasūri läßt diese Lehrtradition mit Bodhāyana beginnen (ŚruP II,29,20–21): *vedavidām – bhagavadbodhāyananāthamunimiśrādīnām ity arthaḥ*. Die Erklärung dafür könnte der Umstand sein, daß er als Kommentator des Śrībhāṣya diese wichtige Lehre des Viśiṣṭādvaita, in Übereinstimmung mit Rāmānujas Aussage in der Einleitung des Śrībhāṣya, sein Kommentar beruhe auf der Vṛtti Bodhāyanas (*bhagavadbodhāyanakṛtāṃ vistīrṇāṃ brahmasūtrāvṛttiṃ pūrvācāryāḥ saṃcikṣipuḥ | tanmatānusāreṇa sūtrākṣarāṇi vyākhyāsyante*) auf dieses Werk zurückführen wollte. vgl. dazu Mesquita 1984,179ff.; Mesquita 1979,180f.

801 ŚrīBh II,29,3; 31,4; vgl. oben S. 249f.

ihre verschiedene Beschaffenheit davon abhängt, wie diese Elemente miteinander gemischt sind und welches von ihnen überwiegt[802]."

In diesem Sinne wird ebenfalls ein Brahmasūtra (III. 1. 2.) zitiert, das mit dieser Offenbarungsstelle in engem Zusammenhang steht[803]. Das Zitat aus der Überlieferung, dem Viṣṇupurāṇa wird zwar mit derselben Intention angeführt, spiegelt aber die Evolutionslehre der Sāṃkhya-Schule wider, nach der alle Weltdinge letztlich auf die sieben Grundwesenheiten zurückgehen[804]. Damit wird hier offenkundig eine Verbindung des *sarvasya sarvātmakatvam* mit der Evolutionslehre der Upaniṣaden bzw. der Sāṃkhya-Schule hergestellt.

Neuerdings konnte Wezler überzeugend nachweisen, daß der Lehrsatz von *sarvasarvātmakatvavādaḥ* ein wichtiges konstitutives Element der Sāṃkhya-Ontologie darstellt, das möglicherweise aus der oben genannten Offenbarungsstelle entstanden ist[805]. So bietet sich hier eine Vergleichsmöglichkeit, die uns zur inhaltlichen Analyse dieses Lehransatzes bzw. zu seiner Anwendung in der Irrtumsproblematik sehr dienlich sein kann.

Eines kann man aber schon jetzt ausschließen, daß die Sāṃkhya-Anhänger in dieser Lehre eine Möglichkeit sahen, den Irrtum erkenntnistheoretisch zu begründen. Denn die älteren Belege dieser Lehre enthalten gar keine wie auch immer geartete Anspielung auf

---

[802] Vgl. Frauwallner 1953, I, 305–306.

[803] Der Kontext dieses Sūtra ist die Frage, ob die Seele nach dem Tode mit oder ohne die feinen Elemente wie *tejaḥ*, *āpaḥ* und *pṛthivī* weiterbesteht. Der Pūrvapakṣin lehrt, daß sie nicht von den feinen Elementen umhüllt ist. Diese Ansicht wird in Sūtra III.1.1. widerlegt, und alle Kommentatoren sind der Auffassung, daß diese Seele nach dem Tode mit den feinen Elementen wandert. Das Sūtra III.1.2 entschärft den Einwand des Pūrvapakṣin, daß die Śruti (ChUp V.9.1.) in diesem Zusammenhang nur von einem Element, nämlich vom Wasser (*āpaḥ*) spricht, nicht aber von den beiden anderen (vgl. ŚrīBh III,408,4ff.). Auch in diesem Punkt herrscht unter den Kommentatoren Einstimmigkeit darüber, daß die angeführte Stelle nur deshalb das Element ‚Wasser' ausdrücklich erwähnt, weil dort nur Wasser in seiner ausgeprägten Form (*bhūyastvād*) vorhanden ist, während die anderen es nur ansatzsweise sind; vgl. ŚrīBh l. c. 408,8ff.; ŚBh 597,7ff.; BBh 152,20f.

[804] Vgl. Frauwallner 1953, I, 309ff.; 435ff.; Rüping 1977,3–10.

[805] Vgl. Wezler 1981,388ff.; vgl. auch Wezler, *Paralipomena zum Sarvasarvātmakatvavāda* (1). *Mahābhāṣya zu Pān. 4.3.155 und seine einheimischen Erklärer*, WZKS 26 (1982),149–166. Nach W. Rau könnte man die Lehre, daß alles aus allem besteht, ebenfalls von einigen Aussagen im Ṛgveda ableiten; vgl. W. Rau, *Naturbeobachtung und Handwerkkunst im vorislamischen Indien*. Wiesbaden 1986,218–219.

die Irrtumstheorie[806]. Dieser Schritt dürfte eher von den Vertretern anderer Schulen vorgenommen worden sein. Das erste Zeugnis dafür liefert Prajñākaragupta (ca. 8. Jhdt. n. Chr.)[807], ohne jedoch die Vertreter dieser Meinung zu identifizieren[808]. Er sagt aber anderswo ausdrücklich, daß sie sich dabei auf die Lehre des Sāṃkhya stützen: *sāṃkhyamatam avalambhya sarvaṃ sarvatra vidyate*[809]. Der *sarvasarvātmakatvavādaḥ* war, nach WEZLER, als eine Ergänzung einer anderen ebenfalls wichtigen Lehre des Sāṃkhya gedacht: „Es besteht aber eine enge gedankliche Zusammengehörigkeit und Korrespondenzbeziehung zwischen dem *satkāryavāda* und dem *sarvasarvātmakatvāda*: erklärt ersterer auf eigentümliche Weise die Entstehung der Dinge in der Erscheinungswelt, so letzterer auf nicht weniger eigentümliche Weise ihr Vergehen; bestimmt ersterer die Wirkung als bereits in der Ursache unsichtbar vorhanden, so letzterer sie, nach dem sie ihrerseits zur Ursache von etwas geworden ist, als nach wie vor vorhanden ... Wie aufgrund dieses Begriffs des Seienden eine jede Wirkung (*kārya*) bereits in der Ursache vorhanden (*sat*) sein muß, so muß auch ein jedes Ding, nachdem es sich als Wirkung offenbart hat, wenn es ‚vergeht', d. h. aus der Sichtbarkeit entschwindet..., in Wahrheit weiterhin existent sein. Genau diese zweite gedankliche Konsequenz aber spricht der *sarvasarvātmakatvavāda* aus![810]" Konkret heißt also

---

[806] Vgl. WEZLER 1981,386.

[807] Diese Datierung ergibt sich aus der Tatsache, daß Prajñākaragupta vom Jaina-Autor Vidyānanda (775–840 n.Chr.) namentlich in seiner Asrī widerlegt wird; vgl. dazu Introduction (in: Anantaviryacharya Siddhiviniscayatika Akalaṅkadeva, Siddhiviniscayatika, ed. with Introduction by JAIN NYAYACHARYA. Kashi 1958), I, 43; 49.

[808] PVBh 356,19; vgl. auch WEZLER 1981,384f.

[809] PVBh 180,21; WEZLER 1981,386. Auch der Jaina-Autor Vidyānanda (vgl. Anm. 807) bezeugt in (VĀP 137,2–3), daß *sarvaṃ sarvatra vidyate* eine Lehrmeinung des Sāṃkhya ist. WEZLER ist hier der Meinung, daß es sich um Theisten handelt, die der Rāmānuja-Schule nahe stehen (387ff.). Der früheste mir bekannte Beleg für die besagte Lehre in der Schule Rāmānujas ist Nāthamuni (ca. 10.Jhdt.). Sehr wahrscheinlich war er auch der Erfinder der Yathārthakhyāti (vgl. oben Anm. 799. ; S. 259f.). Da Nāthamuni viel jünger als Prajñākaragupta ist, kann dieser nicht ihn mit seinem Verweis gemeint haben. Die Yathārthakhyāti zeigt eine starke Beinflussung durch die Akhyāti-Lehre, so wie sie von Śālikanātha (8.Jhdt.) weiterentwickelt wurde (vgl. unten S. 266f.). Sie wurde außerdem in direkter Auseinandersetzung mit dem Advaitin Vimuktātman, einem älteren Zeitgenossen Nāthamunis, formuliert; Vgl. MESQUITA 1979,179ff.

[810] Vgl. WEZLER 1981,397–398.

dieser Lehrsatz, daß „in einem jeden Einzelding alle anderen Dinge der Erscheinungswelt unsichtbar enthalten, d.h. als nicht mehr wahrnehmbare ‚aufgehoben' sind[811]."

So stellt sich nun die Frage, in welcher Form dieser Lehransatz in der Irrtumslehre der Viśiṣṭādvaita-Schule Anwendung fand[812].

Berücksichtigt man die Tatsache, daß Rāmānuja und Yāmuna die spezifische Sāṃkhya-Vorstellung der *abhivyaktiḥ*, die dem *sarvasarvātmakatvavādaḥ* zugrunde liegt, entschieden ablehnen[813], so konnte die Antwort auf die gestellte Frage nur lauten, daß die Rezeption des besagten Lehransatzes in die Yathārthakhyāti nur mit einer vorherigen wesentlichen Änderung erfolgt ist. Denn für die beiden bedeutet die Umwandlung (*pariṇāmaḥ*) einen Übergang in eine andere wahrhaftseiende Gestalt, wobei die ursprügliche Gestalt aufgegeben wird. Es handelt sich dabei um einen Prozeß, in dem eine neue Gestalt *realiter* entsteht, die frühere *realiter* vergeht und die Substanz (=Materialursache) als solche ihr Wesen nicht verliert[814]. Dem widerspricht sowohl die Sāṃkhya-Vorstellung der *abhivyaktiḥ*, in der es nur ein scheinbares Entstehen und Vergehen gibt, als auch der *sarvasarvātmakatvavādaḥ*, daß „in einem jeden Einzelding alle anderen Dinge der Erscheinungswelt unsichtbar enthalten sind," da in diesem Fall ein reales Vergehen in Abrede gestellt wird. Tatsächlich wird dieser Lehransatz im Rahmen der Yathārthakhyāti auf den Umstand zurückgeführt, daß alle Weltdinge aus der Mischung der drei bzw. sieben Grundelemente entstehen und daher alles in allem ansatzweise vorhanden ist. Und diese Interpretation dürfte *sarvasarvātmakatvavādaḥ* des Sāṃkhya nicht ausschließen, wie WEZLER wohl bemerkt: „Auf jeden Fall ist, wie aus der metaphysischen Grundposition des Systems folgt und wie auch aus den in verschiedenen Textstücken angefügten, einander sehr ähnlichen Explikationen dieses Satzes her-

---

811 Ibidem 388.

812 WEZLER vertritt die Meinung, daß der besagte Lehrsatz von den theistischen Kreisen um die Rāmānuja-Schule möglicherweise auch unabhängig vom Sāṃkhya entwickelt wurde und daß er daher „nicht durch Einfluß des Sāṃkhya auf eine theistische Schule zu erklären ist, sondern eher durch eine gemeinsame Herkunft des Begriffs vom Seienden, der erst sekundär im Rahmen jeweils anderer Welterklärungsversuche, hier eines dualistischen (und atheistischen), dort eines theistischen (vielleicht auch monistischen), differenziert worden wäre." (400); vgl. oben Anm. 809.

813 Vgl. oben S. 191ff.

814 Vgl. oben S. 217ff.

vorgeht, damit gemeint, daß ein jedes Einzelding den Stoff, das Material enthält, aus dem die anderen Dinge der Erscheinungswelt gebildet sind[815]."

Dies besagt nun, daß die Vertreter der Yathārthakhyāti in der Anwendung des *sarvasarvātmakatvavādaḥ* von einem anderen Verständnis dieses Lehrsatzes ausgehen, als die Anhänger des Sāṃkhya. Es besteht zwar eine Ähnlichkeit zwischen diesen beiden Positionen aber keine Identität. Verstehen die Anhänger des Sāṃkhya diesen Lehrsatz in der Weise, daß „in einem jeden Einzelding alle anderen Dinge der Erscheinungswelt unsichtbar enthalten sind," so lehren die Vertreter der Rāmānuja-Schule, daß in einem jeden Ding einmal mehr, einmal weniger Teile (*avayavāḥ*) anderer Dinge enthalten sind. Die Begründung dafür ist, daß alle Dinge der Erscheinungswelt aus demselben Stoff bzw. Material gebildet sind. Daß ein bestimmtes Ding mit einer ganz bestimmten konkreten Gestalt erscheint, hängt davon ab, daß darin die Teile dieses Dinges überwiegen (*bhūyastvād*): *rūpyaśuktyādinirdeśabhedo bhūyastvahetukaḥ*[816]. Andererseits ist der Anteil der übrigen Dinge darin gering (*ekadeśatvam/alpatvam*). In der Irrtumsproblematik wird dieses allgemeine Prinzip folgenderweise umgesetzt. Da die Ähnlichkeit das auslösende Moment in der sinnlichen Täuschung ist, heißt das, daß die Teile eines Dinges, mit dem ein anderes bestimmtes Ding wegen der Ähnlichkeit verwechselt wird, vergleichsweise in höherem Maße in diesem enthalten sind als die Teile eines anderen beliebigen Dinges, das ihm nicht ähnlich ist. Die Tatsache, daß man irrtümlich Silber an Stelle von Perlmuschel wahrnimmt, wird gerade auf diese Ähnlichkeit zurückgeführt:

> *tad eva sadṛśaṃ tasya yat taddravyaikadeśabhāk* ||
> *śuktyādau rajatādeś ca bhāvaḥ śrutyaiva bodhitaḥ* |
> *rūpyaśuktyādinirdeśabhedo bhūyastvahetukaḥ* ||
> *rūpyādisadṛśaś cāyaṃ śuktyādir upalabhyate* |
> *atas tasyātra sadbhāvaḥ pratīter api niścitaḥ* ||[817].

Wenn man nun eine Perlmuschel irrtümlich als Silber erkennt, wäre dieses Erkennen dennoch ein richtiges Erkennen, da das Silber auch in der Perlmuschel teilweise (*ekadeśa-*) vorhanden ist. Im einzelnen bedeutet dies, daß man wegen einer Störung im Sinnesorgan nur

---

815 Vgl. WEZLER 1981,390–391.

816 ŚrīBh II,31,4; vgl. oben S. 250.

817 ŚrīBh II,31,3ff.; Übers. S. 254; ŚruP II,31,18f.: *śuktirūpyayoḥ sādṛśye sati hi śuktau rūpyasadbhāvasiddhiḥ* ...

den in der Perlmuschel ansatzweise vorhandenen Silberanteil erfaßt, ohne das Perlmutter in seiner ausgeprägten Form wahrzunehmen:

> *kadācic cakṣurādes tu doṣāc chuktyaṃśavarjitaḥ* |
> *rajatāṃśo gṛhīto'to rajatārthī pravartate* ||[818].

Dies ist auch der Grund, warum die Erkenntnis ‚Silber' später durch die Erkenntnis ‚Perlmuschel' aufgehoben wird:

> *bādhyabādhakabhāvo'pi bhūyastvenopapadyate* |
> *śuktibhūyastvavaikalyasakalyagraharūpataḥ* ||[819].

Bemerkenswert ist, daß die berichtigende Erkenntnis wie in der Akhyāti-Lehre eine ganz andere Funktion erhält als bei den übrigen Irrtumslehren, da sie nicht einen falschen Gegenstand voraussetzt, der durch den richtigen verdrängt bzw. beseitigt werden muß: *nāto mithyārthasatyārthaviṣayatvanibandhanaḥ*[820]. Diese Funktion besteht lediglich darin, daß die berichtigende Erkenntnis den im Irrtum nicht erfaßten Unterschied zwischen dem geringen Teil des Silbers und dem ausgeprägten Teil der Perlmuschel feststellt.

Damit kann die Yathārthakhyāti erklären, daß auch eine irrtümliche Erkenntnis eine Entsprechung im realen Gegenstand in der Außenwelt hat: *ato yathārthaṃ rūpyādivijñānaṃ śuktikādiṣu*[821].

Für ihre Auffassung des *sarvasarvātmakatvavādaḥ* ziehen die Vertreter der Yathārthakhyāti nicht nur die oben besprochene Stelle aus der Chāndogyopaniṣad, die *trivṛtkaraṇaśrutiḥ* genannt wird, heran, sondern auch die *pratinidhiśrutiḥ*[822], die die Frage nach der Ersatzsubstanz für das Opfer regelt.

Diese Ritualvorschrift bestimmt, daß etwa bei Nichtvorhandensein des Soma, die Pūtīka-Lianen zu verwenden sind, weil in letzteren Teile vom ersteren enthalten sind:

> *somābhāve ca pūtīkagrahaṇaṃ śruticoditam* |
> *somāvayavasadbhāvād iti nyāyavido viduḥ* ||[823].

---

[818] ŚrīBh II,31,6; vgl. oben S. 250; Übers. S. 254.

[819] ŚrīBh. II,31,8; vgl. oben S. 250; ŚruP. II,31,24ff.: *śuktibhūyastvena tajjñānasya bādhakatvam / tata eva rajatālpatvaṃ siddham / tena rajatajñānasya bādhyatvam ity arthaḥ*; S. 254.

[820] ŚrīBh II,32,1; vgl. oben S. 250.

[821] Vgl. oben S. 250.

[822] Vgl. ŚruP. II,31,16ff.

[823] ŚrīBh II,31,2; vgl. oben S. 250; Übers. S. 254. Zu Pūtīka-Lianen vgl. F. B. J. Kuiper, *Was the Pūtīka a mushroom?* in: *Amṛtadhārā*/Fs Dandekar (Delhi 1984), 219–227; vgl. oben Anm. 789.

Interessant ist, daß diese Begründung sich an die Auslegung der Mīmāṃsā-Gelehrten (*nyāyavidaḥ*)[824] anschließt, mit der z. B. Śabara und Kumārila die obige Ritualvorschrift rechtfertigen. Nach dieser Interpretation kommt nicht jede Substanz als Ersatz in Frage, sondern nur diejenige, die der vorgeschriebenen ähnlich ist bzw. einige ihrer Eigenschaften (*dharmāḥ*) besitzt: *some'vidyamāne somasadṛśaṃ dravyaṃ prāptam*[825]. Analog erklärten die Mīmāṃsā-Gelehrten, daß die Nīvāra-Körner als Ersatz für Reis-Körner zu nehmen sind, obwohl dafür keine Vorschrift in der Śruti vorhanden war.[826] Auch dieses Beispiel wird in der Yathārthakhyāti herangezogen: *vrīhyabhāve ca nīvāragrahaṇaṃ vrīhibhāvataḥ*[827]. Wenngleich mit dieser Anwendung des Mīmāṃsā-Prinzips keineswegs eine Beweisführung des *sarvasarvātmakatvavādaḥ* beabsichtigt ist, wird dadurch dennoch ein zusätzliches Argument gewonnen, daß alles in allem ansatzweise enthalten ist. Damit wird wiederum der Unterschied zu der Position des Sāṃkhya deutlich sichtbar. Denn nach dem Verständnis des Sāṃkhya wäre jede Substanz geeignet, ein Ersatz für jede beliebige andere Substanz zu sein, insofern „in einem jeden Einzelding alle anderen Dinge der Erscheinungswelt unsichtbar enthalten sind[828]." Und eine Bevorzugung einer bestimmten Substanz vor der anderen wegen der Ähnlichkeit im Sinne der *pratinidhiśrutiḥ* wäre im *sarvasarvātmakatvavādaḥ* des Sāṃkhya gar nicht möglich.

Die gedankliche Position in der Yathārthakhyāti ähnelt in vieler Hinsicht der Irrtumslehre Prabhākaras, die ebenfalls keinen Platz für einen positiven Irrtum hat. Denn eine sinnliche Erkenntnis geht nie fehl: *na tatra aindriyakaṃ jñānaṃ vyabhicarati*[829]. Es dürfte daher kein Zufall sein, daß der einleitende Halbvers der Yathārthakhyāti: *yathārthaṃ sarvavijñānam* mit der wörtlichen und inhaltlichen Cha-

---

[824] Vgl. Anm. 790.

[825] Vgl. ŚābBh zu Sū. II.6.40, in: TV, Bd. 4 530,5ff.; vgl. oben Anm. 789.

[826] Vgl. oben Anm. 791; Vgl. Kāś III,51,3–7: *nitye tu karmaṇi pravṛtte vrīhīṇām apacāre tatsadṛśeṣu nīvāreṣūpamiteṣu vrīhibhir yajeteti codanā nīvāraviṣayatvenānumīyate / vrīhyavayavā hi tadviṣayatayā jñātasambandhās tām anumāpayanti / na hi tasyāḥ svarūpeṇa vrīhayo viṣayabhūtās tadavayavās tu cūrṇībhūtā vrīhiśāstrārthaḥ / te ca nīvāreṣv api santīti vrīhyavayasāmānyopamitanīvāragāminī vrīhicodanānumīyate.*

[827] Vgl. oben S. 250.

[828] Vgl. oben Anm. 811.

[829] Ṛj 19,21ff.; PP 48,4ff.; vgl. unten Anm. 831.

rakterisierung der Akhyāti Prabhākaras in der Prakaraṇapañjikā Śālikanāthas übereinstimmt:

yathārthaṃ sarvam eveha vijñānam iti siddhaye |
prabhākaraguror bhāvaḥ samīcīnaḥ prakāśyate ||[830].

Nach dieser Irrtumslehre entsteht die sinnliche Täuschung dadurch, daß das Substrat (Perlmuschel) wegen einer Störung des Sinnesorgans nur unvollständig, und zwar bloß seiner allgemeinen Form nach erfaßt wird. Hinzu kommt ebenfalls eine unvollständige Erinnerung an einen ihm ähnlichen Gegenstand ‚Silber', das früher einmal erkannt wurde (*gṛhītagrahaṇam*). Die Unvollständigkeit der Erinnerung besteht darin, daß dabei die Vorstellung ‚Ich erinnere mich' fehlt. Diese beiden unvollständigen Erkenntnisvorgänge werden im Irrtum nicht von einander unterschieden, sondern treten wie eine einzige Wahrnehmung unmittelbar auf.

Somit entspricht sowohl das unvollständige Erfassen des Substrates in seiner allgemeinen Form als auch die unvollständige Erinnerung ihrem jeweiligen Gegenstand (*yathārthajñānam*)[831].

Die Gemeinsamkeit zwischen diesen beiden Irrtumslehren liegt auch in der Entstehung der sinnlichen Täuschung auf Grund der Ähnlichkeit (*sadṛśam*) bzw. in der Bestimmung der Rolle der Störung im Sinnesorgan. Im Gegensatz zu den anderen Irrtumslehren hat die Sinnesstörung für sie einen negativen Charakter, da diese keine positive Verfälschung des Gegenstandes bewirkt. Sie verhindert nur, daß das Substrat vollständig erfaßt wird bzw. eine vollständige Erinnerung entsteht: *tathā pratyakṣādiṣu doṣavaśād indriyaṃ na sampūrṇaṃ kāryaṃ karoti | tena vivekāgrahaṇād bhramaḥ*(=Yathārthakhyāti:) *kadācic cakṣurādes tu doṣāc chuktyaṃśavarjitaḥ rajatāṃśo gṛhītaḥ*[832].

Die Funktion der aufhebenden Erkenntnis in diesen beiden Lehren liegt daher nicht in der Negation eines falschen Gegenstandes, sondern jeweils bloß in der Feststellung der im Irrtum nicht erkann-

---

[830] PP 43,3–4. Diese Ähnlichkeit wird auch im Aufbau der Yathārthakhyāti sichtbar, die der Dreiteilung der Akhyāti-Lehre – sinnlichen Täuschung, Traum und Sonderfälle des Irrtums – entspricht; vgl. dazu PP 48,5–54,4; 54,5–55,7; 55,8–58,8.

[831] Vgl. Ṛj 19,21–25: *na tatraindriyakaṃ jñānaṃ vyabhicarati / ekaṃ hi tatra jñānam idam iti cākṣuṣam / aparam api rajatam idam iti rajatāvalambi smaraṇajñānam / tayor vivekāgrahaṇanibandhano bhramo'yaṃ na punar aindriyakaṃ vijñānaṃ vyabhicarati / bādhakaṃ ca tatra jñānaṃ vivekagrahākam*; vgl. auch 51,10ff.; PP 48,4–58,8; Schmithausen 1965,205–212; 260–268.

[832] Vgl. Ṛj 19,27–28; oben S. 250; Anm. 818.

ten Verschiedenheit der zwei Erkenntnisse (*bādhakaṃ ca tatra jñānaṃ vivekagrāhanam*)[833] bzw. des nicht erfaßten Unterschiedes zwischen dem überwiegenden Teil (*bhūyastvam*) der Perlmuschel und dem geringen Teil (*ekadeśabhāk*) des Silbers[834].

Aus diesem Grund kann die Unterscheidung der richtigen von der falschen Erkenntnis in den beiden Irrtumstheorien nur von der Praxis her erfolgen. Die eine bewährt sich im Handeln, die andere hingegen nicht: *tadgrahaṇavyavahārahetutāṃ pratipadyamānaṃ vyavahāravisaṃvādakatvād vyavahāre viparyam āvahati* (= Yathārthakhyāti:)

> *rajatāṃśo gṛhīto 'rajatārthī pravartate* ||
> *doṣahanau tu śuktyaṃśe grhīte tan nivartate* |[835].

Der Traum konnte offenkundig nicht im Rahmen des *sarvasarvātmakatvavādaḥ* erklärt werden[836], wie er ebensowenig im Sinne der Akhyāti-Lehre gedeutet werden konnte. Denn im Traumzustand fehlt sowohl ein Substrat als auch eine ‚Ähnlichkeit' als Ursache der unvollständigen Erinnerung. Lehrte nun die Prābhākara-Schule, daß hier andere Faktoren, wie das Unsichtbare (*adṛṣṭam*)[837] und die innere Unruhe (*cintā*) es waren, die eine Erinnerung an einen anderen Gegenstand wach werden ließen, so bildete dieser Ansatz *mutatis mutandis* auch den Ausgangspunkt für die Erklärung der ‚Traum-Erkenntnis' im Sinne der Yathārthakhyāti. Dabei erfuhr das an sich mechanistische Modell der atheistischen (*nirīśvara*) Mīmāṃsā eine theistische Überarbeitung. Denn das mechanistische Wirken des Unsichtbaren widersprach dem theistischen Kontext des Viśiṣṭādvaita. Deshalb wird das Unsichtbare der geistigen Lenkung eines persönlichen Gottes unterstellt. So kann die Yathārthakhyāti nun lehren,

---

[833] Vgl. Ṛj 19,24–25.

[834] ŚrīBh II, 31,3; vgl. oben S. 250.

[835] Vgl. Ṛj 52,19–20; PP 52,2ff.; SCHMITHAUSEN 1965,264–265; ŚrīBh II,31,6f.; vgl. oben S. 250. Sudarśanasūri zeigt in diesem Zusammenhang den Unterschied zur Anyathākhyāti, wenn er sagt: *anyathākhyātivāde'pi jñānasya svarūpeṇa bādhyatvam anabhimatam, kiṃtu viṣayabādhyatvam evābhimatam / asmākaṃ tu jñānaphalabhūtapravṛtter bādhyatvam iti bhidā / pravṛtteś ca bādhitatvaṃ pratibaddhotpattikatvaṃ vipalatvaṃ vā* (ŚruP II, 32,3–5).

[836] Vgl. ŚruP II, 34,13–14: *evaṃ bhūte bhūtāntarasadbhāvāt, sadṛśe sadṛśāntarasadbhāvāc ca śuktirūpyādibuddher yathārthyam upapāditam; na hi svapnārthānāṃ sadṛśe sadṛśāntarasadbhāvo vā bhūte bhūtāntarasadhāvo vaktuṃ śakya ity atrāha svapne ceti* ...

[837] Vgl. Btī 55,8ff.; Ṛj 55,24ff. Das Unsichtbare wird auch von den anderen Autoren postuliert, vgl. Kāś II,20,11ff.; 64,12ff.; SCHMITHAUSEN 1965, 186–188.

daß die Traumgegenstände vom persönlichen Gott (*bhagavān*) je nach Verdienst und Schuld (=*adṛṣṭam*) des jeweiligen Menschen *realiter* geschaffen werden, die aber nur der Träumende erfahren kann: *svapne ca prāṇināṃ puṇyapāpānuguṇaṃ bhagavataiva tattatpuruṣamātrānubhāvyās tatkālāvasānās tathābhūtāś cārthāḥ sṛjyante*[838]. Da die Trauminhalte real sind und als solche auch erfahren werden (*anubhāvyāḥ*)[839], entspricht auch die ‚Traum-Erkenntnis' einem Gegenstand, der außerhalb dieser Erkenntnis existiert.

Es ist daher nicht überraschend, daß auch in dieser Beziehung das Vorbild der Akhyāti-Lehre deutlich zum Ausdruck kommt: *svapnādiṣu bahiravabhāsā saṃvit, sā ca bāhyārtham antareṇa na sambhavati | yena ca vinā yan na sambhavati tat tasya kāraṇam | tasmād artha eva kāraṇam iti yuktaṃ kalpayitum*[840].

Es liegt auf der Hand, daß hier die Realität der Traumwelt nicht auf die gleiche Stufe gestellt wird wie die der Außenwelt. So wird der Unterschied zwischen den beiden Zuständen deutlich angezeigt. Während die Gegenstände der Traumwelt nur zur Zeit des Traumes real existieren bzw. nur vom jeweiligen Träumenden erlebt werden können, haben die Dinge der Außenwelt eine dauerhafte Existenz und sind der Erkenntnis aller Menschen zugänglich: *yady api sakaletarapuruṣānubhāvyatayā tadānīṃ na bhavanti tathāpi tattatpuruṣamātrānubhāvyatayā tathāvidhān arthān īśvaraḥ sṛjati*[841].

Bemerkenswert ist die absolut realistische Auffassung auch der phantastischen ‚Traum-Gegenstände', die trotz des Umstandes, daß sie nicht einmal im Wachzustand erlebt werden können, im Traum real gegeben sind und als solche auch erfahren werden. Dies wird umso deutlicher, wenn man die Erklärung der Trauminhalte analysiert, die in keiner Weise durch die Ereignisse im Leben des Träumen-

---

[838] ŚrīBh II, 34,1f.; vgl. oben S. 250; Übers. S. 255.

[839] ŚrīBh II, 34,1; vgl. oben S. 250; 255. Es wird in diesem Zusammenhang nicht näher erklärt, wie die Traumgegenstände erfaßt werden. Da die Sinnesorgane im Schlaf nicht tätig sind, müßte man wohl annehmen, daß sie mit Hilfe des Denkorgans wahrgenommen werden, wie dies in der Vaiśeṣika-Schule gelehrt wird: *yad anubhavanaṃ mānasaṃ tat svapnajñānam* (PDS 548,12). Auffallend ist, daß sowohl die Sinneserkenntnis als auch die ‚Traum-Erkenntnis' als *anubhavaḥ* bezeichnet werden. Möglicherweise wird hier die ‚Traum-Erkenntnis' im Sinnes des Vaiśeṣika aufgefaßt: *pratyakṣākāraṃ svapnajñānam* (PDS 541,21).

[840] Btī 54,6ff.; vgl. dazu auch Ṛj.

[841] ŚrīBh II, 34,5–6; vgl. oben S. 250f.; Übers. S. 255.

den gedeckt sind, wie z. B. eigene Enthauptung, Königsweihe usw. Hier wird nämlich angenommen, daß Gott einen zweiten Körper schafft, der genauso geformt ist bzw. die gleiche Gestalt hat wie der Körper des Träumenden, dem diese Ereignisse widerfahren: *apavarakādiṣu śayānasya svapnadṛśaḥ svadehenaiva deśāntaragamanarājyābhiṣekaśiraśchedādayaś ca puṇyapāpaphalabhūtāḥ śayānadehasarūpasaṃsthānadehāntarasṛṣṭyopapadyante*[842].

Es ist wichtig zu wissen, daß auch diese Deutung der ‚Traumerkenntnis' auf die Lehre der Upaniṣaden und Vedānta-Sūtren zurückgeführt wird[843].

Aus dieser Erklärung der ‚Traum-Erkenntnis' ersieht man, daß der Leitgedanke der Yathārthakhyāti, nämlich der *sarvasarvātmakatvavādaḥ* hier gar nicht zur Anwendung kommt; auch war er für die Deutung der Mehrzahl der sogenannten ‚Sonderfälle' des Irrtums absolut unbrauchbar. Denn nur zwei derartige Fälle, nämlich die Sinnestäuschung bezüglich Himmelsrichtungen oder einer Fata Morgana[844] werden nach diesem Prinzip gelöst. Dabei wird aber auch wie im Traum der Einfluß des Unsichtbaren (*adṛṣṭavaśāt*) ausdrücklich hervorgehoben[845].

Gerade diese Unmöglichkeit der Anwendung des genannten Prinzips machte eine eingehende Beschäftigung mit solchen ‚Sonderfällen' notwendig. Dazu waren auch die Anhänger der Akhyāti-Lehre gezwungen, da das wichtige Element dieser Theorie, nämlich die Ähnlichkeit als auslösende Ursache einer unvollständigen Erinnerung

---

842 ŚrīBh II, 35,2–4; Vgl. oben S. 251.; Übers. S. 256

843 Die hier angebotene Sūtren-Interpretation stimmt mit der Auslegung Rāmānujas überein, die er im Rahmen der jeweiligen Sūtren anführt; vgl. MESQUITA 1979, Anm. 75.

844 Die von Jayanta einigen Lehrern zugeschriebene Deutung dieses Irrtums zeigt Ähnlichkeiten mit der diesbezüglichen Erklärung in der Yathārthakhyāti: *kaiścid ālambanaṃ tasminn uktam sūryamarīcayaḥ / nigūhitanijākārāḥ salilākāradhāriṇaḥ* (NM I, 83,8–9; 163,14; 170,5ff.). Die darauf folgende Erklärung dieses Vorganges dürfte aber eine nachträgliche Änderung sein, da sie „den Irrtum aus dem Bereich der Realität in den der Erkenntnis verlegt." (vgl. SCHMITHAUSEN 1965,167–168).

845 Sudarśanasūri ist der Meinung, daß *adṛṣṭam* auch für die Entstehung jeder sinnlichen Täuschung verantwortlich ist (vgl. ŚruP II, 31,22). Für die Deutung des Irrtums von Himmelsrichtungen postuliert auch Śālikanātha das *adṛṣṭam*, wenn er sagt (PP 58, v. 61):

diṅmohe'dṛṣṭasāmarthyād diksvarūpānavagrahāt /
digantarasvarūpasya smaraṇāc ca bhramo mataḥ //

nicht bei allen Irrtümern möglich war[846]. Die größten Schwierigkeiten hatten diese beiden Irrtumstheorien bei der Deutung von Sinnestäuschungen, die durch physische Störung verursacht wurden, wie die Erkenntnis der gelben Muschel und ‚zweier Monde'. Bei aller Verschiedenheit dieser beiden Lehren gehen sie dennoch bei der Lösung dieser Irrtumsfälle ähnlich vor. Ein Fragment aus der Saṃvitsiddhi, das Sudarśanasūri in diesem Zusammenhang zitiert, bringt diese Gemeinsamkeit und Verschiedenheit deutlich zum Ausdruck[847].

Im einzelnen wird das Erfassen der weißen Muschel als gelb durch eine an Gelbsucht erkrankte Person folgendermaßen analysiert: Die Augenstrahlen, die mit der Gallsubstanz gemischt sind, treten mit der weißen Muschel in Verbindung, verdecken ihre weiße Farbe und verhindern dadurch, daß die weiße Farbe wahrgenommen wird. Da die weiße Farbe durch die Gelbheit der Gallsubstanz *realiter* überdeckt wird, wird die an sich weiße Muschel als gelb erfaßt, genauso wie eine vergoldete Muschel: *pītaśaṅkhādau tu nayanavartipittadravyasambhinnā nāyanaraśmayaḥ śaṅkhādibhiḥ saṃyujyante | tatra pittagatapītimābhibhūtaḥ śaṅkhagataśuklimā na gṛhyate | ataḥ suvarṇānuliptaśaṅkhavat pītaḥ śaṅkha iti pratīyate*[848].

Damit wird hier ein *yathārthaṃ jñānam* konstruiert[849]. Das Beispiel von einer mit Goldfarbe überzogenen Muschel zeigt, wie realistisch man sich diesen Vorgang vorgestellt hatte! Nach dieser realistischen Denkweise müßten auch andere Menschen in der Lage sein, die in der weißen Muschel durch die Gallsubstanz und ihre Gelbheit verursachte reale Änderung zu erfassen. Dies ist jedoch nicht der Fall. Denn die Gesunden nehmen die weiße Muschel nach wie vor als weiß wahr. Dieser Einwand wird mit der Begründung entschärft, daß die Gesunden die Gallsubstanz und ihre Gelbheit wegen ihrer übergroßen Feinheit (*atisaukṣmyāt*) nicht erfassen können: *pittadravyaṃ tadgatapītimā cātisaukṣmyāt pārśvasthair na gṛhyate*[850]. Die an Gelbsucht Erkrankten hingegen, die unmittelbar mit der Gallsubstanz verbun-

---

846 Vgl. Schmithausen 1965,240ff.

847 Vgl. unten S. 276.

848 ŚrīBh II, 235,5ff.; vgl. oben S. 251; Übers. S. 256.

849 Auffallend ist, daß bei der Erklärung dieses Irrtums kein einziges Mal der Ausdruck *yathārthaṃ jñānam* verwendet wird, im Gegensatz zur Deutung anderer Irrtümer. An sich wird hier die Erkenntnis nicht vom Objekt her (*yathārtham*) bestimmt, weil die Eigenschaft ‚Gelb' gar nicht zur weißen Muschel gehört, sondern vom Subjekt darauf hin projiziert wird.

850 ŚrīBh II, 35,7; vgl. oben S. 251; Übers. S. 256.

den sind, können dies dadurch, daß diese mit den Augenstrahlen gemischt durch ihre Augen heraustritt: *pittopahatena tu svanayana-niṣkrāntatayātisāmīpyāt sūkṣmam api gṛhyate*[851].

Bemerkenswert ist, daß dieser wichtige Gedanke der „Wahrnehmbarkeit auf Grund des Heraustretens", wenn auch in etwas geänderter Form, der diesbezüglichen Erklärung Śālikanāthas entnommen wurde. Entsprechend dem Grundsatz der Akhyāti-Lehre von zwei unvollständigen Erkenntnissen bot Śālikanātha folgende Lösung für die genannte Sinnestäuschung: „Bei der ‚gelben Muschel' wird einerseits die Gelbheit der im Auge befindlichen Galle ohne die Gallsubstanz, deren Eigenschaft sie ist, wahrgenommen, und andererseits die an sich weiße Muschel ohne die Weiße als bloße Substanz erfaßt. Da es aber weder substanzlose Eigenschaften noch eigenschaftslose Substanzen gibt, haben jene beiden unvollständigen Wahrnehmungen je eine Leerstelle, zu deren Ausfüllung sich jeweils die andere anbietet. Dieser Umstand bewirkt, daß ihre Nichtzusammengehörigkeit nicht erfaßt wird, und daraus entspringt falsches Handeln. Die Gelbheit der im Auge befindlichen Gallflüssigkeit kann im Gegensatz zur Schwärze vom Kollyrium, welches das Auge bedeckt, erfaßt werden, weil die Galle wie Glas durchsichtig ist und das Heraustreten der Augenstrahlen nicht verhindert. Daß sie nicht immer wahrgenommen wird, hat seinen Grund darin, daß die Augenstrahlen nur in ihrem Heraustreten (*prasarat*...) wirksam sind und Erkenntnis erzeugen. Das Nichterfassen der Gallsubstanz selbst beruht auf ihrer Feinheit, wie das Nichterfassen der Feuersubstanz bei Licht, wo man nur die leuchtend helle Farbe sieht[852]."

Vergleicht man diese Erklärung Śālikanāthas mit der analogen

---

[851] ŚrīBh II, 35,7–8; vgl. oben S. 251; Übers. S. 256.

[852] Vgl. SCHMITHAUSEN 1965,267; PP 55, vv. 48ff.:

pītaśaṅkhāvabodhe ca pittasyendriyavartinaḥ /
pītimā gṛhyate dravyarahito'psv iva tigmatā //
śaṅkhasyendriyadoṣeṇa śuklimā na ca gṛhyate /
kevalaṃ dravyamātraṃ tu prathate rūpavarjitam //
guṇe dravyavyapekṣe ca dravye ca guṇakāṅkṣiṇi /
bhāsamāne tayor buddhir asambandhaṃ na budhyate //

. . . .

yat tu netragatasyāpi kañjalasya na kālimā /
gṛhyate kāraṇaṃ tatra tenendriyanirodhanam //

. . . .

pittena nāyanaṃ tejaḥ kāceneva na ruddhyate //

Deutung im Rahmen der Yathārthakhyāti, so fällt auf, daß darin das Argument Śālikanāthas, daß die Gelbheit der Gallsubstanz beim Heraustreten der Augenstrahlen wahrgenommen wird, selbständig verarbeitet wurde. Trotz der grundsätzlichen Übereinstimmung weicht die Yathārthakhyāti dabei vom Standpunkt Śālikanāthas in mehreren Punkten ab. So wird das ursprüngliche Motiv für die Einführung des genannten Argumentes, nämlich um den Unterschied ‚zur Schwärze von Kollyrium' (*kañjalasya na kālimā gṛhyate*) aufzuzeigen[853], fallen gelassen. Der Nachdruck liegt nun vielmehr auf der Tatsache, daß die Augenstrahlen gemischt mit der Gallsubstanz (*nayanavartipittadravyasambhinnāḥ*) heraustreten, und daß man dabei nicht nur die Gelbheit, wie Śālikanātha lehrte, sondern auch die Gallsubstanz unmittelbar wahrnimmt. Ganz anders verhält es sich auch mit der Vorstellung Śālikanāthas von der Feinheit der Gallsubstanz. Hatte dieser behauptet, daß man beim Heraustreten der Augenstrahlen nur die Gelbheit ohne ihren Träger, nämlich ohne die Gallsubstanz erfaßt, da diese wegen ihrer Feinheit für das Auge unerkennbar bleibt (*pittasyāgrahaṇaṃ saukṣmyāt prabhāyām iva tejasaḥ*)[854], so wird diese Vorstellung zur Illustration verwendet, warum die im Rahmen der Yathārthakhyāti angenommene reale Verdekkung der weißen Muschel durch die Gelbheit der Gallsubstanz auch nicht von den anderen Menschen erfaßt werden kann (*pittadravyaṃ tadgatapītimā cātisaukṣmyāt pārśvasthair na gṛhyate*).

Diese Umdeutung der Lehre Śālikanāthas war nicht nur durch die andersartige Struktur der Yathārthakhyāti bedingt, sondern auch durch die besondere Ontologie des Viśiṣṭādvaita, nach der eine Eigenschaft nie getrennt von ihrer Träger-Substanz, deren Modus sie ist, existieren oder wahrgenommen werden kann: *saṃsthānasya saṃsthāninaḥ prakāratayā padārthāntaratvam | prakāratvād eva pṛthaksiddhyanarhatvaṃ pṛthaganupalambhaś ca*[855]. Und Sudarśanasūri hebt diesen Unterschied in seinem Kommentar besonders hervor, wenn er sagt: „Die Anhänger Prabhākaras behaupten, daß die Gelbheit der

---

prasaran nāyanaṃ tejo grāhakaṃ nānindriyasthitam |
pittasyāgrahaṇaṃ saukṣmyāt prabhāyām iva tejasaḥ ||

Die Ähnlichkeit als Ursache der Erinnerung fällt hier weg. Śālikanātha sagt ausdrücklich, daß dieses Element nicht für die Erklärung jedes Irrtums notwendig sei: *na hi smṛtipramoṣeṇa sarvatraiva bhramo mataḥ* (PP 57, v. 60cd).

853 Vgl. oben Anm. 852.

854 Vgl. oben Anm. 852.

855 Vgl. VAS 88,12–13; vgl. dazu oben S. 85ff.; 141ff.

Gallsubstanz [ohne diese] und die Substanz der Muschel [ohne ihre Weißheit] unmittelbar wahrgenommen werden. Im Gegensatz dazu wird in der [Yathārthakhyāti] gelehrt, daß man [mit der Gelbheit auch] die Gallsubstanz [unmittelbar] wahrnimmt, weil die [Seh-] Fähigkeit eines Auges sich auf eine Substanz mit Farbe richtet. So ist der Unterschied [zwischen den beiden Positionen]." (*prābhākaraiḥ pittapītimā śaṅkhadravyaṃ ca nirantaraṃ gṛhyeta ity uktam; atra tu rūpavaddravye cakṣuṣaḥ sāmarthyāt pittadravyaṃ gṛhyata ity uktam iti viśeṣaḥ*)[856].

Damit vollzieht sich für Śālikanātha die irrtümliche Synthese der bloßen Eigenschaft ‚Gelbheit' mit der bloßen Substanz ‚Muschel' nur im Bereich der Erkenntnis[857]. Für die Anhänger der Yathārthakhyāti hingegen außerhalb der Erkenntnis dadurch, daß die mit der Gallsubstanz gemischten Augenstrahlen die weiße Farbe der Muschel verdekken und eine Erkenntnis der gelben Muschel verursachen.

Die fälschliche Wahrnehmung zweier Monde anstelle von einem widersetzte sich besonders einer Lösung im Sinne der Yathārthakhyāti, weil die Zweiheit nicht vom Objekt her (*yathārtham*) erklärt werden konnte. So wird auch in diesem Fall versucht, den ‚Doppelmond' nach dem Vorbild der Akhyāti-Lehre, aus der Zweiheit der Erkenntnisursachen bzw. Erkenntnissen abzuleiten, wie dies etwa Śālikanātha unternommen hatte. Im einzelnen erklärte er diese Täuschung wie folgt: „Die durch die Timira-Krankheit gespaltenen Augenstrahlen erzeugen zwei Bewußtseine des einen Mondes; aber diese beiden Bewußtseine werden nicht unterschieden, d. h. ihre Zweizahl nicht als mit ihnen verbunden erfaßt. Der Mond hingegen wird nicht als einer erfaßt. Damit ist der eigentliche ‚Irrtum' ermöglicht, welcher darin besteht, daß die Zweizahl der Bewußtseine nicht als dem Mond nicht zugehörig erfaßt wird, womit sich die Gleichheit dieser Erkenntnisse mit einer ‚wahren' Erkenntnis zweier Monde – falls eine solche möglich wäre – ergibt[858]."

In diesem Sinne lehren die Anhänger der Yathārthakhyāti, daß

---

856 ŚruP II, 35,25–27.

857 Vgl. SCHMITHAUSEN 1985,240–241.

858 Ibidem 267–268; PP 57, vv. 58–59:

tathā dvicandrabodhe'pi bhinnaṃ dvedhaindriyaṃ mahaḥ /
bhinne janayati prakhye ekasminn eva śītagau //
saṃvittī te na bhidyete taddvitve sati manyate /
bhinnārthabuddhitulyatvam atrāpi khalu pūrvavat //

eine physische Störung des Gesichtsorgans durch die Timira-Krankheit oder die Verwendung eines Fingers eine Spaltung der Augenstrahlen hervorruft, die zwei verschiedene voneinander unabhängige Ursachenkomplexe entstehen lassen: *dvicandrajñānādav api aṅguly-avastambhatimirādibhir nāyanatejagatibhedena sāmagrībhedāt sāmagrīdvayam anyonyanirapekṣam*[859]. Neu ist dabei die nachdrückliche Bemühung, dem Grundsatz der Yathārthakhyāti entsprechend die Existenz eines zweiten Mondes außerhalb der Erkenntnis zu konstruieren. Solange es zwei reale Erkenntnisursachen und die dadurch bedingten zwei Erkenntnisse gibt, muß es auch zwei reale Erkenntnisgegenstände, also zwei Monde geben: *tatra sāmagrīdvitvaṃ pāramārthikam | tena deśadvayaviśiṣṭacandragrahaṇadvayaṃ ca pāramārthikam | grahaṇadvitvena candrasyaiva grāhyākāradvitvaṃ ca pāramārthikam*[860].

Dieser Vorgang wird folgenderweise beschrieben: „Dabei erfaßt der eine Ursachenkomplex den Mond, [so wie] er durch seinen [eigentlichen] Ort bestimmt ist, [während] der andere aber mit einem ‚etwas krummen Gang' den Mond ohne seinen [eigentlichen] Ort im Anschluß an die Wahrnehmung des in der Nähe des Mondes befindlichen Raumes, erfaßt." (*tatraikāsāmagrī svadeśaviśiṣṭaṃ candraṃ gṛhṇāti | dvitīyā tu kiṃcidvakragatiś candrasamīpadeśagrahaṇapūrvakaṃ candraṃ svadeśaviyuktaṃ gṛhṇāti*)[861]. Dies alles vollzieht sich so schnell (*nirantaram*), daß man dabei die Einheit des Mondes verkennt (*ekatvagrahaṇābhāvāt*).

Betrachtet man nun diese Erklärung näher, so stellt man fest, daß auch in diesem Fall versucht wird, die sinnliche Täuschung nach dem Prinzip *yathārthaṃ jñānam* zu deuten. Denn die zwei Orte, zwei Ursachenkomplexe und der eine Mond existieren tatsächlich außerhalb der Erkenntnis. Der Irrtum besteht darin, daß der eine Mond zugleich mit zwei verschiedenen Orten in Verbindung gebracht wird. Damit ergibt sich eine Zweiheit außerhalb der Erkenntnis, wenigstens was die zwei Orte betrifft. Gerade an diesem Punkt weicht die Interpretation der Yathārthakhyāti von der Śālikanāthas ab, da dieser die Zweiheit in die Erkenntnis verlegt: ... *taddvitve sati manyate bhinnārthabuddhitulyatvam* ...[862].

---

859 ŚrīBh II, 36,6f.; vgl. oben S. 252; Übers. S. 257.
860 ŚrīBh II, 36,11f.; vgl. oben S. 252; Übers. S. 258.
861 ŚrīBh II,36,7f.; vgl. oben S. 252; Übers. S. 257.
862 PP 57, v. 59; vgl. SCHMITHAUSEN 1965, 267; vgl. oben Anm. 857.

Sudarśanasūri verdeutlicht diese Abweichung, indem er den einzigen aus der diesbezüglichen verlorenen Diskussion der Saṃvitsiddhi erhaltenen Śloka zitiert. Darin referiert Yāmuna die oben angedeutete Ansicht Śālikanāthas: „Die Anhänger Prābhākaras lehren, daß die Augentätigkeit die in der Erkenntnis befindliche Zweiheit und den Mond erfaßt, ohne den Unterschied [zwischen dem wahren und falschen Mond] wahrzunehmen, wie [dies Yāmuna in seiner] Saṃvitsiddhi in Andeutung der Lehre der Anhänger Prābhākaras erklärt hat: ‚Die Augentätigkeit ist zweifach, da sie doch zwei Erkenntnisse erzeugt. Sie läßt uns dort sowohl die Zweiheit als auch den Mond zugleich erscheinen.' Der Unterschied zwischen dieser [und unserer Meinung] ist hier, daß [für uns die Augentätigkeit,] die im Raum befindliche Zweiheit und den Mond erfaßt, ohne den Unterschied wahrzunehmen." (*netravṛttir vittigatadvitvaṃ candraṃ cāgṛhītabhedaṃ gṛhṇātīti prābhākārāḥ | yathā saṃvitsiddhau prābhākaramatopanyāse ‚netravṛttir dvidhābhūtā dve tu vittī vitanvantī | dvitvaṃ candraṃ ca yugapad nirbhāsayati tatra naḥ' iti deśagatadvitvaṃ candraṃ cāgṛhītabhedaṃ gṛhṇātīti tato'tra vaiṣamyam*[863].

Ganz ähnlich geht man bei der Deutung des Irrtums vom Feuerrad vor, indem man im Gegensatz zu Śālikanātha[864] erklärt, daß ein Rad tatsächlich außerhalb der Erkenntnis entsteht und als solches dann erfaßt wird[865]. Analog ist auch die Erklärung des Spiegelbildes[866].

Aus dem bisher Gesagten folgt, daß es überhaupt keine Erkenntnis ohne eine reale Entsprechung in der Außenwelt geben kann. Sogar eine irrtümliche Erkenntnis setzt einen realen Gegenstand voraus. Für die Begründung dieses Grundsatzes hat Yāmuna praktisch alle realistischen Irrtumslehren herangezogen[867]. Zunächst die Anyathākhyāti, nach der jede Erkenntnis einen realen Gegenstand hat,

---

863 ŚruP II, 37,21–23.

864 Vgl. dazu PP 58, vv. 62–63:

alātacakre'lātasya bhramataḥ sarvato drutam /
nirantaraṃ dhiyo jātāś cakrabuddhisamā matāḥ //
kālabhedas tu śīghratvād dhiyāṃ tāsāṃ na lakṣyate /
cakradhīvyavahāraś ca tenāsminn api yujyate //

865 ŚrīBh II,35,13f.; vgl. oben S. 252; vgl. dazu auch ĀS 201,3–4.

866 ŚrīBh II,36,2f.; vgl. oben S. 252.

867 Vgl. dazu NP 90,28:

yathārthakhyātim akhyātim anyathākhyātim eva vā /
icchadbhir na vimantavyam idaṃ lokānusarataḥ // Anm. 856.

der bloß hinsichtlich Raum und Zeit anders beschaffen ist: *sarvatrālambanaṃ bāhyaṃ deśakālānyathātmakam*[868]. Zweitens die Yathārthakhyāti, und drittens auch die Akhyāti, da die beiden dem Grundsatz *yathārthaṃ sarvavijñānam* beipflichten[869]. Damit lehnt Yāmuna den Analogieschluß Vimuktātmans, mit dem er aus der Falschheit der Irrtumsgegenstände auch die Falschheit der Sinneswelt ableitet[870], ab.

Unter diesen drei Irrtumslehren hatte die Yathārthakhyāti einen besonders schweren Stand, da sie sich nicht rationell begründen ließ und sich nur auf die Autorität der Offenbarung berufen konnte. Dies stand in krassem Widerspruch zu der Grundtendenz der Saṃvitsiddhi, insofern diese ein rational argumentierendes philosophisches Werk ist, das sich der Argumentationsmethode *nyāyaḥ* / *yuktiḥ* bedient[871].

Die Schwäche der Yathārthakhyāti lag auch darin, daß sich eine Reihe von Irrtumsfällen nicht ohne Künsteleien nach dem Schema *yathārthaṃ jñānam* interpretieren ließen. Diese Irrtumstheorie wurde zwar als schuleigene Lehre weiter tradiert[872], dürfte aber keinen absoluten Vorrang behalten haben[873], wie die folgende Stelle aus der

---

868 ŚV (Nirāl.) v. 108ab; vgl. oben S. 241f.

869 Vgl. oben S. 266f.; vgl. PP 58, v. 64:

anenaiva prakāreṇa sarvabhrāntiṣu paṇḍitaiḥ /
ūhanīyā hetubhedā yathārthajñānasiddhaye //

870 Vgl. oben S. 237.

871 Vgl. oben S. 20; 118f.

872 Vgl. ŚruP. II,29,19f.; Atreyarāmānuja, Nyāyakuliśa (*Annamalai University Philosophy Series 1*). Annamalai 1938,59,14ff.; SAS 180,16–17; Meghanādārisūri, Nayadyumani. (Madras 1956), Yathārthakhyātnirūpaṇam 134–165. Auch Śrinivāsācārya (16. Jhdt.) referiert diese Irrtumslehre in seiner YDī (4,21–5,22), bezeichnet sie jedoch als Satkhyāti: *sarvaṃ vijñānaṃ yathārtham iti vedāntavidāṃ matam ity uktatvād bhramādipratyakṣajñānaṃ yathārtham eva / akhyātyātmakhyātyanirvacanīyatākhyātyanyathākhyātyasatkhyātivādino nirasya satkhyātipakṣasvīkārāt / satkhyātir nāma jñānaviṣayasya satyatvam*. Bemerkenswert ist aber, daß Veṅkaṭanātha den eigenen diesbezüglichen Standpunkt als *akhyātisaṃvalitayathārthakhyātipakṣaḥ* bezeichnet (vgl. SAS 181,28). Er vertritt dabei aber eine reine Akhyāti-Lehre (ibid. 180,12–181,24); vgl. Das Gupta III,179ff. Überhaupt orientiert sich die Viśiṣṭādvaita-Schule zu dieser Zeit nach dem System Prabhākaras; vgl. S. Singh, *Vedānta Desika: His Life, Works and Philosophy. A Study*. (*Chowkhamba Sanskrit Series 5*). Banaras 1958,174; 399–400; Oberhammer 1979,136; 146; 171; 205ff.

873 Veṅkaṭanātha berichtet, daß es unter den Vertretern der Viśiṣṭādvaita-Schule Autoren gegeben hat, die der Anyathākhyāti den Vorzug gaben (NP

Nyāyapariśuddhi Veṅkaṭanāthas zum Ausdruck bringt: „Auch bei [allen übrigen Irrtums]lehren wie Ātmakhyāti usw. wird das Anderssein nicht ausgeschlossen. Denn sonst wäre weder der Irrtum noch das Handeln, noch die Aufhebung usw. möglich[874]. Wenn es sich so verhält, so bleibt die Anyathākhyāti, oder auch ihr Ursachenkomplex als Grund für den Denk- und Sprachgebrauch des Anders[sein] übrig, weil sie einfacher ist. Die Anyathākhyāti ist deshalb die einfachere, weil sie auch von allen [anderen Vertretern von den übrigen Irrtumslehren] schwer aufgegeben bzw. vermieden werden kann, [so] auch nicht vom Vertreter der [Ātmakhyāti][875]. Einfacher auch als diese ist die Akhyāti. Um zu zeigen, daß bei der Anyathākhyāti die Augenscheinlichkeit [und] bei der Akhyāti die Einfachheit liegt, wurde dieses Paar im Śrībhāṣya angenommen. Jenen Beweis, der von Nāthamuni und anderen für die Yathārthakhyāti [erbracht wurde], bezeichnen einige [Gelehrte] als zu gewaltig, weil [er] der Einsicht der normalen Menschen nicht zugänglich ist."

(*ātmakhyātyādivādeṣv apy anyathātvam avāritam* |
bhramapravṛttibādhāder anyathā na hi sambhavaḥ ||
evaṃ saty anyathādhīs tatsāmagrī vāpi lāghavāt |
anyathāvyavahārasya hetur ity avaśiṣyate ||
sarvair apy anyathākhyātir dustyajatvāl laghīyasī |
tadvādināpy avarjyatvāt tato'py akhyātilāghavam ||
svārasyam anyathākhyātāv akhyātau lāghavaṃ sthitam |[876]
iti darśayituṃ bhāṣye dvitayaṃ tad anuśritam ||
yan nāthamunimiśrādyair yathārthakhyātisādhanam |
tal lokabuddhyanārohād vaibhavaṃ kecid ūcire ||)[877].

Das Fazit der Polemik Yāmunas gegen die Anirvacanīyakhyāti Vimuktātmans ist: Wenn nun selbst ein Irrtum einen realen Gegenstand voraussetzt, so muß die richtige Erkenntnis umsomehr von einem absolut realen Objekt ausgehen.

90,25–27): *tatrāsmadīya eva kecid anyathākhyātim icchantaḥ smṛteḥ prāmāṇyam anicchantaḥ samyaganubhavaḥ prameti lakṣayanti, ubhayam icchanto yathārthajñānaṃ prameti, ubhayam anicchanto'nubhūtiḥ prameti*; vgl. auch 92,21ff. Veṅkaṭanātha selber vertritt eine reine Akhyāti-Lehre; vgl. oben Anm. 872; auch Anm. 876.

[874] Vgl. oben S. 245.

[875] Vgl. ŚrīBh II,27,3–5; Anm. 757.

[876] Veṅkaṭanātha scheint tatsächlich die Akhyāti-Lehre vor den anderen Irrtumslehren zu bevorzugen (SAS 181,28; Anmn. 873–874).

[877] NP 91,6–10.

Damit hat Yāmuna gezeigt, daß die Gültigkeit der sinnlichen Wahrnehmung durch nichts erschüttert werden kann, da sie eine Erkenntnis erzeugt, die unmittelbar den Erkenner, die Erkenntnis selbst und den Erkenntnisgegenstand in ihrer gegenseitigen Verschiedenheit offenbart: *jñātṛjñānajñeyavivekasākṣātkārī pratyayaḥ*[878]. Diese Unmittelbarkeit[879] läßt keinen wie immer gearteten Irrtum zu. So kann Yāmuna zusammen mit den anderen Realisten lehren: *ataḥ pratyakṣabalasiddham evaṃ dvaitam*[880] bzw. *tasmāt prapañcasadbhāvaḥ svapramāṇabalāt siddhaḥ*[881].

[878] ĀS 119,2.

[879] Yāmuna dürfte sich hier an die Definition der Wahrnehmung anschließen, die zu seiner Zeit in Nyāya-Vaiśeṣikakreisen formuliert worden war: *samyagaparokṣānubhavasādhanaṃ pratyakṣam* (NBhū 84,1); *yatra cāparokṣajñānaṃ tat pratyakṣam* (Vyom 272,20–21); vgl. dazu auch W. Slaje 1983,41 ff. Zur Definition des *āparokṣyam* bei den späteren Autoren der Viśistādvaita-Schule vgl. Oberhammer 1979,117 ff.; vgl. Anm. 2.

[880] Vgl. Kāś II,96,26–27.

[881] SS v. 31–32.

STELLENINDEX

Bei den Stellenangaben bezieht sich die erste Zahl auf die Seiten, die zweite in Klammer auf die Anmerkungen.

WORTINDEX

NAMEN- UND SACHINDEX

Der Index enthält Namen und Sachbegriffe aus Einleitung, Studie und Anmerkungen.

Kurzbiographie

Roque Alvaro Claudio Mesquita, geboren am 20. 2. 1937 in Colvá, Goa (Indien). Philosophie- und Theologiestudien in Goa, Magisterium in Philosophie an der Universität Gregoriana zu Rom 1965. Hochschulstudium an der Universität Wien. Abschluß des Studiums (Hauptfach: Indologie; Nebenfach: Völkerkunde) mit der Promotion zum Doktor Phil. am 2. 7. 1971. Univ.-Lektor für Sanskrit vom Wintersemester 1972 bis Sommersemester 1988. Werkvertrag am Institut für Indologie (Sammlung De Nobili) vom 1. 1. 1974 bis 30. 5. 1979. Univ.-Ass. am Institut für Indologie vom 1. 5. 1979 bis 18. 10. 1988. Verleihung der Lehrbefugnis als Universitätsdozent für Indologie (11. 7. 1988). Ass.-Prof. am Institut für Indologie ab 19. 10. 1988. Verheiratet, drei Kinder.